어린이 생태시민교육 총서 2
한국 근대 어린이생태시민교육서

다시 읽는 『어린이』

최서윤 지음

『어린이』 101주년 기념도서

다시 읽는 『어린이』

"씩씩하고 참된 소년이 됩시다.
그리고 늘 서로 사랑하며 도와갑시다."

머리말

　이 책은 1923년부터 1949년까지 발간된 우리나라 최초의 어린이 종합교육잡지인 『어린이』지 101주년 기념도서로 『어린이』지의 정체성과 가치를 바르게 인식하고 현대적으로 계승하기 위해 쓰여진 책입니다.

　『어린이』지는 일제강점기에 천도교 청년회가 주도한 소년해방운동의 주요사업으로서 당시 어린이들과 청소년을 인격적, 경제적으로 해방하고 생태문명을 창조하는 사회주체로 기르기 위해 만들어진 종합교육잡지입니다. 『어린이』지는 당시의 어린이 계몽과 간접적인 항일독립투쟁, 우리 민족의 주체적 교육근대화의 증거이자 와 한국 어린이생태시민교육의 최초 종합교육서라는 큰 역할과 의미가 있습니다. 그러나 그간 방정환이 만든 어린이 문예잡지로만 알려져 왔을 뿐, 우리 민족 전체의 정신문화사와 교육사에서 그 진가가 제대로 밝혀지지 못 했습니다. 이에 『어린이』지 발간 101주년을 맞아 『어린이』지의 참뜻과 내용을 제대로 밝히고 현대적으로 계승하고자 이 책을 내놓습니다.

먼저 『어린이』지를 간략히 소개하면, 『어린이』지는 일제강점기 천도교 청년회가 주도한 신문화운동의 주요사업으로서 조선 소년해방운동이라는 이름의 어린이교육사업으로 전개되었습니다. 이는 어린이 계몽과 사회주체화, 그리고 생태적인 신인류 양성을 목적으로 하여 1923년 개벽사에서 발간되었는데 조선소년해방운동을 주도한 김기전과 차상찬이 그 기반사상 정립과 전체 기획을 맡았고 천도교 청년회의 수운(水雲) 주의 작가와 민족주의 작가, 사회주의 작가, 방정환과 색동회 작가들 그리고 여러 교육자들과 독립운동가들이 1923년부터 1949년까지 총 137호가 발간되는 동안 작가나 편집사 등으로 참여했습니다. 내용은 한글문법과 작문, 산술, 과학 등의 기초문해 교육과 민족과 역사, 사회, 노동 등의 인문사회과학 교육, 문예, 음악, 미술과 같은 예체능 교육 그리고 생태철학과 생명살림, 자연놀이 등을 주제로 한 생태시민교육 등으로 구성되었습니다. 또 이런 지식교육과 더불어, 야학활동을 하면서 농촌과 공장 노동자로 살아가는 어린이들 이야기와 자연을 살리고 돌보는 어린이 이야기, 사회를 헌신하는 어린이 이야기, 소년단체 조직과 어린이날에 대한 이야기 등 당시 조선 어린이들의 현실을 반영한 글들이 함께 실렸습니다. 이는 모두 당시 조선 어린이들이 지니고 있던 역경을 이겨내는 강인한 의지, 정의감과 의협심, 사랑과 협동의 정신세계를 나타내는 것들이었습니다.

소년해방운동가들은 『어린이』지의 이 모든 내용을 소년해방운동의 사상에 기반해서 만들어 내고 함께 공유하면서 전국에 확산해 나갔습니다. 『어린이』지를 발간하는 데 그치지 않고 찾아가는 교사가 되어서 전국의 소년단체나 야학에서 『어린이』지를 활용한 토론과 강연, 실천활동을 전개했는데, 이런 노력의 결과로 당시 조선 어린이들은 조선의 글과 말, 우리민족의 정신과 정체성을 잃지 않을 수 있었고 90% 이상의 문맹을 극복하고 새 시대의 지식인으로 자라날 수 있었습니다.

나아가 『어린이』지는 당시 최대 600만에 달하던 어린이 독자들의 의식과 정서를 생태시민의 차원으로 향상시키는 데 크게 기여할 수 있었습니다. 소년해방운동은 '씩씩하고 참된 소년이 됩시다. 그리고 늘 사랑하며 서로 도와갑시다.'라는 표어와 더불어 '참된 어린이'를 전면에 내세우고 어린이를 생태적 신인류로 기르려 했습니다. 따라서 『어린이』지 매호마다 이 표어와 그에 부합하는 내용을 일관되게 실었는데 그 전체 내용을 분석해 보면 열가지의 구체적인 참된 어린이상 - 참된 어린이는 대우주적 어린이, 건강하고 명랑한 어린이, 스스로 하는 어린이, 성실하고 부지런한 어린이, 함께 사랑하며 사는 어린이, 의협한 어린이, 사회 봉공(奉貢)하는 어린이, 만물을 공경하는 어린이, 씩씩하고 진취적인 어린이, 큰 뜻을 품은 어린이 - 을 확인할 수 있습니다. 이는 반생태적인 서구 근대문명과 교육론의 한계를 극복함과 동시에 현 인류의 생태적인 의식진화와 생태사회 개조를 위한 내용들을 담고 있기에 우리 민족의 고유하면서도 세계적인 어린이생태시민상이라고 할 수 있습니다.

이 밖에도 『어린이』지는 어린이 단체나 교육운동단체의 조직과 운영, 교육운동가들의 성품과 역량, 또 교육 전체의 나아갈 방향 등 여러 면에서 현대교육이 계승해야 할 앞선 내용과 사례를 풍부히 제시해 주고 있습니다. 따라서 『어린이』지는 읽으면 읽을수록 한국교육사뿐 아니라 세계정신문화사에서도 민족과 시대를 너머 귀감이 될 만한 완성도 높은 어린이교육이라고 자부하게 되고 그 현대적 계승의 필요성을 절감하게 됩니다.

그러나 지난 100년간 『어린이』지는 방정환과 색동회가 주도한 한국 근대 최초의 어린이 문예잡지로 그 정체성이 축소되어 알려져 왔을 뿐, 생태적 어린이를 양성하는 종합교육잡지로서는 그 진가가 제대로 밝혀지지 않았습니다. 그 이유로는 첫째, 조선소년해방운동의 정체성과 역사가 일제에 의해 초기부터 탄압과 왜곡을 당한 것, 둘째, 해방 후 이승만 친일반공 정권 하에서 교육계의 중직을 차지한 친일파 색동회 회원들이 소년해방운동과 『어린이』지를 방정환 한 사람의 영웅담으로 미화하고 왜곡하는 사업을 대대적으로 벌인 것 셋째, 그 결과로, 『어린이』지 중에서 방정환과 색동회 문인들의 작품들만 선별적으로 알려지게 되었고 교육학계와 다른 분야에서는 전격적으로 연구되지 못 한 것 넷째, 읽기 어려운 옛 문체로 된 영인본밖에 없어서 누구나 쉽게 접할 수 없었다는 것을 들 수 있습니다. 이런 이유에서 안타깝게도 지난 82년간 『어린이』지에 대한 오해와 무지가 이어져 오면서 『어린이』지는 점점 대중에게 낯선 고서로 잊혀질 수밖에 없었습니다.

이에 『어린이』지 영인본 14권 116호 중 『어린이』지의 본질을 제시하면서도 현대에 유의미한 시사점들을 전해주는 글들을 모아 현대적 해석과 더불어 읽기 쉬운 형태로 재구성하여 이 한 권의 책으로 내놓게 되었습니다.

한 가지 강조하는 것은, 이 책에서는 현대 생태시민교육의 관점에서 『어린이』지를 재구성했다는 점입니다. 이는 『어린이』지의 철학과 취지, 그 내용들이 현대 생태시민교육의 그것들과 일치할 뿐 아니라 현 생태시민교육이 필요로 하는 깊은 철학과 교육학 체계, 그리고 성공적인 교육운동의 사례까지 제시해 주고 있기 때문입니다. 따라서 이 책에서는 『어린이』지를 우리나라 최초의 어린이생태시민 종합교육서로 규정하고 교육학의 관점에 따라 내용을 재구성하고 각 내용에 대해 생태학적 근거를 부연하였으며 나아가 현대교육에 대한 시사점을 밝히는 데 논점을 맞추어 서술했습니다.

『어린이』지는 위대한 우리 조상들의 반생태적 문명에 대한 성찰과 생태적 신문화 건설에 대한 신념과 지혜, 그리고 뛰어난 교육역량과 헌신이 집대성된 우리 민족교육사의 화수분이자 현 생태시민교육의 마중물입니다. 『어린이』지를 만든 이들은 『어린이』지의 1주년, 7주년, 10주년을 기념할 때마다 『어린이』지가 시대를 따라 변화하며 새로운 생명력을 발휘하기를 간절히 기원했습니다. 그리고 창간 백 년이 지나 여섯 번째 인류 종말 위기에 처한 현 상황에서도 어른에게는 자연과 사회, 다음세대를 대하는 성숙한 태도와 책임을 일러주고 어린이에게는 강인하고 의협한 생명정신과 범지구적인 인류애를 일러주면서 그 어떤 교육사례보다 우리에게 희망 찬 길을 제시해 주고 있습니다.

이에 『어린이』지는 참으로 우리 민족의 생태적인 본성과 고차원적인 정신 유전자를 밝히는 역사적 증서이자 대도(大道)교육의 산실이라 하지 않을 수 없습니다. 일제강점기에 조선 소년해방교육이 『어린이』지를 통해서 그 대도의 교육정신을 근대화하는 데 성공했듯이, 이제 『어린이』지에 담긴 이 대도(大道)교육을 기후위기 대응과 생태문명건설이라는 당면과제를 해결하기 위해 현 세대가 현대화해야 할 때입니다.

그런데 이를 위해서는 몇 가지 노력이 필요합니다. 우선, 지난 백년간 『어린이』지를 아동문예지로만 보아왔던 좁은 시야를 벗어나야 하고 방정환이 전적으로 주도했다는 고정관념도, 『어린이』지에 참여했던 일제 강점기 사회주의 교육운동가들과 아동문학가들에 대한 잘못된 정치적 편견도 떨쳐버려야 합니다. 그리고 무엇보다 우리민족이 지닌 위대한 교육정신과 교육역량을 부정하는 자기 비하적인 식민사관을 걷어내고 그에 대한 사긍심과 신념을 가져야 합니다. 그래야만 『어린이』지의 진의와 진가를 바르게 인식하고 풍부하게 되살려낼 수 있습니다.

끝으로, 지면에 다 실을 수 없으나 김기전, 김옥빈, 김용남, 고한승, 공 탁, 마해송, 민영순, 박달성, 손진태, 신영철, 서덕출, 손성엽, 유지영, 윤극영, 윤석중, 이구조, 이두성, 이원수, 이정호, 이종린, 이태준, 전순성, 정기현, 정순철, 정홍교, 조기간, 조철호, 차상찬, 최신복, 최영주, 최청곡, 한정동 등 『어린이』지를 만들고 이끈 개벽사와 수많은 교육운동가 및 아동문학가들 한 분 한 분에게 존경과 감사를 표합니다. 늘 굶주리고 고된 작업으로 병들어 사망하고 일제의 지독한 조사와 검열, 투옥, 처형을 당하기까지, 이 분들 중 친일파를 제외하고는 모든 분들이 감히 상상조차 어려운 고초를 겪으면서 목숨을 걸고 『어린이』지를 끝내 지켜 내셨습니다.

집필하는 몇 년간 『어린이』지 137호 각각을 수십 차례 반복해 읽으면서 그 분들의 숭고한 뜻을 모실 수 있었던 것은 그 자체로 교육학자로서의 제 인생에서 가장 영예롭고 감사한 일이었습니다.

짧게 추려진 이 책을 통해서나마 『어린이』지에 담긴 우리 민족의 위대한 교육정신이 현대의 많은 교육자들과 스스로 생태시민으로 등장하기 시작한 '참된 어린이'들 안에서 새롭게 빛을 발하기 바랍니다.

『어린이』지의 새로운 백 년을 열며
최서윤

책 편집에 도움을 주신 강민우, 김은지, 최영미 선생님 그리고 존경하는 아버지와 늘 기도해 주신 어머니께도 감사를 전합니다.

일러두기

1. 삽화
   1) 삽화는 주로 『어린이』지의 삽화들을 발췌하였고 『어린이』지에서 함께 실렸던 원문과 무관하게 이 책에 실린 『어린이』지의 각 작품내용에 부합되도록 재구성하여 수록했습니다.
   2) 『어린이』지에 실린 삽화 외에 온라인 사이트 Canva와 Midjourney에서 AI를 이용해서 제작하였고 각 삽화마다 출처를 표기했습니다.
   3) 『어린이』지의 표지그림은 대부분 칼라이나 이 책에서는 표지를 제외하고 모두 흑백으로 인쇄하였습니다.

2. 『어린이』지 작품 수록 기준
   1) 생태시민교육학의 관점에서 어린이생태시민교육과 인문사회, 어린이상을 중심논의로 하여 이에 부합하는 『어린이』지의 원문들을 선별하였고 기타 각종 독물, 장편 연재물, 광고, 알림, 만화 등은 제외했습니다.
   2) 『어린이』지에 많은 작품을 실었으나 저작재산권 보호기간이 아직 지나지 않은 윤석중, 이원수, 한정동 등의 작가들과 일일이 사망 년도를 확인할 수 없는 많은 소년독자들의 작품은 제외했습니다. 단 필요한 몇몇 경우에 한해서 작품의 전문 중 일부를 발췌하여 인용 처리하였습니다.

3. 고어 표기
   문학작품의 경우 최대한 원문 그대로 표기하려 하였으나 명확한 의미전달이 필요한 고어의 경우 현대표기법대로 수정하여 표기했습니다.

차례

머리말

1부. 『어린이』지 풀이

1. 『어린이』지란 무엇인가 21
2. 『어린이』지가 만들어진 시대배경 24
3. 『어린이』지의 취지와 목적 38
4. 『어린이』지의 철학기반 42
5. 『어린이』지의 역사 52
6. 『어린이』지를 창간한 사람들 59
7. 『어린이』지를 이끌어 간 사람들 65
8. 『어린이』지의 형식과 내용 80
9. 『어린이』지에 대한 비판 119
10. 『어린이』지의 의의 133

2부. 『어린이』지의 어린이생태시민교육

Ⅰ. 생태교육

1. 생태교육철학 147

1) 공생진화론

임간(林間)으로! 야원(野原)으로! 150 / 동물은 싸우기만 하는가 152 / 종류가 다른 동물끼리도 서로 돕는 정신이 있다 154 / 동물의 상호부조 사이좋은 악어와 좀새 155

2) 생태중심주의 자연관

동물과 인간의 차이 158 / 식물은 신경이 없는가 162 / 신비한 생명 164 / 신기묘기한 대자연을 배웁시다 165 / 로보트와 사람 169 / 꽃장사 170 / 우리 뒤에 숨은 힘 171 / 녹음과 어린이 174 / 떨어지는 잎사귀와 미래 175

3) 인간중심주의 비판

사람과 능금나무 176 / 엄마 없는 참새 177 / 슬퍼하는 나무 178

4) 차별과 지배주의

장미와 달팽이 179 / 죽은 배암도 천대 못 한다 184 / 누가 제일이냐 188 / 원숭이와 회초리 191 / 파리에 온 흑인종 193 / 사자의 교육 194

2. 자연교육 196

자연의 대학교 201 / 해를 배우자 203 / 어린이 동무들께 204 / 어린이의 날 오월 초하루가 되면 205 / 가는 봄 208 / 첫여름 209 / 6월 아가 210 / 가을에 무엇을 배울세 211 / 가을의 예비지식 214 / 가을! 215 / 눈 나리는 밤 216 / 겨울과 연말 217 / 닭을 몰라 219 / 나는 '소'외다 220 / 벼 한 알과 밤 한 톨 223

3. 생태살림교육 224

1) 사람을 살리는 동물 이야기
꿀벌의 마음 229 / 황소의 의협 232 / 비장한 최후 236

2) 생명을 살리는 어린이 이야기
당신이 제일 좋아하는 꽃 239 / 꽃을 심읍시다 241 / 백합꽃 242 / 아가 246 / 봄을 학대 마시오 247 / 달이 말하기를 248 / 새 두 마리 249 / 눈 오는 새벽 250 / 자연과 친하자 251

4. 생태감수성교육 252

1) 계절에 대한 감수성
봄마지 255 / 밤이 늦도록 조선의 모든 장한 사람 256 / 봄비 257 / 나는 봄이 되면 258 / 이른 봄날 정다운 동무와 259 / 봄 소리 260 / 4월 4월 261 / 어린이의 날 오월 초하루가 되면 262 / 첫녀름 265 / 가을이면 나는 266 / 나는 가을, 특별히 저녁 때 267 / 가을의 자연, 가을의 등불 268 / 겨울 270

2) 생명을 대하는 마음
어미새 271 / 6월과 종달새 272 / 해바라기씨 273 / 눈 오시는 밤 274 / 말 275 / 우리 애기 자랑 276 / 새끼 잃은 검둥이 277 / 하얀 무덤 279

5. 자연놀이 280

꽃놀이 286 / 참외와 수박 288 / 보건 여름과 어린이 289 / 자전거 산책 290 / 밤 줍는 재미 291 / 가을맞이 292 / 재미있고 유익한 가을놀이 몇 가지 293 / 땀이 줄줄 흐르도록 뛰고 놉시다 297 / 겨울에 할 것 298

Ⅱ. 인문교육

1. 민족교육 303

1) 조선의 역사
조선 땅과 조선 사람 308 / 조선은 이렇다 309 / 조선은 이렇다 314

2) 조선의 역사적 위인과 사건
조선의 자랑. 조선 사람의 남다른 담력! 319 / 거북배를 만드신 이 충무공 이야기 321 / 천도교의 시조 최수운 선생 325 / 네 땅 내 땅 328 / 삼일절을 맞이하야 분단시대에 애국정신으로 나아가자 333

3) 조선 자랑
꼭 알아야 할 네 가지 335 / 조선자랑. 조선 글은 천하에 제일 336 / 조선의 기후 자랑 338 / 우리 조선 반도 339 / 세계 중에 제일인 지리상으로 본 조선자랑 341 / 세계 제일 훌륭한 조선의 산수(山水) 자랑 343 / 세계 제일 금강산 346 / 한글 348 / 호랑이 350 / 인왕산 호랑이의 대연설 351 / 조선의 자랑. 도량, 재주, 담력! 자랑 352 / 조선의 인정(人情) 자랑 354 / 외국인이 본 조선의 자랑 다른 나라 사람보다 청결, 개결(介潔)이 특색 355 / 조선 독특의 자랑 356 / 빨리 물러가라. 조선의 소년은 부르짖는다 357 / 좋은 나라 연만은 359

2. 문예교육 360

1) 글·그림·동요
이렇게 하면 글을 잘 짓게 됩니다 364 / 어린이와 그림 368 / 그림 그리는 동무에게 369 / 조선의 동요 자랑 370 / 노래 잘 부르는 법 371 / 동요 지시려는 분께 373 / 동요 짓는 법 375

2) 문예교육 비평
세계아동예술전람회를 열면서 376 / 소년문학과 현실성 378 / 기성문단의 명사들에게 383

Ⅲ. 사회교육

1. 사회철학 387

1) 유기체 사회관
사회란 무엇인가? 394

2) 어린이의 사회 주체화
앞선 사람들에게 활 쏘는 한 말씀 398 / 원컨대 자녀에게 책임감을 길러 주소서 401 / 아들에게 들려주고 싶은 이야기 403 / 보교(普校) 중도퇴학생에게 405 / 상급학교에 못 가는 농촌 동무들에게 406 / 어느 길로? -공보(公普)를 나오며- 407 / 통쾌! 통쾌! 어린이들의 힘으로 조혼을 타파한 이야기 408

3) 조선소년해방운동
소년운동의 뜻을 알자 412 / 소년회 이야기 414 / 어린이데- 선물 418 / 어린이날! 우리의 약속 420

2. 농업교육 422
흙과 사람 427 / 농민 431 / 농업나라인 자랑 433 / 쌀을 심어 밥을 먹을 때까지 434 / 과학적 생활 436 / 논둑에서 보내는 소리 438 / 가뭄 439 / 산기슭 443

3. 노동교육 444
공장 간 딸에게 449 / 누이들은 왜? 451 / 제비 한 쌍 452 / 땅 파는 노래 453 / 가시같은 따가운 태양과 싸우는 동생에게 454

3부. 『어린이』지의 어린이생태시민상

1. 대우주적 어린이 461

　『어린이』 창간사 466 / 1923년 어린이날 선전문 467

2. 건강하고 명랑한 어린이 468

　해를 보내면서 동무로부터 동무에게 474 / 산 떡국과 죽은 떡국 475 / 사람의 몸 하나 33전씩 476 / 웃어라! 477 / 건강하고 명랑하게 479 / 녀름이 왔다 480 / 어린이들의 운동 481

3. 스스로 하는 어린이 482

　제 발로 제 길을 걷다 487 / 졸업생에게 489 / 보는 일은 내 스스로 490/ 어린이날을 맞이하여 491 / 똑똑한 사람 492

4. 성실하고 부지런한 어린이 493

　부지런하자 497 / 벽에 써 붙이고 실행할 것 498

5. 함께 사랑하며 사는 어린이 499

　다 같이 생각해 봅시다 502 / 씨동무 504 / 이리가 된 동생 505

6. 의협한 어린이 508

　옳은 것을 위하여 513 / 내가 좋아하는 소년 514 / 바위의 슬픔 515 / 씨 심는 까마귀 519 / 의협한 호랑이 522 / 호랑이의 신의 527 / 별돈 531

7. 사회봉공하는 어린이 532

　어린이의 노래: 불 켜는 이 539 / 만년샤쓰 541 / 네 힘껏 했다 550 / 눈물의 모자값 554 / 일적천금(一適千金) 557 / 이 빠진 낫 560

8. 만물을 공경하는 어린이 563

　유월의 하느님 569 / 사람을 공경합시다 571

9. 씩씩하고 진취적인 어린이 572

1) 씩씩한 어린이

씩씩한 소년이 되십시오 577 / 어린이들이 나에게 물으면 579 / 오- 새해가 솟는다! 높은 소리로 노래하라! 580 / 새해 두 말씀 581/ 동생아 누나야 582 / 상무적(尙武的) 소년이 되라 583 / 어려운 일 내가 합시다 584 / 진달내 586/ 없는 이의 행복, 용기 587

2) 진취적인 어린이

어쩌면 좋을까 588 / 어린 것에게 589 / 꾸중을 듣고 590 / 우리 집 591 / 그대는 준비하는가 592 / 맺고 끊는 사람 593 / 나의 부탁 594 / 해와 싸우는 우리들 595 / 여름밤 596 / 사공의 노래 597

10. 큰 뜻을 품은 어린이 599

큰 뜻과 큰 목적을 세우라 603 / 새해 아침에 605 / 동무 607 / 큰 뜻을 품고 공부하자 608 / 11월 11일 609

부록

잡지 『어린이』 창간에 제하여 경성 조정호 형께 613 / 돌 풀이 615 / 오늘까지 우리는 이렇게 지냈습니다 615 / 두 돌을 맞이하면서 616 / 세 번째 돌날에 618 / 창간 4주년 기념일에 618 / 『어린이』를 사랑하시는 동무들께 고합니다 619 / 칠 주년 기념을 맞으면서 620 / 『어린이』 창간 8주년 기념 예사-농촌소년을 위하야 620 / 『어린이』 창간 8주년 기념 예사 구주대승전 621 / 어린이는 변한다 622 / 개벽사 창간 10주년을 맞으며 624 / 독자창간호를 내면서 626 / 『어린이』는 과연 가면지일까? 629 / 열 살, 아흔 두 권, 십만 명 630 / 100호를 내이면서- 회고 10년간 631 / 속간호를 내면서 633/ 어린이 속간을 축함 634 / 『어린이』잡지를 되살려 내는 뜻 635 / 『어린이』 잡지 풀이 636

참고자료 637

1부
『어린이』지 풀이

01 『어린이』지란 무엇인가

일세강점기 소년해방운동의 주요사업

『어린이』지는 일제강점기 천도교가 전개한 신문화운동의 부문사업 중 하나였던 소년해방운동 사업의 일환으로, 개벽사가 1923년 3월 20일에 편찬한 천도교 소년회 기관지이자 우리나라 최초의 근대 어린이 종합교육잡지입니다.

일제강점기 『어린이』지가 발간될 즈음 국내에서는 직접적인 항일독립투쟁보다 민족자강과 문화혁명을 통한 간접적인 독립운동을 추구하는 타협적 민족주의가 확산되었습니다. 이 속에서 천도교는 의식개벽·사회개벽·문화개혁이라는 3대 개벽주의를 내세우고 우리 민족의 자주적인 근대화와 장기적인 독립운동을 목적으로 하는 신문화운동을 일으켰습니다. 천도교 청년회가 주도하여 교육사업과 농촌사업을 주사업으로 전개했는데 교육사업 중 가장 크게 전개되었던 것이 천도교 청년회 산하 천도교 소년회에서 시작한 어린이교육운동이었고 『어린이』지는 그 운동의 지속적인 전개를 위해 만들어지게 되었습니다.

개벽사에서 발간한 어린이교육잡지

『어린이』지는 천도교 소년회의 기관지이자 소년해방운동의 교재로서 만들어졌기 때문에 당시 천도교 소년회의 회원 대상이 7세에서 16세였던 것으로 보아『어린이』지의 독자도 유치부와 현재의 초등교육기관에 해당하는 보통학교 어린이들을 대상으로 했다고 볼 수 있습니다. 그런데 실재로는 학교에 다니지 않거나 중퇴한 어린이들, 농촌과 공장에서 일하는 어린이들도『어린이』지를 보았기 때문에 19세 전까지의 어린이들을 독자층으로 볼 수 있습니다.

당시 조선사회의 문맹률이 90% 이상이었기 때문에『어린이』지는 어린이들을 계몽하겠다는 취지도 있었으나 거시적으로는 생태문명을 창조하는 사회주체로서 사회를 개조하는 '참된 어린이'를 양성하려는 목적을 지니고 있었습니다.

소년해방운동을 창시한 김기전이『어린이』지의 이러한 취지와 이념 및 정체성을 정립했고 김기전과 방정환, 이정호 등 천도교 청년회 및 천도교 소년회의 주요인물들이 개벽사 임원을 겸하면서『어린이』지의 기획과 편집을 맡아 운영했습니다. 필진으로는 천도교 소년회 산하 문인회인 새싹회와 일본 유학파들로 구성된 색동회, 사회주의 문인과 민족주의 문인 등 다양한 문인들과 교육운동가들이 있었는데『어린이』지가 종합교육잡지인만큼 여러 문인들의 작품과 더불어 사회교육을 중심으로 한 다양한 지식교육과 문예교육에 관한 글들로 구성되었습니다.

『어린이』지는 1923년 3월 20일에 창간되어 1934년 7월까지 121권이 발행되었고 1935년 122권이 속간되었다가 다시 정간된 후 1948년 5월에 123호를 복간해서 발행되다가 1949년 12월 통권 137호를 끝으로 자진 폐간되었습니다. 현재는 1933년 4호만 제외하고 총 116책이 영인본으로 남아 있는 상태입니다.

『어린이』지는 발행한 지 8년만에 600만 부가 판매될 정도로 인기가 좋았는데 이는 그만큼 일제강점기 교육주권과 기회를 박탈당한 상황에서 『어린이』지가 국내외 조선 어린이들의 계몽과 민족교육을 담당하는 국가교육을 대신했다는 것을 입증하는 것이라 할 수 있습니다. 뿐만 아니라 소년해방운동이 진주소년회 어린이들의 자발적인 만세사건으로 촉발된 것이기 때문에 『어린이』지는 조선 어린이들의 강력한 항일독립의지와 자발적인 배움에 대한 열망이 만들어낸 조선 어린이들 스스로의 개벽 사건이라고도 볼 수 있습니다.

무엇보다도 반생태적인 서구문명과 교육에 반하는 동학에서 사상의 줄기를 잇고 있기 때문에 『어린이』지에 드러난 생태적인 세계관과 교육론, 어린이생태시민상은 분명 한국 고유의 자생적인 어린이생태시민교육이라 하겠습니다.

02 『어린이』지가 만들어진 시대배경

조선 어린이들의 고된 노동과 굶주림

『어린이』지가 만들어진 일제강점기에 소수 양반집 어린이들을 제외한 어린이들은 대부분 교육을 받지 못 했고 인격적으로도 천대받으면서 집안일이나 농촌과 어촌, 공장 등에서의 힘든 노동과 굶주림으로 고된 삶을 살았습니다. 1894년에 계급제도가 폐지되기는 했으나 여전히 지주와 같은 유산계급과 대다수의 궁핍한 평민들로 계급이 나뉘어져 있었기 때문에 대부분의 무산계급 어린이들은 그 이후에도 계속해서 온갖 노동에 시달리며 힘들게 살아갈 수밖에 없었습니다. 그리고 일제강점기가 시작되어서는 일제에 의해 탄광촌에 끌려가 강제노동을 하거나 국내외 공장에서 산업노동자로 일해야 했습니다.

대부분의 어린이들이 학교에 다닐 형편이 못 되었지만 그에 일제의 교육기회 박탈과 식민화 교육까지 더해지면서 당시 어린이들은 아예 우리말과 글을 배우지 못 하는 지경에까지 이르렀고 우리 민족의식과 정체성마저 잃을 위기에 처해 있었습니다. 말과 글, 정신을 모두 억압당한 채 헤어나올 수 없는 굶주림의 쳇바퀴에 갇혀서 어른들과 사회에 무시당하면서 아래 글처럼 희망 없는 노동자의 삶을 이어갔던 것입니다.

　직업소년들의 가지가지 설움
　날마다 새벽 네 시에 일어나서 세수하고 가서는 종이에다 담배 싸는 일을 하루 종일 하는데 아흔 갑을 싸서 네 통을 만들어 놓아야만 겨우 3전의 삯을 받습니다. 지금 열일곱 살인데 벌써 사 오 년째나 이 일을 하고 있답니다. 죽지 못 해 하는 일이라 늘 괴롭지요. 담배를 싸서 가져다 검사를 맡을 때 잘못했으면 매를 맞구 또 벌을 당하게 된답니다. 심지어 내여 쫓기까지 한답니다. …
　매일 열한두 시간을 하는 데도 혹시 병이 나거나 부득이한 사정으로 못 가게 되면 돈을 감하고 벌을 씌우고 혹 누가 철없이 담배를 넣고 나가다가 몸을 뒤질 때 들키기만 하면 매를 죽도록 맞고 내여 쫓긴답니다. 세상이 그런 걸요 남처럼 못 먹고 못 입고 공부도 못 하고 그야말로 죽음의 굴 속에 있는 것 같아 늘 슬픈 생각이 떠날 새가 없답니다.
(한삼녀·배명자. '연초직공'. 『어린이』, 제7권 제4호, 1929.)

　첫 새벽에 열다섯, 열여섯 살 되는 코 흘리는 어린 그들이 눈비가 쏟아지는 밤이나 바람이 요란피는 때나 뇌성벽력 울리는 새벽에도 오는 잠을 무참히 깨어서 겨울날 추운 밤에 그 무서운 파도를 헤치고 나갔다가는 풍랑을 만나 들어 못 오게 되는 때가 그들의 태반사이며… 파도와 뇌성벽력 치는 바람과 싸우며 부모를 먹여 살리지 않아서는 안 될 운명에 있는 사람이 백이라면 그 중에서 둘이나 셋밖에는 학교에 가지 못 한답니다. … 그나 그 뿐입니까? 또 어떤 가정의 어린이의 아버지는 술을 좋아하여 월사금을 하려고 이렇게 저렇게 모아둔 돈을 고름끈에 모아 두었다가는 무지한 아버지의 채찍에 이기지 못 하여 아버지 앞에 풀어 놓는 어린이들을 나는 우리 어촌에서 매일매일 보고 느낀 일입니다.

(송규월.『어린이』, '어촌어린이의 생활', 제9권 제10, 1931.)

원수의 날이 또 샙니다. 밉살스러운 해가 또 뜹니다. 영원히 잠들었으면 좋으련만은 살아지는 목숨을 어찌 하오리까? 오늘도 아침 먹고 일하고 자고 또 일하고… 이러다가 죽을 생각에 하루하루의 날이 밝는 것이 퍽도 무섭습니다. 오전 여덟 시에서 오후 다섯시까지… 감독의 눈 앞에는 죽더라도 일을 해야 될 생각에 미리부터 진저리가 납니다. … 감독의 욕설과 구타와 축출을 면하고 벌어먹어야 한다는 괴로운 생각에 눈물나게 섧겠만… 포로수용소와 같이 나는 또 벤또 그릇을 끼고 어슬어슬 공장으로 향하야 가야 합니다.

(주영철. '인쇄직공'.『어린이』, 제7권 제4호. 1929.)

선생님, 열다섯의 새 봄이 왔습니다. 오늘도 진종일 쌀 고르는 일을 하고 지금은 밤! … 여러 가지 직업이 쉬운 게 어디 있겠습니까만은 이 쌀 고르는 직업 같이 어렵고 힘드는 일은 없을 것 같아요! 하루에 서너 말 고르면 이십 전 내

외 밖에는 더 받지 못 하는 이 노릇을… 더구나 일할 때 갯
냄새에는 기가 막힐 지경이고 먼지에 코와 목이 매캐하니
아파서 참아내기 어렵습니다 눈이 쓰리고 눈물이 날 적마
다 말 못 할 설움에 뼈가 저리지만 어떻게 하겠습니까?
　선생님, 더 쓸 기력조차 없습니다. 영양부족과 과로로 인
한 작병! 그리고 타는 속! 선생님 말과 글로 형용치 못 할
심한 설움은 무엇보다도 가장 이 누루퇴퇴한 저의 얼굴이
잘 증명하고 있습니다.
　　　(김수복. '정미직공'.『어린이』, 제7권 제4호, 1929.)

　1932년 이후의『어린이』시에는 계납수의 문학가들의 문학작품이
나 어린이 노동자들의 기고문이 많이 실렸는데 그 글들에는 당시 조
선 어린이들의 이런 비참한 현실이 매우 구체적으로 나타나 있습니
다. '쉴 새 없이 일만 해도 굶주리고 헐벗기만 하는 몸'이라는 한탄
과 '조반 한 그릇을 세 식구가 한 번씩 떠먹으면 빈 그릇'이 되는 상
황, '하늘에서 오는 눈이 쌀이라면' 등 극심하게 굶주리는 삶에 대한
표현이 있고 아무리 일을 해도 밥을 먹을 수 없는 현실을 자각하고
그만 자살을 택한 어린이의 슬픈 실화도 실려 있습니다. 그런 가 하
면 그런 자식들을 끝까지 거두지 못 하고 버리는 부모들도 많았는데
1934년 한 해에 버려지는 아이들이 266명, 거리에서 굶주리는 미
아들이 1,104명이나 되었다고 합니다(『어린이』, 제12권 제4호, 62.).
　그나마 버려지거나 죽지 않고 살아가는 경우, 대부분의 남자 아이
들은 공장과 농촌, 어촌 등에서 고된 노동을 했고 여자 어린이들은
일본인 집의 가사나 육아노동으로 목숨을 이어갔습니다. 조선일보
1924년 5월 14일자를 보면 경성 내에 있는 공장 730 군데에서 12

살에서 15살 사이의 어린이 노동자들이 1,544명이나 일을 했는데 전국에서 공장 외의 모든 노동현장에 있던 어린이들을 추산하면 조선 어린이들의 대부분이 노동자의 삶을 살았다고 해도 과언이 아닐 정도였습니다.

그런데 당시 공장에서의 노동조건은 어린이들에게 너무나 가혹한 것이었습니다. 아침 6시부터 저녁 6시까지 하루 12시간을 꼬박 일하면서도 오전 8시 15분과 오후 3시 15분에 단 두 번만 쉴 수 있었고 점심시간은 고작 30분밖에 되지 않았습니다. 일이 서툴면 매질을 당했고 다치거나 병이 드는 경우에도 부당하고 가혹한 처사를 당하거나 쉽사리 해고당하기 일쑤였습니다.

그런데 간도로 건너간 어린이들의 상황은 더 열악했습니다. 그래도 국내 어린이노동자들은 두 끼를 먹었지만 간도의 어린이들은 하루에 한 끼 먹기도 어려웠고 심지어 만주 마적단들의 폭행과 살인 위협에 시달리며 살아야 했기 때문입니다.

일본에서도 상황은 마찬가지였습니다. 조선사람 수십 만 명이 노동자로 일본에 건너갔는데 동경에서는 천여 명이 판자 위에 거적때기를 덮은 본소(本所)란 곳에 백여 명의 아이들을 데리고 모여 살았습니다. 그 중 15세 전후의 어린이들은 일본 공장에서 일을 했는데 일본말을 모른다고 맞고 해고당하고 천시당하면서 힘겨운 삶을 이어갔습니다.

만주의 어린이들

이국에도 여름은 왔다. … 어느덧 큰 거리를 빠져 우리 동포가 사는 빈민굴인 새장거리로 나섰다. 배곯은 무리들에 하루 종일 땀 흘린 매음새가 용서없이 나의 코를 찌른다. 집은 여러 집이 꼭 같이 지어 있지만 촛불 하나 켜 놓은 집이 없다. … 이 빈민굴에도 나와 같은 어린 소년이 많을 것이다. 그들도 나와 같은 불평에 싸여 있을 것이다. 그 동무들도 낯설은 이 땅에서 매일 힘을 아끼지 않고 싸워 나갈 것이다. 말할 곳 없고 하소연할 곳 없는 이 땅에 가련한 동무들이여! 붉은 마음과 마음을 합하여 굳게 굳게 싸워 주소서!

(박인수. '긴도의 여름밤'. 『어린이』, 제10권 제8호, 1932.)

동경에 우리 조선 아이들이 백 명이나 넘어 있다고 하면 여러분은 놀라실 것입니다. … 노동하는 사람들은 제 각기 따로따로 일본 사람의 집을 빌어서 여기 한 뭉치 저기 한 뭉치씩 뭉쳐서 삽니다만은 본소(本所)란 곳에는 천여 명이 한 집안에서 삽니다. 그 이들은 무슨 모임을 만들어 이 방과 저 방을 갈랐습니다. 방이래야, 바닥에는 나무 판자를 깔고 그 위에는 거적때기 같은 것을 덮은 반 간도 못 되는 우스운 것입니다. 그러한 방에서 우리 아이들을 뽑아내어 오면 네다섯 살로부터 열세네 살이 되는 아이들이 백여 명 가량이나 됩니다. 그 애들은 여러분과 같이 학교에 다닐 돈도 없습니다. 이렇게 추운 겨울이 되어도 따뜻한 솜옷도 한 벌 얻어 입을 수 없습니다. 설날이 왔습니다만 떡국 한 그릇도 얻어먹을 수 없는 불쌍한 아이들입니다.

(손진태. '동경에 있는 조선의 아이들', 『어린이』, 제5권 제1호, 1927.)

그러나 그런 상황 속에서도 조선의 어린이들은 삶에 대한 강한 의지를 갖고 미래에 대한 희망을 놓지 않았습니다. 『어린이』지의 글들을 보면, 물론 자신의 처지를 '개미 목숨'으로 표현하거나 분노와 억울함을 표출한 경우도 있지만 그보다는 삶에 대한 긍정적인 태도와 강인한 의지를 나타내는 경우가 훨씬 더 많습니다. 숙연함과 존경심까지 드는 글들이 많은데 아래는 그런 어린이들의 의지를 잘 대변한 작품들입니다.

어머니(동요)

허문일

어머니 어머니
걱정마시오.
걱정하면 없는 돈이
생깁니까요.

무쇠같이 튼튼한
나의 주먹이
이 살림의 이대로만
둘 줄 압니까.

어머니 어머니
울지 마시오.
우신다고 이 설움이
풀릴 겁니까.

붉은 피가 펄펄 끓는
나의 가슴이
이 설움을 풀지 않고
둘 줄 압니까.

(『어린이』, 제9권 제4호, 1931.)

동생아 누나야

로양근

　동생아! 누나야! 배가 고프냐? 허리띠를 졸라나 매거라. 그리고 한 번 더 꾹 참아라.
　사랑하는 동생아! 누나야! 슬픈 일이 있느냐? 실컷 울어라. 울고 울고 목을 놓아 실컷 울어서 다시는 더 나올 눈물이 없도록 마지막으로 한꺼번에 울어버려라. 그리고는 다시는 더 눈물을 흘리지 말아라.
　동생아! 누나야! 분한 일이 있느냐? 주먹을 단단히 쥐어라. 이를 악물어라. 그리고 공연한 원망과 쓸데없는 탄식은 그만두어라.
　사랑하는 동생들아! 누나들아! 눈을 들어 산을 보라. 들을 보라. 지금은 찬 눈이 저렇게 허옇게 덮여 있지만 저 쓰린 눈더미 속에서 장차 새싹이 자라 거기에 아름답고 향기로운 고흔 꽃이 다복다복 피어날 힘찬 생명이 숨어 있는 것을 생각하느냐?
　우리들의 앞에도 꽃 피고 잎 돋는 듯 그 날이 오기까지 굳게 서서 참아라…
　동생아! 누나야!

(『어린이』, 제10권 제3호, 1932.)

　그러나 당시의 어린이들이 아무리 이렇게 의지를 다져도 노동과 굶주림이라는 삶의 현실은 쉽게 바꿀 수 있는 것이 아니었습니다. 또 그 속에서 어린이들에게 가해지는 인격적인 천대도 어린이 개개인의 힘으로 쉽게 바꿀 수 있는 것이 아니었습니다. 그러나, 그럼에도 불구하고 조선의 어린이들은 3.1운동에 대거 참여하고 각 지역에서 만세운동을 일으키는 등 스스로 시대를 개척하고 자신들의 인격과 사회적 위상을 세워 나갔습니다. 이에 천도교 청년회가 부응하여 소년해방운동을 시작해서 전국단위의 소년운동단체를 만들고 어린이들의 사회주체화를 지속적으로 이끌기 위해 『어린이』지를 발간하게 된 것입니다.

일제의 식민지교육과 교육주권 박탈

피폐한 삶으로부터 벗어나려는 조선 어린이들의 열망이 『어린이』지를 탄생시킨 근본동력이었다면, 『어린이』지를 탄생시킨 현실적인 배경은 당시 열악했던 국내의 교육상황이었습니다.

조선은 일제강점기 이전부터 소수 양반의 자녀들을 제외한 거의 모든 어린이들이 문맹이었고 그들을 위한 교육시설도 없었습니다. 그러다가 1905년 을사늑약 체결 이후 국권 상실의 위기에 처하면서 애국계몽운동이 펼쳐졌는데, 이로 인해 1907년에서 1909년까지 3,000여 개에 달하는 사립학교가 세워지고 중등교육과 고등교육이 시행되면서 우리민족의 자발적인 근대교육이 시작되었습니다. 그러나 일제가 1908년 사립학교령을 만들어서 그 많은 사립학교들을 감시하거나 폐쇄시켰고 1910년 8월 이후 전면적으로 탄압하기 시작했는데, 대한협회, 서북학회, 기호흥학회, 관동학회, 교남교육회, 호남학회, 대한흥학회, 흥사단 등 많은 애국계몽운동단체들을 강제해산시켰고 황성신문, 대한매일신보, 제국신문, 만세보, 대한민보 등 모든 신문들과 『소년』을 비롯한 모든 잡지들 그리고 각 학회의 기관잡지까지 모두 강제 폐간시켰습니다. 또 애국계몽 서적들을 '금서'로 규정해서 모두 몰수하고 판매 금지시켰으며 학교교과서는 일본 교과로 대체시키고 조선인의 언론, 출판, 집회, 결사의 자유를 박탈했습니다.

이어 1911년 8월에는 '일본제국에 충량한 국민 육성', '일본어 보급', '조선의 대학 설치 금지', '필요한 경우 실업기능교육만 시행'을 골자로 하는 조선교육령을 공포하여 민족말살과 식민지 노예화교육을 본격적으로 시작했는데, 공사립학교 모두 총독부의 지시를 따르도록 하면서 조선인에게는 아주 낮은 차원의 기초교육만 받게 하고 고등교육기관에 진학하지 못 하게 했습니다. 그리고 이에 부응하지 않는 사립학교들은 모두 폐쇄시켰습니다.

이에, 이어 그 해 10월에는 사립학교규칙을 제정해서 사립학교를 더 심하게 탄압했는데, 우리말과 지리, 역사교육을 금하고 일본 말과 일본 지리를 가르치도록 했습니다. 뿐만 아니라, 학교 밖 교육마저 하지 못 하도록 1910년 11월부터 전국의 서점과 향교, 가정집까지 모두 수색해서 조선의 책들을 약탈하고 그 중 20만여 권을 불태웠습니다. 이 같은 상황에서 다른 교육 방편으로 야학과 서당, 강습회 등이 급증하게 되었는데, 일제는 이마저 1918년 서당규칙을 제정해서 탄압했습니다.

그럼에도 불구하고 1919년 3.1의거에 200만 명 중 교사와 15세 이상의 학생들이 70% 이상 참여하게 되자 일제는 큰 위기의식을 느껴 3.1운동 이후 출판, 결사, 집회, 언론의 자유를 어느 정도 보장하는 문화통치로 통치정책을 바꾸었습니다. 그러나 말과 달리 실제로는 더 심하게 사립학교를 탄압하고 우매화와 황국신민화를 더 교묘한 방식으로 강화해 나갔습니다.

이런 상황 속에서 김기전은 당시 어린이들의 문맹률이 90% 가 넘던 현실을 개탄하면서 우리 어린이들에 대한 자주적인 교육책을 마련할 필요성을 강하게 인식하게 되었습니다. 그 결과 신문화운동의 주요사업 중 하나로 교육사업을 정하고 전국에 노동자와 농민, 여성과 농촌어린이들을 대상으로 하는 야학을 각 지역에 설립해서 적극적으로 운영했습니다. 그리고 이마저 참여할 수 없는 어린이들도 고려하고 전국 어린이들에게 찾아가는 학교 역할을 할 수 있는 것으로 종합교육잡지인 『어린이』지를 발간하게 되었던 것입니다.

따라서 『어린이』지는 야학의 교재로 많이 활용되었는데, 『어린이』지를 보면 야학을 소재로 한 작품들이 매우 많고 그 작품 속에는 야학을 다녔던 어린이들의 삶이 잘 나타나 있습니다. 하루 12시간 일을 하고도 일을 마친 후 지친 몸을 이끌고 야학에 매진하는 어린이들의 이야기, 야학에 가고 싶어도 동네에 야학이 없거나 야학비가 없어서 야학에 가지 못 해 서러워하는 이야기, 또 열 살밖에 안 된 어린이가 스스로 야학을 차리고 공장일 하는 형이 밥값을 아껴 그 동생에게 책을 사서 보내주는 이야기 등이 있는데 이는 당시 어린이들의 배움에 대한 의지와 열망이 얼마나 컸는지 알 수 있게 해 줄 뿐 아니라 그러한 상황에서 『어린이』지가 필연적으로 만들어질 수밖에 없었다는 것을 이해하게 해 줍니다.

아래는 『어린이』지 중 그런 조선 어린이들의 배움에 대한 강인한 의지와 야학활동을 다룬 작품들입니다.

야학노래(동요)

주향두

옷밥에 굶주린 동무야
눈조차 멀어서 산다나
낮에 못가는 학교를
낮에 못배우는 동무야
가난에 쫓긴 동무야
밤에 맛니시 배우자.
뜨거운 손목을 흔드자.
낫가락 허리에 꿰차고
지게 목발 때리며
낮학교 못가는 신세를
노래만 하면 어쩌나
석유 궤짝 책상에
호롱 등불 까므락
무쇠 같은 정성에
열려 간다 이 눈들

(『어린이』, 제9권 제11호, 1931.)

야학 가는 누나(동요)

박인수

캄캄한 골목길로
걸음 바삐 밝혀가며
우리 누나 글 배우러
야학교로 달려가네.

저녁까지 일한 몸에
곤한 줄도 모르고서
캄캄한 눈 떠보자고
걸음 바삐 달려가네.

(『어린이』, 제10권 제7호. 1932.)

편지는 반가이 받아 보았다
- 야학을 세웠다는 동생의 편지를 받고 -

양가빈

동생아! 시골 부모를 모시고 짐을 꾸려 나가기에 땀을 흘리는 동생아! … 내가 일을 위하여 북쪽으로 떠나올 때도 서울 가면 인형 사다 달라던 네가 동네의 무지한 애들을 위하야 야학을 세웠다고…

무식한 동무들이 볼 책이 있거든 오십 권만 보내 달라고. 응? 책이야 수두룩하나 형 역시 일손을 못 잡아 본 몸이 돈인들 어데 있어서 책을 사 보내겠니마는 형으로서는 바라도 못 볼 크다란 힘에 돈이 없다는 것을 탓하고 책을 안 사 보내지는 못 하겠다.

책! 이 형과 네 일에 입을 딱 벌린 형의 동지들이 울듯이 기뻐 날뛰며 저녁부터 굶어야 할 밥값을 모으고 모아서 책 오십 권을 사 부친다.

동생아! 내 가장 사랑하고 믿는 동생아, 그 마음을 놓지 말고 보낸 책을 받아서 무식한 동무들에게 끝끝내 가르쳐 주어라. …

동생아! 그리고 또 무엇 모자라는 게 있거든 편지로 청하여라. 동생의 하는 일을 기뻐하는 이 형과 형의 동지들의 밥값은 있으니까!

(『어린이』, 제10권 제8호, 1932.)

03 │ 『어린이』지의 취지와 목적

민족자강과 개벽운동을 위한 소년해방운동

앞서 서술했듯이, 『어린이』지는 신문화운동을 위한 종합교육잡지로서 어린이를 조선을 도덕강국으로 만드는 사회주체이자 생태적 문명을 창조하는 신인류로 양성하기 위한 것이었습니다. 이 신인류로서의 어린이를 뜻하는 말이 '참된 어린이'인데, 『어린이』지는 바로 이 '참된 어린이'를 기르고자 했던 것입니다. 그런데 이 '참된 어린이'에 대해 구체적으로 알기 위해서는 『어린이』지 사업을 이끈 천도교의 신문화운동과 소년해방운동에 대해 먼저 이해할 필요가 있습니다.

신문화운동은 1920년 3월에 설립된 천도교 청년회가 동학의 근대화와 민족자강을 목적으로 하여 정신개벽·사회개벽·민족개벽의 3대 개벽을 전략으로 펼쳐진 사회개조운동입니다. 천도교 청년회는 먼저 민족계몽을 위한 지식과 교육내용들을 생산하고 전파할 수뇌부로서 개벽사를 설립하고 농민, 노동자, 상인, 여성, 어린이, 학생, 청년을 대상으로 7대 부문사업을 구성하고 각 부분에 맞는 출판사업과 교육사업을 펼쳐 나갔습니다. 소년해방운동은 천도교 청년회가 1920년 5월 그 산하에 천도교 소년회를 두고 이 중 어린이운동으로 전개한 것입니다.

천도교 청년회의 지도부이자 개벽사의 주역들이 이 조선소년해방운동을 이끌었는데, 당시 천도교 청년회의 총새이사 개벽사의 주필이었던 김기전이 신문화운동의 사상과 이론을 확립하고 전체적인 사업들을 총괄했습니다. 또 이와 동시에 천도교 소년회의 총재로서 천도교 소년회의 기조와 활동지침, 조직구성과 운영방침 등 그 정체성과 조직을 확립하고 전국단위의 대중사업인 어린이날과 지속적 교육사업인 『어린이』지 발간을 소년해방의 두 가지 주요사업으로 전개했습니다. 이렇게 신문화운동과 조선소년해방운동, 어린이날과 『어린이』지가 하나의 연장 선상에서 이어지는 것이기 때문에 『어린이』지의 근본취지와 목적이 천도교 청년회의 신문화운동과 동일하게 민족자강, 사회 개조, 신인류 양성이라는 것을 알 수 있습니다.

신인류, '참된 어린이' 양성

김기전은 동학사상과 근대교육이론을 종합하여 지정덕체(智情德體)의 독자적인 교육관을 정립하고 천도교회월보에서 천도교 소년회의 목적을 '천도교의 종지(宗旨) 밑에서 회원의 상식을 늘리고 덕성을 가르치며 신체의 발육을 꾀하여 쾌할 건전한 소년을 짓기로 함'이라고 제시했습니다.

그리고 이것을 어린이들에게 쉽게 전달하기 위해 봉건적인 기성시대와 사회로부터의 해방, 주체적인 자아 확립, 사랑과 협동이라는 소년해방운동의 취지를 모두 담아 '씩씩하고 참된 소년이 됩시다. 그리고 늘 사랑하며 서로 도와갑시다.'라는 표어를 만들어 알렸습니다. 이 표어는 천도교 소년회의 표어일 뿐 아니라 소년해방운동 전체의 표어로서 어린이날의 표어로도 쓰였고 『어린이』지에도 매호마다 실리면서 소년해방운동의 정신을 대표했습니다.

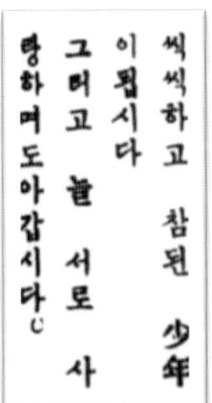

> 재작년 봄 5월 초승에 서울서 새 탄생의 첫 소리를 지른, 천도교 소년회, 이것이 우리 어린 동무 남녀 합 30여 명이 모여 짠 것이요 조선소년운동의 첫 고동이었습니다. 제일 먼저, 우리는 「씩씩한 소년이 됩시다. 그리고 늘 서로 사랑하며 도와 갑시다」 하고, 굳게 약속하였고 또 이것으로 우리 모듬의 신조를 삼았습니다.
>
> (『어린이』, 창간호, 1923.)

그리고 이 표어대로 살아가는 어린이상을 표현한 것이 바로 '참된 어린이'인데, 『어린이』지는 참된 어린이를 기르기 위한 내용들을 체계적으로 구성하고 창간부터 폐간까지 그 체계에 따라 일관되게 내용을 구성했습니다.

따라서 『어린이』지 전체의 내용을 분석해 보면 소년해방운동의 이상적인 어린이상이 참된 어린이였다는 것이 증명되고, 아울러 참된 어린이상이 3부에서 설명된 열 가지의 구체적인 어린이상 - 1. 대우주적 어린이, 2. 건강하고 명랑한 어린이, 3. 스스로 하는 어린이, 4. 성실하고 부지런한 어린이, 5. 함께 사랑하며 살아가는 어린이, 6. 의협한 어린이, 7. 사회봉공하는 어린이, 8. 만물을 공경하는 어린이, 9. 씩씩하고 진취적인 어린이, 10. 큰 뜻을 품은 어린이-으로 제시되었다는 것도 확인하게 됩니다.

04 『어린이』지의 철학기반

앞서 설명했듯이 『어린이』지는 김기전이 정립한 신문화운동사상과 이를 토대로 한 소년해방운동의 교육철학을 공유하고 있습니다. 따라서 아래와 같이 김기전의 사상과 교육철학을 먼저 이해하는 것이 『어린이』지의 교육철학을 이해하는 데 도움이 됩니다.

대학자 김기전의 동학사상 근대화

김기전은 당대 최고의 대학자이자 사회운동가이자 교육자, 언론인이자 독립운동가였습니다. 동학의 대접주이자 한학자였던 아버지에게서 어릴 때부터 한학과 동학을 배우고 지금의 고려대학인 보성전문학교 법과를 졸업한 후 매일신보사에서 언론인으로서 활동하다가 3.1운동을 비롯한 천도교의 독립운동에 적극 참여하였고 천도교청년회의 총재로서 조선소년해방운동을 포함한 신문화운동 전반을 주도하고 개벽사의 주필로서도 당대 최고의 민족 지성잡지인 『개벽』를 비롯해 많은 계몽잡지를 발간하고 『어린이』지 발간과 더불어 여러 교육사업을 전개했습니다.

또 김기전은 신문화운동을 펼치기 전부터 천도교의 3대 교주인 손병희로부터 동학사상을 근대화하는 임무를 부여받고 동학사상과 당시 조선에 유입된 여러 외래사상들을 종합해서 천도교의 독자적인 사상과 교리를 정립해 내는 과업을 이루었습니다. 신문화운동사상과 소년해방운동의 교육사상은 바로 김기전이 이렇게 정립한 근대화된 동학사상으로부터 도출되었던 것입니다.

정신개벽을 위한 인내천(人乃天)주의와 각천론(覺天論)

김기전 교육론의 중심사상은 사람이 자기 안에 한울님을 모신 존재이기 때문에 사람 섬기기를 한울님과 같이 하라는 인내천주의(人乃天主義)와 스스로 자기 안의 한울님을 깨닫고 한울님과 같은 자아와 삶을 살아나가야 한다는 각천론(覺天論)을 핵심으로 합니다.

이 두 가지는 인간이 우주적 존재로서 우주와 함께 공진화(共進化)하는 존재임을 깨닫는 정신개벽, 즉 내적인 의식혁명으로서 소년해방운동철학의 가장 근본이 되는 것입니다. 김기전은 이에 기반해서 '대아(大我)를 각성한 어린이', '한울적 자아'라는 표현으로 이상적인 어린이상을 제시하였고 『어린이』지를 통해서 인내천주의의 가르침을 전했습니다.

그리고 인내천을 깨닫기 위한 개인의 노력으로 각천을 주장했는데 자기 안의 한울님을 깨닫는 것은 우주적 의식을 깨닫는 것을 의미하기 때문에 각천은 낮은 차원의 의식에서 점점 더 높고 넓은 차원의 의식으로 향상되는 과정을 필요로 합니다. 따라서 김기전은 동학의 자기 수련과 니체의 초인주의를 접목한 개념으로, 과거의 잘못과 한계를 단호히 극복하고 늘 향상진화해 가는 인간상을 뜻하는 '단단인(斷斷人)'을 또 하나의 이상적 어린이상으로 제시했습니다. 그리고 당시 봉건주의와 일제강점기 상황에서 어린이들을 이 단단인으로 기르기 위해 『어린이』지에서 일상적인 자기 성찰과 큰 이상 진취적 기상과 성실근면을 강조했습니다.

물질개벽을 위한 물물천(物物天)사상과 생명살림사상

당시 1차 세계대전으로 인한 서구주의에 대한 회의가 전 세계적으로 확산되었는데 러시아의 표트르 크로포트킨(Князь Пётр Алексе́евич Кропо́ткин. 1842-1921)이 제시한 상호부조의 생태론은 지배적 서구주의의 사상동력이 되었던 다윈주의를 극복하는 대안으로 각광받았습니다. 크로프트킨은 다윈과 반대로 협동과 공생의 생태원리를 입증하면서 지배주의적 서구사회진화론을 극복할 수 있는 생물학적 근거를 제시했습니다. 김기전은 이 크로프트킨의 상호부조론에 동의하면서 동학의 기화(氣化)생태론을 근대적으로 입증하는 보론으로 삼았습니다.

그러나 크로포트킨의 이론이 동학의 생태론을 근대적으로 쉽게 전달하는 역할을 하기는 했지만 동학의 신성(神性)물질론이라 할 수 있는 물물천(物物天)의 자연관과는 차이가 있는 것이었습니다. 물물천은 사람뿐 아니라 모든 물질과 자연현상에도 한울님이 들어 있고 그렇기 때문에 물질도 한울님으로 공경해야 한다는 뜻입니다. 즉 동식물과 모든 자연물질, 현상들이 모두 한울님의 정신이 물질적 차원으로 표현된 것이라는 것인데, 존재하는 차원이 다를 뿐, 자연 자체도 인간과 같이 한 한울님으로부터 생겨난 신성한 존재이고 그렇기 때문에 모든 동식물들을 인간과 한 동포형제로 여겨야 한다는 것입니다.

이 물물천은 자연과 인간의 소통, 상호협력과 공진화, 동식물을 포함한 범지구적 가족개념 그리고 전 생명세계에 대한 책임을 주장하는 소년해방의 교육론을 뒷받침하는 가장 핵심적인 개념입니다. 이것은 자연에 대한 이런 인식론은 이전까지는 한민족과 뿌리가 같은 북미 원주민들의 생태적 영성과 사상을 통해서만 뒷받침되다가 현대과학이 양자물리학에서 물질의 근원을 의식으로 인정하면서 그 과학적 타당성까지 지니게 되었습니다. 이에 물물천 개념은 동학의 고유한 자연관이면서도 가장 진화된 보편적인 물질론이라고 높게 평가할 수 있습니다.

아울러 이 물물천 개념은 현대교육에서 매우 중요한 의미를 지니는데, 그것은 물물천에 입각한 자연교육이 서구의 자연주의교육의 한계를 극복하고 현 기후위기에 대응하는 데 더 실효성 있는 대안을 제시하기 때문입니다. 현재 일반적으로 생태교육의 근거이론으로 자리잡고 있는 루소의 자연주의 교육은 '자연으로 돌아가라'는 문구 하나에 이성중심주의와 파괴적 문명에 대한 비판, 자연에 대한 연민과 지향성 등 생태교육에 필요한 주요 내용들을 담고 있습니다. 그러나 그것은 근본적으로 인간과 자연을 전혀 다른 두 존재로 인식하는 서구 이원론과 인간과 동식물에 대한 차별주의, 그리고 무엇보다 인간의 이성관 문명사회에 대한 소극적 태도를 벗어나지 못 하는 한계를 집니다. 따라서 생태적 이성과 합리성, 문명사회에 대한 애정과 책임, 창조적 사회개조가 필요한 현 시대상황에서는 큰 힘을 발휘한다고 볼 수 없습니다. 자연과 인간의 새로운 관계정립, 기존 인간성에 대한 생태학적인 새로운 규정, 생태적 시민이 살아야 할 적극적인 삶의 방식을 제시하기에는 그것은 역부족입니다. 이런 인식론과 존재론의 대전환은 현대과학이 뒷받침하는 물물천 개념을 통해서 가능합니다.

그런데 『어린이』지에는 이 물물천 개념에 입각한 문학작품들이 많습니다. 동식물을 죽어 있는 물질이나 이용대상으로만 대하는 이야기는 찾아보기 어렵습니다. 거의 모든 시와 소설에서 의인화된 동물이 등장하고, 어린이와 친구처럼 대화를 나누는데, 이야기 구조도 서로 돕고 존재를 완성시켜 주는 것으로 일관되어 있습니다.

오늘날 기후위기와 그에 따른 인류 멸종 위기가 아무리 심각하게 강조되어도 현 인류의 의식이 생태적으로 대전환을 이루지 않으면 그 효과를 기대하기 어렵습니다. 사회개벽은 사회구성들의 내적인 정신개벽에서 비롯되기 때문인데, 그 정신개벽의 핵심이 바로 물질관의 개벽, 즉 '물물천'인 것입니다.

이에 김기전이 제시한 기화생태론과 물물천을 핵심으로 하는 생태론은 근대서구생태론뿐 아니라 그 대안이었던 크로포트킨의 생태론까지도 너머서는 것이라고 할 수 있습니다.

사회개벽을 위한 상호부조의 생태론과 사회봉공론(奉貢論)

김기전은 위와 같은 차원의 생태적인 정신개벽을 개인에서 사회로 확장하려 했고 그 토대이론으로 크로포트킨의 상호부조의 생태론을 동학사상에 접목한 생태론과 사회론을 제시하였습니다. 크로포트킨은 서구 반생태적 식민지제국주의의 토대이론인 다윈의 경쟁주의 생태론과 그와 같은 맥락에서 허버트 스펜서(Herbert Spencer)가 제시한 사회진화론의 오류를 지적하고 그 폐해를 비판하면서 협동공생하는 생태적 사회론을 제시하였습니다. 이는 현대 진화생물학이 제시하는 생태론과도 일맥상통하면서 동학의 '한울로써 한울을 먹이고(以天食天) 한울로써 한울을 받들며(以天奉天), 한울로써 온 한울을 함께 진화시킨다(以天化天)'는 기화(氣化)생태론을 뒷받침하는 생태론입니다. 이에 김기전은 동학의 이 기화론에 크로포트킨의 생태론과 그와 같은 맥락의 사회유기체론을 연결해서 서구의 반생태적 경쟁과 지배윤리에 정면 대응하는 독자적인 사회유기체론을 제시했습니다. 이는 개인과 사회의 유기적 관계로 구성된다는 점에서 서구의 유기체사회론과 같지만 개인과 사회가 서로의 진화에 대해 책임을 진다는 것 그리고 책임을 지는 방식이 서로를 한울님을 모시듯 신성한 태도로 상호헌신 한다는 점에서 큰 차이를 지닙니다. 따라서 이 같은 김기전의 사회론을 사회봉공(奉貢)론이라고 합니다.

　소년해방운동은 어린이들에게 이 사회봉공을 가르치기 위해 이 '늘 서로 사랑하며 도와갑시다.'라는 소년해방운동의 표어를 만들고 『어린이』지에서 공동체적인 사회의식이 담긴 이야기들과 이웃과 사회에 헌신하는 어린이들의 이야기를 제시했습니다.

제국주의를 극복한 세계일가주의(世界一家主義)와 도덕적 민족주의

　신문화운동의 궁극적 목적은 최제우가 제시한 대로 광제창생(廣濟蒼生)입니다. 따라서 신문화운동은 근대의 민족주의나 인종주의를 지양하고 인류동족주의와 세계일가(一家)주의를 표방했습니다. 이는 1차 세계대전이 끝난 직후, 전 세계적으로 인종차별주의와 배타적 민족주의에 대한 회의와 비판이 확산되던 당시 상황에서 새 시대의 대안적 세계관으로 부각되었는데 김기전은 이를 모든 인간과 만물이 한 한울님(至氣)에게서 뻗어져 나와 생긴 것으로 보는 동학의 지기일원론(至氣一元論)과 일맥상통하는 것으로 보고 이를 신문화운동이 추구해야 할 새로운 세계관으로 수용했습니다.

그러나 그렇다고 해서 제국주의 국가나 침략민족들마저 보호대상으로 여기지는 않았습니다. 그는 세계일가족을 무너뜨리는 민족을 악이라 하고 세계일가족을 지키려는 민족을 선이라고 규정했습니다. 민족간의 우열관계는 다름 아닌 이러한 의미의 선악기준에 따라 존재할 수 있고 각 민족은 도덕적 민족성과 역량을 갖추기 위해 노력해야 한다고 주장했습니다. 당시 일제가 조선침략을 정당화한 명분이 바로 조선민족이 열등하다는 것이었는데 김기전의 이 같은 도덕적 민족주의는 그러한 반생태적 민족주의에 대응함과 동시에 우리 민족의 도덕적 우수성을 입증하는 노력으로 이어졌습니다. 특히, 문맹과 강제노동, 피폐한 삶 속에서 무기력과 패배주의에 빠져드는 당시 조선 어린이들에게 우리민족의 도덕적 우월성을 알려줌으로써 건강한 민족의식과 우리 민족에 대한 자긍심을 심어주려 했습니다.

그래서 김기전은 1922년 『조선지위인(朝鮮之偉人)』을 발간해서 조선의 위인들을 소개했고 『어린이』지에서는 단군신화를 통해 우리 민족이 천손(天孫)민족임을 가르치고 조선에 대한 다방면의 지식을 담은 글들과 역사소설 및 사상계의 위인들을 소개하는 글들을 실었습니다. 또 힘에 의해서든 도덕성에 의해서든 자민족우월주의에 빠지는 것을 경계해야 한다고 하면서 동학의 무극대도(無極大道)사상에 근거한 대도(大道)의 교육론을 제시했는데, 『어린이』지는 매 신년호마다 '큰 뜻을 품은 어린이'를 강조하는 글들을 실으면서 민족과 나라를 위하는 마음에서 한 걸음 더 나아가 인류애와 동식물을 포함한 세계일가주의의 대이상을 지닐 것을 강조했습니다.

문명개벽을 위한 신성노동론과 사회개조론

신문화운동과 조선소년해방운동은 이상사회로 사랑과 협동으로 실현되는 지상천국을 추구했습니다. 그런데 당시 조선사회를 잠식하던 산업자본주의와 제국주의는 이 지상천국과는 반대되는 것이었습니다. 지상천국은 천지부모인 한울님이 만물을 지극한 사랑으로 낳고 돌보고 자라게 하는 것처럼 사람도 그런 마음과 방식으로 일을 할 때 만들어지는 것인데, 서구사회체제는 그와 반대되는 지배와 차별, 계급과 비인간화, 독점과 불평등에 의해 운영되는 것이었기 때문이었습니다. 최제우가 '서학은 한울님을 위한 듯하나 치고 쳐서 빼앗는 것만 일삼는다.'고 비판했듯이 김기전도 이러한 서구사회체제의 반생태적 본질을 꿰뚫어 보았습니다.

그래서 그는 실질적인 사회구성 요소인 노동문제에 천착했고 자본주의의 노동을 비판하면서 그 대안으로 신성노동론을 제시했는데, 그의 신성노동은 인간의 도덕성과 대아의 인격을 형성하고 천지조화를 이루어 나가는 행위를 뜻하는 것이었습니다. 이 역시 동학사상과 근대 노동철학을 접목한 그의 독자적인 노동론이었는데 김기전은 마르크스의 노동의 신성 개념을 일부 수용하면서도 유물론이

정신을 배제한 것을 한계로 지적하면서 노동을 '인간과 우주의 심력(心力)적 표현'이라고 정의했습니다. 이는 곧 노동을 인간이 한울님의 지극한 사랑을 현실화하는 행위로 보고 이러한 차원의 노동을 할 때 계급과 물질주의가 타파되고 인내천주의가 사회에 실현된다고 보았던 것입니다.

그리고 이 신성노동을 하게 하는 내적 동기를 신성노동교육의 근본요소로 제시했는데, 이에 대해 그는 버트런드 러셀(Bertrand Arthur William Russell)의 사회개조론을 빌어 설명했습니다. 러셀은 인간이 소유충동을 발휘할 때 타자를 저해하게 되는 반면 창조충동을 발휘하면 자본주의 문제들이 해결된 선한 사회를 만들 수 있다고 보았는데, 김기전은 여기에서 창조충동의 개념을 신성노동사회를 만들 수 있는 내적 요인으로 받아들였던 것입니다.

그리고 그는 이것을 공동체적인 사회조직을 만드는 신문화운동의 내적인 추동개념으로 적극 활용했습니다. 특히 그는 상호부조의 유기적 농민사회를 만드는 데 주력했는데 농민협동조합을 조직하고 농민교육을 하는 과정에서 이 창조충동을 농민들에게 적극적으로 설명하였습니다. 또한 『어린이』지에서는 농업노동과 농민의 숭고함을 제시하는 글들을 싣게 하였고 동식물들의 생명노동으로부터 생태적 인간성을 해석해 내는 글들 또한 꾸준히 실리게 했습니다. 그리고 어린이들에게는 진정성 있고 근면성실한 노동을 통해 대우주적 자아를 갖게 될 뿐 아니라 물질적으로도 도덕적으로도 더 나은 삶을 살 수 있게 된다고 알려주면서 노동을 천시하거나 기피하지 말고 즐거운 태도로 임해야 한다고 가르쳤습니다. 이는 『어린이』지에서 김기전과 뜻을 함께 한 여러 소년해방운동가들의 글을 통해서도 전달되었는데 그 글들 속에서 어린 나이에 감당하기 힘든 가혹한 노동현실임에도 그 속에서 어린이들 강인한 정신과 미래에 대한 희망, 자연에 대한 찬미와 감사를 잃지 않게 하려는 의도가 분명히 드러나 있는 것을 확인하게 됩니다.

『어린이』지는 이처럼 동학을 중심철학으로 하면서 그에 부합하는 서구의 근대이론들을 융합한 철학에 기반해서 만들어졌습니다. 단순히 문예지로만 보거나 잡지라는 형식 때문에 글 하나 하나를 단편적으로 보면 이렇듯 『어린이』지가 얼마나 소년해방운동의 교육철학에 철저하게 근거하고 있고 그것을 구현하기 위해 치밀하고 일관되게 구성되었는지 잘 알기 어렵습니다. 따라서 『어린이』지를 정확하게 이해하려면 앞서 설명한 바와 같이, 일제강점기의 교육상황과 어린이들의 삶, 동학사상의 근대화와 신문화운동사상 그리고 소년해방운동의 취지를 연결해서 보아야 합니다. 그러면 이 모든 것들이 하나로 총화된 것이 『어린이』지이기 때문에 『어린이』지의 각 작품마다에 담겨 있는 그 시대배경과 철학 그리고 교육적 의도를 읽어낼 수 있습니다. 물론 문학작품의 경우는 독자 나름대로 자유롭게 감상할 수도 있겠으나 『어린이』지의 근본취지와 전체적인 기획의도 그리고 각 작품들의 정확한 의의를 파악하기 위해서는 『어린이』지의 이러한 철학을 먼저 이해하시는 것이 도움이 되리라 봅니다.

05 『어린이』지의 역사

거저 줘도 받지 않던 창간호

신문화운동을 이끌었던 천도교 청년당은 개벽사를 설립하고 『개벽』, 『농민』, 『신여성』, 『어린이』, 『별건곤』, 『학생』 등의 잡지를 발간했습니다. 이 중 『어린이』지는 1923년 3월 20일에 창간되었는데, 처음에는 3.1운동 정신을 계승하려는 취지에서 발행일을 3월 1일로 정하려 했지만 일제의 검열로 인해 발행일이 늦춰졌습니다.

창간호는 겉표지가 없이 12면으로 발간되었는데 누구나 쉽게 사볼 수 있게 하기 위해 개벽사에서는 당시 호떡 한 개 값 밖에 되지 않는 5전으로 값을 정하고 아래와 같이 일명 '5전 운동'을 벌였습니다.

> 세(世)의 신사 제현과 자제를 둔 부형에게 고함
>
> 부흥민족의 모든 새 건설 노력 중에 있는 우리 조선에 있어서, 아무것보다도 간절한 일로, 우리는 이 말씀을 간절히 고합니다. 더할 수 없이 여지없는 곤경에 처하여 갖은 박해와 갖은 고초를 겪으면서도… '금일의 생활은 비록 이

러하여도 내일의 생활은 잘 될 수가 있겠지.' 이 다만 한 가지 희망을 살리는 도리는 내일 호주, 내일의 조선의 일꾼 소년, 소녀들을 잘 키우는 것 밖에 없습니다. 당신의 한 가정을 살리는 데도 그렇고 조선 전체를 살리는 데도 그렇고, 이것만은 확실한 우리의 활로입니다.

대궁(帶弓) 민족부활의 오직 한 길은 '오전(五錢)' 운동

너, 나 할 것 없이 조선 사람은 전부가 이것을 깨닫고 이 일에 주력한다면 우리는 부활한 사람입니다. 어떻게 하면 남보다 낫게 키올까? 그것을 위하는 한 가지 일로 우선 시작한 것이 《어린이》입니다. 결코 상략(商略)이나 영리(營利)를 위하는 것이 아니고, 이 중대한 일을 많이 연구하고 또 그네의 단체인 소년회에서 편집하는 것이오니, 당신의 살림의 장래와 조선의 장래를 생각하시는 마음으로 우선 당신이 먼저 이 《어린이》를 읽으시고 그 책을 자녀에게 읽히십시오.

한 분이라도 더 읽으시기를 바라고, 책값은 단 5전으로 하였습니다.

(『동아일보』. 1923년 3월 22일자.)

8년만에 600만 독자 증가

개벽사에서는 이렇게 5전이라는 싼 값을 내세우면서 적극적으로 홍보했지만 안타깝게도 별 호응을 얻지 못 했습니다. 심지어 '이름 석자만 적어 보내면 거저 보내준다'고까지 홍보했는데도 독자는 겨우 18명밖에 되지 않았습니다. 그러다 불과 1년 후 발행된 지 나흘

만에 완판되었고 재판은 6일만에, 3판도 7일만에 절판이 될 정도로 인기가 많아졌습니다. 또 2년 후에는 서울 인구가 40만이었는데 전국의 독자수가 10만 명으로 늘었고 이북에서도 큰 인기를 얻어 함흥에서 열린 『어린이』지 발간 4주년 기념행사에 2천여 명이나 모이기도 했습니다. 그리고 그 다음 해에는 경성에만 4만 1천여 명의 독자가 생겨났고 8년만인 1931년에는 독자수가 600만 명에까지 이르게 되었습니다. 급기야 10년째에는 '그간 판매부수의 책장이 지구를 두 바퀴나 돌 정도'라는 기사가 날 정도로 판매량이 크게 늘었습니다.

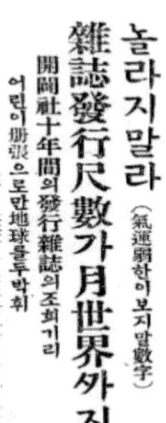

일제의 극심한 검열과 탄압

그러나 『어린이』지가 성장하는 길이 그리 순탄하지만은 않았습니다. 『어린이』지는 독립운동과 민족자강 운동의 성격을 지니고 있었기 때문에 일제로부터 심하게 탄압을 받았습니다. 일제는 창간호부터 시작해서 매호마다 검열하면서 내용을 삭제했고 심지어 압수까지 하는 등 갖가지 방법으로 『어린이』지를 방해했습니다. 심지어 1925년 5월에는 일제 경찰이 『어린이』지 기념행사를 못 하게 막았고 1926년에는 개벽사 직원들을 검거하는 바람에 발간이 지연되기도 했습니다. 1928년에는 신년호가 너무 잘 팔려서 일제가 압수명령을 내렸는데 이에 대해 『어린이』지는 그 해 3월 호에 '총독부로부터 압수명령이 내려 본사와 경성 50여 책방은 물론 온 조선 300여 곳에서 책을 몰수당하였습니다.'라는 기사를 내기도 했습니다.

또 1935년 2월에는 개벽사가 사정상 6개월간 휴간하다 어렵게 속간본을 냈는데 이마저 인쇄하던 중 일제에게 압수를 당하는 일도 있었습니다.

일제가 가장 철저하게 검열한 부분은 애국주의나 항일민족주의, 사회 저항과 비판, 사회주의와 개조주의에 관한 글들이었습니다. 특히, 우리 민족의 자긍심을 고취시키는 글들에 대해서는 유난히 예민하게 반응했는데, 이순신 장군에 대한 글을 가장 많이 삭제했고 그 밖에 남이 장군, 정몽주, 이율곡, 홍경래, 수운 최제우 등 역사적 인물과 한산대전, 명량대첩 등 일제의 열등감을 자극하는 사건에 대한 글들은 아예 전문을 삭제해버렸습니다.

또 작가로는 방정환과 이정호. 연성흠, 홍은성, 송영, 최청곡, 허문일, 최경화, 차상찬, 박달성, 이원수, 노양근 등의 작품들이 주로 삭제되었는데 이 중 가장 많은 글을 삭제 당한 사람은 방정환과 이정호입니다(장정희a: 48). 이 두 사람은 『어린이』지를 가장 오랜 기간 동안 주재하면서 가장 많은 작품을 실었는데 주로 민족주의적인 내용이 문제가 되었고 나머지 사람들은 소년해방운동의 정통파로서 민족주의와 더불어 사회주의적인 성향까지 드러나는 글을 썼다는 이유에서 삭제당했습니다.

이러한 민족의식을 고취하고 민족적 긍지를 심어 주자는 운동은 그렇게 평탄하고 용이한 일만은 아니었다. 일제는 검열, 삭제, 압수란 이름으로 민족문화 말살정책을 강행하기에 혈안이 되니 『어린이』지는 검열에 의하여 삭제, 압수, 불허의 악순환 속에서 월간을 격호로 내기도 하는 수난을 다반사로 극복해 나가야 되었으며, 편집책임자인 방

> 정환은 내용이 불온하다는 이유로 종로서 유치장과 서대
> 문 형무소 미결수 감방을 자기집 사랑방 출입하듯이 했던
> 것이다.
>
> (이재철, 「민주주의 소년운동의 보루」, 『어린이』, 제1권 제1호. 1923.)

그런데 『어린이』지는 일제의 이런 탄압을 순순히 당하지만은 않았습니다. 『어린이』지 곳곳에 일제에 의한 금지, 삭제, 압수 등을 알리는 구체적인 표현을 실어서 독자들에게 그 사실을 알렸습니다. 『어린이』지를 보면, 1926년, '모회사인 잡지 『개벽』이 발행 금지를 당했다.', 1927년, '삭제를 많이 당해 내지 못 한 게 많다. 글의 내용에 달라진 게 있으니 읽어 보시면 차차 아실 것', 1928년, '삭제를 당하야 내지 못 하게 되여서', '특별 편집이 불행히도 압수를 당하여', 1932년, '독자 동무에게 급고 꼼짝 못 할 사정으로 못 실은 원고' 등의 문장이 발견됩니다. 뿐만 아니라 곳곳에 '○○'또는 'XX'으로 표기되어 있거나 원문 없이 목차 페이지에 '부', '삭'으로 표기된 부분들 그리고 '불허가', '전문 삭제', 압수', '사고(社告)', '특고(特告)', '71자 삭제', '이하 4백 18자 삭제' 등 일제의 검열을 독자에게 알리는 표시들도 쉽게 찾아볼 수 있습니다. 이 표시들은 그 자체로 항일의 한 방법이자 삭제되거나 압수당한 글 속에 담긴 소년해방운동의 정신을 글 없이 독자에게 전달하는 방법이었습니다(장정희a).

> 신년호는 수선스럽게 잘 팔리더니 기어코 정말 난리가
> 나서 압수명령이 나리여 야단야단을 겪었습니다. 책은 모
> 두 빼앗기고 불리여 다니면서 조사를 받고… 참말 여러분

이 짐작 못 해 주실 고생스러운 날을 보내였습니다. 소년 잡지로 압수를 당하기는 참말 처음입니다.

(『어린이』, 제6권 제2호. 1928.)

이 책은 실상은 5월 1일에 발행할 것인 고로 4월 보름께 편집하되 『어린이날 기념호』로 특별 편집하야 전에 못 보던 새로운 기사를 많이 실었고 어린이날 선물로 장난감, 그림도 준비하였었는데 그것이 불행히(모두 온전치 못 하다는 이유로) 압수를 당하여서 인쇄를 못 하게 된 고로 다시 곧 새로 편집을 고쳐 하여서 다시 허가를 맞느라고 날짜가 많이 걸려서 5월에는 발행되지 못 하고 이제야 간신히 발행되게 되어서 오늘까지 궁금히 기다려 주신 여러분께 미안하기 그지없습니다.

(『어린이』, 제6권 제5, 6 합호, 1928.)

그런데 일제는 내용검열과 압수로만 그치지 않고 개벽사 직원들과 작가들까지 직접 탄압했습니다. 그들은 『어린이』지가 1934년 7월호를 끝으로 폐간될 때까지 수시로 일제 경찰서에 잡혀가서 조사를 받거나 옥고를 치렀고 죽임을 당하기까지 했습니다. 『어린이』지의 편집자들과 작가들은 다른 잡지활동도 병행했기 때문에 일 자체만으로도 과로와 질병, 넉넉치 않은 형편에 시달렸는데 그런 상황에서 일제의 조사와 옥고까지 견뎌내며 『어린이』지를 27년이나 지켜낸 것을 생각하면 그들의 가히 초인적인 노력에 경의를 표하지 않을 수 없습니다.

해방 후 복간과 자진 폐간

일제에 의해 강제 폐간되었으나 『어린이』지는 그대로 끝나지 않았습니다. 창간호부터 편집실무를 꾸준히 맡았던 이정호가 발행과 편집을 도맡아 1935년 3월에 122호를 속간했습니다. 그러나 여러 가지 어려운 사정에 의해 다시 중단되었고 1948년 5월에 이응진이 발행을 맡고 고한승이 편집을 맡아 123호를 복간했습니다. 그런데 이 또한 사정이 여의치 않아 한두 달에 한번씩 발간하다가 1949년 12월에 137호를 발간하고 이를 마지막으로 자진 폐간하게 되었습니다.

이후 1976년 보성사에서 10권으로 영인본을 발행했고 관련도서로 2015년 소망사에서 〈『어린이』지 총목차(1923-1949)〉가 발행되었습니다.

06 | 『어린이』지를 창간한 사람들

개벽사와 천도교교회 전국조직

『어린이』지는 개벽사와 천도교 소년회에 속한 문인회인 새싹회 회원들이 함께 논의해서 만들었습니다. 개벽사는 천도교 청년회의 편집부 사업이었고 천도교 소년회는 천도교 청년회의 산하조직이었기 때문에 사실상 천도교 청년회의 중진들이 개벽사와 천도교 소년회의 일을 겸했습니다. 김기전, 김옥빈, 박달성, 박홍래, 최청곡, 이돈화, 이정환, 방정환 등이 그 주요인물들이었는데 이들을 중심으로 한 천도교 청년회의 공동논의에 의해 『어린이』지가 기획되었습니다.

그리고 이 기획을 현실화하기 위해 천도교에서 탄탄하게 재정지원을 했고 홍보와 판매, 교육사업과의 연계에 대해서는 당시 300만에 달하던 전국의 천도교인들이 전국 각 지의 천도교 교회와 개벽사 판매기구들을 통해 조직적으로 참여했는데, 천도교 청년회 중진들이 강연단을 조직해서 전국 각지에서 동화, 동극대회, 토론회와 연설회, 어린이 독자대회, 어린이 사진전람회 등 『어린이』지를 활용한 행사를 조직하고 곳곳에 강연단을 지속적으로 파견했습니다. 그리고 전국 천도교 청년회 회원들이 이러한 사업들을 각 지역에서 지속적으로 담당해 나갔고 구독자 늘이기 운동까지 벌이면서 『어린이』

지 홍보와 교육효과를 극대화했습니다. 여기에 천도교 청년회의 여러 회원들과 새싹회, 색동회의 적극적인 홍보활동까지 더해져 『어린이』지는 단기간에 급성장할 수 있었습니다.

아래 글들에는 『어린이』지가 이같이 개벽사와 천도교 청년회를 중심으로 얼마나 많은 사람들이 헌신했고 천도교의 재정적, 조직적 뒷받침이 얼마나 잘 뒷받침되었는지가 잘 나타나 있습니다.

'어린이란 말은 개벽사의 발명입니다. '어린이 운동'은 개벽사가 시작했습니다. 어린이 읽는 잡지 중에 『어린이』가 가장 공이 많습니다.
(이광소. 어린이란 말은 개벽사의 발명입니다. 『어린이』 제8권 제3호. 1930.)

『어린이』를 낳고 기르고 보살피신 어머니, 곧 여러분, 개벽사 어른들에게 감사치 아니할 수 없습니다.
(김석송. 세가지 감사. 『어린이』. 제9권 제3호. 1931.)

… 천도교에서 종합잡지 『개벽』(1920년 6월 25일 창간)을 처음 내고 다음은 『부인』(1922년 6월 1일 창간)지를 낸 후 세 번째로 낸 것이 『어린이』였는데 이 잡지를 처음 내놓고 보니 전혀 사 보는 어린이가 없기 때문에 개벽사의 여러 선생님들이 매우 걱정했다는 이야기도 있습니다. 그리하여 처음에는 돈을 받고 팔지 아니하고 무료로 나누어 주다가 차차 독자가 늘어나게 되었는데 그것은 어린이 운동을 통해 색동회 동인들을 비롯하여 천도교 청년회 여러 선배들 노력으로 학교와 지방교회(천도교) 또는 개벽사 지방 판매 기구를 통하여 보급했다고 합니다.
(이광순. 『어린이』잡지를 되살려내는 뜻』. 『어린이』, 제1권 제1호(영인본). 1923.)

○개 벽 사○
어린이잡지발행하는

〈上右〉편즙실입니다。늘 부산하고 딸분 편즙국의 한쪽입니다。朱楫川、李定鎬、崔泳柱、朴露兒、安俊植、車相瓚、韓秉洙、〈上左〉붓사무실에 모히섯습니다。張曙影、李石薰〈中〉이어른들이 이잡지에게 이어른이 이잡지를만듭니다。이어른들을보시라구요。車相瓚、許文日、朱楫川、崔泳柱、孫盛燁諸氏가 지섯니다。〈下右〉는 어린이애독회 신년호 현상당선인당수표로 七千餘枚나됩니다。〈下左〉는 우리개벽사의 남경견경입니다。

김기전, 차상찬, 방정환, 이정호

『어린이』지의 정체성을 명확히 이해하기 위해서는 『어린이』지를 만드는 데 가장 크게 기여한 네 사람에 대해 좀 더 자세히 살펴볼 필요가 있습니다. 첫째는 개벽사 전체를 도맡아서 『어린이』지를 발간한 차상찬이고 둘째는 소년해방운동을 이끌면서 『어린이』지의 사상적 기반을 마련한 김기전, 셋째는 『어린이』지의 초기 형식을 구성한 방정환, 넷째는 『어린이』지의 창간호부터 폐간호까지 편집실무를 담당한 이정호입니다.

차상찬은 천도교 지도자를 양성하는 사범강습소의 강사로서 높은 학식과 지도자의 역량을 갖추었고 1921년 3월 천도교 청년회 실무 담당을 맡아 그 해 어린이날을 제정하기까지 김기전과 함께 조선 소년해방운동의 지주를 세우는 데 핵심적 역할을 했습니다. 또 개벽사와 『어린이』지 발간을 위한 현실적인 운영과 뒷받침을 해 주셨기에 『어린이』지를 만드는 데 가장 실질적인 기여를 한 분이라고 할 수 있습니다.

그리고 앞서 서술했듯이, 당대 최고의 동학사상 전문가이자 대학자이면서 천도교 청년회와 천도교 소년회의 총재로서 신문화운동과 소년해방운동을 창시한 김기전이 『어린이』지의 취지와 사상적 정체성 및 역할을 정립한 실질적인 주역이었습니다. 그리고 개벽사의 주필로서 개벽사에서 발간

한 모든 잡지들을 총괄했는데, 『어린이』지 역시 소년해방운동의 목적과 정신에서 벗어나지 않도록 균형을 잡는 중요한 역할을 했습니다.

그리고 방정환 선생은 1923년 색동회 결성 이전부터 색싹회의 일원으로 『어린이』지 기획에 참여하고 개벽사 특파원으로 일본을 오가며 개벽사와 교류하다가 1923년 2월 초에 일본 도쿄에서 『어린이』지의 초기 형식과 체제를 정하고 『어린이』지를 편집해 서울로 보내는 역할을 했고 그 후 약 『어린이』지 편집자 중 가장 오랜 기간 동안 편집장을 역임했습니다.

그리고 마지막으로 이정호는 창간호부터 폐간 즈음까지 실질적인 편집업무를 수행한 숨은 공로자입니다. 창간호부터 시작해서 편집장이 바뀌는 동안에도 이정호는 변하지 않고 편집실무를 이어갔습니다. 또 1934년 일제에 의해 강제폐간 된 후 아픈 몸과 어려운 사정에도 지대한 사명감으로 1935년 속간호를 내면서 『어린이』지의 역사를 처음부터 끝까지 함께 했습니다. 편집실무 뿐 아니라 문학작품들을 게재했는데 방정환의 영향을 많이 받아서 순수하고 고은 정서가 담겨 있기도 하지만 소년해방운동의 정신도 함께 나타나 있는 것을 볼 수 있습니다. 『어린이』지의 숨은 공로자들이 많지만 그 중 이정호는 현대에 그 공로를 높이 평가받기에 마땅한 인물이라고 봅니다.

… 소파가 소년운동의 실천가였다면 소춘은 이론가였습니다. 소파가 이상주의자였다면 소춘은 현실주의자였다. 소파가 나선 운동가였다면, 소춘은 숨은 운동가였습니다. 그러나 두 분은 다 같은 천도교인으로 어린이와 개벽을 꾸며 내면서 이론과 실천이 그리고 이상과 현실이 소년운동에 조화되고 중화되었습니다.

(윤석중(1923). 「『어린이』잡지 풀이」. 『어린이』, 제1권 제 1호.)

당시 『어린이』지 편집에 있어서는 순전히 동경에 가 계신 방씨의 손으로 원고와 체제까지 짜여 나왔고 이에 대한 선전 또는 일체 잡무에 있어서는 그때 소년회원 한 사람으로 있던 필자가 개벽사의 한 귀퉁이를 빌려 담당하고 있었습니다.

(이정호. 「돌 풀이」, 『어린이』, 제2권 제3호, 1924.)

이 같이 『어린이』지는 이 네 사람의 주된 노력이 어우러져 만들어졌다는 것과 세 사람 각각의 역할이 무엇이었는지 분명하게 확인할 수 있습니다. 이에 이제까지 『어린이』지를 만든 주체가 방정환과 색동회로 잘못 알려져 온 경우가 많은데 앞으로는 이를 경정하고 이 네 사람과 더불어 개벽사와 천도교 청년회의 중진들, 새싹회의 공동 노력을 기리는 것이 바람직하겠습니다.

07 『어린이』지를 이끌어간 사람들

위와 같이 차상찬, 김기전, 방정환 이 세 분이 『어린이』지의 초석을 놓은 뒤, 『어린이』지는 수많은 교육운동가와 아동문학가들의 노력으로 점점 더 풍성하게 그 생명력을 이어갔습니다. 그들의 노력이 없었다면 『어린이』지가 존속할 수 없었기에 각 분야에 기여한 이들과 그 역할을 아래와 같이 소개합니다.

편집 및 발행인

『어린이』지를 책임졌던 역대 편집인과 발행인을 살펴보면, 첫 해인 1923년 4월 1권 2호부터 1925년 7월 3권 7호까지 천도교 청년회의 임원이었던 김옥빈이 발행인 명의를 맡았고 천도교 소년회의 실무자였던 이정호가 편집실무를 맡았습니다.

그리고 방정환이 1925년 3권 8호(31호)부터 1931년 7월, 사망할 때까지 공식적으로는 6년간 편집과 발행을 공식적으로 맡아 주재했습니다. 사실상 방정환은 1923년 창간호부터 주도적인 역할을 했는데 1926년에는 그와 함께 첫 해부터 편집실무를 도맡았던 이정호가 편집책임자 역할을 했습니다.

이어 방정환이 사망한 후에는 그 다음 달인 8월부터 1935년 3월 122호까지 이정호가 편집 겸 발행을 맡았고 뒤이어 1931년 10호부터는 계급주의 아동문학 성향의 신영철이 편집을 맡아 편집체제가 크게 전환되었습니다. 그런데 최영주가 『어린이』와 『신여성』의 편집일을 병행하다가 1933년 6호부터 『신여성』에 집중하게 되면서 윤석중이 최영주에 이어 1934년 6호까지 『어린이』 편집을 맡게 되었고, 그러다가 1934년 개벽사가 쇠퇴하고 사회 전반적인 상황이 잡지를 발간하기에 어렵게 되면서 『어린이』는 그 해 6호를 끝으로 발행이 중단되었습니다. 이후 최영주와 윤석중이 개벽사를 나가고 차상찬과 이정호가 개벽사를 지키다가 1935년 3호를 발행했지만 그것으로 일제시대의 『어린이』지는 막을 내리게 되었습니다.

그리고 해방 후 1948년 5월 복간되었는데 이때는 이응진이 123호부터 1949년 12월 137 호까지 발행을 맡았고 고한승이 123호부터 1949년 3월까지 편집을 맡아 주재했습니다.

〈『어린이』 발행 및 편집자 〉

1923년 창간호: 방정환 편집

1923년 2월 2호~1925년 30호: 김옥빈 발행 / 방정환, 이정호 편집

1925년 8월 31호~1931년 7월 36호: 방정환 발행 / 이정호 편집

1931년 8월 87호~1935년 3월 122호: 이정호 발행 겸 편집

1931년 10호~1932년 9호: 신영철 발행 겸 편집

1932년 10호~1933년 5호: 최영주 발행 겸 편집

1933년 6호~1934년 6호: 윤석중 발행 겸 편집

1935년 3월 122호: 이정호 발행 겸 편집

1948년 5월 123호~1949년 3월 131호: 이응진 발행 / 고한승 편집

1949년 4월 132호~1949년 12월 137호: 이응진 발행 겸 편집

(『어린이』, 제11권 제3호, 8.)

앞줄 오른쪽부터:
 : 두 번째 차상찬, 네 번째 방정환, 다섯 번째 박영희

뒷줄 왼쪽부터
 : 첫 번째 신영철, 두 번째 이정호, 세 번째 박달성

필진

『어린이』지에는 다양한 입장의 많은 아동문학가들과 교육운동가들 그리고 어린이들이 작가로 참여했습니다. 그런데 당시에는 문학이 교육운동의 주요방편이었기 때문에 소년해방운동 작가들과 당시 문학계의 주류를 형성하고 있던 더불어 아동문학가들이 가장 많은 비중을 차지했습니다. 이들은 크게 계급주의 문인과 민족주의 문인, 자연주의 문인으로 분류되는데 먼저 이들에 살펴보겠습니다.

사회주의 작가들

『어린이』지에 실린 글들을 분석해 보면, 먼저 계급주의 문인들은 사회주의의 중심문제인 사실 근거와 현실 비판, 계급혁명과 노동해방, 사회개조를 주로 다루었고 교육에서는 과학과 지식교육의 중요성을 강조했습니다.

따라서 이들은 『어린이』지에서 당시 어린이들의 비참한 삶의 문제를 다루고 그에 대한 사회과학적인 해결을 제시하는데 집중했습니다. 또한 사회주의가 노동을 중시하다보니 삶에 대한 강인한 의지와 노동철학, 그리고 노동을 통한 미래 개척을 강조했습니다.

이들이 어린이 노동자들이 인권문제와 건강한 노동철학을 강조한 것은 장점이지만 인간성과 정신, 인간과 자연의 생태적 관계, 어린이의 정서적 특성과 심리발달을 반영하지 못 했다는 점과 일제 강점기의 민족적, 정치적 상황을 배재한 채 어린이들의 노동현실과 계급 문제만 다루었다는 점은 한계로 지적됩니다.

특히 노동과 계급주의에 주안점을 두다 보니, 당시 15세 이상의 어린이 노동자들을 중점적으로 다루면서 계급 차별과 적개심, 고된 노동현실과 그에 대한 불만을 표현하는 작품들을 천편일률적으로 실었는데 그런 작품들의 어둡고 부정적인 정서가 미친 반교육적인 효과를 비판하지 않을 수 없습니다.

> 지금의 소년문학 운동자들이 무엇보다도 힘찬 작품, 앞길을 열어 주는 작품을 지어내는 데서만 많은 소년대중들이 씩씩하게 힘차게 빛난 앞날을 바라보고 나가는 데 큰 원동력이 되리라! …
>
> 힘을 보여주는 작품, 한 개의 사실을 그대로 그리는 것보다 나갈 바, 방향을 암시하며 가질 바, 생각을 붙잡아주는 작품…
>
> 그렇다. 힘! 힘이다. 지금의 소년대중이 바라는 것은 오로지 힘이다. 모든 소년문학작가들아! 무기력하고 절망의 수렁에서 신음하는 무리에게 힘을 넣어 주어라. 나갈 바를 제시해 주어라. 슬프고 기막히고 억울한 사실을 그대로 그리어 내놓는다면 그것은 요즈음 신문지에 날마다 들어차는 한낱 기사에 더 지나는 것이 무엇이냐?
>
> (노양근, 「반 소년소설 총평」, 『어린이』, 제10권 제7호, 1932.)

자유주의 작가들

반면, 방정환과 색동회 문인들은 아동 개인의 인권 존중이나 감상적 자연주의, 낭만적인 민족정서를 주로 다루었습니다. 이들은 일본유학파로서 상당수가 친일파였고 타협적 민족주의 입장에서 유럽과 일본의 자유주의 교육을 선망하고 그것을 조선에서 전개하려 했습니다.

이들이 추구한 일본식 자유주의 교육은 정치성이 배제된 유럽의 자유주의 교육이었는데, 이는 일본에서 동심, 자연, 예술 이 세 가지를 등치시켜서 어린이의 순수성과 개성 및 자율성 함양을 목적으로 하는 문예운동으로 전개되었습니다. 그 주요 교육활동은 자유의지대로 그림을 그리는 자유화(自由畵)운동과 자유시 짓기, 동시·동요 창작이었습니다. 따라서 『어린이』지에 실린 이들의 글은 주로 조선 어린이들의 힘든 현실과 노동, 교육 문제와 같은 주제들은 기피하는 성향을 보였고 봉건주의 억압으로부터의 어린이 인격해방과 순수한 정서 및 자유로운 표현주의를 주제로 한 글들을 주로 실었습니다.

> 『어린이』에는 수신강화 같은 교훈담이나 수양담은 일절 넣지 말아야 할 것이라 합니다. 저희끼리의 소식, 저희끼리의 작문, 담화, 또는 동화, 동요, 소년소설 이뿐으로 훌륭합니다. 거기서 웃고 울고 뛰고 노래하고 그렇게만 커 가면 훌륭합니다.
> 『어린이』잡지에 회화가 많이 있어서 그들의 보드라운 감정을 유발하고, 일면으로 미적 생활의 요소를 길러 주어야 할 것은 물론입니다. …
> (방정환.『천도교회월보』, 제3호, 1923.)

나름대로 서구의 근대교육을 선진적으로 전파한다는 신념이 있었을지 모르나, 이들의 글은 앞서 설명한 강제노동과 굶주림에 시달리던 대부분의 조선 어린이들의 현실을 외면한 것이었습니다. 따라서 엄밀히 하면 이들의 문예운동은 소년해방운동의 일 면에 기여했을 뿐, 본취지에는 어긋난 것이라고 봅니다. 방정환의 몇몇 글과 극히 소수를 제외하고 그들의 글에는 개인주의적이고 지배주의적인 서구 자유주의에 대항한 생태적 세계관이나 저항정신, 그리고 가장 핵심적인 어린이의 사회적 주체화와 어린이들의 실질적인 강제노동해방을 주장하는 내용이 주되게 나타나 있지 않기 때문입니다. 특히, 이들은 일제의 어리이 애호주의에 기반한 글들을 통해 유약한 어린이상을 제시했는데 이는 소년해방운동이 제시한 씩씩하고 진취적인 어린이상과도 반대되는 것입니다.

또한 소년해방운동이 사회개조를 위해 과학지식과 사회과학 교육을 통해 어린이들에게 실질적으로 더 나은 삶을 살 수 있는 힘을 길러주려 했던 것에 비해 이들은 동심천사주의와 순수성을 강조하면서 낭만적 감상주의만을 표현하는 데 주력했습니다. 물론 이것은 당시 고되고 척박한 현실을 살던 어린이들에게 고운 심성과 정서를 심어주는 역할을 하기도 했고 현대교육에서 어린이의 개성과 자율성, 그리고 생태감수성을 함양하는 데 도움이 되는 장점도 있습니다. 그러나 비판적으로 보면, 상대적으로 참된 어린이가 중시한 어린이의 사회성과 진취적 기상을 약화시키고 현실기피 성향을 강화시키는 데 일조했다고 볼 수 있습니다. 특히, 어린이들의 관심을 자신들이 처한 민족문제와 사회문제로부터 격리시킴으로써 스스로 만세운동을 일으킨 만큼 의롭고 강인한 조선 어린이들의 기개를 꺾고자 했던 일제의 문화통치에 어느 정도 기여했다는 점에서 현재뿐 아니라 당대에도 큰 비판을 받았다는 점을 지적하지 않을 수 없습니다.

소년해방운동 정통파 수운주의 작가들

그런데 천도교 소년해방운동의 정통파인 수운주의 문인들의 글은 계급주의 문학과 일제식 자유주의문학의 한계를 모두 극복하는 특징을 보입니다. 천도교 청년회의 중심인물로서 소년해방운동을 처음부터 기획하고 이끈 이들은 계급주의 문학의 장점과 색동회  문학의 장점을 모두 지니면서 동시에 각각의 한계를 모두 극복하는 문학작품들을 꾸준히 선보였습니다. 이들은 계급주의 문학에 대해, 정신을 부정하는 사회주의의 유물론을 비판하고 노동해방을 그들처럼 단순한 계급혁명의 문제로만 인식해서는 안 된다고 주장했습니다. 그러면서 사상의 뿌리 자체를 동학에 두었고 소년해방운동의 뿌리도 조선 어린이들의 자발적인 만세 운동에 있었기 때문에 그들은 철저히 조선 어린이들의 삶과 이상을 문학작품의 주제로 다루었고 계급주의 문학처럼 현실을 비판하는 글을 쓰더라도 그들과 달리 정신 개조와 우주적 대이상을 현실과 연결해서 제시했습니다. 또한 자연주의적인 글을 쓰더라도 개인주의적인 단순 감상과 현상 묘사에 그치지 않고 그 속에서 생명정신과 생태윤리를 도출해 내어 어린이들에게 삶의 가치관으로 제시했습니다.

땅은 모든 것을 길러 주는 어머니다. 사람에게서 있어 가장 좋은 약은 강렬한 흙의 냄새다. 그리고 잎의 향기와 수풀의 향기다. … 농민은 인간사회의 힘이고 모든 인류의, 조선의 마음을 그대로 가진 사람이다. … 자연은 그때마다 농부의 마음 속에서 숨쉬고 있다. … 모든 것은 땅으로부터 나고 또 땅으로 돌아가는 것이다. 예술도 도덕도 철학도 돈도, 먹는 것도, 옷도 땅으로부터 나오고 또 땅으로 돌아가지 않으면 안 된다.

… 사랑하는 아들아! 너의 생일을 축복하는 것과 같이 땅을 축복하라.

(최청곡. '농민'.『어린이』, 제10권 제7호, 1932.)

물론『어린이』지가 소년해방운동의 중심사업이었기 때문에 그 주도권을 두고 이 세 주체들 간에『어린이』지의 정체성과 방향에 대한 치열한 논쟁과 갈등도 있었습니다. 편집장이 바뀌는 상황에 따라『어린이』지의 성격도 바뀌었는데, 방정환이 주재했던 시기에는 색동회 중심의 동심천사주의 아동문학이 주류를 이루었고 방정환 사망 후 신영철이 주재했을 때는 계급주의 아동문학작품들과 역사동심주의를 다루는 작품들이 중심을 이루기도 했습니다.

그러나 당시에 사회주의 성향의 어린이잡지인『별나라』와『어린이』지의 작가들이 교차해서 작품을 게재하면서 서로 협력하기도 했고 방정환이 주재했던 시기에도 계급주의 성향의 글들이 지속적으로 실린 사실로 보아 이 세 문인들이 극단적으로 배타적이었던 것은 아니라고 보여집니다. 오히려 이 세 부류의 문인들은 각각의 성향을 드러내면서도 각각의 입장과 대립을 너머 오직 어린이들을 위하는 일에 대해서만큼은 함께 순수한 뜻으로 임한 것으로 보여집니다. 그리고 바로 이 점 때문에 비슷한 시기의 다른 많은 어린이잡지들 속에서도 유독『어린이』가 가장 오래도록 사랑받으면서 민족의 잡지로 남을 수 있었던 것을 높게 평가하지 않을 수 없습니다.

600만 어린이 독자

마지막으로, 누구보다 더 빛나게 『어린이』지를 이끈 주인공들로 당시 600만 명에 달하던 어린이 독자들을 빼놓을 수 없습니다. 당시 우리 어린이들은 『어린이』지의 취지에 뜻을 같이 하면서 힘든 상황 속에서도 밥값을 아껴 『어린이』지를 사서 읽었고 동생들에게 물려주었습니다. 심지어 '공부는 해서 무엇 하냐'는 어른들의 핍박에도 굴하지 않고 자발적으로 야학을 만들어 동네 친구들과 함께 『어린이』지를 읽고 배움의 공동체를 펼쳐 나갔습니다. 특히 전국 각지의 천도교 소년회에서 『어린이』지를 매우 적극적으로 활용했는데, 어린이들이 『어린이』지에 실린 동화극을 실제로 공연하기도 하고 『어린이』지를 함께 읽고 토론회와 동화회를 열었습니다.

그렇다보니 『어린이』지의 인기는 절대적이었는데, 당시 어린이들이 『어린이』지를 너무 열망한 나머지 일제의 탄압과 여러 난관으로 발행이 늦어질 때마다 '왜 빨리 책을 내지 않냐'며 개벽사에 빗발치게 항의를 하기도 했습니다. 당시 어린이들에게는 『어린이』지가 유일한 학교이자 일제에 대한 항거였고 참된 삶을 살 수 있게 해 주는 길이었기 때문에 그만큼 절실했던 것입니다. 아래 글들은 『어린이』지에 대한 조선 어린이들의 열렬한 애정과 자부심이 얼마나 대단했는지를 잘 보여줍니다.

> … 저희끼리는 이런 계획을 해 놓았습니다. 3월 20일 방학 때 우리집 사랑방에서 어린이 2주년 축하회를 열자고 어린이 애독자 18여 인이 의논하였습니다. 어린이 보지 않는 동무도 많이 청해 놓고 우리가 어린이 제1호부터 이때

까지 모아 놓은 그 책 속에서 매일 재미있는 동화와 동화극과 요술과 동요 독창을 추려서 하기로 하고 나중에 어린이 만세를 부르자고 했습니다. 그때에 선생께서도 오실 수 있으면 좋겠습니다.

(독자담화실, 『어린이』, 제3권 제3호, 1925.)

선생님! 훌륭한 선생님으로서는 너무나 망령된 행동을 하셨습니다. … 선생님! 제가 조선말로 동요 두 수를 지어서 경성 잡지사에 보낸 것이 발표되었다고 저를 사무실로 불러들여 크게 꾸지람하셨지요. 왜 조선말로 동요를 지었느냐고요. 조선 사람이 조선 말 했다기로니 이게 무슨 잘못이겠습니까.

… 또 왜 그런 잡지를 보느냐고요? … 우리 조선 수많은 어린이에게 조금이라도 이익을 주겠다고 저희가 즐겨하는 동화와 저희가 노래하기 좋은 동요와 또 저희가 알아야만 할 상식 같은 것을 내어주는 잡지이니 조금도 저에게 해로운 것은 없는 것입니다. 학교에서도 이런 것을 배우지만 이 잡지 보고 배우는 것도 적지 않습니다.

선생님! 선생님의 그 꾸지람을 저는 조금도 무서워하지 않겠습니다. … 우리가 조금이라도 많이 알아야 빨리 사람다운 사람이 될 것 아닙니까? … 옳게 깨달으셔서 다른 학생들에게도 이런 책을 많이 보라고 권해 주십시오. 후에라도 결코 이런 꾸지람은 하지 마십시오. 왜 이렇게 잘 뻗어 나가는 순을 찍으려 하십니까?

깨달음이 있으십시오.

(전환송, 「선생님에게 하고싶은 말-14세 보교생의 항의문」-. 『어린이』, 제10권 제7호, 1932)

사랑하는 애독자제군! 우리는 매양 잡지를 꾸밀 때마다 끝없는 기쁨을 느낍니다. 그것은 우리 몇 사람의 글을 써서 여러분에게 보인다는 것보다도 여러분이 『어린이』는 다 각기 자기 잡지거니 하고 사랑하야 읽어주며 또는 이리저리 하야 나가자고 정다운 의논을 하야 주는 동무가 많은 까닭입니다. 그러기 때문에 우리 역시 이것을 우리 몇 사람의 잡지요 개벽사의 독차지한 잡지가 아니라 만천하 조선 소년 소녀의 잡지거니 하고 믿습니다.

(편집인. 「독자 작품호를 내면서」. 『어린이』, 제9권 제10호, 1931.)

그런데 당시 어린이들은 『어린이』지에 대한 애정을 독자로서만 표현하지 않았습니다. 어린이들은 자신의 창작문학작품을 투고해서 『어린이』지에 작가로도 적극 참여했습니다. 『어린이』지가 1924년부터 독자 투고를 시작했는데 많은 어린이들이 수필, 시, 일기 등 창작품을 응모했고 신문기사처럼 어린이들의 이런 저런 삶살이 소식들을 보내왔습니다. 또 매호마다 2~4쪽 정도로 운영되던 독자담화실에는 어린이들이 보내온 안부와 신변잡기, 농담, 정보교류 등 가볍고 재미있는 이야기들이 실렸습니다. 그 밖에도 어린이들의 직접 참여로 이루어지는 '현상문제', '깔깔소학교', '독자사진'에도 어린이들이 참여가 끊이지 않았습니다.

그러다가 방정환 사망 후 신영철이 주재하게 되면서 어린이의 창작활동과 주체적인 참여를 대폭 강화하게 되었는데 그는 『어린이』지에서 어린이 작가의 비중을 높이고 어린이들이 만들어 가는 『어린이』지로 그 정체성을 확립해야 한다면서 어린이들에게 투고를 적극적으로 권면했습니다. 그에 따라서 기성작가들이 표현하는 어린이 세계가 아니라, 어린이들이 자신의 삶과 생각, 문제의식을 있는 그대로 표현한 작품들이 많이 소개되었습니다. 그 중에는 문학수준이 높지 않은 경우도 있지만 섬세한 생태감수성과 공동체적인 세계관, 기발한 발상과 진취적인 기상에 있어서는 기성작가들을 뛰어넘을 만큼 뛰어난 글들이 매우 많았습니다.

이렇게 처음부터 많은 사람들의 노력으로 시작된 『어린이』지는 갈수록 더 많은 사람들의 헌신과 애정으로 그 생애를 면면히 이어갔습니다. 그 속에서 작가와 독자, 어른과 어린이 세대, 어린이와 어린이들이 『어린이』지를 중심으로 서로 배움을 나누고 사회적 신뢰를 쌓는 연결망을 확장해 갔는데 이 점에서 『어린이』지는 사실상 당시의 우리 민족 전체가 키워낸 잡지라고 할 수 있습니다.

1. 『어린이』지 작가들

1) 사상별 작가

 (1) 소년해방운동 정통파 수운주의 필진

   : 공탁, 김기전, 김옥빈, 김태오, 노양근, 박달성, 박래홍, 정홍교, 차상찬, 최청곡

 (2) 계급주의 문학계 필진

   : 김기진, 노양근, 박팔양, 연성흠, 이호. 신영철, 주향두, 차칠선, 한백곤

 (3) 색동회 필진

   : 방정환, 이정호. 이재철, 이구, 이원수, 고한승, 마해송, 윤극영, 정병기, 정순철, 진장섭, 조재호. 진장섭, 손진태, 한정동, 최영주, 최진순

 (4) 친일파 필진

   : 공탁, 이돈화, 고한승, 손진태, 윤극영, 이광수, 이원수, 조재호

2) 시기별 작가

 (1) 신영철 편집장 시기: 대부분 어린이 투고자들

 (2) 윤석중 편집장 시기

   : 김규택, 김동환, 김복진, 김소운, 김소월, 김영수, 김자혜, 고한승, 마해송, 모기윤, 박태원, 박팔양, 박화성, 설정식, 신명균, 심훈, 심형필, 안석주, 이광수, 이무영, 이승만, 이영철, 오장환, 이은상, 이태준, 이헌구, 유광렬, 윤극영, 윤백남, 정순철, 주요섭, 주요한, 전영택, 정지용, 정인섭, 진장섭, 차상찬, 최병화, 피천득, 한정동, 홍난파(『어린이』. 제12권 제1호, 1934.).

(3) 해방 후 필진

: 고한승, 공진, 공탁, 마해송, 박인범, 석주명, 심형필, 이동찬, 이영철, 어효선, 이태선, 임서하, 현동염 홍은순 등

3) 장르별 작가

- 동화작가: 방정환, 진장섭, 고한승, 마해송, 이정호 최병화, 연성흠 등
- 동요작가: 윤극영, 윤석중, 방정환, 한정도, 유도순, 정순철 등
- 동극작가: 정인섭, 신고송
- 교양문: 차상찬, 박달성, 신영철, 최영주

4) 『어린이』지를 통해서 배출된 작가들

마해송, 정인섭, 한정동, 윤석중, 이원수, 박목월, 이 구, 등

2. 삽화

- 김규택, 안석주, 이승만, 구본웅, 손기문, 이병현, 임홍은, 최영수, 스웨덴 만화가 오스카야콥슨 등
- 표지화보: 안석주, 전봉제, 김규택, 채남인, 김태형

08 『어린이』지의 형식과 내용

1) 형식

문체

문체는 국한문을 혼용했는데 일반 기사문은 국한문 혼용으로 작성되었고 문예물은 순한글로 작성했으나 필요한 경우에만 한자를 괄호처리 하여 표기했습니다. 문장은 창간호부터 세로쓰기로 인쇄되다가 1948년 제123호부터 가로쓰기로 바뀌었습니다. 색상은 표지에서 글씨만 칼라로 하고 내지는 흑백으로 인쇄되었는데 표지에서 '어린이'라는 잡지제목은 빨간색으로 처리되었고 나머지 그림과 글씨는 파란색 단색으로 사용되었습니다. 그러다가 1927년 제5권 제1호부터는 표지가 모두 칼라로 바뀌었습니다.

그리고 삽화가 있는데, 방정환이 주재했던 1932년 10권 이전에는 삽화가 그리 많지 않았으나 그 후에는 작품 내용에 맞는 삽화들이 많이 실려서 훨씬 더 부드럽고 풍성한 분위기를 담아낼 수 있게 되었습니다.

지면 분량과 가격

『어린이』지는 초창기에는 창간호부터 7호까지 4.6배판 크기의 신문 형식으로 표지와 목차 없이 12면으로 인쇄되어 보름마다 한 번씩 발행되었습니다. 그러다가 1923년 9월, 8호부터 4.6배판, 40면 분량의 책 형식을 갖추게 되었고 책값은 5전에서 10전으로 올려 정했습니다. 이어 1924년 제1호부터는 62면 분량으로 월 1회 발행되었는데 그러다가 1927년 이후에는 70면을 넘었고 해방 이후 복간되었을 때도 4.6배판 크기와 가로쓰기 형식을 유지하다가 1949년 폐간되기까지 98면 정도의 분량으로 발행되었습니다.

> 〈『어린이』의 지면과 가격변화 〉
>
> • 해방 전
> 제1권 제1호(1923. 3): 12면 5전
> 제2권 제1호(1924. 1): 62면 10전
> 제3권 제9호(1925. 9): 72면 15전
>
> • 해방 후
> 제123호(1948. 5): 69면 80원
> 제133호(1949. 5): 90면 100원
>
> (『어린이』지 간행사 개관, 114.)

2) 내용

『어린이』지 137호 전체의 내용을 분석해 보면, 『어린이』지는 매 호마다 문예지가 아니라 종합교육잡지로서 갖추어야 할 내용들이 체계적으로 구성되었다는 것을 알 수 있습니다. 그리고 종합교육잡임을 상징하는 것으로서 창간호부터 매 호마다 '참된 어린이가 됩시다. 그리고 늘 서로 사랑하고 도와가며 삽시다.'라는 소년해방운동 표어가 실려 있고 소년해방운동의 교육목적과 어린이날을 알리는 글들이 꾸준히 실려 있는 것을 볼 수 있습니다.

그리고 무엇보다도 『어린이』지가 종합교육잡지임을 증명하는 가장 큰 증거는 지면의 많은 부분이 교과지식으로 채워져 있다는 것입니다. 동요, 동시, 소설과 같은 문학작품뿐 아니라, 어린이들의 문해교육을 위한 한글교육, 이과교육을 위한 수학, 물리, 생물, 지리, 인문교육을 위한 역사, 철학, 사회윤리, 그리고 예체능 교육을 위한 음악, 미술, 체육 등 교육분야를 체계적으로 나누어 매 호마다 어린이들의 학습을 독려하면서 다양하고 실용적인 지식을 담은 설명문과 여러 형식의 교육용 글들이 매호마다 규칙적으로 실려 있는데 이를 통해 어린이지가 종합교육잡지라는 것이 증명됩니다.

문학작품들은 이런 전체 체계 중에서 문예교육을 담당하는 일부로서 그 역할을 했던 것이지 『어린이』지 전체가 문학작품으로 구성되었던 것이 아닙니다. 편집장의 성향에 따라 문학장르의 양적인 비중이 달라지기는 했으나 전체 구성에서 이러한 교육용 글들이 배제되거나 구성 전체가 바뀐 적은 한 번도 없습니다.

이는 앞서 설명했듯이 『어린이』지가 본래 소년해방운동의 교육사업으로 만들어졌고 그에 따라 그 성격과 체계도 종합교육서로 구성되었다는 것을 증명해 주는 것이라 하겠습니다.

(1) 『어린이』지의 전체 내용 구성

전체구성
· 표지, 권두언, 화보(사진, 그림), 삽화, 지식글, 문학작품, 동요, 시사평론, 유희, 그림

부분구성
· 만화: 활동만화, 연재만화, 신 만화, 특선만화
· 독자란: 입선동요, 작문, 독자문예, 독자사진첩. 뽑힌 글
· 통신: 독자소식, 독자담화실, 특별실(땡땡 신문), 이 소식 저 소식, 예고(豫告), 사고(謝告), 사고(社告) 특고(特告)
· 광고: 모집, 발표, 신간, 잡지, 상품
· 편집후기(남은 잉크)
· 부록: 말판, 어린이 신문, 기념엽서, 세계일주 사진
· 유희: 그림자놀이, 동요유희, 봄 유희, 신 유희, 정월유희, 여흥, 유희와 지혜, 수공유희

(2) 교육분야별 내용과 형식 분류

인문
· 한글, 어휘, 문법, 작문, 역사, 위인

· 국어: 한글난, 문법, 작문교실
· 역사: 조선역사 독본, 역사강화, 역사동화
· 위인: 조선위인, 위인이 어릴 때, 위인일화, 위인 전기
　　　　장쾌한 인물, 소년전기, 세계 위인전

사회
· 훈화: 독본, 당부. 강좌
· 소식글: 학교소식, 새소식, 세계소식
· 토론: 소년토론
· 평론: 독자평단, 독자평단, 소설평, 소설총평
· 교육기행: 사회 명소 탐방

과학
· 산수: 산술교실, 취미산술, 수리문답
· 과학: 봄과학, 하기과학, 가을과학, 겨울과학, 일상과학, 수공
　　　　이과기술, 이과이야기, 소년과학, 과학설명, 과학 신지식,
· 물리, 화학, 생물, 기후, 지리

상식
· 실용지식, 어린이 상식, 일상상식, 연말상식, 상식강좌
· 취미, 취미와 실익

문학
· 동화극: 농촌소년극, 대화극, 방학 희가극, 유치원동화, 소년
　　　　대화극, 아동극, 야외동화극, 지상동화대회 창작동극

- 소설: 아기소설, 유치원소설, 아동소설, 유년소설, 소녀소설, 소년소설, 소년사진소설, 소년영화소설, 소년탐정소설, 단편소년소설, 장편소설, 장편소년소녀소설, 연작소설, 연속역사소설, 학생소설, 대합작소설, 동물소설, 사실소설, 사진소설, 어촌소설, 용장소설, 입지소설, 탐정소설, 화성소설
- 수필: 소년수필, 소년생활기, 상하고투기
- 시: 동시, 소년시, 동화시, 소년자유시
- 신화: 식물신화
- 작문: 입선작문, 감상
- 이야기(담화, 談話)
  : 경제 이야기, 그림 이야기, 녯어른 이야기. 맹수 이야기, 불쌍한 이야기, 세계 각국 소년 이야기, 소년야담, 신기한 이야기, 우스운 이야기, 유익한 이야기, 이솝 이야기, 자미있는 이야기, 활동사진 이야기
- 기담: 기인기담, 표류기담
- 명화: 교육 명화, 음악명화, 미술명화, 지리명화, 서도명화
- 미담: 동물미화, 사실미담, 설중미담, 소녀미담, 소년미담, 열혈미담, 우애미담, 우정미담, 입지성공미담, 애국미담, 애련미화, 의용미담. 장편미담, 장편열혈미담, 출세미담, 통쾌미담, 태서(泰西)미담, 학창미담, 해외미담
- 전설: 우리 시골 전설, 조선 전설, 중국 전설
- 소화: 신록소화, 깔깔소학교, 세계특선 아동독물
- 애화(哀話): 소년애화, 사실애화, 수재(水災)애화, 이국애화

・기타: 강화(講話), 경전, 독본, 민담, 사담, 사화(史話), 서한, 선언, 실화, 일기, 일화, 야담, 여행기, 우화, 재담(才談) 탐험, 훈화, 1인 1화, 각화(各話)

음악

: 독자동요, 그림동요, 당선동요, 입선동요, 유년동요, 신작동요, 작문동요, 특선동요, 어른아이합작동요, 명곡명화, 추천동요, 애독자동요, 독창, 합창, 봄노래·우리노래, 새곡보

체육

: 체육, 보건, 위생

(2) 『어린이』지의 분야별 지식교육 목차

국어

・부록. 조선자랑 '말판'. (제7권 제3호, 1929.)

・실익. 김선생. '일기 쓰는 법'. (제7권 제9호, 1929.)

・실익. 성선희. '일기는 엇재서 필요한가'. (제7권 제9호, 1929.)

・실익. 삼산인. '연하장 쓰는 법'. (제7권 제9호, 1929.)

・실익. 심형필 '다른 사람과 이야기할 때에는 이렇게 하십시오'. (제8권 제2호, 1930.)

・특별부록. '대운동 말판'. (제8권 제2호, 1930.)

・취미. 허문일. '조선 속언집'. (제8권 제7호, 1930.)

· 하기 어린이독본. 신명균. '제1과 한글 글에도 법이 있어야 한다'. (제11권 제7호, 1933.)
· 한글. 신명균. '마침법 이야기(1)'. (제12권 제1호, 1934.)
· 한글. 신명균. '마침법 이야기(2)'. (제12권 제2호, 1934.)
· 한글. 신명균. '마침법 이야기(3)'. (제12권 제호, 1934.)
· 한글. 신명균. '마침법 이야기(4)'. (제12권 제5호, 1934.)
· 소년강좌. 김병제. '한글 맞춤법 통일안'. (제13권 제1호, 1935.)

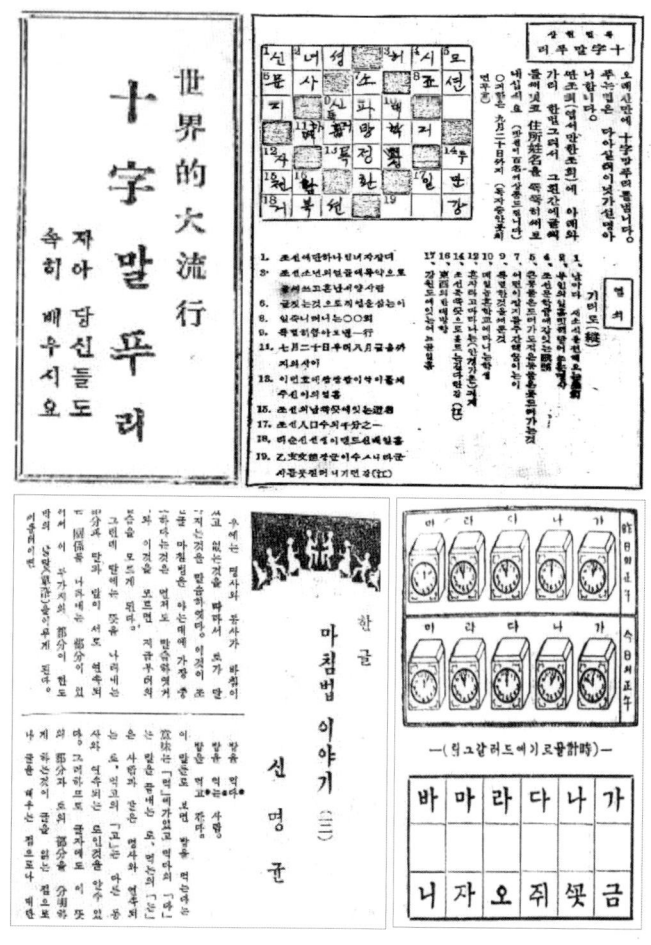

산수

- 취미. 윤석중. '자미잇는 수자그림'. (제4권 제1호, 1926.)
- 취미. 김현설. '칠요일을 속히 알아내이는 법'. (제4권 제1호, 1926.)
- 실익. 백남규. '신기한 산술 문제'. (제4권 제8. 9호, 1926.)
- 산술. 백남규. '중요한 산술응용문제의 정해'. (제5권 제4호, 1927.)
- 실익. 백남규. '산술공부할 때의 주의', (제5권 제5호, 1927.
- 실익. 백남규. '산술 이야기'. (제5권 제6호, 1927.)
- 산술. 임창순. '시간과 시각'. (제6권 제5호, 1928.)
- 수학. 백남규. '산술창가 이야기'. (제7 권 제1호, 1929.)
- 수학. 백남규. '노래 부르는 중에 저절로 풀어지는 산술'.
   (제7권 제2호, 1929.)
- 취미산술. 손성엽. '요술쟁이 산술 선생'. (제9권 제10호, 1931.)
- 취미산술. 손성엽. '요술쟁이 산술선생'. (제10권 제3호, 1932.)
- 산수. 임영재. '나이와 난 달 알아 맞이기'. (제127호, 1948.)
- 재미있는 산수. 이용학. '1. 지금의 수자는 인도가 주인'.(제134호, 1949.)
- 재미있는 산수. 이용학. '(2)아라비아 수자 외의 다른 수자'.
   (제135호, 1949.)
- 재미있는 산수. '(3) 산까치 셈이란 무엇?'. (제137호, 1949.)

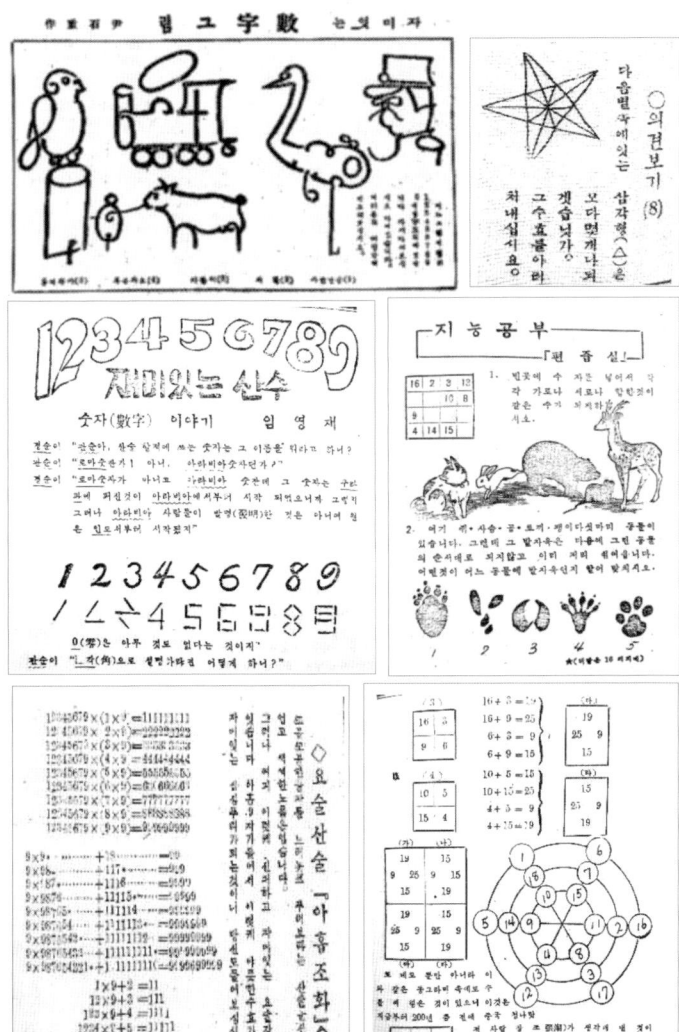

과학 (일상과학·수공)

- 과학설명. 정병기. '단 이야기 짠 이야기'. (제1권 제8호, 1923.)
- 이과 이야기. 최인순. '가을이 되면 나뭇잎이 왜 붉어지나'.
  (제1권 제9호, 1923.)
- 이과담. 최선생. '신기한 요술, 신현상'. (제2권 제3호, 1924.)
- 이과기술. 최선생. '종이남비, 정신검사'. (제2권 제4호, 1924.)
- 이과 이야기. 최인순. '과실 껍질에 사진을 나타내는 법'.
  (제2권 제7호, 1924.)
- 실용지식. 정생. '잉크와 연필 맨드는 법'. (제2권 제9호, 1924.)
- 일상과학. '궁금풀이'. (제2권 제12호, 1924.)
- 이과실험. '신기한 요술'. (제3권 제2호, 1925.)
- 지식 김학서. '에디슨의 생각한 삼백 년 후의 세계'. (제3권 제7호, 1925)
- 화학 취미. '사이다와 라므네 맨드는 법'. (제3권 제7호, 1925.)
- 과학수공. '활동사진 긔계 맨드는 법'. (제3권 제12호, 1926.)
- 과학. 삼산인. '전화발명자 알렉산더 그라함 벨'. (제4권 제2호, 1926.)
- 소년수공. 안선생. '최신식 팽이 만드는 법'. (제4권 제2호, 1926.)
- 소년수공. 안선생. '긔그묘묘 요술딱지(어린이 딱지)'.
  (제4권 제5호, 1926.)
- 소년수공. 삼산인. '최신식 팽이 만드는 법'. (제7권 제2호. 1929.)
- 수공유희. 일기자. '재미있는 인형 만들기'. (제7권 제3호, 1929.)
- 조선의 발명 자랑. 최진순. '현대 공예품보다 나은 고려시대의
  도자기'. (제7권 제3호, 1929.)
- 조선의 발명자랑. 이윤제. '문명의 어머니, 활자도 조선이 먼저'.
  (제7권 제3호, 1929.)

· 알림. 전문삭제-'군함의 시조인 철갑선도 조선이 먼저'.
                    (제7권 제3호, 1929.)
· 조선의 발명자랑. 김진구. '공중을 나르는 비행기도 조선이 먼저'.
                    (제7권 제3호, 1929.)
· 손진태. '조선의 온돌자랑'. (제7권 제3호, 1929.)
· 기술. 백시라. '아무나 하기 쉬운 요술 기술! 기술!'. (제7권 제1호, 1929.)
· 이과. 삼산인. '재미있고 유익한 유희 몇 가지'. (제7권 제1호, 1929.)
· 과학. 최선생, '봄날에 재미있는 유희 비누풍선'. (제4권 제4호, 1926.)

과학 (물리)

· 과학. '이것도 전기'. (제3권 제11호, 1924.)
· 과학지식. 삼산인. '땅덩이의온도'. (제5권 제2호, 1927.)
· 과학문답. 삼산인. '소리는 어디서 나나'. (제5권 제8호, 1927.)
· 지식. 윤주복. '고무를 짜서 신을 만들 때까지'. (제7권 제8호, 1929.)
· 지식. 윤주복. '연필을 만들 때까지'. (제7권 제9호, 1929.)
· 소년수공. 성선희. '쭈-립푸'. (제8권 제2호, 1930.)
· 지식. 윤주복. '비누가 되기까지' 동요. 유도순. '봄마지'.
                    (제8권 4호, 1930.)
· 일상과학. 윤주복. '불노리가 되여지기까지'. (제8권 제6호, 1930.)
· 일상과학. 윤주복. '조희(종이)가 되여지기까지'. (제8권 제7호, 1930.)
· 지식. 윤선생. '평범한 속에서 놀나운 발견'. (제9권 제1호, 1931.)
· 지식. 윤주복. '석유와 양초'. (제9권 제3호, 1931.)
· 이과지식. 손성화. '물로 쇠 붓치기(공기와 압력관계)'.
                    (제9권 제3호, 1931.)

· 지식. 윤주복. '전구가 되기까지'. (제9권 제4호, 1931.)
· 이과실험. 손성엽. '돈 셔 노코 조히 빼기(운동과 관성의 법칙'.
　　　　(제9권 제4호, 1931.)
· 소년지식. 이학중. '람프의 발명'. (제9권 제4호, 1931.)
· 일상과학. 윤주복. '기차가 되기까지'. (제9권 제5호, 1931.)
· 지식. 차선생. '역과 시간이야기'. (제9권 제5호, 1931.)
· 지식. 이학중. '배 발명한 이야기'. (제9권 제5호, 1931.)
· 이과실험. 손성엽. '구리철로불끄기(열의 전도)'. (제9권 제5호, 1931.)
· 이과실험. 기자. '병속의분수(진공과공기의 염력)'.(제9권제5호,1931.)
· 이과실험. 손성엽. '물우에 바늘 띄우기(표면장력)'. (제9권 제6호, 1931.)
· 이과실험. 손성엽. '종지 위에의 자세기, 조히로 물잔 올니기'.
　　　　(제9권 제7호, 1931.)
· 어린이 10대 강좌. 윤주복. '유리가 되기까지'. (제9권 제8호, 1931.)
· 어린이 10대 강좌. 손성엽. '물로 유리 부치기'. (제9권 제8호, 1931.)
· 어린이 10대 강좌. 김선생. '자미잇고 유익한 수공 이야기'.
　　　　(제9권 제8호, 1931.)
· 어린이 10대 강좌. 황선생. '자미잇고 유익한 이과 이야기'.
　　　　(제9권 제8호, 1931.)
· 과학. 윤주복. '석유 이야기'. (제9권 제9호, 1931.)
· 소년과학. 윤주복. '물 이야'. (제9권 제11호, 1931.)
· 지식. 박선생. '인쇄의 시초'. (제10권 제6호, 1932.)
· 과학. 진병호. '기관차 견학'. (제10권 제10호, 1932.)
· 어린이과학. 이정희. '비행기 견학'. (제10권 제11호, 1932.)
· 어린이과학. 적두건. '태양나라 이야기'. (제11권 제3, 5호, 1933.)

· 과학. 심형필. '근세 대과학자 뉴톤의 이야기'. (제11권 제11호, 1933.)
· 과학. 한인석. '저번에 다녀간 말코니는 누구?'. (제11권 제11호, 1933.)
· 이과. 윤석중. '원자이야기' 한글. 신명균. '마침법 이야기(3)'.
  (제12권 제6호, 1934.)
· 우리나라 자랑. 최윤수. '첨성대'. (제132호, 1949.)
· 과학. '원자의 힘 우라니움 235'. (제135, 136호, 1949.)

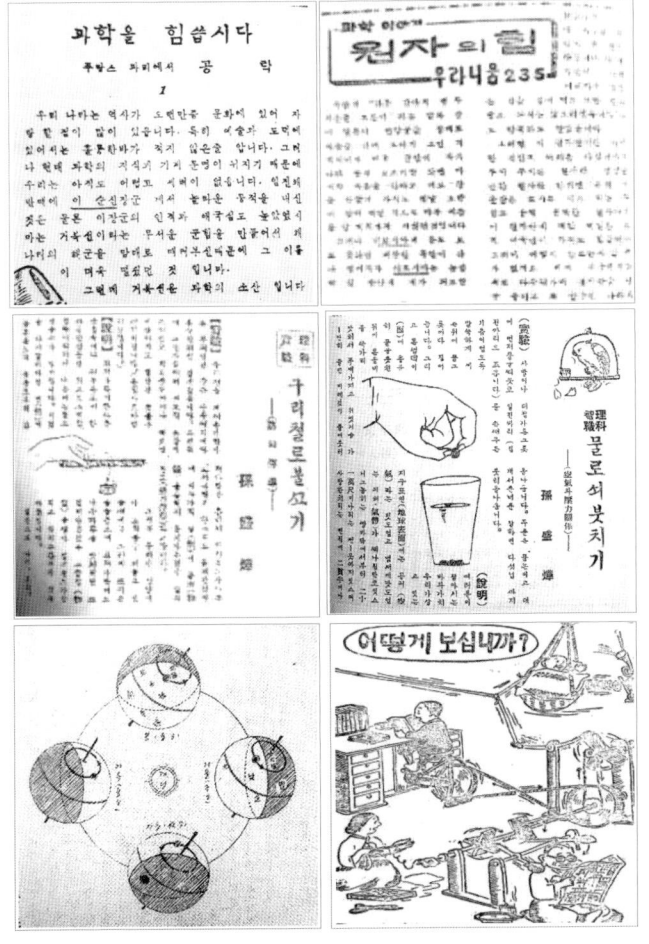

과학 (생물)

- 녀름지식. '모기와 파리'. (제3권 제6호, 1925.)
- 지식. 박경식. '손가락 이야기'. (제4권 제3호, 1926.)
- 가을지식. 최선생. '가을벌레'. (제4권 제9호, 1926)
- 신년과학. 삼산인. '토끼'. (제5권 제1호, 1927.)
- 봄과학. 천선생. '제비'(제5권 제4호, 1927.)
- 과학. 천응규. '꿀벌 이야기'. (제5권 제5호, 1927.)
- 상식. 천응규. '서리와 식물'. (제5권 제8호, 1927.)
- 과학지식. 최창덕. '용! 용 이야기'. (제6권 제1호, 1928.)
- 과학지식. 천응규. '인어란 무엇인가'. (제6권 제1호, 1928.)
- 이과. 삼산인. '움 돋는 화분'. (제6권 제3호, 1928.)
- 이과담. 김한. '악어와 악어새 이야기'. (제6권 제2호, 1928.)
- 이과. 천응규. '벌레나라의 음악회'. (제6권 제5호, 1928.)
- 지식. 삼산인. '제비와 기러기'. (제6권 제5호, 1928.)
- 과학. 삼산인. '짐승도 말을 합니다.'. (제6권 제7호, 1928.)
- 과학. 미소생. '과물과 종자의 여행기'. (제6권 제7호, 1928.)
- 이과. 천응규. '배암 이야기'. (제7권 제2호, 1929.)
- 과학신지식. '아름다운가을달계수나무이야기'. (제3권 10호, 1925.)
- 과학. 천응규. '나무의 싹은 언제부터 트이나'. (제7권 제2호, 1929.)
- 과학. 미소생. '괴물과 중자의 여행기'. (제6권 제7호, 1928.)
- 여름지식. 천응규. '개구리 이야기'. (제7권 제5호, 1929.)
- 지식. 김동혁. '여름꽃 이야기'. (제7권 제6호, 1929.)
- 이과. 천응규. '파리 승(蠅) 이야기'. (제7권 제6호, 1929.)
- 가을과학관. 최여구. '국화이야기'. (제7권 제8호, 1929.)
- 이과. 박선생. '양의 이야기'. (제9권 제1호, 1931.)

- 가을과학관. 조복성. '매암이와 귓드라미는 엇더케 되나'.
  (제7권 제8호, 1929.)
- 가을과학관. 정오. '송이 이야기'. (제7권 제8호, 1929.)
- 가을과학관. 동원민. '잠자리 이야기'. (제7권 제8호, 1929.)
- 지식. 삼산인. '말 이야기'. (제8권 제1호, 1929.)
- 과학. 천응규. '여름벌레 이야기'. (제8권 제6호, 1930.)
- 가을과학. 삼산인. '기럭이 이야기'. (제8권 제7호, 1930.)
- 이과. 경화생. '오징어와 낙지' (제8권 제7호, 1930.)
- 동물지식. 월견초. '엇전 까닭일까요?'. (제9권 제3, 4호, 1931.)
- 취미이과. 김규장. (1)봄꼿 이야기'. (제9권 제4호, 1931.)
- 취미와 실익. 양재웅. '생명의 가격(1)'. (제9권 제6호, 1931.)
- 어린이 10대 강좌. 이선생. '안저서 죄다 아는 두 눈의 놀나운 활동'.
  (제9권 제8호, 1931.)
- 어린이 10대 강좌. 최선생. '유전과(遺傳)과 사람'. (제9권 제8호, 1931.)
- 어린이 10대 강좌. 박선생. '동물의 형상'. (제9권 제8호, 1931.)
- 이과문답. 손성엽. '포도맛'. (제9권 제9호, 1931.)
- 소년과학. 이학중. '인류 진화 이야기'. (제10권 제4호, 1932.)
- 소년과학. 손성엽. '동물은 싸우기만 하는가'. (제10권 제5호, 1932.)
- 소년과학. 손성엽. '식물은 신경이 업는가'. (제10권 제6호, 1932.)
- 실익. 신영철. '동물의 호상부조 - 새이조흔 악어와 좀새-'.
  (제10권 제6호, 1932.)
- 소년이과. 손성엽. '개똥버레와 반듸불-농촌의 전등·어린애의 전등'.
  (제10권 제8호, 1932.)
- 과학. 최경화. '신비한 생명'. (제10권 제9호, 1932.)
- 소년이과. 손성엽 '음악가 귀뚜라미'. (제10권 제9호, 1932.)

· 하기 어린이독본. 이덕봉. '제4과 식물 물에 사는 식물'.
  (제11권 제7호, 1933.)
· 과학. 심형필. '장미는 웨 지나?'. (제11권 제8호, 1933.)
· 이과 이야기. 윤석중. '사람과 곤충'. (제12권 제1호, 1934.)
· 과학. 윤석중. '사람 눈이 되기까지'. (제12권 제4, 5, 6호, 1934.)
· 과학. 심형필. '사람은 어디서 왓나'. (제12권 제5, 6호, 1934.)
· 자연관찰. 민곰. '파리'. (제134호, 1949.)

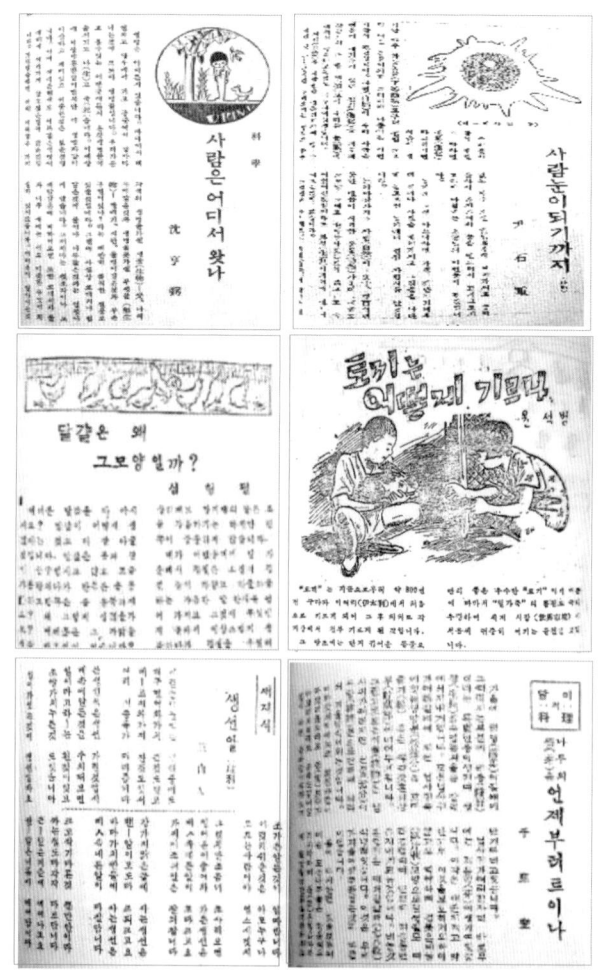

과학 (기후)

· 여름지식 안선생. '여름은 왜 더운가'. (제2권 제8호, 1924.)
· 여름 이과 미소. '얼음으로 물을 끓이는 법'. (제2권 제8호, 1924.)
· 가을과학 미소. '달나라 이야기'. (제2권 제9호, 1924.)
· 과학. 삼산인. '바람과 번개불'. (제4권 제7호, 1926.)
· 가을지식. 황선생. '낙엽 문답'. (제4권 제9호, 1926.)
· 겨울과학. 최윤환. '서리와 눈'. (제4권 제10호, 1926.)
· 가을지식. 삼산인. '나뭇잎이 왜 붉어지나'. (제4권 제9호, 1926.)
· 과학지식. 삼산인. '땅덩이(대지)의 온도'. (제5권 제2호, 1927.)
· 하기과학. 동원민. '비 오는 이치와 장마지는 이치'. (제5권 제6호, 1927.)
· 토론. '우리의 생활에는 봄이 조흔가 가을이 조흔가?'.
　　　　　(제6권 5호, 1928.)
· 가을과학. 천응규. '바람과 그 이해'. (제6권 제6호, 1928.)
· 과학지식. 심형필. '천지개벽'. (제6권 제1호, 1928.)
· 과학. 심형필. '얼음산 이야기'. (제6권 제4호, 1928.)
· 자랑. 최두선. '조선의 기후자랑'. (제7권 제3호, 1919.)
· 지식. 심형필. '음력과 양력은 왜 다른가'. (제7권 제2호, 1929.)
· 여름과학. 조영근. '비 이야기'. (제7권 제5, 6호, 1929.]
· 가을과학관. 조연근. '어린이 기상학 가을은 왜 서늘한가'.
　　　　　(제7권 제8호, 1929.)
· 가을과학관. 천응규. 서리 이야기'. (제7권 제8호, 1929.)
· 가을과학관. 김규창. '나뭇잎은 왜 지나'. (제7권 제8호, 1929.)
· 과학. 조영근. '눈 이야기'. (제7권 제9호, 1929.)
· 과학. 박달성, '설중 등산 이야기'. (제7권 제9호, 1929.)

· 과학. 이태준. '눈! 눈! 눈 재미'. (제7권 제9호, 1929.)
· 과학. 채만식. '어릴 때 본 눈 재미'. (제7권 제9호, 1929.)
· 과학. 조영근. '눈 이야기(2)'. (제8권 제2호, 1930.)
· 과학. 산남인. '은하수 이야기'. (제8권 제7호, 1930.)
· 과학. 조영근. '가을이 되면 왜? 하눌이 맑고 서늘한가'. (제8권 제8호, 1930.)
· 이과. 최인순. '단풍과 낙엽'. (제8권 제8호, 1930.)
· 소년과학. 조영근. '비 오는 이유'. (제9권 제3,4호, 1931.)
· 소년이과. 김창근. '가을 하눌은 왜 푸른가'. (제10권 제9호, 1932.)
· 어린이과학. 심형필. '겨울은 웨 치운가'.(제10권 제11호, 1932.)
· 하기 어린이독본. 이덕봉. '제5과 과학 번갯불 이야기'. (제11권 제7호, 1933.)
· 과학. 김규창. '가을이 되면 왜 나무닢이 지나'. (제11권 제9호, 1933.)
· 가을의 과학. '심형필. '서리 이야기'. (제11권 제10호, 1933.)

과학 (지리)

· 지리. 신영철. '금수강산 평양성'. (제3권 제10호, 1925.)
· 지리. 신영철. '천하제일 금강산'. (제3권 제11호, 1925.)
· 지리. 신영철. '내 사랑 공주산성'. (제3권 제12호, 1925.)
· 지리. 신영철. '섬 만흔 남조선.'(제4권 제3호, 1926.)
· 지리. 신영철. '조선은 어느 곳에 있는가'. (제5권 제8호, 1927.)
· 지리. 신영철. '조선 있는 곳'. (제6권 제1호, 1928.)

· 지식. 신영철. '조선지리(3)'. (제6권 제2호, 1928.)

· 지식. 신영철. '조선지리(4) 조선의 면적과 지세'. (제6권 제3호, 1928.)

· 지식. 신영철. '조선지리(5) 조선의 바다와 섬'. (제6권 제4호, 1928.)

· 지식. 신영철. '조선지리(6) 조선의 조류와 기후'. (제6권 5호, 1928.)

· 조선의 3대 전승자랑. 신영철. '조선에서 1년 동안에 나는 것'.
(제7권 제3호, 1929.)

· 조선자랑. 신영철. '세계 제일 훌륭한 조선의 산수자랑'.
(제7권 제3호, 1929.)

· 우스운 이야기. 양재웅. '조선 제일 좋은 산'. (제8권 제3호,1930.)

· 우스운 이야기. 신영철. '조선 제일 높은 산'. (제8권 제3호, 1930.)

· 우스운 이야기. 최영주. '조선 제일 큰 강'. (제8권 제3호, 1930.)

· 우스운 이야기. 이성환. '조선제일쌀많이나는곳'. (제8권제3호, 1930.)

· 우스운 이야기. 이학중. '조선제일금많이나는곳'. (제8권 제3호, 1930.)

· 우스운 이야기. 유동선. '조선 제일 높은 골 군읍(郡邑)'.
(제8권 제3호, 1930.)

· 소년지리. 이학중. '만주의 도회와 시골'. (제10권 제9호, 1932.)

· 하기 어린이독본. 김교신. '제3과 지리 우리 조선반도'.
(제11권 제7호, 1933.)

· 지리. 안병부. '펄펄 끓는 더운 물이 공종으로 높이 솟는 아이스랜드'.
(제13권 1호, 1935.)

· 태평양 이야기. 안병무. '태평양은 누가 발견하였나?' (제134호, 1949.)

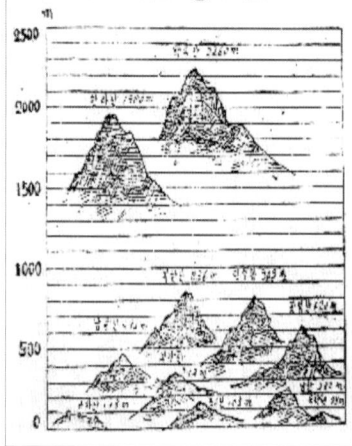

역사

- 역사 동화. 손진태. '고주몽 이야기'. (제1권 제9호, 1923.)
- 역사동화. 손진태. '유리 이야기'. (1권 10호, 1923.)
- 역사동화. 손진태. '명장 강감찬'. (제3권 제5호, 1925.)
- 사담. 박달성. '조선에 유명한 김삿갓 이야기'. (제3권 제8호, 1925.)
- 전설. 신영철. '낙화암 이야기'. (제3권 제8호, 1925.)
- 사담. 청오생. '천하용장 을지문덕 장군'. (제3권 제9호, 1925.)
- 사담. 조규수. '사범명 장군'. (제3권 제11호, 1925.)
- 사담. 조규수. '우리 서으왕의 위엄'. (제3권 제12호, 1925.)
- 전기. 차상찬. '서화담 선생'. (제4권 제2호, 1926.)
- 사담. 차상찬. '정충신 이야기'. (제4권 제3호, 1926.)
- 지식. 박달성. '조선의 자랑'. (제4권 제4호, 1926.)
- 사담. 황의돈. '울기 잘 하던 평강공주'. (제5권 제1호, 1927.)
- 역사. '세계의 유명한 위인 신분 조사'. (제5권 제5호, 1927.)
- 사담. 신영철. '고려 충신 정포은 선생과 어머니'. (제5권 제6호, 1927.)
- 사담. 신영철. '정몽주 선생 이야기'. (제5권 제7호, 1927.)
- 역사. 최진순. '병인양요 이야기'. (제6권 제5호, 1928.)
- 역사. 차상찬. '정포은과 이율곡'. (제7권 제2호, 1929.)
- 역사. 푸른소. '조선은 이렇다'. (제7권 제4,5,6,7호, 1929.)
- 사화. 차상찬. '병자호란과 임경업 장군'. (제6권 제7호, 1928.)
- 조선의 3대 전승자랑. 최상찬. '일거에 전멸시킨 살수대첩'. (제7권 제3호, 1929.)
- 조선의 3대 전승자랑. 조규수. '당태종의 눈을 쏘아 쫓은 안시대첩'. (제7권 제3호, 1929.)

- 조선의 3대 전승자랑. 신영철. '고산자 김정호 선생 이야기'.
  (제7권 제3호, 1929.)
- 사화. 차상판. '천하기인 먹적골 허생원 이야기'. (제7권 제6호, 1929.)
- 사화. 차상찬. '천강 홍의 장군'. (제7권 제9호, 1929.)
- 사화. 차상찬. '이괄 난(亂) 이야기'. (제8권 제2호, 1930.)
- 사화, 차상찬. '김응하 장군'. (제8권 제4호, 1930.)
- 사화. 차상찬. '궁예왕 이야기'. (제8권 제5호, 1930.)
- 사화. 김기전. '천도교의 시조 최수운 선생'. (제8권 제9호, 1930.)
- 사화. 차상찬. '천하 용소년 최윤덕 장군'. (제8권 제9호, 1930.)
- 사화. 이윤재. '혁거세 거서간이 신덕(神德)'. (제9권 제1호, 1931.)
- 사화. 이윤재. '구주(龜州) 대승전'. (제9권 제3호, 1931.)
- 역사동화. 박송. '평화'. (제9권 제9호, 1931.)
- 사화. 최진순. '홍경래의 난'. (제9권 제11호, 1931.)
- 사화. 차상찬. '천하명장 정기룡'. (제10권 제2호, 1932.)
- 사화. 차상찬. '어려서 호랑이 잡은 최윤덕 장군'. (제9권 제10호, 1931.)
- 조선역사독본. 최진순. '(2)고조선의 분열과 외족의 침입'.
  (제10권 제2호, 1932.)
- 조선역사독본. 최진순. '(3)삼국의 건국과 발전 충돌'.
  (제10권 제2호, 1932.)
- 역사독본. 최진순. '3. 삼국시대 문화'. (제10권 제 6호, 1932.)
- 사화. 청 오. '김상용 선생의 죽엄'. (제10권 제9호, 1932.)
- 역사동화. 손진태. '명장 강감찬'. (제10권 제10호, 1932.)
- 역사동화. 차상찬. '신라 명장 김유신'. (제10권 제11호, 1932.)
- 역사동화. 차상찬. '저두 정승 장순손'. (제10권 제12호, 1932.)

· 역사강화. 차상찬. '맹고불 맹정승'. (제11권 제2호, 1933.)

· 사화. 차상찬. '철혈 남아 남이장군'. 제11권 제3호, 1933.)

· 역사강화. 차상찬. '천하 명궁 이지란 장군'. (제11권 제5호, 1933.)

· 하기 어린이독본. '제2과 역사 살수대전'. (제11권 제7호, 1933.)

· 사기(史記). 이은상. '조선공부'. (제12권 제1호, 1934.)

· 역사. 차상찬. '12장사로 몽군을 대파 고려 용장군 김경손'. (제12권 제1호, 1934.)

· 조선전설. 차상찬. '오리(梧里) 이정승'. (제12권 제2호, 1934.)

· 사기. 이은상. '조선공부(3) 화랑이란 것'. (제12권 제3호, 1934.)

· 역사. 차상찬. '천하 용소년 최윤딕 장군'. (제12권 제호, 1934.)

· 역사. 차상찬. '송아지를 끼고 뛰어다닌 장사'. (제12권 제5호, 1934.)

· 어린이사화. 차상찬. '소년장군 정충신'. (제13권 1호, 1935.)

· 연속역사소설.고한승/김태형삽화.'정포은(제1회)'.(제127호, 1948.)

· 연속 역사소설. 고한승/김태형 삽화. '정포은(제2회)'. (제128호, 1948.)

· 연속 역사소설. 고한승/김태형 삽화. '정포은(제3회)'. (제128호, 1948.)

· 역사이야기. '애기장군 사다함'. (제132호, 1949.)

· 역사이야기. '원효대사'. (제133호, 1949.)

· 역사이야기. 한뫼. '백운과 제후'. (제134호, 1949.)

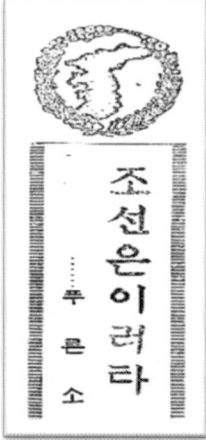

사회

· 기행. 김기전. '어린이동무를찾아평남에다녀와서'. (제2권제9호, 1924.)
· 소개. 손진태. '동경 잇는 조선 아희들', (제3권 제12호, 1926.)
· 소개. 요섭. '살이 포동포동 찐 중국어린이'. (제3권 제11호, 1925.)
· 기행. 고한승. '귤 익는 남쪽나라 제주도 이야기'. (제4권 제11호, 1926.)
· 기행. 윤석중. '눈물의 옛 도읍 남한산성'. (제4권 제10호, 1926.)
· 지식. 이성환. '조선자랑(2) 농업나라인 자랑'. (제4권 제5호, 1926.)
· 세계 각국 소년 이약이. 이정섭. '친절 쾌활한 불란서 어린이'.
　　(제5권 제1호, 1927.)
· 세계 각국 소년 이약이. 정석태. '직심셩이 만흔 독일 어린이'.
　　(제5권 제1호, 1927.)
· 소개. 손진태. '동경 잇는 조선 아희들', (제5권 제1호, 1927.)
· 세계의 어린이생활. 이성용. '독일의어린이생활', (제6권제3호, 1928.)
· 세계의 어린이생활. 이긍종. '미국어린이들의생활', (제6권제3호, 1928.)
· 세계의 어린이생활. 이정섭. '불란서 어린이의 생활', (제6권제3호, 1928.)
· 세계의 어린이생활(2). 삼산인. '영국 어린이의 생활', (제6권제4호, 1928.)
· 세계의 어린이생활(3). 진장섭. '일본의어린이생활', (제6권제5호, 1928.)
· 지식. '어느 해 어떻게 되었나-천주교당, 장충단, 우정국, 세검정,
　　경희루, 독립문(사진)'. (제7권 제2호, 1929.)
· 기행. 편즙급사. '어린이사 안양 원족기'. (제7권 제8호, 1929.)
· 지식. 류광렬. '쌀값 이야기.' (제8권 제10호, 1930.)
· 취미. 황선생. '각국 국가의 내력'. (제9권 제5호, 1931.)
· 시사. 차상찬. '상해사건이란 무엇인가'. (제10권 제4호, 1932.)
· 평론. 빈강어부. '소년문학과 현실성'. (제10권 제4호, 1932.)

• 시사. 차상찬. '요새이에 새로 생긴 만주산국가란 무엇인가'.
(제10권 제5호, 1932.)
• 소년평단. 이상인. '사랑하는 자질(子姪)에게 조혼을 시켯습니까'.
(제10권 제5호, 1932.)
• 소년평단. 백곤. '배움은 돈버리가 아니외다'. (제10권 제5호, 1932.)
• 독자평단. 박노홍. '『어린이』는 과연 가면지일까'. (제10권 제5호, 1932.)
• 독자평단. 박노홍. '김도산군의『첫겨울』을 보고'. (제10권 제5호, 1932.)
• 소년생활전선. 문열기. '농촌편.논뚝에서보내는소리'. (제10권제6호, 1932.)
• 소년생활전선. 박명남. '보교편. 이름은공부이지만'. (제10권제6호, 1932.)
• 소년생활전선. 김태규. '도회편. 형의 생활은이러타'. (제10권제6호, 1932.)
• 소년생활전선. 백치혁. '인쇄편. 기계도는미테서서'. (제10권제6호, 1932.)
• 소년생활전선. 백학서. '온천 번인편. 두 손이 달토록'.
(제10권 제6호, 1932.)
• 소년생활전선. 고남섭. '유랑편(1) 대판에 직업을 차저서'.
(제10권 제6호, 1932.)
• 소년생활전선. 박인수. '유랑편(2) 간도에 발을 딋고'.
(제10권 제6호, 1932.)
• 소년생활전선. 이동찬. '만주의 직공생활'. (제10권 제6호, 1932.)
• 소녀평단. 김현봉. '철면피 작가, 이고월 군을 주(誅)함'.
(제10권 제6호, 1932.)
• 소년강좌. 이응진. '사회란 무엇인가'. (제10권 제7호, 1932.)
• 시사. 마달. '전 조선에 고아 2만 명'. (제10권 제7호, 1932.)
• 재외소년소식. 김명학. '간도에 있는 조선 소년의 형편'.
(제10권 제7호, 1932.)

· 재외소년소식. 김형준. '일본 잇는 조선 소년들의 형편'. (제10권 제7호, 1932.)

· 소년평단. 전환송. '선생님에게 하고 싶은 말-14세 보교(普校) 생의 항의문'. (제10권 제7호, 1932.)

· 독자평단. 김재순. '원컨대 자녀에게 책임감을 길러주소서'. (제10권 제7호, 1932.)

· 성하고투기. 노양근. '혹열과 싸우는 농촌 소년'. (제10권 제8호, 1932.)

· 성하고투기. 정영조. '어촌으로부터-죽엄을 등에 진 우리 생활'. (제10권 제8호, 1932.)

· 성하고투기. 김숙자. '물 끌는 제사 공장에서-우리의 땀도 가치 끌는다'. (제10권 제8호, 1932.)

· 성하고투기. 이화섭. '화전촌의 동무를 찻고-먹음과 배움에 가치 주린 그들'. (제10권 제8호, 1932.)

· 성하고투기. 김원식. '고무공장에서'. (제10권 제8호, 1932.)

· 성하고투기. 허 악. '나는 광부의 아들-불타는 아버지의 마음은'. (제10권 제8호, 1932.)

· 세계소식. '파레스티나는 왜 싸우는가'. (제125호, 1948.)

· 세계소식. '독립은 했으나 두 쪽 된 인도'. (제127호, 1948.)

· 세계소식. '두 세력에 씨름판 된 독일 백림 봉쇠란 무엇?'. (제128호, 1948.)

· 세계소식. '화란과 싸우는 인도네시아 독립군'. (제129호, 1948.)

· 돈 이야기. 송중곤. '돈이 많을수록 가난해진다'. (제136, 137호, 1949.)

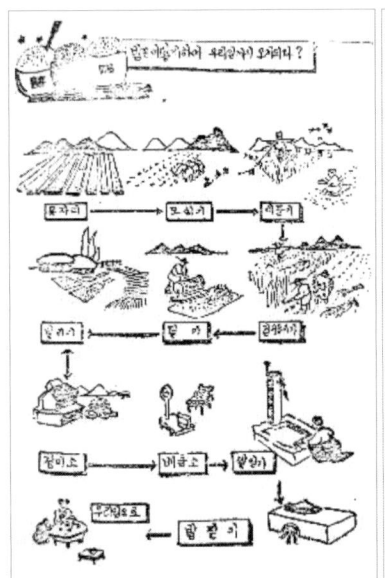

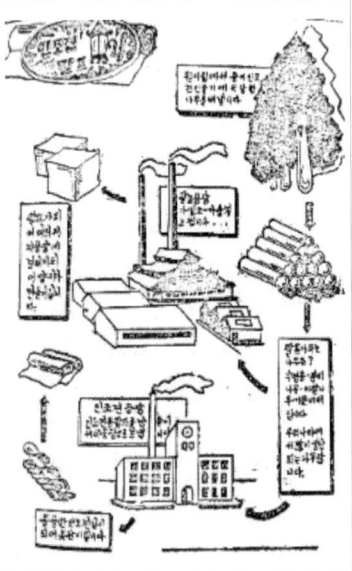

돈 이야기
돈이 많을수록 가난해진다
어떻게 하면 부자가 되나
송 종 곤

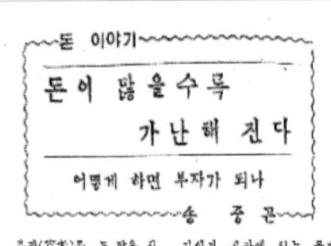

명승을 찾아서
금강산! 세계에 자랑인 금강산! 여기는 금강산 구룡연 구룡폭 입니다 폭포의 높이가 50메터 물의 김이가 10메터나 됩니다

음악

· 박팔양 작곡/윤극역 작곡. '까막잡기'. (제2권 제3호, 1924.)
· 김기진 작요 /정순철 작곡. '까치야 까치야.' (제2권 제3호, 1924.)
· 동요. 방정환요/정순철 곡. '눈'(악보.) (제8권 제7호, 1930.)
· 동요. 윤석중 요/윤극영 곡. '바다ㅅ가'(악보). (제8권 제7호, 1930.)
· 동요. 신고송 요/홍난파 곡. '골목대장'(악보). (제8권 제7호, 1930.)
· 동요. 윤복진 요/박태준 곡. '기럭이'(악보). (제8권 제7호, 1930.)
· 동요. 윤극영. '새 떼'(악보)'. (제8권 제10호, 1930.)
· 독창. 한정동. '새해의 바람'. (제9권 제1호, 1931.)
· 합창. 주요한. '금모래 사노래'. (제9권 제1호, 1931.)
· 합창. 윤석동. '우리집 설날.' (제9권 제1호, 1931.)
· 동요. 윤복진 요/박태준 곡. '밝앙조히 파랑조히'(악보). (제9권 제2호, 1931.)
· 그림동요. 김영수 요/안석영 삽화. '얘들아 나오너라-나무꾼 아히노래-'. (제9권 제3호, 1931.)
· 그림동요. 유도순 요/전봉제 삽화. '월사급' (제9권 제3호, 1931.)
· 과학. 정순철. '악보 보는 법'. (제9권 제4호, 1931.)
· 그림동요. 이정구/전봉제 삽화. '해변의 봄'. (제9권 제5호, 1931.)
· 그림동요. 한정동/전봉제 삽화. '고향 그리워' (제9권 제5호, 1931.)
· 그림동요. 무명초/전봉제 삽화. '잠자는 나븨' (제9권 제5호, 1931.)
· 그림동요. 박노아/전봉제삽화. '빨내하는 색씨'. (제9권 제5호, 1931.)
· 그림동요. 이정구/전봉제 삽화. '해변의 봄' (제9권 제5호, 1931.)
· 그림동요. 이원수/전봉제 삽화. '녀름바다'. (제9권 제6호, 1931.)

· 그림동요. 한정동/전봉제 삽화. '락수(落水)'. (제9권 제6호, 1931.)
· 그림동요 이원수/전봉제 삽화. '장터 가는 날'. (제9권 제7호, 1931.)
· 그림동요. 한정동/정봉제 삽화. '별당가'. (제9권 제7호, 1931.)
· 그림동요. 한정동/전봉제 삽화. '꼬아리'. (제9권 제8호, 1931.)
· 그림동요. 김영수/전봉제 삽화. '비오는날'. (제9권 제8호, 1931.)
· 그림동요. 김동환/김규택 삽화. '추석날'. (제9권 제9호, 1931.)
· 그림동요. 한정동/김규택삽화. '제비와복남'.(제9권제9호,1931.)
· 애독자특집동요. 장동식. '어린이 노래'. (제9권 제11호, 1931.)
· 봄노래·우리노래. 박영하, 최석승(합작). '공장 생활'.

(제10권 4호, 1932.)

· 동요. 이구 요/정순철 곡/ '시골까치'(악보). (제10권 제12호, 1932.)
· 독자동요. 박영순. '마중갑시다'. (제10권 제12호, 1932.)
· 동요. 윤복진 요/정순철 곡. '옛이야기'(악보). (제11권 제2호, 1933.)
· 유희창가.이헌구요/정순철곡.'초ㅅ불1,2'(악보).(제11권제3호,1933.)
· 동요. 이원수 요/정순철 곡. '봄바람'(악보). (제11권 제3호, 1933.)
· 동요. 정순철 곡/작요자 미상. '어미새'(악보). (제11권 제5호, 1933.)
· 동요. 최옥란 요/홍난파 곡. '햇빛은 쨍쨍'(악보). (제11권 제6호, 1933.)
· 입선동요. 임원호. '꽃닢피리'. (제11권 제6호, 1933.)
· 입선동요. 쌍가매. '오이'. (제11권 제6호, 1933.)
· 하기 어린이독본. 윤극영 역요 작곡, 오인경 유희 해석. '제8과
　　　　유희 연못 속'(악보)'. (제11권 제7호, 1933.)
· 새곡보. 윤석중 작요/윤극영 작곡. '외나무 다리'(악보).

(제11권 제10호, 1933.)

· 새곡보. 윤극역 요, 곡. '앞으로 갓'(악보). (제11권 제11호, 1933.)

· 동요. 윤석중 작요/윤극영 작곡. '한 개 두 개 세 개'(악보).
        (제12권 제2호, 1934.)
· 동요. 윤석중 요/윤극영 곡. '담모퉁이'(악보). (제12권 2호, 1933.)
· 어른아이 합작동요. (문)정인섭/(답)정영옥. '겨울'.
        (제12권 제4호, 1934.) 외 다수

미술

· 강좌. 안선생. '만화 그리는 법'. (제8권 제10호, 1930.)
· 어린이 10대 강좌. 안선생. '초상화 그리는 법'. (제9권 제8호, 1931.)
· 미술. 공진형. '어린이와 그림'. (제123호 1948.)
· 우리나라 자랑. 정의성. '신라의 예술'. (제131호, 1949.)

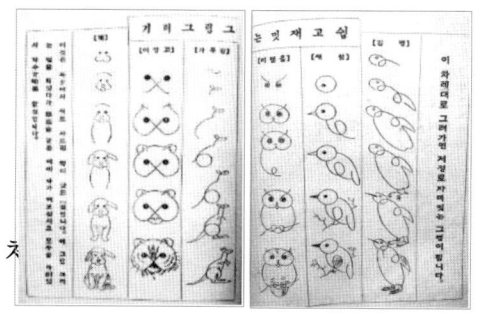

111

- 여름지식. 안선생. '헤엄치는 법'. (제4권 제8호, 1926.)
- 지식. 유영준. '어린이들의 여름철 위생'. (제4권 제9호, 1926.)
- 체육. 권대장. '아침 5분 운동법'. (제6권 제1호, 1928.)
- 여름위생. 유홍종. '얼음 먹을 때 주의할 몇 가지'. (제7권 제5호, 1929.)
- 여름위생. 정석태. '어린이병원'. (제7권 제6호, 1929.)
- 위생. 정석태. '어린이 지상병원'. (제8권 제6호, 1930.)
- 위생강좌. 민병기. '호열자란 어떠한 병인가'. (제10권 제9호, 1932.)
- 하기 어린이독본. 이선근. '제6과 위생 여름철 위생'. (제11권 제7호, 1933.)
- 하기 어린이독본. 이선근. '제7과 보건 여름과 어린이'. (제11권 제7호, 1933.)

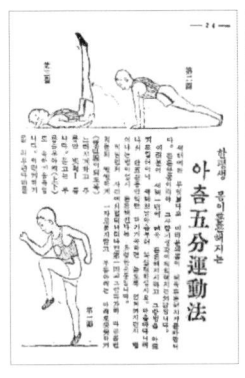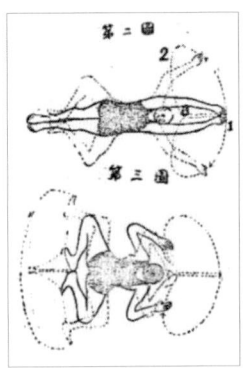

상식

· 상식. '추기(秋期) 수학여행 갈 때, 산에 올라갈 때'. (제3권 제10호, 1925.)
· 상식. 이정희. '비행기를 타고 구름나라로'. (제6권 제1호, 1928.)
· 상식. 전진극. '겨울에 알아 둘 지식'. (제7권 제2호, 1929.)
· 상식. 일기자. '윤달 이야기'. (제8권 제6호, 1930.)
· 상식. 윤주복. '까치 이야기'. (제8권 제8호, 1930.)
· 일상상식. 최의순. '까지 이야기 신문이 되여지기까지 동아일보사'.
　　　(제8권 제9호, 1930.)
　연말상식. 적두건. '연히장 쓰는 법'. (제8권 제10호, 1930.)
· 상식. 이학중. '의식주의 발명한 이야기 제2. 의복편'.
　　　(제9권 제2호, 1931.)
· 상식. 이학중. '의식주의 발명'. (제9권 제3호, 1931.)
· 취미상식. 삼산인. '금붕어 기르는 법'. (제9권 제5호, 1931.)
· 상식. 윤주복. '전차가 되기까지'. (제9권 제7호, 1931.)
· 상식강좌. 김경재. '만주사변이란 무엇이냐'. (제10권 제2호, 1932.)
· 상식. 박춘식. '만주 지리 이야기'. (제10권 제2호, 1932.)
· 어린이 상식. '바람의 방향과 해류의 방향'. (제135호, 1949.)
· 어린이 상식. '공부하다 머리가 무거우면'. (제135호, 1949.)
· 어린이 상식, '전등에 모여 드는 벌레를'. (제135호, 1949.)
· 어린이 상식. '덧셈 답의 뒷 푸리'. (제135호, 1949.)
· 어린이 상식. '공부하는 방법'. (제136호, 1949.)
· 어린이 상식. '멀리 오는 사람 거리 아는 법'. (제136호, 1949.)
· 어린이 상식. '붕어가 물 위에 뜨거던'. (제137호, 1949.)

- 어린이 상식. '손가락에 잉크 지우는 법'. (제137호, 1949.)
- 어린이 상식. '어여쁜 물 모양 만들기'. (제137호, 1949.)
- 어린이 상식. '붕어가 물 위에 뜨거던'. (제137호, 1949.)
- 어린이 상식. '여름 벌레에 쏘인데는 이렇게 하면'. (제137호, 1949.)

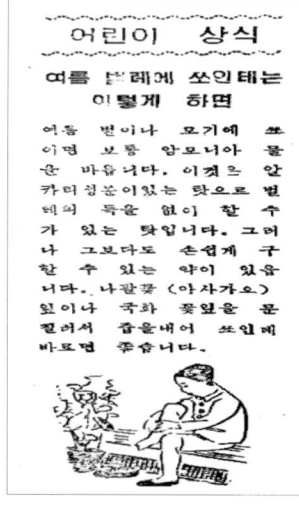
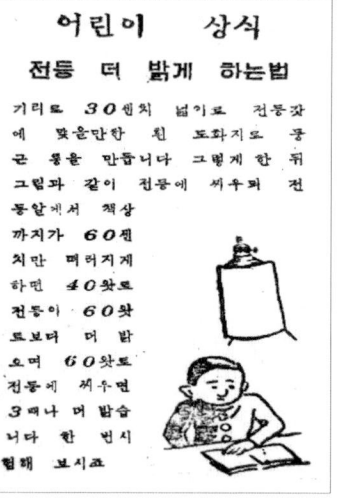
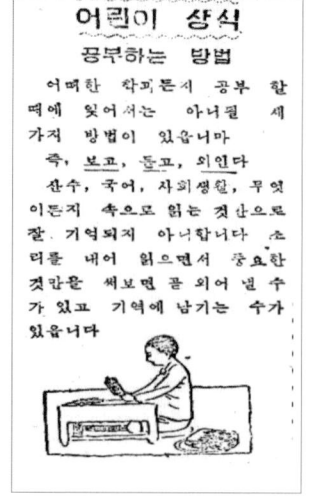
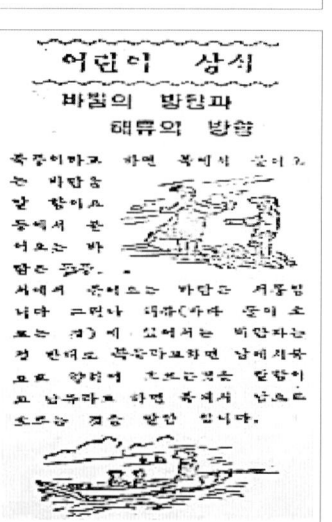

위인

- 녯 어른 이야기. 박달성. '오성과 한음'. (제2권 제6호, 1924.)
- 녯 어른 이야기. 박달성. '오성과 한음2'. (제2권 제7호, 1924.)
- 조선위인. 신영철. '거북배를 만드신 이 충무공 이야이'. (제4권 제2호, 1926.)
- 전기. 차상찬. '서화담 선생'. (제4권 제2호, 1926.)
- 조선의 자랑. 황의돈. '천보뢰 발명자 구지내'. (제4권 제10호, 1926.)
- 소개. 이서구. ' 일본 비행대회에 우승한 조선 소녀 비행가'. (제6권 제5호, 1928.)
- 염근수. '위인 쏘크라데스 이야기'. (제7권 제6호, 1929.)
- 미화. 이준홍. '세계적 화성(畵聖) 미레-의 이야기'. (제7권 제8호, 1929.)
- 전기. 최경화. '세계위인소개(2) 짠다-크이야기'. (제7권 제8, 9호, 1929.)
- 위인이 어릴 때. 차상찬. '만고 정충 병자명장, 임경업의 어릴 때 이야기'. (제8권 제1호, 1929.)
- 위인이 어릴 때. 청오생. '천하의 기걸이던 홍경래'. (제8권 제1호, 1929.)
- 위인이어릴때. 계산인. '문장이천하제일이던이율곡'.(제8권제1호,1929.)
- 위인이 어릴 때. 송선생. '고려시대의 명장이던 강감찬'. (제8권 제1호, 1929.)
- 위인이 어릴 때. 삼산인. '철갑선 발명으로 유명한 이순신'. (제8권 제1호, 1929.
- 세계 위인전. 이준홍. '대통령이 되기까지-아부라함 링컨'. (제8권 제1호, 1929.)
- 세계 위인전. 최경화. '조국을 구하기까지-잔다-크'. (제8권 제1호, 1929.)

· 세계 위인전. 고장환. '대교육자로 유명한 페스타롯치'.
(제8권 제1호, 1929.)

· 입지성공미담. 연성흠. '발명대왕이 되기까지-에디-슨'.
(제8권 제1호, 1929.)

· 입지성공미담. 경화생. '강철대왕이 되기까지-가-네키'.
(제8권 제1호, 1929.)

· 입지성공미담. 최병화. '자동차대왕이 되기까지-헨리-포-드'.
(제8권 제1호, 1929.)

· 입지성공미담. 안선생. '석유대왕이 되기까지-아부라함 링컨'.
(제8권 제1호, 1929.)

· 전기. 최경화. '구국의 여신 짠다-크'. (제8권 제2호, 1930.)

· 세계 위인소개. 최경화. '구국의 천사 딴다-크'. (제8권 제3호, 1930.)

· 장쾌한 인물. 김옥빈. '임장군의 호용'. (제8권 제3호, 1930.)

· 장쾌한 인물. 김진구. '마의래(馬義來)의 용력'. (제8권 제3호, 1930.)

· 장쾌한 인물. 연성흠. '장붕익의 용맹'. (제8권 제3호, 1930.)

· 전기. 연성흠. '영원의 어린이 안더-슨 선생-그의 소년시대'.
(제8권 제4호, 1930.)

· 전기. 최경화. '희랍의 철인 소크라테스'. (제8권 제4호, 1930.)

· 전기. 최경화. '톨스토이의 이야기'. (제8권 제4호, 1930.)

· 소개. 최경화. '아푸리카 탐험자 리빙그스톤'. (제8권 제6호, 1930.)

· 전기. 최경화. '기차 발명자 죠-지 스틱븐손'. (제8권 제8호, 1930.)

· 전기. 최경화. '중국의 손일선(孫逸仙)'. (제8권 제9호, 1930.)

· 교육명화. 최경화. '페스타롯치 선생'. (제9권 제1호, 1931.)

· 음악명화. 홍영후. '뺏토벤의 월광곡'. (제9권 제1호, 1931.)

· 미술명화. 이준홍. '화성(畵聖) 미레-이야기'. (제9권 제1호, 1931.)
· 지리명화. 신영철. '조선지도와 김정호 선생'. (제9권 제1호, 1931.)
· 서도명화. 차상찬. '한석봉 선생'. (제9권 제1호, 1931.)
· 전기. 최경화. '크레만소의 눈물'. (제9권 제2, 3호, 1931. 1932.)
· 전기. 최경화. '웰링턴의 퇴각'. (제9권 제4호, 1931.)
· 소개. 일기자. '조선이 나흔 세계적 권투대왕 황을수씨'.
　　　　(제9권 제4호, 1931.)
· 위인전기. 최경화. '슈-벨트와 베-토벤'. (제9권 제5호, 1931.)
· 위인전기. 최경화. '종교개혁자 룻터'. (제9권 제6호, 1931.)
· 전기. 차상찬 '종의 아들로 대학자 된 서고청 선생'. (제9권 제9호, 1931.)
· 소년전기. 박정근. '빈민굴의 소년음악가'. (제9권 제9호, 1931.)
· 전기. 김규택. '진화론을 지어낸 따윈의 연구'. (제9권 제9호, 1931.)
· 전기. 김규택. '발명왕 에디슨'. (제9권 제10호, 1931.)
· 전기. 홍난파. '악성의 소년시대1-여섯 살부터 연주여행 다닌
　　　　모차-르트'. (제12권 제1호, 1934.)
· 전기. 홍난파. '악성의 소년시대2-병약의 천재 쇼팡'.
　　　　(제12권 제2호, 1934.)
· 전기. 홍난파. '악성의 소년시대(3) 음악의 시조 빡스'.
　　　　(제12권 제3호, 1934.)
· 전기. 홍난파. '악성의 소년시대(4) 직공의 아들 하이든'.
　　　　(제12권 제6호, 1934.)
· 전기. 어흥섭. '예술가의 소년시대-농민화가 미레-'.
　　　　(제13권 제1호, 1935.)
· 우리나라 자랑. 서정권. '사람이 곧 한울이라 주장한 최수운 선생'.
　　　　(제130호, 1949.)

놀이

· '그림자놀이'. '그림자 놀이 그림'. (제2권 제1호, 1924.)
· 여흥. '소년기술(奇術) 두 가지'. (제2권 제1호, 1924.)
· 흥미. 삼산인. '새롭고 자미잇는 눈싸홈법'. (제3권 제12호, 1925.)
· 부록. '조선자랑 말판'. (제7권 제3호, 1929.)
· 편집국. '재미있고 유익한 신안(新案) 실내유희'. (제8권 제2호, 1930.)
· 동요유희. 깃븜사 동인 요/김영제 진부. 슲픈 밤! 슲픈 밤! (사진). (제9권 제1호, 1931.)

09 | 『어린이』지에 대한 비판

1) 천도교 신파의 부분적 친일성향과 『어린이』지 정체성의 관계

『어린이』지가 우리민족의 자주적인 근대 어린이교육의 교과서 역할을 한 것은 분명하지만 『어린이』지를 더 정확하게 이해하고 계승하기 위해서는 『어린이』지를 냉정하게 평가할 필요가 있습니다.

『어린이』지에 대해 가장 비판적으로 보아야 할 부분은 크게 두 가지인데 하나는 『어린이』지가 어느 정도 친일 성향을 띠고 있다는 것이고 또 하나는 여러 문학가들의 각기 다른 정치적 입장과 교육관들이 갈등을 겪으면서 소년해방운동의 교육관이 『어린이』지의 중심내용으로 더 확실하게 부각되지 못 한 아쉬움이 있다는 것입니다.

그런데 이 두 가지 문제는 모두 『어린이』지를 이끌었던 천도교 청년회와 천도교 전체가 당시 정치적 상황에서 취했던 입장을 배경으로 하고 있습니다. 천도교가 근대적인 체제 정비를 하는 과정에서 그 전부터 지켜오던 교주제를 폐지했는데 이를 반대하던 파들이 천도교로부터 독립해 나갔고 천도교 내부에서는 3.1운동 이후 손병희를 위시한 천도교 중진들이 대거 투옥된 상황에서 천도교의 엘리트 청년집단인 천도교 청년회가 천도교의 주요사업을 도맡게 되었습니다. 이들이 신문화운동을 이끈 것인데, 이들 중 대부분은 김기전을 비롯해서 어린이들의 강제노동해방과 사회주체화를 중시했던 수운주의파들이고 약 30% 정도가 방정환을 위시하여 일본을 통한 자유주의 전파하고자 했던 일본 유학파들이었습니다. 그래서 천도교 청년회는 당시 상황에서 사회주의적 성향이 강했고 독립운동에 대해서도 중도좌파의 노선을 취하고 있었습니다.

그런데 천도교가 전체적으로 비타협적 민족주의 노선을 취하고 교세 확장을 위해 현실적으로 일제와 어느 정도 타협하면서 내선일체를 주장하기도 했습니다. 천도교 청년회는 이에 반대입장을 지니고 있었으나 손병희 사망 이후 그의 둘째 사위인 정광조가 일본유학파 청년회원들을 내세워 교세를 잡으려던 상황에서 재정난을 겪던 천도교 청년회와 개벽사에 자금을 지원하면서 천도교 청년회도 전반적으로 천도교의 친일노선에 동조하는 입장을 취하게 되었습니다. 따라서 방정환과 색동회 등 일본 유학파들은 천도교 청년회에서 수로는 적은 비중을 차지하고 있었지만 무시할 수 없는 권력과 위상을 지니고 있었다고 볼 수 있습니다.

이런 상황에서 일제는 문화정책의 일환으로서 철저한 검열과 통제를 해가면서 『어린이』지를 조선의 우매화와 황국신민화를 펼칠 수 있는 수단으로 이용하려 했습니다. 따라서 천도교 청년회의 수운주의 정통파 소년해방운동가들과 사회주의 성향의 회원들을 탄압하면서 한편으로는 방정환과 색동회를 암묵적으로 지지하는 입장을 취했습니다. 검열과 통제만 잘 하면 현실탈피적이고 감상적 자연주의 문학을 통해 조선 어린이들의 민족의식과 항일의식을 약화시키고 동시에 일제의 상품을 선전하면서 매판자본을 확산할 수 있는 유연한 수단으로 활용할 수 있다고 판단했기 때문입니다. 실제로 『어린이』지에는 분유, 치약, 안약, 캐러멜 등이 일본어 그대로 표기되어 매호마다 홍보되었는데 공부나 산책할 때는 꼭 일본의 캐러멜을 먹어야 한다는 노골적인 문구까지 담겨 있는 것을 볼 수 있습니다.

이에 대해 다른 입장의 소년해방운동가들이나 작가들은『어린이』지가 조선 소년해방운동으로서 그 취지의 정통성을 상실해 가고 있다면서 신랄하게 비판했는데 이들의 비판과 논쟁은 주로 조선일보에 게재되었고『어린이』지에서도 소년해방운동의 정체성을 논하는 형식의 글을 통해 지속적으로 제기되었습니다. 그러다가 방정환이 사망하고 편집장이 바뀐 후에야 그렇게 비판받던『어린이』지의 체계와 내용이 방향을 달리하게 되었습니다.

이렇듯『어린이』지의 친일 성향과 정체성을 둘러싼 내부갈등이라는 이 두 가지 문제는 일제에 대한 천도교의 입장과 천도교 청년회 내의 정치적 갈등과 연관되어 있다는 것을 알 수 있습니다. 따라서『어린이』지를 읽다가 이런 부분들이 발견되면 의아할 수 있는데 위와 같은 배경과 아래 상세한 설명을 연관해 본다면 이해에 도움이 될 것입니다.

2) 소년해방운동의 정통성을 둘러싼『어린이』지의 방향성 논쟁

앞서 설명했듯이,『어린이』지는 조선 소년해방운동의 수운주의 정통파와 방정환을 중심으로 한 색동회, 사회주의 성향의 계급주의 아동문학파들의 글로 구성되어 있습니다.『어린이』지의 전체 체계와 구성, 특히 민족교육에 대한 부분에서는 큰 이견이 없었지만, 문학작품들을 둘러싼 상호비판과 갈등은 끊이지 않았습니다.

그 중에서 초기부터『어린이』지를 주재한 방정환이 그의 사상과 편집방향에 대해 가장 많은 비판을 받았습니다. 앞서 설명했듯이, 방정환은 일본의 자유화 운동을 모방하여 일본의 아동문예잡지『긴

노후네』의 형식을 그대로 본 땄고 동요 또한 색동회가 당시 일본에서 같은 맥락으로 유행하던 동요집 『붉은 새』를 모방한 경우가 많았습니다. 이에 대해서 당시에 일본의 자유화교육을 선진적으로 인식하고 그 문예지와 동요집을 참고했다고 가볍게 평가할 수도 있겠으나 아래와 같이 방정환이 편집장을 맡았던 시기에 서양 어린이들의 얼굴과 생활상이 표지와 삽화에서 대부분을 차지하는 것을 보면 결코 가볍게 넘길 수 없는 부분이 있다고 봅니다.

아울러 표지만이 아니라 본문 곳곳에도 서양 어린이들의 사진과 삽화가 실렸는데 그가 체계를 잡은 창간호에는 첫 페이지부터 서양 어린이의 사진이 실려 있고 지속적으로 조선 어린이들의 현실과는 동떨어진 서양 어린이들의 사냥, 스키, 테니스, 승마와 같은 사진들과 함께 낭만적인 취미생활과 운동에 대한 내용들이 실린 것을 확인할 수 있습니다. 심지어 한복을 입었지만 얼굴은 서양어린이인 표지도 있어 『어린이』지의 정체성에 심히 의구심이 들게도 합니다.

또한, 『어린이』지에 실린 그의 작품들도 작품 수보다는 사상적 정체성으로 평가될 필요가 있는데, 실제로 어린이들의 가난과 비인격적 대우에 단순히 언급할 뿐 처참한 조선 어린이들의 노동문제에 구체적으로 언급한 글이 거의 없고 '참되고 씩씩하고 서로 돕는 어린이'를 표방은 하지만, 실제 그의 작품 속에는 일제와 서구 자유주의

가 표방하는 어린이 애호주의와 유약한 어린이상이 더 강하게 드러나 있습니다. 이는 소년해방운동이 제시한 사회적 주체로서의 어린이상보다는 어린이들의 사회적 정체성을 배재하는 동심천사주의를 그대로 표방했기 때문입니다. 그러다 보니 일반적으로 누구나 쓸 수 있는 새해 인사말처럼 추상적인 언어로 어린이들에게 희망과 용기를 권면한 『어린이』지의 몇몇 새해 훈화글과 소설 '만년샤쓰' 하나를 제외하고는 만세운동을 일으키고 노동현장에서 역경을 이겨내던 진취적인 어린이 이야기는 찾아볼 수 없는 것입니다.

당시 계급주의 문학계에서는 앞서 설명했듯이, 방정환의 이런 면이 조선 어린이들을 일제 식민지에 복종하도록 순화시키는 역할을 한다고 비판했습니다. 타협적 민족주의를 너머서 친일성향과 부르주아 성향, 현실기피적 낭만주의 성향까지 오늘날 방정환을 무조건 영웅시해 온 상황에서는 쉽게 생각하지 못 할 비판들을 제기했는데 어린이날 주도권을 둘러싼 그의 납득하기 어려운 다른 행보들까지 고려하면 이 같은 비판은 충분히 제기될 수 있었던 것이라고 봅니다. 이는 사회주의계열 뿐 아니라, 소년해방운동의 정신적 지주인 김기전과 측근인 색동회의 김태오에게서조차 아래와 같이 신랄하게 비판받은 사실로도 증명되는데 이 비판들은 이뿐 아니라 방정환이 소년해방운동의 본취지와 달리, 소년해방운동을 자신의 문예운동으로 축소시키려 했고 소년해방운동을 이끌 사상과 실질적인 지도력이 없었다는 것을 증명해 주는 것이기도 합니다.

> 어린애라고 해서 그들의 모든 생활이 현실을 떠나가지고는 생각할 수 없는 것이니 공장과 농촌에서 아이들은 연한 뼈가 휘고 얼굴에 핏빛이 돌 새가 없이 힘을 짜내게 되며 학교에서는 너무도 실제 생활과 거리가 먼 소리를 들을

뿐 아니라, 툭하면 한 달에 1원 이내의 돈이 없어서 퇴학을 당하기가 일쑤요, 자양분이라고는 털끝만치도 없는 호미조밥이나 먹을 수 없는 점심시간에 어린이들이라고 볼지언정 엉뚱하게 천사의 그림을 그리고 앉았을 어린애는 한 사람도 없을 것이다.

(김기전, 「소년문학과 현실성」, 『어린이』, 제10권 제5호, 1932.)

　과거의 소년운동과 그(방정환)의 문예운동은 기분적으로 소년회 조직, 잡지 간행, 다시 말하면 소년애호-옹호-보호-운동의 진출에 불과하얏든 것이다.
　여긔에 있어서 건실한 동지 방정환 형에게 질의하는 바는 소년운동의 당면한 제 문제에 있어서 새로운 운동 방향 수립책 여하, 이론적 전개를 간망(懇望)한다.

(김태오, 『조선일보』, 1931년 2월 6일자.)

　방정환에 대한 이러한 비판은 방정환이 사망한 후 신영철이 『어린이』지의 편집방향을 전환하면서 끝이 났습니다. 신영철은 방정환의 유약한 어린이상과 아동애호주의에서 벗어나 소년해방운동이 추구한 씩씩한 어린이상을 되살려 내고자 했고 어린이들의 현실과 생각을 많이 반영하고자 했습니다. 그래서 독자층을 15세 이상으로 상향조정했고 농촌소년과 공장노동소년들의 현실과 야학활동을 주로 다루면서 노동현실과 교육현실에 대한 비판적인 글들과 함께 이전보다 역사교육과 민족교육, 그리고 사회봉공의식을 고취시키는 글들을 비중 있게 실었습니다. 삽화에서도 조선 어린이들이 주인공으로 모두 힘차고 진취적으로 표현되었고 현실적인 생동감이 느껴지게 되었습니다. 특히 신영철은 『어린이』지가 아동문학작가들의 전유물처럼 되어버리는 것을 경계해서 어린이들의 참여와 적극적인 투고를 권장했는데, 이로 인해 1년 동안이었지만 역사상 가장 많은 어린이 독자들『어린이』지에 참여했고 그 결과 어린이들의 투고작이나 입선작이『어린이』지의 반 이상을 차지할 정도로 많은 비중을 차지하게 되었습니다.

그러나 한 편으로는 그렇게『어린이』지의 주 독자층이 15세 이상이 되다 보니 그 전까지 주 독자층이었던 낮은 연령층의 어린이들에게는『어린이』지가 너무 어렵고 무거운 분위기의 책이 되어버리는 문제가 생겨나게 되었습니다.

그래서 이를 해결하기 위해 그 다음 해에 개벽사에서 청소년을 대상으로 하는『학생』을 만들어 신영철이 담당하게 하고『어린이』지는 최영주가 전적으로 편집을 맡아 다시 낮은 연령층의 어린이들을 대상으로 쉽고 재미있는 이야기 중심의 기존 형식으로 구성했습니다. 그러나 과거 형식으로 돌아갔다 하더라도 최영주 역시 신영철과 같은 운영방침을 지니고 있었기 때문에 특히 어린이 독자들의 참여를 중시하는 부분에서는 방정환이 주재하던 시기보다 더 적극적으로 어린이들의 투고를 독려했습니다.

> 이 어수선한 남들은 좋다고 날뛰는 봄철이건만 즐거운 맛과 자미있는 맛이라고는 털끝만치도 맛보지 못 하고 주림과 괴로움에서 싸우고 있는 소년의 동무들을 생각할 때는 끝없이 마음이 탑니다. 그리하여 그러한 동무들을 위하야 읽을 만한 기사를 모으기에 또한 힘은 썼으나 그것 역시 마음대로 되지 못 한 것이 많은 것은 유감이로되 어찌 할 수 없는 일입니다.

독자의 글이 너무 많이 실린다고 비평하는 선배와 독자가 약간 있습니다. 그러나 우리는 그러한 영웅주의를 먼저 버려야겠습니다. 그리고 조선에는 아직까지 그렇게 훌륭한 소년문예의 기성 작가가 별로 없기 때문에 차라리 애탄의 소리, 꿈 같은 옛이야기를 듣는 것보다는 나이 어린 동무들의 기운 찬 실감실화가 얼마나 백 번 천 번 읽고 싶은지 모르겠습니다. 그리하야 나는 당신들 속에서 훌륭한 사람이 자꾸 나오기를 바라며 기다리며 또 나오리라고 믿고 있습니다.

(최영주, 「편집을 마치고」, 『어린이』, 제10권 제5호, 1932.)

이같이 『어린이』지에는 동학사상에 기반해서 자생적으로 생겨난 종합교육잡지라는 정체성과 타협적 민족주의에 기반해서 일제와 서구의 자유주의 교육을 전파하려던 가교지로서의 정체성이 충돌한 면들이 드러납니다.

그런데 이제까지 전자의 정체성이 가려져 왔기 때문에 이를 재조명하고 현대적으로 계승하는 데 힘쓸 필요가 있습니다. 또 후자에 대해서도 당시 시대상황과 관련하여 비판할 부분들은 비판하면서 현대교육에 유의미한 시사점들을 도출하는 연구가 이루어져야 한다고 봅니다.

이에 대한 연구들이 활발히 이어지기를 바라면서 참고로 『어린이』지에 나타난 이 두 가지 정체성은 방정환 주재 시기와 신영철 주재 이후 시기의 표지와 삽화 비교를 통해 한 눈에 확인할 수 있기에 다음과 같이 소개합니다.

방정환 편집시기의 『어린이』지 표지들

신영철 편집시기의 『어린이』지 표지들

3) 소년해방운동가들의 분쟁과 『어린이』지의 본질 왜곡

『어린이』지는 일제의 끈질기 탄압과 획책으로 결국 일제에 의해 강제폐지 되었습니다. 그리고 해방 후 잠시 복간되었다가 자진 폐간된 후 지금까지 『어린이』지는 방정환이 만든 최초의 어린이 문예지로 잘못 알려져 왔습니다. 이는 물론 그간 『어린이』지에 대한 후대의 연구가 충분치 않았기 때문이기도 하지만, 해방 후 소년해방운동과 『어린이』지에 대한 의도적 왜곡이 있었기 때문이기도 합니다.

지난 100년간 『어린이』지에 대한 정확하고 객관적인 연구와 사료화 그리고 그것을 바르게 전승하는 과정이 필요했는데 일제강점기부터 이를 잘 실현할 수 없었습니다. 이는 당시 『어린이』지를 발간하는 일 자체만으로도 과로에 시달릴 만큼 힘든 상황에서도 방정환 계열과 사회주의 계열, 사회주의로 오해받았던 수운주의 계열이 소년해방운동의 주도권을 두고 삼파전을 벌였고 소년해방운동과 『어린이』지의 정체성에 대해 끊임없이 논쟁과 대립을 치열하게 이어갔습니다. 심지어 같은 한 사무실을 공유하면서 육박전을 벌이기 일쑤였고 한 때는 너무 심하게 싸운 나머지 자진요청으로 일본경찰을 출동시킨 후에야 상황이 진정된 경우도 있었습니다. 물론 분쟁은 자연스럽게 있을 수 있는 것이지만, 생산적이지 않은 분쟁만 지속하다가 소년해방운동은 결국 파국을 맞았고 이후 광복과 6.25 전쟁, 친일정부 수립의 격동기를 겪으면서 그 참뜻과 역사를 후대에 제대로 남길 수 없게 되었던 것입니다.

그나마 소년해방운동의 수운주의 정통파들이 해방 후에도 살아남아서 소년해방운동의 정통성을 계승했다면 『어린이』지의 진의와 역사가 제대로 계승되었을 수도 있었겠으나, 소년해방운동의 정통파들은 대부분 일제에 의해 샅샅이 검거되거나 남은 사람들은 몸을 숨겨 지하활동을 하면서 힘든 삶을 살아야 했고 김기전은 해방 직후에는 남북한의 분단을 막기 위해 월북했다가 생사조차 알지 못 하는 말로를 맞기까지 했습니다.

반면, 친일을 하며 살아남은 대부분의 색동회 문인들은 이승만 친일정권에서 교육계의 주요직에 등용되었고 문학계의 주류로 자리매김하게 되었습니다. 그리고 바로 이들은 자신들의 정치색을 세탁하고 소년해방운동의 비주류로서 자신들이 갖지 못 했던 정통성을 확보하기 위해 방정환 영웅화 사업을 전개했습니다. 그들은 방정환을 소년해방운동과 『어린이』지의 창시자로 영웅화하고 전국에 방정환 동상 세우기 사업을 대대적으로 펼쳤는데, 막대한 자금이 필요했기에 전국적으로 성금 모으기 운동을 벌였고 어린이들의 코 묻은 돈까지 긁어 모아 전국 곳곳에 방정환 동상을 세웠습니다. 뿐만 아니라 방정환 기념 동화대회와 웅변대회, 방정환 동화집 편찬 등 모든 어린이사업을 방정환 기념사업으로 펼쳐내면서 소년해방운동사와 『어린이』지의 역사를 방정환 일 개인의 영웅담으로 정설화 시키는 데 성공했습니다.

이를 통해 수운주의 소년해방운동가들에게 씌웠던 사회주의 낙인도 해명될 기회조차 없이 그대로 봉인되어 버렸고 당시 사회주의 문학가들도 분단 이후의 공산세력과 동일시되면서 소년해방운동사와 『어린이』지의 역사 속에서 사라져 버렸습니다. 이런 이유로 『어린이』지는 발간 100년이 지나도록 아직까지 방정환이 만든 어린이 종합문예지로 기록되어 온 것입니다.

이런 역사 왜곡에 따른 중요한 문제는 『어린이』지의가 문예지냐 종합교육잡지냐라는 형식 규정의 문제가 아니라 우리 스스로 민족의 위대한 정신문화유산을 은폐해 버리는 결과를 낳았다는 것입니다. 소년해방운동과 『어린이』지에 담긴 우리민족의 위대한 교육철학을 외면했고 기리 기리고 두고두고 배워야 할, 위대한 소년해방운동가들과 문인들의 이야기를 역사에서 지워버린 것입니다.

이에 『어린이』가 발행된 지 100여년이 지난 지금, 늦었지만 『어린이』지의 정체성과 위상을 바르게 다시 세우고 새롭게 그 역사를 열어 나가야 할 때라고 봅니다. 그러기 위해서는 『어린이』지에 대한 기존의 인식과 평가들을 비판적으로 재검토하고 잘못 전승되어 온 기록들을 일일 경정하는 일부터 시작해야 하고 그 현대적 인의와 계승점들을 계승하기 위한 연구와 논의에 함께 힘써야 합니다. 그럼으로써 『어린이』지가 일제강점기에 600만 조선 어린이를 신인류로 길러냈듯이 현대 어린이들을 생태시민이라는 신인류로 키워낼 수 있는 새로운 100년의 『어린이』지를 이어가야 하겠습니다.

10 | 『어린이』지의 의의

폭넓은 문명대안적 교육운동서

『어린이』지의 성격을 어린이 문예지가 아니라 종합교육잡지로 보면, 한국 최초의 순수 아동문예지라거나 한국 근대 아동문학 발전의 계기가 되었다는 기존의 의의보다 훨씬 더 거시적이고 다양한 차원에서 『어린이』지의 가치와 의의들이 발견할 수 있습니다. 특히, 교육운동사와 민족정신사에서 본 가치와 의의는 한국 고유의 것으로서 뿐 아니라 세계적으로도 매우 높게 평가될 만한 중요한 것들로 부각됩니다.

이는 생태원리와 문명에 대한 깊은 통찰, 그리고 실천적인 시대정신을 지닌 동학사상에 기반했기 때문이고 더불어 그 사상을 체화 한 소년해방운동가들의 헌신, 그리고 그에 부응했던 전국 천도교 교회의 조직적인 참여가 있었기 때문에 가능한 것들이었습니다. 이러한 요인들로 인해 『어린이』지는 그 어느 식민지국가에서 찾아볼 수 없는 문명대안적인 대도(大道)의 교육운동 사례를 남길 수 있게 되었던 것입니다. 이 같은 관점에서 『어린이』지의 의의를 폭넓게 정리해 보면 다음과 같습니다.

첫째, 『어린이』지는 3.1운동에 대거 참여하고 자발적으로 만세운동을 벌이면서 소규모 단체를 조직하던 전국의 어린이들이 민족정신을 함양하고 항일독립 의지를 표출할 수 있는 어린이 독립운동의 한 방편이었고 교육운동가들에게는 그러한 어린이들을 잘 이끎으로써 어린이들과 함께 일제에 항거할 수 있는 교육투쟁의 전략이었습니다.

둘째, 『어린이』지는 문해교육과 지식교육, 문예교육, 체험활동교육 등 각 분야의 교육내용을 전달하는 종합교육잡지로써 일제강점기에 낮은 차원의 식민지 기초교육만을 받거나 학교에 다닐 수 없던 대부분의 조선 어린이들에게 우리 말과 글을 가르치고 다양한 지식교육을 전하면서 우리민족에 의한 교과서와 학교 역할을 했습니다.

셋째, 『어린이』지는 전국의 소규모 어린이 단체 및 소모임 단위에서 동화, 동극대회, 토론대회, 웅변대회, 독서모임, 사회교육행사와 예술행사 등 교육활동을 병행한 형태로 활용되면서 지식과 실천을 조합한 교육운동을 전국적으로 확산시키는 데 성공했고 그로 인해 당시 소년해방운동의 정신을 조선 어린이들의 전반의 정신문화로 뿌리내리게 했습니다.

넷째, 『어린이』지는 봉건주의와 제국주의, 서구 자유주의교육을 모두 극복하고 세계에서 가장 진화된 생태적인 어린이교육서와 교육운동 사례를 남겼습니다. 이는 『어린이』지는 봉건주의와 제국주의, 산업자본주의와 인간중심주의까지 근대문명의 반생태적인 요소를 모두 극복하고 생태적 인간 양성과 생태문명 건설을 가능하게 하는 교육론이었기 때문입니다.

다섯째, 『어린이』지는 세계일가주의와 범민족주의에 기반한 교육론을 펼쳐 냄으로써 지배와 침략에 맞서는 교육투쟁과 도덕적 정신

승리의 모범을 보였고 어린이들의 의식을 범지구적 정신과 인류평화주의에 이르기까지 진화시켰습니다.

여섯째, 우리민족의 자주적인 정신 개벽과 사회·문화 개벽을 목적으로 했던 『어린이』지는 그 내용과 성과에서 우리 민족의 높은 정신문화 수준과 교육역량을 입증하는 역사적 증거가 되었습니다. 이는 무엇보다 우리 민족이 일제강점기에 의식 근대화와 근대교육을 자주적으로 성공시켰다는 것을 입증하는 귀중한 사료임과 동시에 현세대에게도 그와 같이 시대 위기를 극복해 낼 저력이 있다는 것을 확신하게 해 주는 역사의 희망찬 선례를 남겼습니다.

일곱째, 『어린이』지는 생태과학과 생태철학, 생태사회론, 사회시스템교육론과 생태적인 문예교육과 놀이에 이르기까지 방대한 분야를 총망라해서 가장 완성도 높은 학문체계의 생태시민교육 모델을 현대에 제시해 주었습니다. 뿐만 아니라 서구 환경교육과 현대생태교육에서 찾아볼 수 없는 신성물질론과 신성노동론, 그리고 실천적인 '삼경(三敬)'교육론을 제시함으로써 한국뿐 아니라 전 세계 생태시민교육이 철학적으로 한 단계 더 진보할 수 있는 길을 열어 주었습니다.

이렇듯 『어린이』지는 아동문학사와 더불어 교육사와 문명사적으로도 매우 큰 의의와 가치를 지니고 있습니다. 따라서 『어린이』지를 오늘날 다시 읽는 것은 한국교육의 근간을 되찾고 세계 생태시민교육계에도 새로운 지평을 여는 밑거름이 될 것입니다.

『어린이』지 이러한 의의를 더 명확히 되새기기 위해 『어린이』지에 대한 그간의 평가들을 아래와 같이 덧붙여 소개합니다.

민주주의 소년해방운동체의 지주

『어린이』지를 통해 벌였던 아동문화운동은 매호마다 뒷표지 안 쪽에 게재된 '씩씩하고 참된 소년이 됩시다, 그리고 늘 서로 사랑하며 도와 갑시다.'라는 구호로 전국에 메아리 쳐 우후죽순처럼 방방곡곡에 연이어 소년회 결성을 가져왔으며 그런 의미에서 『어린이』지는 소년회와 야학당의 교과서 구실을 한, 문자 그대로 소년해방운동의 지주 구실을 다한 아동지였다.

곧 조국의 어제를 잊고 우리의 말과 글을 잃어버릴 뻔한 내일의 주인공인 어린이들에게 우리말과 우리글로 된 노래와 이야기를 들려주어 우리의 민족혼을 일깨워 주자는 것이 『어린이』지의 주 편집방침이었던 것이다.

그리고 그것은 짓눌리고 가난하고 웃음을 잃은 슬픔 많은 어린이가 처한 현실에 대한 뼈저린 자각에서 출발하였으며, 그것은 구체적으로 슬픔을 달래 주고 슬픔을 함께 하며 역경을 극복하는 슬기로 나타났으니 곧 매호마다 되풀이된 권두사나 편집후기 등으로, 또 매호마다 보여준 조국의 어제와 오늘을 일깨워 주는 훈화, 위인전기, 역사, 지리 등 보다 실감나게는 소파의 연재 「어린이 독본」 그리고 조선자랑호(제7권 제3호), 소년해방운동호(제8권 제1호) 등 집중적 기획 특집물에서 얼마든지 쉬이 엿볼 수 있는 독립운동의 한 방편이기도 했다. …

『어린이』지는 루소의 민약론이 비유되는 인내천과 보국안민, 제폭구민 사상에서 연유된 아동인권 옹호운동의 실천의 현장이었다. 그리고 그것은 구체적으로 어린이라는 평등 호칭의 창시와 어린이날의 제정을 통해… 오랜 가부

장 중심과 성인 중심의 시대에서 바야흐로 아동에 대한 재인식, 재발견의 해방운동의 본격적인 시대를 가져온 역사적 이정표였다.

(이재철. 「『어린이』를 발행하는 오늘까지」. 『어린이』, 제1권 제1호. 1923.)

노동소년과 농촌소년의 교양운동

조선의 어린 동무들이… 앞길이 막연한 길 가운데서 동으로 서로 남으로 북으로 갈 바를 알지 못 하고 방황할 때에 '미래는 소년의 조선'이라는 표어와 같이 여러분의 앞날을 개척시키기 위하여 의롭고도 우렁차게 소리지르고 나온 『어린이』 잡지… '푸른 하늘에 빛나는 샛별과 같이도' 아무 것도 없는 이 땅 위에서 뾰족뾰족 솟아나는 우리 오백만 어린이의 참다운 영(靈)을 얼마나 기르며 험악한 길을 얼마나 인도하였을 것입니까.

… 한 가지 바라는 바는 앞으로… 학업 소년소녀는 물론 더욱이나 노동소년과 농촌소년의 교양운동에 전함을 이바지하여 주심을 바랄 뿐입니다.

(정홍교(1930). 「노동소년과 농촌소년의 교양운동」. 『어린이』, 제8권 제3호.)

어린이 인격교육과 예술운동의 기틀

우리들의 이 고심, 이 노력은 아무런 효과를 나타내지 못하였습니다. 이는 당시의 사회적 환경은 물론 부형의 무지, 어린 사람 자체의 무자각으로 기인하여 낙망만 주었을 뿐이었습니다. … 그럼에도 불구하고 우리는 물질적으로 또는 정신적으로 온갖 희생을 다 해 가면서 계속한 결과 비로소 오늘의 십만 호를 넘겨 헤일 수 있을 만한 『어린이』의 지지자를 얻었음은 물론이요, 이로 인해 어린 사람의 예술운동과 어린 사람 전체운동의 기틀을 잡아 놓게 한 것을 뭇내 기뻐하는 바입니다. …

(이정호.「백호를 내이면서」. 『어린이』, 제10권 제9호, 1932.)

근대적 한국아동문학 형성의 온상

『어린이』지 이전의 청소년 상대의 아동지로는 육당의 간행물이 없었던 것은 아니나, 본격적인 어린이 대상의 순수 아동지로서는 어떤 의미에서든지 『어린이』지가 최초의 것이었다. 그것은 동요, 동화, 동극이라고 구분한 분명한 장르의 식의 확립과 최초의 창작동화와 창작동요의 게재라는 점에서 한국 아동문학의 본격적 출발을 알리는 첫 고동이기도 했다.

곧 과도기적 현상이었던 종래의 '옛날 이야기'식 동화나 '창가조'의 동요체제를 얼마간 탈피하여 '어머님의 선물'(1925년), '바위나리와 아기별'(1926년)이라는 창작동화와 소파 스스로 스타트를 끊은 창작동요에서 싹을 터, 1925년을 전후해서는 동요 황금시대를 가져온 것만 보아도 알 수 있는 것이다.

특히 동요는 방정환의 '형제별', 윤극영의 '반달', 유지영의 '고드름', 한정동의 '따오기', 서덕출의 '봄편지', 이원수의 '고향의 봄', 윤석중의 '오뚜기' 등이 작곡되어 가위 국민 개창가요와 같은 붐을 일으켰으니 그것은 나라 잃고 우리 말글을 짓밟힌 민족의 설움과 울분을 이 동요 노래가 대변해 줄 수 있었기 때문이다.

한국 아동문학의 근대적 형성에 이바지한 어린이지의 공로는 비단 동요 황금시대를 가져오고, 민족주의적 소년운동 발흥에 그치지 않고 유수한 문학가들이 이 잡지를 통하여 발굴되고 육성되었다는데 더 큰 의미를 부여할 수 있다.

그것은 한국 현대아동문학사의 중요한 인물인 마해송, 정인섭, 한정동, 윤석중, 이원수, 박목월, 이구조 등이 이 잡지를 통하여 주로 자기 역량을 발휘할 무대를 얻었거나 또 발굴, 육성된 것만 보아도 짐작이 갈 수 있는 것이다.

아무튼 어린이지는 일제 하의 아동지로서는 분에 넘칠 정도로 민족운동, 소년운동 아동문학운동의 중추구실을 다한 잡지로 방정환의 이름과 함께 수난의 민족사를 밝혀 주는 역사의 현장이라 할 것이다.

(이재철(1932). 「『어린이』를 발행하는 오늘까지」, 『어린이』, 제1권 제1호.)

(고상한 정서와 인격 도야)

다달이 찾아와서 날마다 같이 지내는 정든 동무 어린이 잡지! … 눈을 가만히 감고서 내가 알고 있는 지식을 헤아려 보면 어린이에게서 얻은 것을 빼고는 아무것도 없는 것 같다. 그 고상한 동화와 그 아름다운 동요와 정 돋는 여러 가지 이야기에 내 마음은 얼마나 고와지고 얼마나 향기롭게 커졌는가. 곱게곱게 피어난 꽃송이를 동무가 썪는 것을 볼 때 아픈 것을 느낀 것도 어린이가 길러준 고흔 마음이다. 내 마음 진정으로 동무를 귀하게 알고 선생님을 존경하게 된 것도 어린이가 길러준 좋은 마음이다.

아! 어린이야, 어린이야! 내가 만일 네 일을 쉰다 하면 얼마나 큰 손해가 우리에게 미칠 것이냐. 어린이, 어린이 너의 행복을 빌고 바라는 것도 그 까닭이다.

(성석훈.「내 동모」.『어린이』, 제2권 제9호, 1924.)

(무산 아동의 계몽을 위한 헌신)
우리의 단 하나인 『어린이』야! 방방곡곡에 돌아다니면서 한 폭 수건을 머리에 동이고 짐도 푸르며 무쇠를 녹이는 불뎅이 옆에서 메질도 하며 지게를 지고 소도 먹이는 무산아동의 까막눈을 타파하고 글 한자라도 가르쳐 주며 잠자는 의식을 일으켜 주느라고 얼마나 허기ㅅ증과 성화ㅅ증과 조갈증에 몸과 마음이 시달렸으며 당하지 못 할 박해와 고초인들 얼마나 당하얏스며 닥쳐오는 쓰라림과 넘어가기 어려운 난관에서 얼마나 해매었으며 너의 몸과 가슴에는 얼마나 상처를 받았느냐. …
씩씩하고 튼튼한 『어린이』야! 이제는 소년대중이 너를 부르며 너를 찾는다. 어려웁고 괴로웁던 너로써 오늘의 결과를 이룬 것이 참으로 감격하다. … 오! 나의 영원한 벗 『어린이』야 한 걸음 또 다시 앞으로 나오며 대지가 꺼지도록 큰 소리를 쳐라.

(김형기.「소리처라」.『어린이』, 제10권 제9호, 1932.)

(문맹퇴치의 회초리)
눈이 떠서 다른 물건은 다 보여도 글만은 볼 줄 모르는 사람을 문맹이라 합니다. 문맹은 다른 병신이나 마찬가지로 역시 가엾은 사람입니다. 그러나 다른 병신은 별별 약을 다 먹어도 고칠 수 없는 병신이지만 문맹병신만은 저 하나만 조금 부지런하면 금방에 눈이 떠서 성한 사람 될 수가 있습니다. 더구나 조선 글은 배우기가 쉬워서 메칠만 공부하면 곧 문맹을 면할 수가 있습니다.

오늘부터 배웁시다. 한 자 두 자 얼른 배워서 남과 같이 성한 사람노릇을 하기로 결심합시다.

(신영철(1931). 「문맹소년 신계몽편 1문맹」. 『어린이』, 제9권 제9호.)

어린이는 참말로 굉장하였습니다. 그 중에도 방선생님의 어린이독본은 자미잇고도 유익한 것이었습니다. 학교에서도 2학기부터 학과에 넣이 조선어 시간에 가르처 주시기까지 하야 어떻게 기쁜지 모르겠습니다. 반가운 일입니다. 다른 곳에서도 많이 교과용으로 사용합니다.

(독자담회실. 『어린이』, 제5권 제3호. 1927.)

조선 어린이의 고은 정서 함양

아직까지 어린이만을 위하여 나온 신문이나 잡지란 하나도 없던 그때에 이 어린이 잡지는 참으로 조선 소년 소녀의 정다운 동무요 둘도 없는 좋은 책이었습니다. 그리하여 색동회 여러 선생님들이 새로운 동요를 지으시고 새로운 동화를 쓰시어 어린이를 통하여 싹트려는 조선 어린이의 정서를 곱게곱게 길러내었고 한편으로 어린이의 명절인 어린이날을 제정하고 가지 가지의 소년운동을 일으켜서 학대받어 오던 조선의 소년소녀를 위하여 커다란 공로를 쌓았던 것입니다.

… 오랜 겨울이 가고 꽃피는 새 봄이 오는 것 같이 우리

나라가 해방이 되고 잃었던 우리 말과 우리 자유를 다시 찾게 된 오늘날에⋯ 어린이 잡지는 여러분의 품 속에서 여러분의 사랑을 받으면서 반드시 여러분의 정다운 동무가 되려고 할 것입니다.

(주간(1948). 「어린이를 다시 내면서」. 『어린이』. 제 123호.)

2부

『어린이』지의
어린이생태시민교육

2부
『어린이』지의 어린이생태시민교육

Ⅰ 생태교육

01 | 생태교육철학

서구 인간중심주의를 극복하는 범지구적 생태윤리

소년해방운동은 당시 유럽의 대안교육을 초월할 뿐 아니라 현대 생태교육의 한계를 극복하는 독자적인 생태교육철학을 제시했습니다. 이는 생태론과 생태적 사회진화론에 근거한 것으로, 인간중심주의에 대한 비판과 동식물을 포함한 범지구적 생태윤리교육과 제시했다는 것과 인종주의와 제국주의를 극복한 생태사회교육을 제시했다는 점에서 가장 큰 특징을 지닙니다.

범지구적 생태윤리는 인간의 평등한 인권존중과 더불어 동식물까지도 타고난 대로 살 수 있도록 그 생존권을 보장하는 윤리를 뜻합니다. 이는 현대의 생명중심 평등주의와 일맥상통하는 것으로서, 당시 근대 초 서구 대안교육에서는 허용되지 않던 논리였습니다. 그러나 『어린이』지는 앞서 설명했듯이 동학의 지기일원론(至氣一元論)과 삼경사상(三敬思想), 크로포트킨의 상호부조 생태론과 김기전의 사회봉공론을 바탕으로 해서 서구 반생태적 학문 패러다임에 반하는 이론체계를 구축하고 그에 따라 생태원리와 생태사회론, 생태적 자연과학지식 및 생태감수성 등 각 세부분야마다 공진화의 생태원리를 입증하는 이야기들을 상세히 풀어냈습니다. 특히, 현대에서 부각된 인간중심주의에 대한 비판을 그때부터 강하게 제시한 점이 두드러지는데 이와 관련해서 『어린이』지에 동식물과 인간의 교감 및 상생관계, 동물의 의식과 동물권, 그리고 생명을 존중하는 태도에 대한 이야기들을 많이 실었습니다. 그리고 대자연에게서 발견하는 자연의 원리와 과학지식도 중요하게 강조했는데 이 또한 자연지배를 정당화한 서구 근대과학주의와 달리 자연을 존중해야 한다는 생태적 과학철학을 담아 낸 점 또한 주목할 만합니다. 이는 모두 생태적 인간의 근본소양인 생태적 인지력과 심력(心力)을 길러주기 위한 것으로 인지동물학이나 생태심리학을 주제로 한 교육자료로 활용해도 좋을 만큼 매우 시대를 앞선 내용이기 때문입니다.

반생태적 다원주의 사회진화론에 대응하는 생태사회론

그리고 이와 더불어 소년해방운동의 생태교육철학이 현대에 더 큰 의미를 지니는 것은 위와 같은 생태론과 인지교육을 생태적인 사회윤리로 연계해서 어린이들에게 교육했다는 점입니다. 현대사회에서 반생태적 사회윤리라 하면 다원주의 사회진화론을 말하는데, 이는 생존경쟁, 약육강식, 적자생존, 약자소멸을 핵심으로 하는 다윈의 생물학과 그와 연관된 우생학과 골상학, 신멜서스주의와 같은 유사과학을 배경으로 하여 등장한 것으로 인종차별과 제국주의를 정당화하는 역할을 했습니다. 이로 인해 발생한 가장 불행한 역사적 사건이 바로 서양에서는 히틀러가 일으킨 2차 세계대전이었고 동양에서는 일본 제국주의 침략이었습니다.

일제강점기에는 일제의 침략과 더불어 이 다원주의 사회진화론이 국내에 유입되어서 조선 사회에 적지 않은 영향을 미쳤는데 소년해방운동은 그 속에서 자연관과 사회관, 진화관이 어떻게 하나의 패러다임을 형성하고 현실화되는지 간파하고 그것을 극복한 생태적 인식과 세계관을 가르치려 했던 것입니다. 따라서 『어린이』지에는 인간이 자연을 어떻게 이해해야 하는지, 자연과 인간의 관계를 어떻게 규정해야 하는지, 그에 따라 살아갈 방향을 어떻게 정해야 하는지 등의 존재론적인 질문을 다루거나 당시의 인간중심주의나 일본제국주의에 대한 비판을 우회적으로 표현한 동화나 우화들이 실려 있는데 이는 반생태적인 현실을 읽어낼 수 있는 생태적인 사회칠학과 비판적 문해력을 길러주려 했던 것입니다.

   소년해방운동의 이런 생태교육철학은 현대에서 자연을 주변 환경요소로만 인식하는 서구환경교육의 한계를 극복할 뿐 아니라, 자연과 사회를 연결한 생태시민교육철학을 정립하지 못 하고 있는 현 시점에서 그 중심철학과 교육내용을 생산하는 기준점이 될 것입니다. 이에 이러한 생태교육철학이 드러난 『어린이』지의 원문들을 아래와 같이 소개합니다.

1) 공생진화론

임간(林間, 숲속)으로! 야원(野原, 들판)으로!

김 한

 … 사람 사는 원칙을 알고 어떻게 살아야 할 길을 밝히자면 이 과학의 힘을 빌지 않고는 안 됩니다. 그러므로 자연과학을 연구하는 것은 사회과학에도 서로 떠나지 못 할 큰 관계를 맺고 있는 것입니다. 여러분은 잘 아시겠지만, 저기에 유명한 과학자 다윈은 모든 자연계를 꾸준히 연구조사한 결과, 적자생존이니 약육강식이라는 원칙으로써 단언하였습니다.

말하자면 강한 놈만이 살고 약한 놈은 살지 못 한다고. 식물계의 예를 들면, 여기에 한 화려하고 찬란한 화단이 있다고 합시다. 그 아름다운 꽃들은 서로 나만 살겠다, 나만이 더 양분을 흡수하자, 나만이 더 땅덩이를 차지하자 하고 보이지 않는 때에 서로 다투고 싸우고 미워하고 시기한다 합니다. 다시 동물계의 예를 들면, 언젠가 여러분도 말씀드린 것과 같이 새매는 참새를 움키려 들고 참새는 자귀벌레를 쪼으려 하고 자귀벌레는 그 앞에 매미를 잡아먹으려 한다는 것입니다. 이 무슨 무서운 단언입니까?

이 생각이 몇 세기 동안 지배해 왔습니다. 세상 사람은 이것을 움직이지 못 할 진리로만 알아왔습니다. 그러나 근래에 와서 저 북쪽 나라에 크로포드킨이라는 큰 사상가요 또 큰 과학자가 있었습니다. 그는 이 단위의 생각에 의심을 품었습니다. 그럴까? 하는 그의 의문은 그로 하여금 모든 생물체의 생활을 널리 깊이 연구하고 조사하게 되었습니다. 그 결과 모든 생물은 서로 붙들고 서로 도와야 한다는 진리를 밝히게 되었습니다.

… 위에서 말씀드렸거니와 모든 것은 사람의 살림과 뚝 떼어 놓고 생각해서는 안 됩니다.

(『어린이』, 제6권 제4호, 1928.)

최서윤, Canva. 협동. 2024. https://www.canva.com/

동물은 싸우기만 하는가
서로 돕는 것은 동물의 본능이다

손성엽

대자연 가운데는 여러 가지 짐승과 새 같은 동물이 살고 있는데 그런 동물이 먹을 것을 가지고 서로 다투어 가며 목숨을 이어가는 것이라고 아니 볼 수 없지만 그렇다고 그것이 전부 그들의 자연생활 상에서 보는 상태라고만 할 수도 없다. 자세히 살펴본다면 저들끼리 서로 도와주어서 설혹 사철 중에 일정한 때에는 목숨을 빼앗는 큰 난리가 생기는 수도 있지만 그 중에는 서로 도와가며 여럿이 즐겁게 살아가는 모양을 종종 보게 된다.

지금은 레닌그라아드라고 부르는 러시아의 그 전 서울 뻬렐불크(상트페테르부르크)의 대학 총장으로 케스라 하는 동물학자가 있었는데 그는 특히 여러 가지 동물이 서로 싸우며 살아가는 것보다 서로 도와가며 살아가는 것이 훨씬 유리하고 종족의 진보적 진화를 위하여서도 얼마나 큰 뜻이 있다는 것을 말했다. 그 사실은 기후풍토상 대변화가 일어나는 러시아 북부지방 자연계에 생존하는 여러 가지 동물에게서 그 실례를 구해볼 수 있다고 하고 그 후 러시아의 쿠로포트킨이라는 사회학자도 말했다.

예를 들면 늦은 겨울에 무섭게 눈보라가 치고 다시 꽃 피는 오월 말에도 때 아닌 눈보라가 휘날린다는 유라시아 북부지방에서는 이러한 변화로 인하여 새나 버러지가 죽고 만다. 또 조금 따뜻한 지방이면 늦은 여름에는 계절풍에 풍겨 오는 습기가 폭포처럼 쏟아지는 무서운 비로 변하여 그냥 펑펑 쏟아져 널따란 들을 물구덩이로 만든다. 이러한 무서운 대자연 아래에서 여러 동물은 서로 부조하며 자연과 싸워 나간다. 떼를 지어 생활하여 서로 힘을 모아 이주해 간다. 그래서 북쪽 들판이 눈에 덮일 때쯤 되면 여기저기 흩어져 있던 제대로 크는 소, 말, 사슴들이 여기 저기서 모여들어 떼를 지어가지고 흑룡강을 건너 남으로 내려가기 시작한다.

단체를 지어 가지고 사는 동물은 결국 억세다

서로 도와 나가고 단결하는 동물은 한 층 억세인 동물의 공격에 대하여 억세인 맛이 있고 또 그러한 동물의 습격을 방어하라 함으로 저들의 안전을 보장할 수가 있다. 가령, 약한 사슴도 지도자의 인솔 하에 이따금 큰 떼를 짓나니 그런 때는 사나운 짐승도 공격하기를 중지하지만 혹시 떼에서 떨어진 놈이 있으면 맹수에게 먹히고 만다. 아프리카 내지에 떼를 지어 가지고 사는 기린도 역시 무리 속에서 떨어지는 때는 외로운 틈을 타서 사자의 습격을 받는 일이 있다 한다. 그와 같이 같은 종류가 많이 떼를 지어서 사는 것은 사슴, 기린 외에 원숭이, 펠리칸, 플라맹고, 갈매기, 기타 물고기 중에도 떼를 지어 사는 것이 많다. 메뚜기 종류도 대단히 굉장한 떼를 지어 가지고 날아다니며 파리 구더기에도 떼를 지어 가지고 이리저리 뭉쳐서 행진하는 수까지 있는 것이다.

종류가 다른 동물끼리도 서로 돕는 정신이 있다

 전혀 다른 종류의 동물끼리 서로 부조해가며 공동생존을 하는 것이 있다. 일찍이 아프리카를 탐험한 어떤 학자는 코끼리와 기린이 서로 연합해 생활하는 것을 보았다고 했다. 기린은 키가 크고 목이 긴 고로 먼 곳을 잘 바라

최서윤, Canva. 상호상부. 2024.
https://www.canva.com/

볼 수 있고 또 아주 미미한 소리도 얼른 듣기 때문에 위험이 가까웠다는 것을 소리로 얼른 알게 된다. 그리고 코끼리로 말하면 냄새를 맡는 코의 감각이 놀랍게 발달되어 무슨 냄새든지 속히 맡을 수 있는 고로 역시 무슨 위험이 있다는 것을 곧 맡아낸다. 그리하여 이 두 동물은 서로 자기의 무기를 가지고 도우며 살아가는 것이다. 중앙아프리카에서는 서조라는 새와 물소의 관계도 그러하니 서로 이익교환, 상호상부로 살아간다. 서조(*쥐벼룩과 곤충)는 언제든지 5-6 마리 7-8 마리씩 떼를 지어 날아다니며 물소한테 앉기를 좋아한다. 물소의 몸뚱이에는 조그만 진드기가 많이 붙어서 괴롭겠구나. 스스로 잡을 수 없는 것을 그 버러지를 서조가 잡아먹는다. 그런 고로 서조에게는 좋은 휴게소도 되고 식물공급소도 된다. 그럼으로 물소는 서조를 환영하고 위험이 있을 때는 그 예민한 코로 주의를 식혀준다.

 이 밖에도 그와 같이 종족은 다르지만 서로서로 도와주고 사이좋게 지내는 동물들이 많다는 것은 과학재료로 연구해 보아도 가장 흥미 있는 문제요, 또는 인간 생활과 대조해 보는 것도 또한 의미 있는 일이다.

(『어린이』, 제10권 제5호, 1932.)

동물의 상호부조
사이 좋은 악어와 좀새

신영철

　우리들이 보통으로 짐승이나 새라면 밤낮 먹을 것을 갖고 다투고 싸우기나 일삼는 줄로 알지만 사실은 전혀 달라서 의외로 인간보다도 오히려 의좋고 사이좋게 저들끼리 잘 지내는 짐승과 새가 많은 것을 볼 수가 있는데 더구나 악어라는 멍청하게 무서운 물짐승과 어여쁜 악어새의 공통생활에는 정말 흥미 있는 사실이 가장 많다고 한다.

　원래 악어는 인도에서 나는 종류와 북아메리카와 지나에서 나는 종류와 아프리카에서 나는 것이 있지만 지금 여기에 이야기하려는 것은 아프리카의 나일강에 사는 나일 악어에 대한 것인데 그 악어에는 언제나 사이 좋은 조그만 새들이 붙어 다니며 악어가 물 가운데서 나와 가지고 강변 모랫가에 나가 누우면 그 새들이 모여서 어떤 놈은 머리 위에 가 타고 올라앉고 어떤 놈은 벌리고 있는 주둥이에까지 들어간다. 그래서 그 새들을 악어새라고 부르게 되었고 그 새 종류에는 여러 가지가 있지만 그 중에도 두 가지 종류가 제일 악어 주둥이에 들어가기를 좋아하나 실상은 움직이면 악어 뱃속으로 쑥 들어가고 말 것인데 결코 그런 법이 없다 한다.

　그리하여 이 악어와 악어새 관계에 대하여는 벌써 이천 년 전부터 헤로도토스라는 사람이 쓰기도 하고 그 후에 여러 사람들이 그 관계를 살펴왔지만 사실로 이 무서운 악어 주둥이 속에 어여쁜 새가 들어가는지 어쩌는지 그것은 오랫동안 그렇게 신용하지 아니 했던 것이 근래에 와서 아프리카 내지를 여행한 스죤 쿡크라는 사람이 예전부터 전해 내려오는 말이 틀림없다는 것을 알았으므로 다시 여러 가지 곤란과 위험을 무릅쓰고 자세한 조사를 한 것이다.

그런데 그 악어의 주둥이 속에는 언제든지 거머리가 잔뜩 붙어 있고 이빨 사이에는 고깃덩이가 끼어 있으므로 악어가 물 가운데 나와 가지고 강가에 올라와서 커다란 입을 벌리고 있으면 악어새는 조금도 무서워하지 않고 갑자기 주둥이로 날아 들어가서 거머리를 잡아 먹고 고깃덩이 낀 것을 파내어 먹는데 그것이 악어에게는 여간 재미 있는 일이 아니어서 꼭 사람이 음식을 먹고 난 뒤 이쑤시개로 이를 움직이는 것이나 마찬가지로 시원하기 때문에 그 악어새들에게 결코 해를 끼치지 않으며, 게다가 입 속에 새가 들어 있어도 상관하지 않고 입을 오므리는 수가 있지만 그런 때라도 그 새를 집어삼키지 않고 다시 입을 벌리면 새는 아무일 없이 날아 나오는 것까지 보았다고 한다.

그래서 악어 편에서 보면 자기는 새에게 청소를 시키고 악어새로 보면 자기는 악어에게 식(食)의 공급을 받는 셈이 되어 말하자면 악어새는 악어에게 양육을 받는 셈이오 그 외에 악어새의 집은 악어가 눕는 장소를 짓지 아니하면 갈 수 없을 만한 곳에다가 짓는다 하니 그것도 악어의 덕으로 제게 해칠 동물을 방비하려는 뜻인 즉, 악어새가 악어에게 그렇게 은혜를 받으면서 어쩌고 그 은혜를 갚지 않으랴. 그래 그 악어새는 실상 악어의 문지기 노릇을 하고 있어서 만일 악어에게 무슨 위험이 있을 듯하면 즉시 악어의 몸뚱이에 아무 데나 함부로 찍든지 코끝을 쪼아 줌으로 그런 때는 아무리 악어가 깊이 잠들었더라도 곧 정신을 차리게 되어 얼른 물 속으로 숨어버리고 새는 공중으로 높이 날아서 다 같이 위험을 피한다고 한다.

  종족이 다른 동물끼리도 정말 공동생활을 통해 이와 같이 서로 도와가며 부족한 것을 보충해 가면서 서로 안전한 생활을 해가는 경우가 있는 것을 볼 때 소위 영장이라는 인물들이 조그만 감정으로 서로 싸우고 또는 커다란 전쟁을 일으켜 죽이고 뺏고 하는 것을 보면 정말 가탄 할 일이 여간 많은 것이 아니다.

(『어린이』, 제10권 제6호, 1932.)

최서윤, Canva. 상부상조. 2024.https://www.canva.com/

2) 생태중심주의 자연관

동물과 인간의 차이

손성엽

사람은 동물과 무엇이 다른 가

제 일에 인간은 기구를 사용합니다. 원숭이는 물론 어떤 동물이라도 기구를 쓰는 것은 하나도 없습니다. 그 까닭으로 인간과 동물과의 구별은 기구를 쓰고 쓰지 못 하는 점에 있다고 할 수 있다고 주장하는 사람이 있습니다. 그러나 자세히 살펴본다면 원숭이는 단단한 나무 열매를 깰 때 돌멩이를 굴립니다. 그리고 어떤 동물은 적에게 쫓길 적에 나뭇가지를 이용해서 막기도 합니다. 돌멩이나 나뭇가지는 완전한 기구는 아니지만 불완전한 기구라면 기구라고 할 수도 있습니다. 또는 사람이라도 처음부터 지금과 같이 훌륭한 기구를 쓴 것이 아니며 처음엔 우리 인간이 사용하던 기구도 원숭이나 다름없이 돌이나 나뭇가지를 사용한 것입니다. 그러므로 인간과 동물의 차이는 기구를 쓰고 안 쓰는 데에서 구별하기가 어렵습니다.

제 이로 사람과 동물의 차이는 불을 사용할 줄 알고 모르는 데 있다고 말씀하는 분도 계시지만 동물학자 가운데에는 어떤 동물은 불을 사용할 줄 안다고 하는 분이 있습니다. 그러나 동물은 불을 일으키는 것 즉, 발화술(發火術)을 모름으로 오직 인간만이 가장 오래 전 옛날 시대부터 불을 일으킬 줄 알았습니다. 그렇지만 원숭이와 같은 한 조상으로부터 인간으로 갈릴 적에는 불을 일으킬 줄도 불을 사용할 줄도 몰랐음으로 그것도 인간과 동물과의 구별할 경위가 못 됩니다.

셋째로 동물은 의복을 입지 않는데 인간은 의복을 입음으로 의복이야말로 인간과 동물과의 차이를 명확히 할 수 있다는 분이 있습니다. 그러나 남아메리카의 토인 휴쟈족 속은 알몸뚱이로 아무것도 걸치지 않으며 이와 반대로 추울 때에는 나뭇가지나 종이 부스러기로 사충(蓑蟲, 도롱이) 같은 의복을 지어서 입으니 이것은 휴쟈족 이상의 의복이라 할 수가 있습니다. 이렇게 되고 본 즉 인간과 동물과의 문화 구분은 다만 정도의 차이가 있을 뿐이요 절대 틀림은 없다고 하겠습니다.

언어는 인간만 통하는 것인가?

그런데 보아즈라는 학자는 조직 있는 언어가 인간에게만 있고 다른 동물에겐 없으므로 그것을 인간의 유일한 특징이라고 할 수 있다고 말씀했습니다. 인간의 언어는 유절어(有節語)로서 발음이 명료하며 마디가 있어 여러 가지로 돌려서 말할 수 있습니다. 그런 말은 어떤 동물이든 가지고 있는 것 같지 않습니다만 여러분도 잘 아시는 바와 같이 앵무에 대해서 생각해보십시오.

비록 짧긴 하지만 '어머니, 아버지', '애기야, 잘 자거라', '안녕히 가십시오.' 하는 등 거의 인간과 같은 말을 합니다. 이것들은 불완전하지만 어쨌든 유절음으로, 나서 일년쯤 된 어린 아기와는 경쟁이 안 됩니다. 이렇게 된 즉 언어도 인간과 동물을 구분하는 경계가 되지 못 합니다. 그래서 인간은 동물과 같게 됩니다.

마음의 활동이 다른가?

인간을 동물과 한 가지로 생각한다면 어쩐지 인간이 너무나 헐하게 엮이는 것 같은 느낌이 납니다. 그래서 어떻게 하든지 인간이 동물로부터 다르다는 것을 끌어내려고 여러 학자는 고심을 했습니다. 어떤 학자는 마음의 활동하는 방법이 동물과 다르다고 말했습니다. 과연 기억력 즉, 사물을 깨닫는 힘, 추리력, 즉 이치를 밀어 통하는 힘, 상상력 즉, 갑의 전례를 생각해서 을의 것을 생각하는 힘은 인간이 제일 우수해 있지만 동물에게도 전혀 없다고는 할 수가 없습니다.

저 유명한 다윈은 이 모든 점에 대해서 말씀했는데, 비비라는 원숭이는 9개월 전에 여행한 사람을 잘 깨닫고 있으니 기억력이 있음은 틀림없으며 북극의 개는 썰매를 끌고 얼음 위를 건너서 갈 때 얼음이 얇으면 흩어져 나가고 얼음이 두꺼우면 한 데 모여서 행진하는 것을 보면 얼음의 두껍고 얇은 것이 위험 여부에 관계되는 것을 아니 이것은 훌륭한 추리력을 가진 것입니다. 또 개가 달밤에 멀리 짖어대는 것은 먼 쪽의 어른대는 그림자를 보고 짖는 것이니 상상력을 갖추고 있다고 할 수가 있습니다. 이러고 본 즉, 마음이 활동하는 힘도 역시 인간과 동물과의 다만 정도가 다를 뿐으로 대차는 없습니다.

최후로 인간은 신(한울님)을 위할 수 있지만 동물에겐 종교가 없다는 사람이 있습니다. 그러나 부라우밭하란 사람은 개는 주인에게 대해서 존경하는 감정을 갖고 있는데 이 감정은 인간이 신을 대하는 감정과 똑같다고 말했습니다. 그러므로 종교심 역시 인간과 동물을 구별하는 표준은 되지 않고 단지 정도 문제가 있을 뿐입니다.

이렇게 생각해 보면, 인간의 문화와 동물의 문화는 정도의 차는 있으나 다 같은 것이라고 하겠습니다. 여러분은 지금까지 인간은 특별히 훌륭하게 잘나서 다른 동물과는 전혀 다르다고 생각하셨을 것입니다. 그러나 그 생각은 대단히 틀린 것으로서 우리 인간은 다만 동물보다 좀 낫다는 것입니다. 그렇지만 그 '좀 잘났다'는 것이 퍽 요긴한 것입니다.

그러면 어째서 인간은 동물보다 조금이라도 잘났나? 그 까닭은 한 마디로 표현하기가 대단히 어렵지만 우선 몇 가지 방면으로 대강 생각한다면 첫째, 인간은 걸어 다니게 됨으로 두 손을 자유로 놀리게 된 것입니다. 둘째, 그 덕택으로 기구를 만들게 되었으며 기구를 만들기 위해서 여러 가지 생각을 갖게 되었습니다. 셋째, 사물을 생각하게 됨으로 머리가 점점 발달되어 다른 동물의 뇌수보다 형체가 커지며 동시에 질이 좋게 되어 훌륭한 지력(智力)을 갖게 되었습니다.

이와 같이 인간은 수억 수만 년 동안 변천의 결과를 쌓아서 다른 동물보다 좀 낫다는 문화를 가진 것이고 결코 한 때의 우연한 기회로 별안간 훌륭해진 것은 결코 아닙니다.

(『어린이』, 제10권 제7호, 1932.)

최서윤, Adobe stock. 인간만이?. 2024.
https://stock.adobe.com/kr/

식물은 신경이 없는가

손성엽

보통으로 여러분은 동물이라고 하면 얼른 움직일 수 있다고 생각하며 식물이라면 땅에 붙어서의 형상으론 아무 신경이 없이 죽은 것처럼 생각하시겠지요. 사실로 보통 나무나 풀에게 상처를 내더라도 식물은 소처럼 뿔로 받는다든가 개처럼 캥캥 짓고 달아나는 일도 없지만 아프다고 성내는 일도 없이 전혀 그런 일에는 관계치 않는 것처럼 보입니다.

그러나 여러분이 나무를 꺾는다든가 풀을 따더라도 아픈단 소리를 안 지르고 슬픈 표정을 안 한다고 해서 신경이 없이 아주 죽은 거나 답지 않다고 생각해서는 아니 됩니다.…

식물도 사실은 꽤 예민한 감각을 가지고 있어서 우리들 인간이 보통으로 어떤 쪽이 강한 지 약한 지 구별할 수 있습니다. 거진 같은 빛이라도 식물의 어떤 기관은 곧 분별해냅니다. 또는 낮에 쨍쨍히 비치는 햇빛을 적은 구름덩이가 갈아타고 조금만 햇빛을 가려도 이번에 그 영향을 받고 운동의 방향을 변하는 야합이라는 것도 있습니다.

이처럼 어떤 점에선 우리들 인간으로도 도저히 미칠 수 없을 만한 예민한 감각을 식물은 갖고 있습니다. 그래서 여러분이 가다가 부썩부썩 원기 좋게 자라가는 식물을 막대기로 두들긴다든지 칼로 상처를 내든지 하면 그들은 대단히 슬프고 괴롭게 생각한답니다. 그래서 어떤 때는 얻어맞은 아픈 팔을 내뻗지도 못 하고 칼로 잘린 순간에 여태까지 해 나온 운동을 그들은 쉬지 않아서는 안 되게 됩니다.

우선 여러분이 잘 알 수 있는 쉬운 예를 들어서 이야기를 한다면 … 아침 해가 동쪽에 떠서 따뜻한 빛을 이 식물에게 던져 주면 그들은 모두 몸뚱이를 동쪽으로 향하게 되어 그 다음 태양이 점점 동쪽으로부터 남쪽으로, 남쪽에서 서쪽에 가면 가는 대로 태양을 따라 그 아름다운 꽃을 단 줄거리가 움직여 갑니다.

여러분 중에서 혹시 시험을 해보고 싶으신 분이 계시면 구부러진 냉이 한 나무를 얻어다가 광선이 통하지 않는 좁고 기단 통을 씌워 놓고 그 위에 구멍을 뚫은 뒤에 위로만 광선이 통하게 하고 한 삼십 분만 있다 보면 가로 구부러졌던 것이 위로 뻗어진 것을 볼 수가 있을 것입니다.

… 우리들이 보통 장시간 계속해서 활동을 하면 피로해서 일을 하기가 괴로우며 나중에는 몸뚱이를 움직일 수가 없게 되는 것과 같이 식물도 역시 피로를 느낀답니다. 그래서 우리 인간이나 보통 짐승과 같이 너무 피로해진 즉 조금도 움직이지 못 하다가 적당한 시간을 쉬면 또다시 원기가 회복되어 예전 상태로 돌아갑니다. 이 피로현상으로 가장 잘 나타나는 것은 여러분도 잘 아시겠지만 손이라도 조금 대면 금방 잎사귀가 오므라드는 야합(夜合) 말씀입니다. …

최서윤, Canva. 식물의 마음. 2024.
https://www.canva.com/

(『어린이』, 제10권 제6호, 1932.)

신비한 생명

최경화

… 생명이란 우리의 속 어느 곳에 들어 있을까요. 동양사람은 생명이 들어 있는 데는 우리 가슴 속이라고 믿어 왔고 서양사람은 머리에 생명의 근원이 있다고 합니다. 물론 우리 신체 중에 심장이나 두뇌가 가장 중요한 부분인 것은 사실이나 생명이 심장이나 머리에서 솟아나는 것은 아닙니다. 생명이 어느 곳에서 오며 또 우리가 죽으면 어디로 가는가, 생명은 없던 것이 생기며 있던 것이 없어지는가, 그런 어려운 문제는 학자도 잘 모르는 바입니다.

하여간 생명은 있는 것이 사실이오 또 우리 육체하고 대단히 밀접한 관계를 갖고 있는 것이 확실합니다. 말하자면 우리 육체는 배와 같고 생명은 강이라고 할까요. 생명에도 사람의 생명, 동물의 생명, 식물의 생명이 다릅니다. 더 어려운 말은 할 수가 없고 하여간 닭알 속에도 생명이 있고 쌀알 속에도 생명이 있으니 생명이란 신비스러운 것이란 것만 알아 두십시오.

(『어린이』, 제10권 제9호, 1932.)

최서윤, Midjourney.생명.
2024.https://discord.com/

신기묘기한 대자연을 배웁시다

심형필

천지만물을 가르쳐 자연(自然)이라 합니다. 거기에다가 큰 대(大) 한 자를 더 붙여서 대자연이라고 말합니다. 과연 자연은 수량으로 보거나 능력으로 보거나 큰 대(大)자를 붙일 만합니다.

자연을 보는 데는 생물과 무생물로 갈라놓는 것이 편리합니다. 생물에는 식물과 동물이 있으니 식물은 그 종류가 오십 만이 넘는다 하며 동물은 그 종류가 이십 만이 넘는다 합니다. 식물 동물을 합쳐서 그 종류가 근 팔십만이나 되니 얼마나 굉장합니까? 거기에다 각각 이름 한 개씩을 붙여 놓으면 그 이름만 기록해 놓아도 수십 권 책이 되겠거든 하물며 각 종류에 대하여서 자세한 수고와 공로는 무엇이라고 칭찬해야 할지 알 수가 없습니다. 광물도 지금 같이 알아 놓은 것만이 천여 종류라 합니다. 이와 같이 수십만 물건들이 복잡하게 뒤섞여 여러 가지 변화를 일으키고 있는 것이 곧 대자연입니다.

우리들 사람들도 생물 중의 하나로 섞여서 자연 행진에 걸음을 맞추고 있는 것입니다. 특히 생물이라고 이름을 붙이는 것은 생명을 가지고 있기 때문입니다. 담배씨(種子)가 아무리 적다 하여도 그 가운데에는 장차 담배닢 담배 줄거리 담배 꽃이 될 생명력이 숨어 있는 것입니다. 삼각산 노적봉이 아무리 크다 하여도 그것은 생명이 없는 죽은 물건입니다. 생물들은 그 생명력을 발휘하기 위하여 가장 적당한 방법과 수단을 부리는 것입니다. 거미가 길목 좋은 데다가 그물을 치는 것이나 여름에 나뭇잎이 무성하는 것이나 사람들이 땀을 흘리며 농사짓는 것이나 다 그 생명을 부지하기 위하여 하는 일입니다. 그런데 여기에 피치 못 할 어려운 일이 한 가지 있으니 그것은 생물은 생물을 요리하여 먹어야 그 생명을 이어갈 수 있다는 것입니다. 여러분이 들이나 산에를 가 보십시오. 짐승이 짐승을 잡아먹고 벌레가 벌레를 잡아먹고 풀이 풀 썩어진 것(거름)을 빨아먹는 것이 얼마나 많습니까.

이와 같이 서로 살아나가기 위하야 남의 생명을 빼앗지 않으면 안 되는 것이 남에게 생명을 빼앗기지 않을 만큼 튼튼하거나 그렇지 않으면 빼앗기고도 넉넉하리 만한 몸뎅이를 가진 몸만이 생명을 부지하여 갈 수가 있는 것입니다. 또 한 가지 모든 생물들은 다 그 생명을 부지하는 기간이 있는 것이며 한 개의 생물은 조만간에 반드시 그 생명을 잃고야 마는 것입니다.

오늘날 살아 있는 온 세상 사람들은 이제부터 백 년 안팎에 다 죽어버릴 것이 아닙니까. 그 기한이 일 순간에 그치는 놈도 있고 수 천 년이 되는 놈도 있지만 한턱이 있기는 마찬가지입니다.

그렇지만은 모든 생물들에게는 이 피치 못 할 운명이 있는 대신에 살아 있는 동안에 그와 동족의 생명 즉 자손을 창조하는 능력이 있습니다. 실상은 한 개의 생명을 보존한다는 것보다도 그 자손의 번창을 위하는 것이 더욱 큰 일이 아닌가 합니다.

여러분이 아시는 바와 같이 명태라는 고기는 한 번에 칠팔 만이나 알을 낳는다 하며 그 알에서 나온 새끼 명태가 넓은 바다에 흩어져서 자라는 동안에 혹은 다른 고기에게 먹히우고 혹은 병들어 죽고 하여 이미 명태가 되기까지에 살아나는 놈이 두세 놈 되나마나 하답니다. 이것을 보십시오. 단 두세 놈의 자손을 잇기 위하여 칠팔 만의 자손을 나아 놓아야 한다니 그 얼마나 안타까운 일입니까. 또 일 년간에 까놓은 머구리 새끼가 다 살아서 큰 머구리가 된다면 온 세상은 머구리로 뒤덮일 거라고 말한 사람도 있습니다. 이와 같이 생물의 번식력이 큰 것을 새삼스럽게 놀라지 않을 수 없으며 또 생물은 먹고 살고 번식하는 것밖에는 아무 뜻도 없다는 것을 알 수 있습니다. 생물 중에 우리 사람만이 먹고 살고 번식하는 이외에 좀 더 참되게 착하게 아름답게 살겠다는 정신이 있는 까닭으로 사람의 생활은 점점 발달이 되는 것입니다.

이것이 사람은 만물의 영장이라는 귀한 이름을 차지하는 까닭입니다. 이번에는 또 다른 방면으로 대자연을 살펴보기로 합시다. 아무렇지도 않은 날이 갑자기 흐려지며 사나운 구름이 엉기어 드는 가운데 우루루 와지끈 번쩍거리며 소낙비가 쏟아질 때에 여러분은 무서운 생각이 나지 않습디까. 모르는 사람은 그런 것은 반드시 무슨 괴물이나 신령의 노발이라고 생각하고 무서워하지만 세상은 바람이나 수중기가 그렇고 그러하면 반드시 그렇게 되는 이치가 있는 것입니다. 지난 여름에 나는 큰 집 안에서 벼락치는 실험을 하는 것을 보았습니다. 조고만 스위치 한 개를 누르니까 금시에 천지가 무너지는 듯하는 뇌성이 일어나며 거리 길이 서너 발 되는 번갯불이 일어났습니다. 그때에 우리는 마음이 콩알만 해져서 스위치 누르는 사람의 손이 잘못되지 맙소사 하고 촉수하고 있었습니다. 자연에게 일어나는 여러 가지 변화 중에는 얼른 보기에는 너무도 신기하고 미묘해서 도저히 저절로 일어나지는 것으로 생각할 수 없는 것이 있지만 그 이치를 연구하여 보면 모두 밥을 먹으면 배가 부르는 것이 정한 이치라는 것이나 다름없는 것입니다.

어째서 자연에 그와 같은 미묘한 이치가 있느냐 하는 것은 아무도 알 사람이 없을 것입니다. 다만 대자연 가운데는 한량없는 이치가 숨어 있는 것은 사실이니 우리들은 그 이치를 발견하고 연구하며 우리들이 하고자 하는 모든 일을 성공하면 그만일 것입니다. 지금까지 연구한 것도 상당하지만 아직도 화성 방문을 실행 못 하고 햇빛을 잡아 기차를 움직이지 못 하고 흙을 빚어서 오리를 만들지 못 하고 날아가는 새를 떨어뜨리는 살인광선이 발명되지 못 하였고 귀여운 자녀를 맘대로 낳지도 못 합니다. 그러나 이런 것들도 장차는 다 발명이 될 줄 믿습니다.

그때는 우리 인류의 생존경쟁도 없어질 것이요 지금과 같이 그렇게 구차한 살림도 안 할 것이며 혹은 죽은 사람의 영혼과 서로 상종을 하게 될지도 모를 것입니다.

여러분도 대자연의 오묘한 법칙을 잘 배우고 연구하여서 만물의 영장된 값을 다 하지 않으면 안 됩니다

여러분 참되게 착하게 그리고 아름답게 살기를 힘씁시다.

(『어린이』, 제9권 제6호, 1931.)

로보트와 사람

조재호

… 로보트! 사람이 만든 사람 참으로 신기한 일입니다. … 그러나 … 로보트가 산 사람 우리들이나 모든 것이 똑같을까요. … 로보트는 사람의 행동을 할 수는 있으나 산 사람과는 가장 중요한 점이… 혼이 있고 없는 점이겠지요. 산 사람은 혼이 있는 사람이요 로보트는 혼 없는 등신이올시다. 혼을 달리 말하면 마음이겠죠. 그러니까 로보트는 마음 없는 사람이요. 산 사람은 마음 있는 사람입니다. 산 사람은 제 마음대로 저 혼자 남의 힘을 빌리지 않고 모든 행동을 할 수가 있습니다. 그러나 로보트는 다른 힘을 빌려서 산 사람이 시키는 그대로 움직이는 것입니다.

그러나 여보시오, 우리 산 사람 중에도 로보트가 흔히 있습니다. 자기 주장은 없이 남이 하자는 그대로 따라가기만 하는 사람이 있으니 이는 곧 로보트와 별로 다름이 없는 일종 등신이겠지요. 아무리 좋은 일을 하였다고 하더라도 남이 시켜서 그대로 하였다면 로보트보다 더 나은 점은 별로 없겠지요.

… 혼이 없는, 마음이 없는, 목숨이 없는 로보트만도 못한 산 사람은 제 일을 제 마음대로 못 하는 사람과 좋지 못한 고집과 욕심을 제 마음으로 억제하지 못 하는 사람과 좋은 일을 시켜도 그대로 하지 않는 사람들일 것이니 이러한 사람들을 만든 사람 로보트 루말크 군은 얼마나 비웃을른지요. 조심조심.

(『어린이』, 제9권 제6호. 1931.)

꽃장사

이태준

한 아기 꽃분 앞에 서서 어머니더러
"엄마?"
"꽃장사 용치?"
"왜?"
"이렇게 이쁜 꽃을 만들어 냈으니까!"

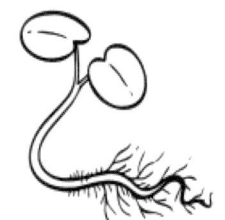

"만들긴 누가 만들어… 씨를 땅에 심으면 땅 속에서 싹이 나오고 싹이 자라면 절루 꽃이 피는 거지."
"절루 펴? 땅에 씨만 묻으면?"
"아주 절루는 아니지…"
"그럼?"
"땅 속에 씨를 묻었더라도 하늘에서 비가 나려서 흙을 눅눅하게 적셔 주어야 하고 또…"
"또 무엇?"
"또 하늘에서 햇볕이 따뜻이 비춰주어야 싹이 터져 자라는 거야."
"그런 걸 난 꽃장사가 모두 만들어 내는 줄 알았지…. 그럼 엄마 저 풀두 오이두 호박두 나무들두 모두 그러우?"
"그럼!"
"아유…"

아기는 땅을 한 번 보고 얼굴을 들어 끝없는 하늘을 멍-하니 쳐다보았습니다.

(『어린이』, 제11권 제6호, 1933.)

우리 뒤에 숨은 힘

삼산인

어떤 학교에서 이과시간에 선생님이 학생들에게 이렇게 물었습니다.
"태양하고 달하고 비교하면 어느 것이 더 훌륭하겠느냐?"
그러니까 한 학생이 손을 번쩍 들더니 이렇게 대답하였습니다.
"그것은 물론 달이 더 훌륭합니다."
"어째서?"
"태양은 언제든지 환하게 밝은 데를 쓸데없이 또 밝게 비추어 주지만 달은 언제든지 캄캄하고 어두운 데를 가장 긴요하게 밝게 비추어 주는 것이니까 그렇습니다."
그러니까 또 한 학생이 손을 번쩍 들더니
"그렇지 않습니다. 태양이 더 훌륭합니다."
"어째서?"
"달이 밝게 비추이는 것은 태양이 있기 때문입니다. 태양의 반사작용이 없으면 달은 조금도 밝은 빛을 내 비칠 수 없습니다. 그러니까 만일 태양 하나만 없으면 이 세상은 언제까지든지 캄캄할 것입니다."
여러분 여러분은 이 두 가지 대답 중에 어느 것이 옳다고 생각하십니까? 물론 나중 대답이겠지요! 그렇습니다. 확실히 나중 대답이 만점입니다. 그러면 우리는 여기서 달의 밝은 빛은 보이지 않는 태양의 숨은 힘인 것을 알았습니다.
여기 꽃병이 하나 있습니다. 꽃병 속에 꽂혀 있는 이 어여쁜 꽃은 여러분이 잘 아시는 목단 꽃입니다. 이 얼마나 향기 좋고 아름다운 꽃입니까? 그러나 이 꽃을 볼 때 사람들은 이 꽃의 아름다움과 향기만을 사랑하고 칭찬하였지 이 꽃을 그렇게 아름답게 어여쁘게 만들어 주는 병 속의 물은 조금도 생각지 않는 것이 보통입니다.

만일 이 꽃병 속에 들어 있는 물을 죄다 쏟아 버리고 빈 병에다 이 꽃을 꽂아 보십시오. 아무리 아름답고 어여쁜 꽃이기로서니 단 한 송이의 꽃을 피울 수 있으며 단 한 번이라도 꽃향기를 날릴 수 있겠습니까?

우리는 여기서 아무리 본 바탕이 좋고 아름다운 꽃이라도 보이지 않는 물의 숨은 힘이 없으면 도저히 그 빛과 향기를 자랑할 수 없는 것을 알았습니다.

이태리에 유명한 센트파나드라는 절 속에는 수 십여 층 되는 높다란 돌탑이 하나 있는데 그 탑 맨 꼭대기층은 순전히 보석으로 지어서 그 웅대하고 아름다움은 입을 붓으로 도저히 형용할 수 없을 만치 훌륭한 탑입니다.

그래서 하루에도 구경 오는 사람이 수백 명이나 되는데 보는 사람마다 칭찬이 빗발치듯 하였습니다.

그런데 하루는 멀리 다른 절에 있는 노승 하나가 우연히 그 절에 들렀다가 수많은 사람이 한결같이 그 높은 돌탑을 쳐다보며 칭찬하는 소리를 듣고 웬 일인지 한숨을 휘 쉬면서 이렇게 중얼거렸습니다.

"사람들은 돌탑 맨 꼭대기 층의 보석만 알았지 땅 속에서부터 웅장한 저 돌탑을 이루기까지 한 개 한 개의 아무 값없는 돌이 쌓이고 또 쌓이고 해서 그 아름다운 보석탑을 훌륭하게 버티고 서 있다는 것은 조금도 생각지 않는 모양이로군!?"

여러분 여러분은 이 말의 뜻을 아시겠습니까?

우리는 여기서 또한 아무리 아름다운 보석이 언치인 훌륭한 돌탑이라도 아무 칭찬도 받지 못 할 보통 돌멩이가 한 개 한 개 쌓아 준 그 숨은 힘이 없었으면 도저히 지금의 그 유명한 이름을 보전해 갈 수 없다는 것을 잘 알았습니다.

그러면 여러분!

밝은 달빛도 태양의 숨은 힘이 없으면 도저히 빛날 수 없으며! 아름다운 꽃도 돌의 숨은 힘이 없으면 도저히 꽃을 필 수가 없으며! 기묘한 보석 돌탑도 한 개 한 개 돌멩이의 숨은 힘이 없으면 도저히 그 이름을 보전치 못 하는 것과 같이 여러분을 좋은 사람 만들고 여러분을 훌륭한 사람 만들기 위하여 여러분의 등 뒤에 어떠한 모이지 않는 숨은 힘의 노력이 있는지 이것을 아시는가 말입니다.

자아 여러분!

우리는 손을 머리에 얹고 가만히 생각해 보십시다.

(『어린이』, 제6권 제2호, 1928.)

녹음과 어린이

김영팔

… 푸른 나무 밑에는 그늘이 진다. 그 그늘이야말로 내리 쬐이는 볕을 피하는 둘도 없는 좋은 피서지이다. 여러 사람들은 그러한 곳을 찾아간다. 그러면 그 푸른 나무들은 동무를 만난 듯이 노래를 부르고 춤을 추기 시작한다.

이 나무들의 춤추는 것을 사람들은 모르고 바람이 분다고 돗자리 위에서 곤히 잠을 자고 있다. 그러나 나무들은 성을 낼 줄을 모른다.

곤히 자고 있다가 매미소리에 놀라 깰 때 푸른 잎으로 옷을 입은 나무는 빙그레 웃는다.

… 여름이 가면 가을이 온다. 가을이 가면 겨울.

그리고 보면 한 살을 더 먹는다. 때는 다시 돌아오지 않는다.

녹음이 우리를 찾아오고 우리가 녹음을 찾아간다.

푸른 빛은 푸른 빛 그대로 있는 것이 아니라 가을이 되면 낙엽이 지고 겨울이 되면 뼈만 남는다. 마치 사람들과 같이 어릴 때 젊을 때 늙을 때와 같이… 우리는 고목을 좋아하지 않고 젊은이는 늙은이를 좋아하지 않는다.

푸른 나무는 푸른 잎이 있을 때 모든 사람에게 귀여움을 받는다. 그러나 어린이들은 어린이 그대로 있는 것이 아님으로 녹음만을 좋아하여서는 못 쓴다.

(『어린이』, 제7권 제5호, 1929.)

떨어지는 잎사귀와 미래

신영철

11월이면 가을이 늙은 때입니다. 익은 곡식을 거둬들이고 울긋불긋한 단풍잎이 떨어지는 때입니다. 아버지와 어머니가 허어연 머리를 머리에 이고 건너 언덕에서 풀풀 날려 떨어지는 단풍잎을 바라보시고 한숨을 쉬시며 "아! 인제 가을도 늦었구나, 단풍이 다 떨어지니." 하시며 자기의 늙어가시는 것도 한탄하시기 쉬운 때입니다 그러거든 소년과 소녀는 마땅히 이런 말씀을 여쭈어야 할 것입니다.

"아버지! 어머니! 잎사귀는 떨어져도 그 떨어진 자욱미를 들여다보아 주서요. 거기에는 확실히 땐땐한 가죽옷을 입고 추운 겨울을 방비하려는 망우리가 붙어 있습니다. 명년 봄에 일기가 다시 따뜻해지기만 하면 그 속에서는 반드시 새싹이 터져 나올 것입니다.

부디 늙으심을 걱정치 마소서. 저희들이 있습니다. 그러한 생각을 가지시는 소년이 계시다면 우리의 내일은 매우 유망합니다. 부모님도 반드시 기뻐하실 것입니다. 가을은 슬픈 때가 아닐 것입니다."

(『어린이』, 제9권 제9호, 1931.)

3) 인간중심주의 비판

사람과 능금나무

연성흠

어떤 집 뒤뜰에 능금나무 하나가 서 있었습니다. 이 능금나무에는 능금이라고는 한 개도 열려 본 적이 없고 그 나뭇가지에는 참새들의 보금자리만 수없이 있을 뿐이었습니다. 그 집 주인은 '이까짓 나무는 밤낮 두어야 능금 하나 안 열리니 베어다 화목(火木)으로나 써야겠다.' 하고 도끼를 가지고 나와서 능금나무 뿌리 밑을 찍기 시작했습니다. 그때 "여보셔요, 주인아저씨! 제발 덕분에 이 나무를 베지 말어 주십시오. 이 나무를 잘라 버리시면 저희들의 집이 없어집니다. 저희들은 아저씨께서 일하시고 피로하신 때 고흔 노래를 불러 드릴께요." 하고 애걸했지만 주인은 머리를 내여 저으면서 "듣기 싫다. 지껄이지 말아!" 하고 볼 메인 소리로 나무라면서 두서너 번이나 연거푸 나무를 찍었습니다.

그때 그 능금나무 쪽이 뚝 떨어지는데 그 속은 탕 비었습니다. 그 텅 빈 속에서 조각이 떨어진 틈으로 꿀이 주르르 흘러 나렸습니다. 주인은 그 흘러내리는 꿀을 손구락으로 찍어서 맛을 보더니 도끼를 땅바닥에 내여 동댕이를 치면서 '에! 이거 훌륭한 나무로구나. 요만큼 찍었기에 망정이지 다 찍어 넘겼으면 큰 소내 날 뻔했다.' 하고 그 후부터는 그 나무를 곱게 위하게 되었습니다.

대개 사람이란 자기 이익만 생각하는 것 아닌가요.

(『어린이』, 제7권 제6호, 1929.)

엄마 없는 참새

고한승

엄마없는 작은새를 어찌할까요.
뒷동산 뜰밭에다 혼자둘까요.
아니아니 그것은 외롭습니다.

엄마없는 작은새를 어찌할까요.
푸른하날 구름속에 날려보낼까.
아니안 그것은 외롭습니다.

엄마없는 작은새를 어찌할까요.
좁고좁은 장속에 넣어둘까요.
아니아니 그것은 슬프겟지요.

엄마없는 불쌍한 작은참새는
꽃밭속 수정궁 양털방석
그위에 고이쥐여 잠을재우면
사랑하는 엄마새가 찾아옵니다.

(『어린이』, 제1권 제8호, 1923.)

슬퍼하는 나무

이태준

새 한 마리가 나무에 둥지를 틀고 고흔 알을 소북하게 낳아 놓았습니다.

아이, "이 알을 모두 꺼내 가야지."

새, "지금은 안 됩니다. 착한 도련님, 며칠만 지나면 까 놓을 테니 그때 와서 새끼들을 가져 가십시오."

아이, "그럼 그러지."

며칠이 지나 새알은 모두 새 새끼가 되었습니다.

아이, "하나, 둘, 셋, 넷, 다섯 마리로구나. 허리춤에 넣고 갈까 둥지 채 떼여 갈까!"

새, "지금은 안 됩니다. 착한 도련님, 며칠만 더 있으면 고흔 털이 날 테니 그때 와서 둥지 채 가져가십시오."

아이, "그럼 그러지."

며칠이 지나 와보니 새는 한 마리도 없고 둥지만 달린 나무가 바람에 울고 있었습니다.

아이, "내가 가져갈 새 새끼가 다 어디 갔니?"

나무, "누가 아니, 나는 너 때문에 좋은 동무 다 잃어버렸다. 너 때문에!"

최서윤, Canva. 너 때문에. 2024. https://www.canva.com

(『어린이』, 제10권 제7호, 1932.)

4) 차별과 지배주의

장미와 달팽이

이영철

옛날 어떤 평화스러운 마을에 암소와 염소들 많이 치는 목장 하나가 있었습니다. 그 목장에서 판장(널빤지) 하나를 넘어 깨끗한 정원이 있는데 그 정원에는 새빨갛게 핀 장미꽃나무가 하나 있었습니다. 그리고 그 장미꽃나무 줄기 밑에는 자기가 사는 집을 등에다가 떠메고 다니는 달팽이 한 마리가 살아가고 있었습니다.

목장에 길리우는 암소와 염소는 많은 젖을 사람에게 주었습니다. 그리고 장미화는 아름다운 꽃을 피어 사람의 마음을 기쁘게 해 주었습니다. 그러나 달팽이는 자기 집을 고래등 같이 멋있게 짓고 침을 게게 흘리고 배를 쓰다듬어 가면서 왔다 갔다 하다가 세월을 보내고 마는 것밖에는 아무것도 세상에 이로운 일을 하는 것이 없었습니다.

장미화 맞은 편에 서 있는 능금나무가 배나무 복숭아 나무는 해마다 많은 과실을 열어 줍니다. 그리고 암탉은 닭이 알을 나아 줍니다.

어떤 날 달팽이는 긴 목을 빼고 뿔을 좌우로 흔들면서 "내가 기다리는 때가 오기만 하면 능금나무나 배나무가 과실을 주렁주렁 열고 장미화가 꽃을 피고 암소나 염소가 젖을 내는 것보다 더 훌륭한 일을 할 터인데…" 하고 혼자 한탄을 하고 있음으로 곁에서 듣고 있던 장미화가 빈정거리기를

"거 참, 재미있는 소리를 하는구나. 달팽이가 훌륭한 일을 할 날이 올 때까지 기다리고 있어 볼까? 그러나 달팽아! 대체 때가 온다고 떠드니 그때가 언제 오니?"

장미화가 하는 말을 가만히 듣고 있던 달팽이는 코웃음을 치며
"때가 오기만 하면 일이 다 되지. 네 따위 것이 알겠니?"

세월은 흘러 서리가 내리고 낙엽이 덮고 하더니 어느덧 그 해 가을도 지나가고 살을 얼리는 시베리아 찬 바람이 불어오는 겨울이 되었습니다. 흰 눈은 철철 날렸습니다. 눈보라는 사납게 쳤습니다. 추위를 못 이겨 능금나무나 장미화는 다 마르고 달팽이는 땅 속으로 기어들어가 따뜻한 봄이 다시 돌아오기를 고대하고 있었습니다.

봄이 돌아왔습니다. 훈훈한 바람은 솔솔 불어오고 샘물은 흘러내리며 새는 노래하여 평화로운 봄을 찬양하였습니다. 장미화는 햇볕에 따스함과 습기를 받아 싹트기 시작하였습니다. 오랫동안 굴속 같이 캄캄하고 답답한 땅 속에 파묻혀 있던 달팽이도 천천히 기어 나왔습니다.

땅 속에서 기어 나온 달팽이는 장미화를 보고 "야 장민가, 오랜간만일세, 추위에 얼어 죽지 아니하고 여태 살아 있었나. 너 같은 것은 진작 죽는 게 좋지…. 내가 말하는 것을 네 따위가 무얼 알아듣겠느냐마는 너는 무엇 하려 사니? 죽기 전에 훌륭한 일을 하고 죽어야 이름이 난단다. 네 따위야 말라 죽으면 아궁지로 들어가 재가 되고 말 것이 아니냐? 장미화야! 내가 하는 말을 알아 듣겠니?" 하지만은 마음 속까지 깨끗하고 고흔 장미화는 별로 성도 내지 않고 대답하기를

"달팽아! 그렇게 욕을 해서는 못 쓴다. 너는 훌륭한 신사가 아니냐. 그리고 네가 말하듯이 네게는 먼 장래가 있지 않느냐. 말을 삼가

야지! 그런데 달팽아! 우리에게는 제 각금 천직이 있다. 누구든지 그 천직을 잘 시행하는 사람이면 훌륭한 사람이다. 그렇지 않으냐?"

"그럼 네 사상(생각)을 말해보아라. 무엇 하러 꽃이 피니?"

"나는 특별히 잘난 일을 하지는 못 한다. 내가 꽃을 피는 것은 내 마음이 항상 즐겁기 때문이다. 매일같이 따듯한 햇볕은 내려 쪼이고 공기는 나에게 힘을 주며 달콤한 이슬방울이 부슬부슬 나리는 실비는 나를 점점 크게 맨들어 주어 행복스럽게 한다. 나는 기쁘다. 그러니까 저절로 꽃이 핀다. 내 일생이 보잘것없다고 너는 나를 비방하고 욕하고 하지만, 나는 항상 기쁘다. 유쾌하다."

하고 말하지 앎이 있는 듯이 봄바람이 솔솔 불어옴으로 장미화는 기쁜 듯이 고갯질을 하며 방긋방긋 웃었습니다.

심술궂은 달팽이는 장미화의 일생이 부럽지 않은 바는 아니었으나 "네 일생이 재미있기는 있다. 그러나 나는 고만한 일로 그렇게까지 기뻐할 것이 없다고 생각하는데."

"달팽아! 그렇게 억보로 말하지 말고 다시 한번 잘 생각해 보아라. 네 몸이 네 것인 줄로 알았었니. 네 몸은 너를 만든 조물옹의 것이다. 조물옹은 너를 위하야 네 몸을 만들어 내신 게 아니라 다른 사람을 위해 만드셨단다. 쉽게 말하면 네 몸을 다른 사람을 위하여 바쳐야 한다. 너는 나와도 달라 네가 가고 싶은 곳에 네 마음대로 갈 수가 있으니 나보다는 훨씬 더 행복스러운 편이다. 그러니까 너는 이 세상을 위하여 더 훌륭한 일을 얼마든지 할 수 있을 것이 아니냐."

"건방진 자식! 뭐 세상을 위해? 야 아니꼽고 메스껍다. 말이면 다 하는 줄 아니. 너는 네 입으로 자연의 은총을 많이 받는다고 떠벌였으나 나는 자연의 은총이라고는 털끝만치도 받아 본 일도 없거니와 받는 일도 없다. 그러니까 세상을 위해 일하겠다는 그런 쓸데없는 생각은 꿈 도안 꾼다. 자연의 은총을 싫도록 받는 너나 어서 세상을 위해 좋은 일을 많이 해라. 원 빌어먹을 놈…"

하고 달팽이는 허허허 웃었습니다.

"그게 다 무슨 소리냐 달팽아! 우리는 꼭 같은 세상 꼭 같은 땅 꼭 같은 은총을 받고 산다. 그러니까 누구든지 자기 쟁기 있는 것 특출한 것을 다른 사람에게 나누어 주어 서로 도와가면서 재미나게 사는 것이 좋지 않으냐?"

장미화는 골도 내지 아니하고 다정하게 들려주었지만 달팽이는 성을 버럭 내며

"무엇이 어떻게 어째! 무엇을 노나 가지란 말이냐? 너는 네 마음대로 꽃을 피워 사람의 마음을 기쁘게 하여 주고 새는 노래하며 암소나 염소는 젖을 주는 것이 좋다. 그러나 나는 나다. 내가 내 마음대로 사는데 어떤 놈이 무어라고 그래! 나는 세상과는 아무 상관도 없다. 남들이야 굶어 죽든 말든 내가 무슨 상관이 있겠느냐. 나만 배불리 먹으면 그만이지, 나누어 주긴 뭘 나누어 주어! 왜 어디가 어때서 나누어 주어! 침을 얼굴에 탁 뱉기 전에 잠자코 있어 이 자식아!"

달팽이가 너무 난폭한 말을 함으로 장미화는 무안하야

"그렇게 말할 것이 아니다. 그런 드러운 욕을 해서는 못 쓴다."

그러나 성이 상투 끝까지 오른 달팽이는 발을 동동 구르면서

"어서 너나 다른 사람을 위해 살어라."

하고 말하고는 제 집으로 고개를 들이밀며 문을 단단히 잠가버렸습니다.

달팽이의 뒷모양을 바라다보고 있던 장미화는 쓸쓸한 웃음을 웃으며

"달팽이의 말이 옳은 말인지도 몰라. 꽃을 핀 대짜 사나운 바람이 나뭇가지를 흔들어 꽃송이를 다 떨어트리거나 장난꾸러기 어린이들이 와서 사정없이 꽃가지를 꺾어가니 세상살이가 다 귀찮은데 나도 내 몸 하나를 위해 살아볼까? 달팽이처럼. 그러나 어여쁜 처녀의 가슴에 꽂히거나 아름다운 시인의 손을 거쳐 비단결 같이 고은 시로 살아나거나 귀여운 어린애들에게 뜨거운 키스를 받는 기쁜 일이 좀 많은가. 누가 무어라고 하든지 나는 남을 위하야 사는 것이 제일 기쁘고 행복스러운 줄로 알아"
하고 혼자 중얼거렸습니다.

세월은 흐르고 흘렀습니다. 서만한 달팽이는 죽어 흙이 되어 버렸습니다. 장미화도 말라 죽었습니다. 그러나 말라죽은 장미화 나무 뿌리에서는 무수한 줄기가 나와 고흔 꽃을 피어 사람의 마음을 다시 기쁘게 하여 주었습니다.

장미꽃나무 줄기 밑둥에는 달팽이의 자손들이 여전히 침을 게게 흘리고 배를 쓰다듬어가면서 아무 하는 일 없이 살아가고 있었습니다.

장미화나 달팽이는 자기네들의 선조들 사이에 일어났던 싸움을 아는지 모르는지 알 수 없었으나 여전히 선조들이 하던 대로 살아가고 있었습니다.

(『어린이』, 제10권 제10호, 1932.)

죽은 배암도 천대 못 한다

박달성

이것은 불가(佛家)에 있는 유명한 이야기입니다. 새해는 마침 기사년(己巳年) 즉 배암 해이기에 이 이야기를 꺼냈습니다.

불교의 원조 석가모니 당시에 그가 제일 사랑하고 가장 신임하는 유명한 제자 두 사람이 있었으니 하나는 유명한 가섭 존자이고 하나는 유명한 아란 존자였습니다. 이 두 분 존자는 본래 인격도 높으니와 도학(道學)도 높은 데다가 석가모니를 친히 모시고 다니던 터이라 여간 이름이 높지 않았습니다. 그래서 불교에서는 이 두 분 존자를 석가모니 다음가는 교조(教祖)로 섬기고 있었습니다.

그런데 가섭이와 아란이는 인격으로나 도학으로는 서로 비등하나 얼굴 즉 외표에 있어서는 크게 달랐습니다. 즉 아란이는 얼굴이 이쁘고 잘생긴 데다가 말을 잘 하고 글을 잘 하고 또한 교제를 썩 잘 하는 풍채 좋은 외교가였고 가섭이는 그와 반대로 얼굴이 못생기고 말도 글도 교제도 모든 것이 아란만 못하였습니다. 그러나 도학에 있어서는 아란이보다도 뛰어나는 면이 많았습니다.

그래서 석가모니가 마음은 가섭에게 전하고 글은 아란에게 전하였다는 말도 있습니다.

이야기는 이만큼 하고 이제 정말 재미나는 구절로 들어갑시다.

석가모니가 이 두 제자를 데리고 이곳 저곳으로 설법을 다니다가 한번은 어떤 산중에 가서 조용히 도를 닦고 있는데 마침 먹을 식량이 떨어졌습니다. 제자 중에서 누가 나아가 동냥을 해오지 않으면 안 되게 되었습니다.

그래서 석가모니는 얼굴이 잘생기고 교제도 수단도 능란한 아란이를 시켜서 산 아랫동네의 어떤 부잣집으로 동냥을 얻으러 보냈습니다. 아란이는 명령을 받아 장삼을 입고 고깔을 쓰고 바랑(*승려의 탁발주머니)을 지고 목탁을 들고 아랫동네로 내려갔습니다.

석가모니와 가섭이는 아란이를 보내고나서 얼굴 좋고 교제 좋은 아란이가 갔으니까 동냥을 많이 얻어가지고 오겠거니 하고 몹시 기다리고 있었습니다.

얼마 동안 기다리고 있있노라니까 한참 만에 아란이가 산중 도장 안으로 돌아오는데 웬 셈인지 얼굴빛이 검으락 푸르락 해가지고 씨근벌떡거리며 아주 창황하게(*매우 다급하게) 뛰어 들어오는 것이 누구와 크게 싸움을 하고 오는 사람 같았습니다. 게다가 바랑은 빈대로 있고 장삼은 갈갈이 찢어지고 쪽박도 두세 군데 깨어졌습니다. 분명히 누구와 크게 싸우고 돌아온 사람이었습니다.

그래서 선생은 그 곡절을 물었습니다. 아란이는 분함을 억지로 진정하는 듯하더니 간단히 이렇게 고했습니다.

"저도 웬 까닭인지 모르겠습니다. 그 부잣집을 찾아가서 목탁을 치며 염불을 한참 하고 나서 동량을 청하니까 주인이 쑥 나오더니만 불문곡직하고 대문빗장을 들러 메고 당장에 죽일듯이 덤벼들며 '이 놈아, 동냥이 무슨 동

최서윤, Canva. 아린이. 2024.
https://www.canva.com/

냐이냐, 빌어먹을 자식'하고 야단을 치는 바람에 그만 쪽박만 깨트리고 옷만 찢기고 간신히 도망을 해왔습니다. 무슨 까닭인지 종시 모르겠습니다."

하고 분하고 억울한 이야기를 했습니다.

이 말을 듣던 석가모니는 천연스럽게 한번 빙그레 웃더니만 무슨 깨달음이 있던지

"그러렸다! 그럼 이번엔 가섭이가 가 보아라."

하고 가섭이에게 명령을 내렸습니다. 스님 명령이요 또한 양식이 없는 지라 안 갈 수 없으나 자기보다 얼굴과 교제가 나은 아란이가 갔다가 봉변당하고 빈 손으로 온 바에 못생긴 가섭이야 어림이 있겠습니까? 떠나는 가섭이도 스스로 의심하고 아란이는 더구나 걱정이 많았습니다.

한참 만에 가섭이는 돌아왔습니다. 오는데 보니까 옥 같은 쌀을 근 한 섬이나 짊어지고 땀을 뻘뻘 흘리면서 희색이 만연하여 들어오더니만 스님 앞에 읍하고 서면서 이렇게 말씀하였습니다.

"스님께서 심령으로 도와주사 동냥을 잘 해 왔습니다. 그러나 저 역시 그 까닭을 모

최서윤, Canva. 가섭이. 2024. https://www.canva.com/

르겠습니다. 아란이가 갔을 때는 어째 그와 같이 야단을 치고 제가 갔을 때는 왜 그같이 공손하고 또 동냥을 많이 줍니까. 그 까닭을 모르겠사오니 가르쳐 주십시오."

하였습니다.

이 말을 들은 석가모니는 또 한번 빙그레 웃더니만 천천히 입을 열

어 그 까닭을 말하는데

"응, 너희들은 아직 그 까닭을 모르겠지. 내가 말할게. 자세히 들어라. 그 부자는 누구인고 하니 전생에는 큰 배암이였다. 전생에 배암으로 있다가 죽어서 사람으로 태어난 것이다. 그런데 가섭이와 아란이 너희들은 전생에도 역시 사람인데 또 한 형제 간이었다. 그런데 하루는 너희 형제가 길을 가다가 큰 길가에서 큰 구렁이가 죽어 넘어진 것을 발견하였다. 이 징글징글한 주검을 보자마자 입바르고 성미 팔촉한 아우 아란이는 단바람에 '예끼, 징그러워 못된 짐승!' 하고 침을 탁 뱉어 놓고 달아났다. 그런데 형제되는 형 가섭이는 진중하니만치 점잖게 서서 물끄러미 바라보다 아주 인자한 말로 '에에, 큰 짐승이 죽었군! 큰 길가에 이게 될 수 있나!' 하고 그 구렁이를 곱게 들어다가 조용한 곳에 묻어주고 간 것이다.

그래 그 구렁이는 이제 그 부자가 된 것이고 너희 형제는 다시 형제가 되어 나한테 와서 배우고 있지 않으냐? 이것이 우리 불가에서 말하는 사생전환(死生悛幻)이요, 또 인과율(因果律)이다. 자세히 알겠니?

그러기에 죽은 배암도 결코 천시해서는 못 쓰는 것이다. 반드시 보복을 받는 것이야. 아란이 알아듣겠니?"

하더랍니다.

(『어린이』, 제7권 제1호, 1929.)

누가 제일이냐

최경화

동생아!

봄은 얼마나 너로 하여금 피롭게 하였느냐 못 견딜 만치 안타까웁게 구느냐. 너는 그 면에 보통학교를 졸업하고 웃학교에 갈 수는 물론 없으려니와 직업을 구할 수도 없어서 몹시 걱정 중이라지 내일 먹고 살 일이 문제요 둘째 오즉이나 갑갑하고 심심하랴.

동생아!

비단 너뿐이랴. 온 조선 천지에는 너와 같은 신세에 처해 있는 동무들이 얼마인지 모른다. 너는 그리고 그들은 어떻게 하랴. 어느 길로 나가며 무슨 일을 하랴. … 갈 사람은 너요 일할 사람도 너인 즉 그 실행방침은 너 스스로 취하는 것이 옳으리라.

동생아! 너는 벌써 옛 시대의 아들이 아니요 새 시대의 아들이니라. 그런 즉 수신교과서식 훈화가 무슨 소용이랴. 나로서도 너에게 어떠한 말을 주어야 옳을지 모르는 바가 아니다.

언젠가 나는 본 난을 통하야서 너에게 글을 준 일이 있었는데 그때 나는 너희 형제끼리 서로 사랑하기를 희생에 이르기까지 하라는 정신을 말한 듯이 기억된다. 그러나 오늘날에 너는 벌써 그때의 네가 아니다. 부모께 효도하고 형제 간에 우애하고 나쁜 장난 말고 얌전하고 이런 노릇이나 다 하기에는 너는 너무 자랐느니라.

그리고 지금 세상은 변하였느니라. 그렇다 네가 아직 이 세상 속을 빤히 들여다보아 알기에는 너무 어리다 하겠으나 너도 모르게 어쩐지 세상은 왜 그다지 살기 나쁜 곳인가 하고 느껴지리라. 여기에 써서 보내는 이야기는 현재 나에게 적지 않은 암시를 줄 줄 믿는 바이에 따라서 너는 '나는 이 일을 반드시 하지 않으면 아니 된다.'는 굳은 신념을 가지게 되리라.

어떤 때 짐승들 세상에서 누가 제일이냐 하는 다툼이 일어났었다. 그때 말이 제의하기를 "여러분 우리끼리 아무리 다툰 대짜 끝이 안 날 꼴이니 사람을 좀 오라고 해서 재판해 달라 함이 어떻겠습니까?" 하였다.

"사람이 무얼 안다고 우리가 숨어 다니는 이 길만 알래도 아마 백년 공부나 해야지."

두더쥐가 말하였다.

"그렇지 그까짓 사람한테 재판을 받다니"

"사람에게 이 문제를 해결 지을 만한 지혜가 있을까?"

여기저기서 뒤숭숭하게 반대의견도 많았으나 말이 다시 소리를 지르자 모두 그럼 그래보자고 가결이 되었다.

"자신 없는 놈일수록 재판관의 지혜를 의심하려고 드는 것이다."

그래 사람은 왔다. 그때 사자가 물었다.

"재판을 시작하기 전에 하나 묻겠소. 대체 당신은 무엇을 표준 삼고 우리의 가치를 정하려고 하오?"

"그야 물론 우리 사람의 용처럼 필요 여하를 따라서 정하지요."

"그럼, 그런 표준대로 쫓는다면 나는 저 당나귀보다도 낮아지겠군, 틀렸다. 얘 사람아 너는 소용없으니 가거라."

최서윤, Canva. 가치기준. 2024.
https://www.canva.com/

189

사자가 성이 나서 가라고 하니까 사람은 할 수 없이 돌아갔다. 그 밖에 여러 짐승도 기뻐한 것은 물론이다. 사자는 이어서 말하였다.

"여러분, 깊이 생각하여 보니 우리가 서로 누가 제일이라고 다투는 것은 아무 소용없는 것이요, 결국은 싸움이나 나서 우리 세상이 무너질 장본이 될 것입니다 그러니 우리는 각각 자기의 힘을 믿고 단결해서 일하며 싸움으로 말미암아 우리를 마음껏 부리고 잡아먹고 죽여서 자기네 배만 채우는 사람 놈들의 세상과 대항해 싸워 우리 짐승의 세상이 안전히 서기를 위하야 싸우지 않으면 아니 될 것입니다."

이 말을 듣고 어린 코끼리, 무서움 모르는 호랑이, 침착한 곰, 꾀바른 여우, 기타 자기의 힘, 아니 '우리'의 힘을 합한 '우리 세상'의 힘을 믿는 짐승들은 모두 흩어져 돌아갔다. 나중까지 남아서 회의가 속히 끝난 것을 불평하기는 도야지와 원숭이뿐이었다.

『어린이』, 제9권 제4호, 1931.)

최서윤, Canva. 우리의 힘. 2024.
https://www.canva.com/

원숭이와 회초리

손기문

어떤 곳에 원숭이 한 마리가 있었습니다. 그는 오랫동안 사람들이 사는 인간사회에 한 데서 살다가 다시 고향인 원시림으로 돌아갈 때 여러 가지로 가져간 것이 많았습니다마는 그 중에도 그에게 제일 필요하고 소중한 것은 가느스름한 자루에 길고 굵은 끄나풀이 달려 있는 회초리 한 개를 훔쳐간 것이었습니다.

그 이상한 회초리를 가진 원숭이가 숲 속으로 돌아간 후로는 그 숲 속에 있는 다른 원숭이들이 그 전과 다르게 몹시 바빴습니다. 그 회초리를 가진 원숭이에게 밤 주워다 광 채워주기, 북덱이(*짚이나 풀 뭉텅이) 끌어다 잠자리 만들어 주기, 물 길어다 마셔 주기, 그뿐만 아니라 이까지 잡아주지 않으면 안 되었습니다. 그리고 또 그 외에도 다른 숲 속에서 힘 있는 원숭이가 들어와서 그를 해롭게 하면 안 됨으로 그를 둘러싸고 숲을 지키지 않으면 아니되었습니다.

그렇지만 그 회초리를 가진 그는 몹시 편했습니다. 나무 밑에 앉아서 어여쁜 원숭이들과 장난치는 것이 그의 일이라면 일이었습니다. 그리고 만약 다른 원숭이가 그의 명령을 듣지 않으면. 의례 회초리로 내리 훌쳐서는 피투성이를 만드는 것이었습니다. 그리하야 회초리 한 개를 가지고 저 하고 싶은 대로 온갖 못된 짓을 다 해서 그의 욕심은 날마다 늘어갈 뿐이었습니다. 그러기 때문에 다른 원숭이들은 가엾이도 자기들의 먹을 양식도 주워 올 여가가 없었습니다. 밤이 되면서 모두가 죽어가는 것처럼 허둥허둥 하여지며 주린 배를 움켜 쥐고는 그대로 수풀 속에 늘어지고 마는 것이었습니다. 그래서 원시림 속에는 큰 불평과 불만이 가득하여졌습니다. 그 중에 몇몇은 다른 숲으로 달아나기까지 하였습니다.

　어느 날 밤입니다. 거의 죽게 될 만큼 피곤함을 견디지 못 하면서 원숭이 한 마리는 이렇게 중얼댔습니다. '그 자식이 이상스러운 회초리만 가지지 않았으면 좋을 텐데. 그 놈의 회초리에 한 번 맞기만 하면 아주 젬병이란 말이야. 그 놈의 말을 안 듣고는 될 수가 있어야지…. 그런데 그 놈은 그 회초리에 제 몸은 좀 닿아도 아무렇지도 않단 말이지! 허 참 기가 막힌 일이지…' 그러자 그의 마누라 되는 원숭이가 그 말을 듣고 이상스러운 얼굴로 이렇게 말하였습니다. '그래요 정말! 나도 그것 때문에 퍽도 생각을 해 보았어요. … 그 녀석은 회초리의 자루를 쥐고 있으니깐 그런 게 아녀요.' 이 마누라 원숭이의 의견이 차츰차츰 다른 원숭이들 사이에도 퍼지게 되었습니다.

　어느 날입니다. 그들은 기어코 그 얄미운 원숭이에게서 그 회초리를 빼앗아서 자루를 잡아 쥐었습니다. 그리하야 그 원숭이의 등덜미를 내리갈겼습니다. 그리하야 옛날의 그 무섭던 그의 위엄도 그때는 아무 소용없이 실컷 두들겨 맞고 쓰러졌습니다. 그 후부터 원숭이들은 또다시 자기네들의 배를 불리기 위하야 밤을 주서 오게 되었습니다. 그리고 자유스럽고 평화스러운 생활을 시작하게 되었습니다. 누구나 그들을 다시 압제할 수 없었습니다. 그리고 숲 속에 있는 어린 원숭이들은 원숭이 학교에서 배우는 과정 가운데 제일 중요한 진리로서 다음과 같은 말을 배우게 되었습니다.

　'정의를 위하여서는 회초리를 뺏어서 쥐는 것이 무엇보다도 중대한 요건이다.'

(『어린이』, 제8권 제7호, 1930.)

파리에 온 흑인종

이 구(역)

꼬맹이 흑인종이 불난서에 온 것을 사람들은 파리구경 시켰답니다. 무어라고 말하더냐 무어라고요?

"우리가 사는 집은 오막살이인데 여기 있는 집들은 그저 조그만 우리 사는 데 보단 더 높소이다."

꼬맹이 흑인종 불난서에 온 것을 사람들은 양복집에 데려갔지요. 무어라고 말하더냐 무어라고요?

"새하얀 샤쓰 입은 작은 흑인종 이렇게 어여쁜 좋은 의복은 우리 사는 곳에는 참말 없다오."

꼬맹이 흑인종 불난서에 온 것을 파리에 큰 네거리 구경시켰소. 무어라고 말하더냐 무어라고요?

"여자들 머리에다 털 꽂았구나. 우리 사는 데서도 꼭 저와 같이 여자들이 차리고 다닌답니다."

꼬맹이 흑인종 불난서에 온 것을 파리에 오페라 구경시켰소. 무어라고 말하더냐 무어라고요.

"저런 거야 우리도 구경을 했지. 우리 사는 열대서도 꼭 저와 같이 비슷한 춤을 제법 춘다오."

꼬맹이 흑인종 불난서를 떠나서 제가 사는 제 고향 돌아가서는 무어라고 말하더냐 무어라고요?

"그 사람들은 사자를 가둬 놓았대. 그야말로 파리라 하는 곳에는 훌륭한 것 퍽도나 많이 있더라."

(『어린이』, 제6권제 6호, 1928.)

사자의 교육 (우화)

미소

　사자대왕의 아드님이 태어난 지도 벌써 1년이 된 고로 대왕은 그 아드님에게 여러 가지 공부를 시키어 장래에 대왕이 되기에 조금도 부끄럽지 않도록 하려고 며칠 전부터 밤잠을 안 자가며 곰곰이 생각해 보았습니다.

　'여우에게 부탁을 해볼까? 아니 아니 그것은 안 될 말이야! 여우란 놈은 대단히 영리한 동물이지만 그 놈은 거짓말을 일수 잘 하는 게 큰 결점이거든… 거짓말이란 원래 나쁜 것이지만 더구나 대왕이 될 내 아들에게 가르쳐서는 안 될 것이야… 그러면 두더쥐한테 부탁을 해볼까? 아니 아니 그것도 안 될 말이야! 두더쥐란 놈은 대단히 조밀하야 눈앞의 것은 아무리 작은 것이라도 잘 보는 주의 깊은 동물이지만 좀 멀리 떨어져 있는 것은 아주 보지를 못 하는 것이 큰 결점이거든…

　주의 깊은 편으로는 여우에 비길 것이 아니나 대왕이 될 내 아들에게 눈앞의 것만 가르쳐가지고는 될 수가 있나… 그러면 표범한테 부탁을 해볼까? … 아니 아니 그것도 안 될 말이야! 표범이란 놈은 대단히 힘이 많고 대담할 뿐 아니라 또 전술에 있어서도 따를 동물이 없지만 정략에 있어서는 전혀 장님이란 말이지… 그러니 대왕이 된다면 재판관도 되어야 할 것이며 대신도 되어야 하고 또 장군도 되어야 할 경우가 많겠거든 어떻게 전술만 생각하야 경솔히 맡길 수가 있나!'

　이렇게 생각하니까 하나도 자기 아들을 맡기어 가르칠 만한 적임자가 없는 고로 대단히 걱정으로 지내는 중 행이라 할까 불행이라 할까 이 소문을 들은 사자대왕의 친한 벗이요 또 새나라의 임금인 독수리가 대왕을 위하야 그 아드님의 교육을 책임지고 맡겠다는 청을 하였습니다. 사자 대왕도 친구의 후의를 감사해 하는 한편 대단히 기뻐하야 즉시 자기의 아들을 독수리 임금에게 맡겨버렸습니다.

1년이 지나고 또 2년이 지났습니다. 해가 거듭할수록 사자 왕자의 평판은 새나라에서도 대단히 좋은 고로 이러한 소문을 들을 때마다 사자 대왕은 기뻐서 어쩔 줄을 몰랐습니다. 그럭저럭 약속한 연한이 차서 사자 대왕은 그 아드님을 다시 본국으로 맞아 오게 되었습니다. 대왕은 너무도 기쁜 마음에 자기 수하의 대신들을 모조리 모아놓고 그 아드님을 가슴에 껴안으며 '오오, 나의 사랑하는 아들아!' 그 동안 잘 있었는가? 너는 나의 하나밖에 없는 귀여운 아들이다. 나는 이제 나이도 많고 또 몸도 늙어서 얼마 살지 못 할 것이라 너에게 왕위를 인계해 주려 하는데 너는 대체 무엇을 배웠으며 장차 어떻게 해서 백성들을 행복되게 할 터인지 그것을 좀 말해보아라.'하고 말하였습니다. 그러니까 그 아드님의 대답은 이러하였습니다.

"오! 아버지, 나는 이 나라의 백성들이 조금도 모르는 훌륭한 것을 많이 배웠습니다. 우선 독수리로부터 참새에 이르기까지 어떻게 날고 어떻게 살아가고 어떻게 알을 낳는지 그것은 물론이요 기타에도 일반 새들에 관한 것이면 무엇이고 모를 것이 하나도 없이 죄다 배웠습니다. 자아 보십시오 이것이 선생님께 받은 명예스러운 졸업증서입니다. 그분 아니라, 새나라에서는 하늘나라 위에 있는 별이라도 따 올 수 있을 만치 훌륭하다고 칭찬이 여간 아니올시다. … 그러니까 만약 아버지께서 나에게 왕위를 인계해 주신다면 나는 먼저 이 나라 백성들에게 보금자리 만드는 방법을 가르쳐 줄 작정입니다."

(『어린이』, 제8권 제6호, 1930.)

02 | 자연교육

서구 근대문명의 이상적 인간상, '호모 에코노미쿠스'

　사람에게는 평생 좋은 배움터가 필요합니다. 배움에 대한 본인의 기질과 태도도 중요하지만 교육환경과 교육자에 따라 인격과 삶의 질이 달라지기도 하기 때문입니다. 그런데 좋은 배움터라고 하면 높은 사회적 지위나 직업을 보장하는 '경쟁력 있는 학교'를 떠올리기 쉽습니다. 특히 학력 중심의 한국사회에서 출세지향적인 학교에 대한 과몰입은 오랜 세월 고질적인 문제로 자리잡아 왔다는 것은 누구나 잘 알고 있는 사실입니다. 그런데 이런 교육으로는 더 이상 극심해지는 기후위기와 생존경쟁사회에 대응할 수 없기 때문에 이제는 현 인류에게 가장 바람직한 배움터가 어디인지 근본적으로 성찰하고 그 전환을 모색해야 합니다.

　서구 근대산업주의의 국가교육은 학교교육을 통해서 근대시민사회의 구성원인 시민을 양성하는 것이었습니다. 그런데 이 시민은 자유주의시장체제에 기반한 것이기 때문에 사적인 경제활동권과 재산권을 보장받는 경제인, '호모 에코노미쿠스(homo economicus)'

를 의미합니다. 이에 따라 서구 근대의 국가교육은 산업문명사회와 자본주의 시장경제체제를 부정하거나 그것들에 위배되는 가치를 담은 내용을 배제하거나 비주류로 여겨졌습니다. 따라서 학교는 도시문명인이라는 미명 하에 인간의 자연적 욕구와 생물학적인 신체활동의 중요성을 간과하고 경제인 양성에 부합하는 이성교육과 지식교육만을 중시했습니다. 그 결과 인간의식은 오직 경제기준으로 세상의 모든 가치를 환산하도록 훈련되었고 학교를 인간이 진화할 수 있는 유일한 길로 여기게 되었습니다. 아울러 자연을 미개한 것으로 여기에 되었고 시장질서가 아닌 자연의 질서를 따라 사는 사람이나 경제 가치보다 생태가치를 우선시하는 사람, 개인의 행복보다 생태계 전체의 안녕을 추구하는 사람들을 시대에 부합하지 않는 비주류의 미개한 인간, 즉 진화되지 않은 부류의 인간으로 취급하게 되었습니다. 그 결과 현대인은 스스로 자연인이라는 인간 본연의 정체성을 외면하게 되었는데 이는 자연을 소외시킨 교육이 빚어낸 가장 반교육적인 결과입니다.

새로운 생태문명의 이상적 인간상, '호모 에콜로지쿠스'

그러나 이와 반대로 자연의 섭리를 따르는 데 충실한 '미개한 인간'은 현대에 이르러 생태적 인간, 즉 '호모 에콜로지쿠스(homo ecologicus)'로 불리우며 가장 진화된 미래의 인간상으로 부각되고 있습니다. 이는 '경제인'이라는 근대의 반생태적 인간상을 반성하고 개인적 자아와 사회적 자아 실현보다 자연적 자아 실현이 교육의 근본과 우선이 되어야 한다는 것을 각성한 현대 인류의 의식과 지향점을 반영한 것이라 할 수 있습니다.

이에 현대교육은 이를 가장 진화된 인간상으로 수용하고 생태적 자의식이나 몸에 대한 인식, 생태적 기초생활교육과 정서교육 등 현대인의 몸과 정신이 생태섭리와 조율될 수 있는 교육과정을 수행해야 합니다. 그러기 위해서는 기초교육으로, 어릴 때부터 인간의 생명을 유지시키는 가장 기본적인 자연요소를 중요하게 다루어야 하는데 어릴 때부터 숨, 잠, 물, 흙, 밥, 똥, 풀, 해, 달, 별과 같은 아주 단순하고 원초적인 자연에 대해서 잘 알고 자기 자신이 그것들과 어떻게 관계 맺고 살아야 하는지를 자연 속에서 직접 배우게 하는 것이 중요합니다. 자연에게 직접 배울 때 대자연의 생명정신이 어린이들의 인격으로 스며들고 어린이들로 하여금 자신의 몸을 문명사회의 가공품이 아닌 자연의 원물로 자라도록 스스로 다스리게 되기 때문입니다. 또 그렇게 대자연으로부터 먼저 배워야 자연스럽게 개성 충만한 개인이자 사랑과 협동의 책무를 다하는 사회주체로 자라나게 되기 때문입니다. 이것이 바로 소년해방운동이 어린이들이 자연에게서 배워서 생태사회를 만들게 하려 했던 생태교육과정의 기본원리입니다.

타자를 공격하는 현대의 어린이들

그런데 현대의 어린이들은 자연으로부터 멀어져 있고 자연성이 인격과 사회성으로 전환되는 교육과정을 받아보지 못 했습니다. 당연히 자신을 자연으로 인식하는 생태적 자아의식과 자연 속에서 스스로 살아가는 생태적인 생존능력도 약화되었습니다. 심지어 자연이 낯설기 때문에 자연을 두려워하거나 기피하고 혐오하는 성향을 갖게 되었습니다. 또 자연에게서 받아야 할 신체적, 정신적 원력(原

力)을 충분히 받지 못 한 이유로 몸도 마음도 건강하지 않은 경우가 많습니다. 또 심리적으로는 그 결핍과 불안을 미래의 사회적 출세로 보상받으려는 기대감으로 하루하루를 살아내는 경우도 많이 볼 수 있습니다. 어떻게 해서 사회적으로 출세한다 해도 자연이 주는 원력의 정체가 사랑이기 때문에 그렇게 자란 대부분의 아이들은 공허하거나 비정한 정서를 지니기 쉽습니다.

이뿐만 아니라 자연의 사랑을 받지 못 한 현대의 어린이들이 겪는 더 큰 불행은 어린이들 스스로 자연과 사회로부터 자신을 고립시키는 데 무감해지고 있다는 것입니다. 자연과 이웃으로부터 격리된 사회일수록 어린이들은 자연과 이웃들을 점점 더 낯설어 하고 이질적인 대상으로 느끼는 경향이 큽니다. 낯선 존재이기 때문에 두려움과 위협을 느끼고 그것은 곧 혐오와 공격성으로 표출되는데 이는 생존경쟁이 심한 사회일수록 약자에게 폭력을 가하거나 제거하려는 현상으로 나타납니다. 동물학대, 학교나 직장에서의 집단 괴롭힘, 약자와 불특정 다수에 대한 범죄행위 등을 그 예로 들 수 있고 거시적으로는 전 지구적이 생태위기 속에서도 그 원인이 되는 반생태적인 거대 동물산업과 자연파괴적인 산업활동을 멈추지 않는 것이나 국제사회의 전면적인 전쟁과 침략 행위를 확산해 가는 것 등을 사례로 들 수 있습니다.

중요한 것은 이 속에서 어린이들은 가장 많은 고통과 죽임을 당한다는 것, 그리고 다음세대가 인류에 대한 적대감과 '원한(怨恨)' 감정을 유산으로 물려받게 된다는 것입니다. 이는 인류가 이어 온 자연을 멀리하고 자신의 자연성을 부정한 교육이 빚어낸 가장 비극적이고 반교육적인 결과입니다.

『어린이』지에 나타난 호모에콜로지쿠스 교육 계승

 소년해방운동은 서구 근대교육의 씨앗이 이런 부정적인 결과를 이미 품고 있었다는 것을 알았기에 일제의 근대식 학교교육에 열광하지 않고 대자연의 교육을 제시했던 것입니다. 즉, 자연과 인간, 민족과 민족, 인종과 국제사회의 관계를 모두 지배하고 파괴하려는 악한 교육의 속성과 전략을 꿰뚫어 보았기 때문인데, 사람이 대자연의 학교에서 배우지 않을 때 '세계를 지배하는 독부'가 된다고 한 김기전의 경고를 통해서 자연교육에 대한 소년해방운동의 이 같이 깊은 통찰을 확인할 수 있습니다.

 소년해방운동은 어린이가 자연을 친애할 때 튼튼한 몸과 아름다운 마음, 정의와 용기, 정성과 근면, 사랑과 협동의 생태윤리와 실천을 저절로 배우게 된다고 보았고 나아가 대자연에서 자란 사람만이 세계일가주의를 체화 한 대아(大我)로 자라날 수 있다고 믿었습니다. 따라서 『어린이』지를 통해 어린이들에게 '자연이라는 대학교'로 나가라고 권했는데 『어린이』지에는 자연이야말로 가장 좋은 선생님이자 학교라고 소개하면서 일년 내내 산과 들로 나아가 계절을 만끽하라고 하는 글들이 넘쳐납니다.

 소년해방운동이 이렇게 자연 속에서 기르려 했던 어린이는 다름 아닌 생태적 인간, '호모 에콜로지쿠스'입니다. 아래 『어린이』지의 원문들이 소년해방운동이 세계에서 가장 앞서 '호모 에콜로지쿠스'의 인간상과 어린이교육을 제시했다는 것을 증명합니다.

 아래 이어지는 이 글들이 관찰과 실험, 놀이와 탐험을 중심으로 하는 현대의 자연교육이 생태학적으로 그 깊이를 더하는 데 좋은 이정표가 되리라 봅니다.

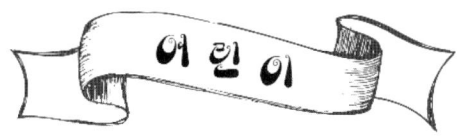

자연의 대학교
나의 사랑하는 우리 소년 동무들에게

이병두

… 동무들이여 배우러 가세. 운동하러 가세. 집에서 나오고 학교에서 나아와 산 곱고 물 맑은 금수강산으로 배우러 가세! 운동하러 가세. 없는 것 없이 구비하여 있는 대자연의 대학교로 다 같이 공부하러 가세.

잔디는 푸르고 꽃은 붉고 누르며 새는 고은 노래를 부르고 있으니 꽃과 새와 나비는 우리들에게 아름다운 느낌과 고흔 마음을 길러 주고 길게 흐르는 맑은 물은 앞으로 나아가는 용기와 꾸준한 부지런을 가르쳐 준다.

높고 높은 산은 독립자존의 기상을 일으켜 주고 푹푹 내리쬐는 태양광선은 뜨겁게 뜨겁게 우리의 몸을 튼튼하도록 단련해 준다. 개암이는 부지런과 지혜를 일러주고 개인 하늘에 제 맘대로 훨훨 날아 둥근 둘레를 그리는 솔개미는 좋은 운동법을 우리들에게 가르쳐 준다.

내가 노래 부르면 새도 노래 부르고 꽃이 웃으면 나도 웃는다. 이렇게 내 눈에 보이고 내 귀에 들리우는 모든 물영(物影)이 나와 일체가 될 때에는 환희와 흥미가 우리의 기쁜 맘 속으로부터 윗몸 머리 끝까지 땀모양으로 스멀스멀 새여 흘러나온다.

이때 이곳에서만 참 생활, 참 지혜를 배우고 있는 것이요 그러는 중에 우리의 몸과 마음이 일시에 웃줄웃줄 자라가는 것이다.

이렇게 자연대학교에서 교육을 받고 큰 사람이라야 심신이 완전한 사람일 것이요 그 사람이라야 빈곤한 사람, 부유한 사람, 귀한 사람, 천한 사람을 차별하지 않고 사람이면 다 같은 사람으로 존경하고 사랑하며 새, 짐승, 풀 나무들이라고 다 같이 사랑하여 같은 한 세상에서 즐겁게 기쁘게 함께 잘 살아가도록 할 것이다.

우리 소년남녀 동무들이여,

… 대자연의 학교에 가서 노래 부르며 춤을 추라.

(『어린이』, 제1권 제8호, 1923.)

최서윤, Midjourney.기상.2024. https://discord.com/

해를 배우자

방정환

새 해외다, 새 해외다! 우리는 오늘부터 새 공부를 시작하십시다. 다 같이 시작하십시다. '해를 배우자! 태양을 배우자!' 우선 이렇게 머리맡 벽에 써 붙여 놓고 시작하십시다.

해는 언제든지 씩씩합니다. 무서움을 타지 않습니다. 겁이 없습니다. 그것을 배우십시다.

해는 쉬지 않습니다. 한시 잠시도 쉬지 않고, 자기 갈 길을 걷고 있습니다. 그것을 배우십시다.

해는 시간을 어기는 법이 없습니다. 약속을 어기는 법이 없습니다. 그것을 배우십시다.

해는 공명정대합니다. 사정에 따라 변개하는 법이 없습니다. 그것을 배우십시다. 우선 오늘부터 아침마다 해보다 먼저 일어날 것을 결심하십시다.

그리고, 해보다 먼저 대문 앞에 나서서 해가 떠오르기를 기다려 맞이합시다. 그 씩씩한 아침 해를 맞이한 날처럼 온종일 상쾌한 날은 없습니다. 그리고 저녁에 자리에 누울 때마다 오늘 하룻동안 해보다 부끄러운 일을 한 일이 없는가 생각해 보고 자기로 합시다.

조선 안의 어린이란 어린이가 해를 배우면서 자라면 조선에는 수없이 많은 씩씩한 태양이 생겨날 것이니 기쁘지 않습니까?

(『어린이』, 제9권 제1호, 1931.)

어린이 동무들께

방정환

사월이 왔습니다. 불그스름한 사월의 세상이 따뜻하게 찾아왔습니다. 겨울이 멀리 가버리고 벌써 산골짜기의 얼음까지 아주 녹아버렸습니다. 이제는 아주 봄입니다. 풀싹이 돋고 샘물이 터지는 봄철입니다.

산을 보십시오. 볼그레하게 웃고 있지 않습니까. 들에 가보십시오. 눈이 부시게 새파란 싹이 솟아나지 않습니까. 솟는 때, 뻗는 때, 크고 자라는 때! 새 세상, 새 사월이 우리를 찾아왔습니다. 훗훗한 속옷을 벗어버리고 산에 가십시오. 들에 가십시오.

작은 새 우는 소리에도 새 생명은 차 있고 한 잎 풀꽃에도 새 생명은 솟고 있습니다. 새 같이 꽃 같이 어여쁘게 잘 씩씩하게 어린 동무들이여, 산과 들에 가십시오.

그 귀엽고 힘 있는 새 생명이 당신들의 머리와 가슴에 스며들어서 당신들도 생기 있게 뻗어 가야 할 것입니다.

새 생명에 뛰어 놀아야 할 것입니다. 산으로 들로 다 같이 가십시다.

날마다 가십시다.

최서윤, Midjourney 새 생명. 2024.
https://discord.com/

(『어린이』, 제2권 제12호, 1924.)

어린이의 날 오월 초하루가 되면

작자 미상

우선 한울부터 유록(*봄날의 연한 녹색)하게 좋아집니다. 가을 한울처럼 매섭게 쌀쌀하지도 않고 첫 봄의 한울처럼 흐리터분하지도 않고 무슨 좋은 것이 가득 찬 것 같이 듬뿍 차고도 환하게 개어서 그야말로 행복이 가득한, 개인 한울입니다. 5월과 4월이나 6월의 한울을 주의하여 보시면 알 것입니다.

또 햇볕이 좋아집니다. 뜨겁지도 않으면서 탐탁히게 비치는 것이 5월의 햇볕입니다. 제일 마음대로, 제일 점잖게, 제일 밝게 비치는 때가 5월입니다. 그래 세상 모든 것이 5월 달에 제일 크게 자라고 커 가는 것입니다.

또 공기(기운이라고 해도 좋습니다.)가 좋습니다. 봄날의 지저분한 데서 세상의 대기는 이 5월 달에 들어서 처음 깨끗하고 온화해집니다. 춥지도 덥지도 않고 앙칼지지도 않고 통통하지도 않고 똑 알맞고 똑 좋은 대로 온화하고 깨끗한 것이 5월입니다.

자연(세상이라 해 두어도 좋습니다.)이 새로워집니다. 검고 쓸쓸하고 죽은 겨울에서 봄철이 되어 새싹이 돋고 나뭇잎이 퍼지기 시작한 것은 좋으나 그것은 금시에 쓰레기통과 같이 지저분한 곳에 들어가 버리고 맙니다. 산이나 들이나 정말 눈이 부시게 산뜻하게 새 옷을 입고 나서는 때는 5월입니다.

5월! 그 달은 참말로 희망에 타는 듯한 신록의 새 세상이 열리는 달입니다. 그러기에 서양 어느 나라에서는 5월을 정월로 쓰고 5월이 오면 새해가 왔다고 기뻐하기까지 합니다.

한울이 새롭고, 햇볕이 새롭고, 공기가 새롭고, 산천초목이 새로워지니까 사람이 새로워집니다. 어떻게 새로워지지 않고 견디겠습니까. 몸은 솜옷을 입고 대기는 흐리터분하고 노곤하기만 하던 봄에서 신록의 세상이 열리는 5월에 들어서는 - 설사 앞에 혹독한 삼복더위가 닥뜨려 온다 할지라도 5월은 - 솜옷을 벗어 버린 때와 같이 몸이 가뜩하고 가슴이 시원하고 정신이 산뜻하여 새 원기와 새 정력이 뻗쳐 나가는 때입니다.

그러므로 세계에 유명한 시인 쳐 놓고 5월을 찬미하지 아니한 이가 없고 세계 어느 곳 사람이 5월을 축복하지 않는 사람이 없습니다. 서양에서는 예전부터 처처에서 이 달 이 날(초하루)에 꽃제사를 굉장하게 지내 왔고 동양에서도 역시 5월 5일을 단오라 하여 복사꽃과 창포 등을 써서 일종의 꽃놀이를 하여 왔습니다.

이렇게 좋고, 희망과 새 생명의 상종이라 할 5월의 첫 날을 우리가 특별히 어린이의 날로 기념하고 즐기게 된 일은 대단히 뜻 깊고 또 무한히 기쁜 일입니다.

5월 초하루, 5월 초하루, 이 날에 새로 뻗는 새 힘과 새싹과 같이 우리 어린 동물들도 희망 많게 자라고 커 가야 할 것이고 몇 만 년 가도 변하지 않을 이 날의 행복과 함께 어린이들의 앞길에 영원한 행복이 있어야지 하고 우리가 특별히 이 날을 따로 잡아 어린이의 날로 잡고 세상의 많은 어른들과 함께 생각하고 일하고 빌자는 날입니다.

이 즐거운 어린이의 날을 축복해 주는 동무가 많습니다.

꽃은 피어 어우러졌고 새들은 노래를 부르고 나비는 춤을 추고⋯ 꽃과 같이 새와 같이 어여쁘게 씩씩하게 커 갈 우리 어린이 동무들이여⋯

즐겁게 즐겁게 이 날을 축복하십시오. 그 즐거움이 머릿속에까지 가슴 속에까지 배 속에까지 속속들이 스며 차게 하십시오. 그럼으로써 당신들의 살림을 즐겁게 하셔야 할 것입니다.

(『어린이』, 제2권 제5호, 1924.)

최서윤, Midjourney 5월의 축복. 2024.
https://discord.com/

가는 봄

작자 미상

봄이 가고 여름이 오려 한다.
꽃이 떨어지고 새 잎사귀가 돋아온다.

봄도 생명이 새로워지는 철이지만 여름은
더욱 새 생명이 짙어지는 철이다.

풀도 커 오르고 나뭇잎도 새싹 나는 철이 오월이다.
오월은 모든 것이 기운 뻗는 때다.

모든 물건이 서로 약속하고 나온 듯이
기운차게 뻗어 나온다.
그 기운은 천지에 가득 찼다.

소년 제군이여!
이때를 배우자.
여름을 배우자.
기운 있는 첫 여름을 다같이 배우자.

(『어린이』, 제10권 제5호, 1932.)

첫여름

편집인

아아 상쾌하다!

이렇게 상쾌한 아침이 다른 철에도 또 있을까?

물에 젖은 은빛 햇볕에 상긋한 풀내가 떠오르는 첫여름의 아침, 어쩌면 이렇게도 상쾌하랴. 보라! 밤 사이에 한 층 더 자란 새파란 잎들이 새맑은 아침기운을 토하고 있지 않느냐.

가는 바람결 같이 코에 맡이는 것이 새파란 상긋한 풀내가 아니냐. 그리고 그 파란 잎과 그 파란 풀에 거룩히 비치는 물기 있는 햇볕에서 아름다운 새벽음악이 들려오지 않느냐.

아아, 복된 아침, 그 신록의 향내를 맡고 그 햇볕의 음악을 듣는 때마다 우리에게는 신생의 기운과 기쁨이 머릿속, 가슴 속, 핏속에까지 생기는 것을 느낀다.

(『어린이』, 제5권 제5호, 1927.)

최서윤, Midjourney 첫여름. 2024.
https://discord.com/

6월 아가

최영주

6월은 싱싱한 철입니다. 자라나는 철이 아니고 쑥쑥 뻗어나는 철입니다. 그렇습니다. 6월은 확실히 뻗어나는 철이외다. 참외 넝쿨이 그렇고 호박 포기가 그렇고 고사리 순이 그렇고 찔레 가지가 그렇습니다. 못자리에 심어 둔 모도 이제는 흥건히 고인 넓은 논판에 나란히 꽂혀 뜨거운 햇빛에 무럭무럭 자라납니다.

6월은 힘이 큽니다. 힘을 가진 철입니다. 대들보 위의 제비새끼도 이제는 둥지를 떠나 하늘로 날아봅니다. 앞마당에서 놀던 병아리들도 활개를 치며 울어봅니다.

6월은 힘을 가진 철입니다. 모-든 생령(生靈)에게 큰 힘을 대어 주는 좋은 철입니다. 보리가 황금빛으로 익어가고 밀밭으로 용잠자리가 훨훨 날고 느티나무 정자에서는 서늘한 풋매미 소리가 간간히 들리고 6월은 싱싱합니다. 주접들어 보이는 곳이 없습니다. 푸른 하늘에 솜덩이 구름이 군데 군데 떠 있고 그 밑으로는 채색(彩色)진 양귀비 꽃이 빗물 고인 마당에 거울 봅니다. 6월의 풍경은 모두 싱싱하고 활기 있어 보입니다.

6월! 우리도 이 6월에 저 넝쿨들처럼, 저 병아리들처럼, 저 잠자리들처럼 뻗고 자라고 힘을 얻고 싱싱하게 꿋꿋하게 씩씩하게 커 가야 할 것입니다. 아니 커질 것입니다.

(『어린이』, 제9권 제5호, 1931.)

가을에 무엇을 배울세

박달성

벌써 구월! 가을이 되었습니다. 산들바람이 불기 시작합니다. 매미 소리 차고 매워집니다. 땅 위에 온갖 것은 모두 결실을 자랑하고 있습니다. 앞 논의 벼, 뒷밭의 조, 집 뒤의 배나무, 앞산의 밤나무 모두 황금빛을 띠고 있습니다.

좋은 가을이외다. 배 부른 가을이외다. 상쾌한 가을이외다. 사람들도 자라서 결실이 됩니다. 육신도 결실이 되고 정신도 결실이 됩니다. 우리 어린이들은 더구나 기운차게 잘 결실이 됩니다. 가느다란 팔뚝은 굵어지고 약하던 다리는 튼튼해지고 말랑말랑하던 뇌는 딴딴해지고 흐릿한 정신은 깨끗해집니다.

밝은 달, 맑은 바람에 글 외우기 좋으며 높은 산, 넓은 들에 운동하기 좋습니다. 언니와 동생과 과일 따기가 좋으며 어머니와 누님과 채소 밭매기가 좋으며 아버지와 아저씨와 고기 잡기가 좋습니다.

그보다도 선생님을 모시고 산이나 바다에 가서 대자연의 산 교훈을 받는 것이 더욱 좋으며 동무들을 데리고 들에 나아가 오곡백과의 농작물을 감상하는 것이 무엇보다 좋은 것이외다.

가을에는 무엇을 배워 둘 것인가? 위에 말한 것이 평범한 듯하나 가장 필요한 조건입니다. 반드시 배워 둘 것입니다. 쉬운 듯 헐한 듯하나 그렇게 쉽고 헐한 것이 아닙니다. 누구나 할 듯하되 저마다 못 하는 것입니다. 씩씩한 소년, 뜻 있는 소년, 장래에 영웅 또는 위인을 준비하는 소년이 아니거든 저마다 못 하는 것입니다.

글 외우기 좋은 때니 글을 많이 외워라. 운동하기 좋은 때니 운동을 많이 하여라. 그리하여 육체와 정신을 충분히 단련시켜라. 이것이 얼마나 평범한 말입니까? 산으로 가거라, 바다로 가거라. 단풍을 보아라. 국화를 보아라. 이것은 또 얼마나 싱거운 말입니까? 그렇게 평범하고 싱겁습니다. 그러나 그렇게 평범하고 그렇게 싱거운 것은 아닙니다. 쉽고도 어려운 것이 이것이며 할 듯하되 못 하는 것이 이것이외다. 다 각각 스스로 생각하면 알 것 이외다. …

　지난 해는 지난 해로 치고 이 가을에 배울 것이나 잘 배워 두기로 하자! 무엇을 배움이 가장 필요할꼬? 필요치 않은 것이 하나도 없습니다. 달을 배워도 좋고 바람을 배워도 좋습니다. 그리하는 것은 장차 큰 시인이 될 밑천입니다. 바다를 배워도 좋고 대공(大空)을 배워도 좋습니다. 그리하는 것이 장차 도량이 넓어질 밑천입니다. 나무를 배워도 좋고 돌을 배워도 좋습니다. 그리하는 것이 장차 큰 학자가 될 밑천입니다. 그보다도 가장 필요한 것이 있으니 들에 나가 적어도 이삼 차 나가 쌀나무(서울의 어떤 어린아이의 입을 빌려 나무라고 하나 실은 나무가 인간이다.)를 구경하며 목화(무명) 나무를 구경하며 콩과 팥, 조와 피, 기쟁이와 수수, 깨와 아주까리 콩 등 모든 곡식을 농작물을 구경하며 배워 두는 것이 무엇보다 필요합니다.

　'이 애! 쌀나무가 어떻게 생겼니? 은행나무가 크냐, 느티나무가 크냐?' '아니란다! 우리 어머니가 그러는데 미루나무 같다더라 조나무는 밤나무 같고…'라는 이따위 철없는 무식한 바보의 이야기를 하지 말고 실제로 농촌에 나가 쌀나무(벼)를 보고 조나무를 보는 것이 무엇보다 필요합니다. 그리하여 농부들이 일하는 것까지 또는 호미나 낫이나 가래나 쇠스랑이나 그런 연장일 하나까지 잘 배워 두는 것이 무엇보다 필요합니다.

쌀 한 알에 얼마나 시간과 돈이 걸렸을까? 곡식 한 대에서는 얼마나 쌀이 나는가? 봄에는 어떻게 하고 여름에는 어떻게 하고 가을에는 어떻게 하는가 하고 갈고 뿌리고 길 매고 거름 주고 발육하고 해충 구제하고 가을하고 마당질하고 방아 찧는 데까지 낱낱이 미루어 생각해 보며 또 배워 두는 것이 가장 필요합니다. 그것이 큰 지식인 동시에 사람으로서의 마땅한 일입니다.

황금빛의 가을들에 산뜻한 행장으로 우뚝하게 서서 오고 가는 맑은 바람을 쐬어가며 '요것은 벼', '요것은 콩' 하고 곡식 이름을 외우는 소년! 그는 누구보다도 귀엽고 장래성 있는 소년입니다. 곡식 한 알에 품이 열 네 자루가 들고 시간이 오천 시간이 넘어 들었구나! 하고 따져볼 때 곡식이 어떻게 거룩하고 또한 농부님들이 어떻게 고마운지! 스스로 착한 눈물을 흘리고야 말 것 이외다.

이것을 배워 두십시오.

(『어린이』, 제7권 제7호, 1929.)

최서윤, Canva. 가을 곡식. 2024.
https://www.canva.com/

가을의 예비지식

이성환

… 여러분이 가을을 당하여 선뜻 눈에 뜨이는 것이 많을 것입니다. 가령, 달이 이상하게 밝다. 볏쟁이가 운다. 귀뚜라미가 운다. 밤송이가 터져 간다. 구름이 희고 피여진다. 흰 무서리가 내린다. 바람이 서늘하다. 곡식의 싹이 누루어 간다. 나뭇잎에 단풍이 들기 시작한다. 이상한 새 꽃이 핀다. 이러한 여러 가지가 여러분으로 하야금 속을 안타깝게 만들 것입니다. '왜 다른 때보다 가을이 되면 이 여러 가지가 이상한 모양을 가질까?' 하고 의문이 일어날 것입니다.

이것을 풀어버리는 것이 말하자면 우리가 똑같이 배우지 않으면 안 될 새 지식이란 말씀이올시다. 그럼으로 여러분은 지금부터 미리미리 이 편에 대한 여러 가지를 책에서 찾아보고 혹은 선생에게 물어보고 하여 마치 농부들이 낫을 잘 갈아가지고 있다가 가을 일을 하는 것처럼 가을에 나타날 여러 가지 일을 미리미리 알아 두었다가 정작 가을이 오면 실지로 '옳지! 이것은 이러하구나!' 하는 산 느낌을 가지지 않으면 안 됩니다.

이렇게 하여야 여러분의 머리도 가을이 익어가듯이 알맹이가 차게 자라갈 것입니다. …

(『어린이』, 제7권 제7호, 1929.)

가을!

신영철

가을! 가을! 가을이 왔다.

서늘 바람, 들 경치, 물드는 단풍이다. 코스모스, 새꽃, 칡꽃, 싸리꽃이 피었다. 모두 가을을 찬미한다. 그 중에서도 코스모스! 말할 수 없이 곱다. 무한히 어여쁜 꽃이다.

그러나 하늘하늘한 그 모양! 금방에 쓰러질 것 같다. 고흔 꽃이라고 구경하는 것은 좋겠지만 그것을 배우지는 미라. 서리가 와도 꿋꿋하게 피어나는 국화를 배우라. 명년, 보이 되거든 생생한 새싹이 흙을 헤집고 툭 튀어나올 여물찬 씨 든 과일을 배우라.

제비가 돌아가고 기러기가 대신 온다. 가을을 찬미한다. 제비는 잘다. 기러기는 장부답다. 큰 소리를 지르며 열을 지어 질서 있이 다니는 것이 기러기의 행렬이다. 제비를 보내고 기러기를 맞이할 제, 그의 큰 것을 배우라.

질서 있는 것을 배우라.

(『어린이』, 제9권 제9호, 1931.)

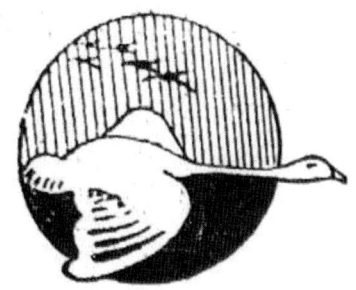

눈 나리는 밤

윤재창

눈의 흰 것은 우리의 마음을 끈다. 더욱이 예로부터 흰 것을 좋아한 우리가 아니냐? 그 뿐이랴 눈은 아름답다. 티가 없다 참으로 결백(潔白)한 것은 눈이다, 아무리 험악한 세상일지라도 눈을 본받을 것 같으면 우리에게는 티가 없을 것이다. 허물이 없을 것이다. …

눈은 생기발랄하고 아주 씩씩한 맛이 있다. 저 공중에서 펄펄 날으는 눈을 보아라. 얼마나 힘있어 보이느냐 우리도 여름에는 느리 측은하지만 겨울에는 생기가 나지 않느냐. 그것도 눈의 세태인가 보더라.

(『어린이』, 제9권 제11호, 1931.)

최서윤, Midjourney 눈 나리는 밤. 2024. https://discord.com/

겨울과 연말

작자 미상

　은행잎사귀가 황금비늘처럼 내리 덮인 뜰에는 아침마다 찬 서리가 하얗게 내리고 살얼음 잡힌 강물 위로 쌀쌀한 저녁바람이 스쳐 지날 때마다 그윽한 숲 속에서 까치가 구슬피 울부짖습니다. 잎 떨린 감나무 가지마다 새빨간 감이 도롱도롱 매달리어 머지않은 운명을 슬퍼하는 듯하고 기러기 울고 지나는 쓸쓸한 달밤에 오동잎이 하나씩 둘씩 떨어집니다.

　벌써 첫눈이 내렸습니다. 더 높은 국화꽃의 후미한 향내가 한울 끝까지 사무쳤습니다. 이리하여 겨울이 오고 금년이 또 저물기 시작하였습니다.

　우리는 봄의 새싹과 같이 우쭐우쭐 커가는 사람, 자라가는 사람이거니 살을 에어갈 듯이 추운 날에도 펄펄 내리는 눈 속에서라도 씩씩하게 뛰어 놀며 춤추고 운동하는 가장 용감한 사람이 되어야 합니다.

　그리고 고요한 밤에는 새끼도 꼬고 신도 삼으며 공부도 하여야겠습니다. 겨울이라 하여 병신같이 들어 앉았을 때가 아닙니다. 해 있을 동안은 반드시 밖에 나가서 추위와 싸워 견디는 힘과 대항하는 힘과 싸워 이기는 힘을 길러야 하고 기나긴 밤에는 손이 부르트도록 부지런히 일하고 책상머리에 앉아 열심으로 공부하여 독서에 재미 붙여 속으로 겉으로 꼭 같은 힘을 지어 가야 겠습니다.

　다른 동물들은 모두 땅 속과 깃 속에 숨고 모든 식물은 죽은 모양으로 있되 우리 조선 소년은 다른 때보다 겨울에 더 몸이 빙산같이 튼튼히 자라나고 마음이 눈같이 깨끗이 키워나며 아는 것이 많아져야 합니다. 그리하여 한 해 두 해 겨울과 연말을 보낼 적마다 새 봄의 나라를 세울 일꾼으로서의 있어야 할 것들을 길러야 할 것입니다.

　이것이 영원의 봄나라를 우리 것이 되게 하는 한 길이며 해마다 겨울과 연말을 맞이하는 우리로서의 반드시 깨달아야 할, 깊이 느껴야 할 생각입니다.

(『어린이』, 제5권 제12호, 1928.)

닭을 몰라

염근수

"서울 같은 곳에서 살게 되면 점점 자연과 멀어지기 쉽습니다. 미국 뉴욕의 어린이들은 닭이 날개가 달렸는지 안 달렸는지도 모른답니다. 그것은 늘- 털을 다- 뽑은 튀겨 놓은 닭만 보았던 까닭입니다.
　가까이 일본의 동경, 오사카만 하여도 고구석에서 자라난 아이들은 생전 듣고 보는 것이 연기요, 굴뚝이요, 벽돌밖에는 아무것도 없으니까 밥 지어먹는 쌀이 쌀나무라는 나무가 있어서 열리는 줄만 아는 친구들도 있다고 합니다."

(『어린이』, 제8권 제5호, 1930.)

나는 '소'외다

황우

에헴!

여러분! 새 해가 되어서 얼마나 기쁘십니까.

나는 보시는 바와 같이 소입니다. … 여러분! 나는 이 새해 첫 날의 첫 아침에 여러분께 내 일신에 관한 이야기를 한 마디 아니해 둘 수 없습니다.

… 특별히 조선 나라에서는 예전부터 소가 사람의 조상이라 하여 소를 끔찍이 위하여 왔고 지금도 꿈에 소가 보이면 돌아가신 조상이 나타났다 합니다. 여러분은 새로운 시대에 태어난 어린이들이니까 그런 말은 믿지 않는다 하면 다른 것을 들어서 말씀해 봅시다.

여러분이 어렸을 때 불행히 어머니의 젖이 나지 않거나 혹은 병이 있어서 젖이 좋지 않았을 때 어리고 귀한 생명이 위태할 때에 여러분을 위하야 어머니의 젖보다도 더 유익한 젖을 내어 바치는 것이 우리 소입니다.

암소가 그렇게 어린이의 생명에 필요한 젖을 일 년에 얼마씩이나 쏟는지 아십니까? 단 한 마리의 암소가 일 년에 내어 놓는 젖은 1,300 되나 되고 많은 것은 1,600 되나 내인 답니다. 실례의 말씀 같지만 암소는 여러분의 유모라고 하여도 좋을 것이다.

여러분! 그 뿐인 줄 아십니까? 여러분은 아침저녁으로 밥반찬이 좋은 것 없으면 얼굴을 찡그리지요, 그러나 소고기 반찬이 있는 때는 벙글벙글하면서 밥 한 그릇을 다 먹지요. 한 달 두 달은 사려 한 공일쯤만 앓고 일어나서도 기운이 없느니 어쩌니 하면서 제일 먼저 소고기를 찾지 않습니까? 참으로 당신네 사람의 배를 불리기 위하야 단 한 달 동안에도 몇 천 몇 만 마리의 소가 희생되는지 모릅니다.

그 뿐이 아닙니다. 우리 소들의 성질이 유순하고 끈기 있고 기운 세고 부지런한 탓으로 여러분네 사람들의 일하는 힘을 얼마나 많이 덜어드리는지 모릅니다. 밭 갈고 논 갈아서 여러분의 생명을 기를 곡식을 심게 하고 사람의 힘으로는 꼼짝도 못 할 무거운 짐을 옮겨 날라드리고 한 편으로 젖을 짜서 어린이들과 병든 사람의 목숨을 길러주고 죽어서는 고기를 바쳐 자양 많은 식료에 제공하니 이보다 더 유공한 동물이 또 어디 있겠습니까? 그러나 사람의 세상에 유공한 것이 결코 그것뿐만이 아니랍니다.

우리의 똥이 거름이 되는 것은 말씀할 것도 없지만 젖으로는 바다와 과자를 맨들고 껍질로는 옷이나 신이나 구두를 맨들고 뼈로는 여러 가지 장식품을 맨들고 기름으로는 비누도 맨들고 얼음주머니도 맨들고 피로는 염색물감과 위병에 먹는 약을 맨들고 뿔로는 땀 내는 약을 맨들고 혀로는 서양요리를 맨듭니다.

어떻습니까? 놀랍지 않습니까? 죽어서나 살아서나 이렇게 눈꼽만큼도 못 쓰고 버릴 것이 없이 알뜰살뜰히 유공하게 쓰이는 것이 또 어디 있겠습니까? …

이렇게 유공스럽고 고마운 것임을 모든 사람이 같이 안다면 결단코 우리를 푸대접하거나 업수이 여기지 아니할 것입니다. 제일 어린이 여러분이 오늘 이 말씀을 들었으니까 새해부터는 길에서라도 만나서 엎드려 절까지 하지는 않더라도 꼬리를 잡아당기는 나쁜 짓은 아니하실 줄로 압니다.

여러분! 여러분은 '소가 그렇게 유공하기는 하지만 너무 느리고 게을러서 안 되었다.'고 하시지만 그것도 모르는 말씀입니다. 우리 평소에 성질이 너그럽고 겸손성 많고 참을성이 많은 그만큼 한번 노기(怒氣)가 발하면 그 걸음이 빠르기를 따를 것 없고 그 기세가 맹렬하기 비할 곳이 없습니다. 옛 적에 청국 제 나라 장군 전단이 연나라 군사와 싸울 때에 소의 불이 불을 매여 연나라 군사에게 향하야 보낸 고로 소가 골낌에 어찌도 무섭게 빠르게 뛰면서 휘둘러 놓았는지 연나라 군사들이 금시에 쫓겨서 다 물러가고 말아버린 일이 있습니다. 자아 여러분 그래도 소가 게으르다거나 느리다고 하시겠습니까?

여러분! 여러분이 만일 새해부터 우리의 참을성과 겸손과 부지런함과 노력을 배운다 하면 어떠한 일에나 어떠한 공부에나 반드시 성공할 것입니다. 신년 새해의 첫 인사를 대신하여 한 말씀하였습니다. 변변치 않은 연설 재미있게 들어주셔서 감사합니다.

(『어린이』, 제3권 제1호, 1925.)

벼 한 알과 밤 한 톨

류광열

"들에서는 누런 벼를 거둬 들이고 산에서는 밤 송아리가 익어서 빨간 아람을 주어 오게 됩니다. … 그 벼와 아람은 내년 봄에 다시 씨가 되어 몇 천만 개의 자손인 벼 이삭이 되려는 것이요 그 밤도 땅에 묻이었다가 점점 한 나무가 되어 다시 무수한 밤송이가 열리려는 준비입니다. … 어찌 보면 슬픈 것도 같으나 이와 같이 몇 만년이라도 그 씨로 자손을 번식하고 또한 빛내는 것입니다.

사람의 일생이라는 것이 수명의 한이(있으나)… 인류역사는 무궁합니다. 그리고 인생의 최고의 목적은 인류를 행복스럽게 하겠다는 데 있습니다. … 인류역사에 뿌린 씨는 억만 년을 가도 썩지 않고 영원히 빛날 것입니다.

여러분도 한 번 이 인류역사의 씨가 되십시오. …

밤 한 개 벼 한 알이 영원히 번식하려는 씨가 되듯이."

(『어린이』, 제8권 9호, 1930.)

03 | 생명살림교육

죽음의 시대에서 핀 생명살림교육에 대한 열망

　소년해방운동가들이 『어린이』지에서 생명에 대해 쓴 글들은 단순히 생명체에 대한 묘사나 감상을 표현하기보다는 소년해방운동의 철학과 목적을 분명하게 나타내고 있습니다. 동학의 물물천(物物天)과 양천주(養天主)의 의식을 가르치기 위한 목적도 있었지만 1차 세계대전 종전 후 죽음에 대한 공포와 절망의 분위기가 전 세계적으로 확산되던 추세, 그리고 무엇보다 일제의 폭력과 학살을 직접 겪던 상황 속에서 생명과 살림은 그 무엇보다도 강한 민족의 열망이 되었고 소년해방운동가들에게는 세계사적으로도 민족적으로도 가장 중요한 현실주제가 될 수밖에 없었습니다. 일제는 조선 어린이들을 미개하고 유약한 어린이로 규정하고 '억센 어린이'로 길러 일본제국의 황국신민이 되게 해야 한다고 주장하면서 1차 노동에 필요한 최저수준의 기초지식만 배우게 했고 조선 어린이들을 전쟁병기로 키우기 위해 군사훈련을 시키고 열네 살밖에 되지 않는 어린이들을 가미카제로 희생시키기까지 했습니다.

이에 수운주의 문학가들은 『어린이』지를 통해서 일제의 이런 극악하고 반생태적인 책동에 대응해 생명살림의 가치와 문화를 확산시키려 했고 조선 어린이들에게 생명의 소중함과 생명살림 활동을 가르치려 했습니다. 따라서 『어린이』지에 실린 생명살림에 대한 이야기들은 위와 같은 생명살림의 의미와 더불어서, 철학과 역사, 정치, 교육이 결합된 차원에서 좀 더 깊고 거시적인 차원으로 이해되어야 합니다. 그것은 반생태적인 제국주의 시대에 인간으로서의 기본적인 존엄과 생명정신을 잃지 않고 지키기 위한 교육행위였기 때문입니다.

『어린이』지의 깊이 있는 이야기식 생명살림교육

소년해방운동은 어린이들에게 생명살림을 교육하기 비중 있게 전개했는데, 『어린이』지에서 잘 짜인 이야기교육으로 펼쳐진 것을 볼 수 있습니다. 『어린이』지를 보면, 자연에 대한 개인적인 감상이나 묘사만 나열하는 방식을 지양하고 참된 어린이가 지녀야 할 새로운 자연관과 자연을 대하는 마음씨, 그리고 가장 중요한 것으로 생명을 돌보고 살리는 행위가 중심주제로 다루어져 있습니다. 그리고 생명을 살리는 주체를 사람과 자연으로 나누어 같은 비중으로 이야기를 구성했는데, 사람이 생명을 살리는 이야기로는 씨를 뿌리고 꽃을 심고 새장에 갇힌 새를 날려보내 주고 추운 겨울날 작은 새를 보듬는 이야기, 재난에 처한 많은 사람들을 목숨 바쳐 살리는 어린이 이야기까지 사람이 주체가 되어 생명을 살리는 이야기들이 있고, 자연이 사람을 살리는 이야기로는 자기를 죽이려는 어린이를 차마 공격할 수 없어 죽음을 받아들이기로 하는 꿀벌이야기, 위기상황에서 주인을 살리기 위해 자기 몸을 헌신한 소와 말의 실화 등, 동물들의 갖가지 헌신적인 이야기들이 실려 있습니다. 두 종류의 이야기 모두 자연과 인간이 서로 사랑한다는 것을 사실로 믿게 할 뿐 아니라 자연을 어머니로 느껴지게 할 만큼 숭고하고 아름다운 이야기들입니다.

그런데 한 가지 더 감동스러운 것은 이 이야기들이 어린이들의 눈높이에 맞추어져 있다는 것입니다. 이 이야기들을 자세히 보면, 그저 호기심으로 접근했다가 멋모르고 생명을 상하게 하는 어린이, 자연을 해치고 나서 뒤늦게 뉘우치는 어린이, 어른들이나 주변사정으로 동식물을 끝까지 돌보지 못 한 것을 애달파 하는 어린이 등 어린이들의 시행착오와 감정을 현실 그대로를 담아내면서 어린이들과 같은 마음으로 자연에 대한 이야기를 차근차근 풀어갔다는 것을 확인할 수 있습니다. 그러면서도 그 이야기들은 자연을 깊이 관찰하는 법, 동식물들의 마음을 헤아려야 하는 이유, 모든 생명이 자기 자신과 같은 소중한 존재라는 것에 대한 인정, 자연을 마음대로 가지고 싶은 욕망에 대한 절제를 저절로 깨닫게 했습니다.

이렇게 자연에 대한 친근함을 느끼거나 아름다움을 향유하는 차원을 너머서 생명살림을 자연교육의 핵심으로 부각시킨 것은 유럽의 자연주의 교육이나 낭만주의 문학에서 찾아보기 힘든 것으로, 소년해방운동이 고유하게 지니는 한국 생태철학의 정수이자 현대 생태교육을 실효성 있게 이끌 수 있는 지점이라 할 수 있습니다.

현대의 생명경시 풍토 극복을 위한 『어린이』지 계승

이런 자랑스러운 생명살림교육을 현대에서 적극적으로 이어 나갈 필요가 있는데, 현대의 도시공간과 교육환경에서는 어려운 점이 많습니다. 도시는 사람이 아닌 다른 동물들을 접하기 어려운 환경이고 동식물을 기르고 함께 어울려 살 수 있는 교육환경도 거의 불가능한 실정입니다. 그러다 보니 어린이들 사이에서는 다른 생명의 고통에 무감하거나 살려고 애쓰는 생명에 대해 느끼는 측은지심도 점점 약해지는 현상이 늘어나고 있고 동물이나 친구를 괴롭히는 것을 보면 회피하는 경우도 많습니다. 또 자기보다 남을 위하면 되려 바보로 여겨질까 두려워하는 아이들도 적지 않고 자신이 다른 이에게 선의의 도움을 받는 것조차 꺼리는 아이들이 많은 것도 사실입니다. 이렇게 무정하고 유약하고 소극적인 어린이는 소년해방운동이 추구한 참된 어린이가 아닙니다.

이는 일제가 우리 조선 어린이들의 생명력을 약화시키고 강인한 생명정신을 병들게 하려고 내세웠던 어린이상입니다. 일제의 어린이상이 아니라 하더라도 이런 어린이상으로는 현대 사회에서 어린이 스스로 건강한 생명정신을 지닐 뿐 아니라 생명사회를 만들어 나가게 할 수도 없습니다.

우리민족은 원래 선하게 삶을 도모하는 기질을 타고났습니다. 이제까지 이어온 유구한 우리 민족의 역사가 그 자체로 우리 민족이 살려는 의지도 살리려는 의지도 그 어떤 민족보다 강인하다는 것을 증명합니다. 그리고 지금은 현대의 어린이들이 그 강인한 생명력을 이어받아 새 시대의 주인으로 등장하고 있습니다.

문제는 일제시대처럼 어른들이 어린이들의 생명력과 생명정신을 억압하고 왜곡하지 않아야 한다는 것입니다. 그러기 위해서는 가정과 학교, 사회 전체에서 생명을 돌보고 살리는 문화를 만들어야 하는데, 어린이들이 직접 생명을 만나고 함께 어우러져 살 수 있는 환경을 조성해 주고 어린이들의 생명살림 활동을 사회적으로 지지하고 지원해 주는 일이 중요하다고 봅니다.

 다음의 『어린이』지의 원문들을 보면 아이들에게 생명을 보살피고 살리는 일이 얼마나 중요하고 왜 반드시 해야 하는 일인지 납득하게 됩니다. 그런데 소설, '만년셔츠'와 '네 힘껏 다 했다'처럼 자기 자신이 헐벗거나 목숨을 잃을 정도로 다른 생명을 살리는 이야기에 대해서는 선뜻 동의하기 어려울 수도 있습니다. 그러나 당시에 비현실적으로 잔혹했던 일제의 살상에 비해보면 생명살림의 의지를 강하게 피력하기 위한 인물설정과 이야기 구성으로 충분히 이해가 될 뿐 아니라 조선 어린이들의 생명정신이 그만큼 강했다는 것으로 짐작이 되기도 합니다. 이제까지 서술한 시대상황과 철학적 맥락을 고려하시면서 아래 『어린이』지 원문에 담긴 생명살림 교육의 뜻을 헤아려 보시기 바랍니다.

1) 사람을 살리는 동물 이야기

꿀벌의 마음(창작동화)

고한승

따뜻한 봄날 꿀벌 한 마리가 이 꽃 저 꽃으로 돌아다니면서 꽃 속에 모여 있는 달콤한 꿀을 맛있게 먹었습니다.

날씨는 화창하고 사방에 꽃들은 얼마든지 많이 피었으므로 꿀벌은 마음이 대단히 유쾌하였습니다. 그래서 어린 꿀벌은 두 날개를 훨씬 펴고 입으로는 "응응응" 콧노래를 부르면서 마음대로 날랐습니다.

마침 조그만 실개천 넘어 얕은 언덕에 함박꽃 나무 하나가 그 보기 좋은 큼직한 꽃송이 속에 향내나는 꿀을 듬뿍 담고 벙실벙실 웃고 있는 것을 보았습니다.

꿀벌은 보기만 해도 침이 꿀떡꿀떡 넘어갔습니다.

'야~ 빨리 가서 저것을 먹어보자.'하고 꿀벌은 앞뒤 돌아볼 새 없이 그 함박꽃 나무를 향하여 날아갔습니다.

아차! 너무 좋아서 가다가 소나무 가지에 이리 저리 얽어 놓은 거미줄에 그만 탁! 걸리고 말았습니다. 이것 큰 일 났습니다. 음흉한 거미는 흉측스러운 웃음을 웃으며 엉금엉금 기어옵니다. 꿀벌은 "나 좀 살려주오." 하고 소리치면서 거미줄에서 벗어 나려고 애를 썼으나 두 날개와 다리들은 점점 더 얽혀 갑니다. 거미는 벌써 꿀벌 앞까지 내려와서는 길다란 다리로 가여운 꿀벌을 움켜 잡으려 하였습니다. 이제는 꼭 죽었습니다! 꿀벌은 눈을 딱 감고 온몸을 발발 떨었습니다.

그때였습니다. 나이가 여섯 살이나 되었을까 다섯 살이나 되었을까 아주 어리고 예쁜 소녀 한 사람이 조그만 거미줄대를 들고 봄노래를 부르면서 아장아장 걸어왔습니다. "요놈의 거미줄!" 하더니 꿀벌이 걸리어 있는 거미줄을 거미줄대로 홱 걷었습니다.

그 통에 거미는 그만 달아나 버리고 꿀벌은 아가의 거미줄 대에 옮겨 걸려서 "휴우-" 하고 숨을 내쉬었습니다. 그러나 이 아가는 꿀벌이 어떤 것인지 처음 보는 모양입니다. "이게 무엇이냐? 나비도 아니고!" 하고는 두 손가락으로 꿀벌의 두 날개를 꼭 집어 잡아서 거미줄에서 떼어냈습니다. 그리고 벌에게는 무서운 침이 있어서 쏘면 몹시 아플 것도 모르고 영채나는 눈으로 들여다보고 있었습니다. 꿀벌은 '어서 놓아주었으면' 하고 "웅웅" 소리를 치면서 날으려고 날개를 펄럭거렸습니다.

"아! 요게 달아나려고 하네, 날개를 떼어 놀까 보다." 하고 아가는 꿀벌의 날개를 찢으려고 하였습니다. 야단났습니다! 거미줄에 얽히어 죽을 뻔하다가 이제는 다시 아가의 손에 가게 되었습니다. 그래 꿀벌은 그만 심사가 나서 '침으로 한 번 쏘아주고 달아날까 보다.' 하고 생각하였습니다. 그러나 보드랍고 예쁜 아가의 손을 차마 침으로 쏠 수가 없었습니다. 더구나 이 아가 때문에 그 무서운 거미에게 잡혀 죽을 것을 면하지 않았습니까?

'못된 거미에게 죽는 것보다 차라리 아가 손에 죽는 것이 낫겠지.' 하고 꿀벌은 눈물을 머금고 참았습니다. 그러나 꿀벌의 마음을 모르는 아가는 두 손으로 날개를 떼어버리려고 하였습니다.

마침 언덕 너머로 아가의 오빠가 뛰어왔습니다. 그리고 아가의 손에 무엇을 가진 것을 보고 "너 그게 무엇이냐?"하고 물었습니다.

"몰라, 오빠 이게 무슨 나비요?"하고 아가는 꿀벌을 높이 들어 보였습니다. "그게 벌이다. 벌이야! 침으로 쏘면 큰 일 난다 어서 버려라. 어서" 하고 오빠가 소리쳤습니다.

"애고머니나!" 아가는 질겁을 하여 손에 쥐었던 꿀벌을 놓아주었습니다. 아가의 손에서 다시 살아난 꿀벌은 "웅웅, 고맙다 아가야. 웅웅" 하고 기뻐서 아가의 머리 위를 한 바퀴 돌았습니다. 그리고 '내가 침으로 아가를 쏘지 않기를 참 잘하였다.'하면서 상쾌한 마음으로 꽃을 찾아 날아갔습니다.

(『어린이』, 제125호, 1948.)

황소의 의협
주인을 대신하여서 비장한 죽음을 한 황소의 실화

정 호

오래지 않은 옛날에 어떤 깊은 산골에 아들도 딸도 없이 다만 황소 한 마리를 데리고 날마다 날마다 짚신을 삼아서 멀리 동네에 나가 팔아서 그것으로 억지로 억지로 어렵고도 외롭게 살아가는 불쌍한 노인 한 분이 있었습니다.

아들과 딸이 없는 대신에 하나밖에 없는 그 황소를 세상에 둘도 없는 귀둥이로 여기고 더할 수 없이 귀엽게 길러왔고 황소도 아무 것도 모르는 짐승일 망정 그 주인의 너그러운 사랑을 항상 고맙게 받으면서 어느 때든지 그 주인을 위하여서는 제 몸을 아끼지 않고 늘 충실하게 일을 하여 왔습니다.

오늘도 그 노인은 닷새 전부터 열심히 삼아 놓은 짚신 여러 켤레를 황소의 등에다 싣고 멀리 동네로 팔러 갔습니다. 다른 날보다 일기가 몹시 좋아서 동네에는 특별히 사람들이 많았습니다.

그러나 짚신을 아무리 속히 팔려고 하여도 웬일인지 오늘뿐은 그렇게 손 쉬움게 잘 팔려지지를 않았기 때문에 다른 날보다는 몹시 늦어서야 간신히 모두 팔았습니다. 그래 집으로 돌아올 때에는 벌써 해가 서산을 넘고 세상은 캄캄해지기 시작할 때였습니다.

노인의 집을 오려면 반드시 큰 숲이 우거진 우중충한 산길도 지나고 사나운 짐승이 많은 고개도 셋이나 넘어야 가게 되는 아주 깊은 산 속이었습니다.

그래서 노인은 황소를 타고 급급히 몰아서 산길도 지나고 고개도 둘이나 넘어서 제일 마지막 고개를 막 넘어가려고 할 때인데 이때까지 아무 일도 없이 잘 걸어오던 황소가 별안간에 가던 길을 멈추고 앞발로 땅만 파서 헤치고 있었습니다. 노인은 웬일인지 곡절을 모르고 어서 가자고 황소를 재촉하였습니다.

그러나 황소는 여전히 떼어놓지 않고 무슨 이상한 소리만 지르고 있었습니다. 노인은 하도 이상하여서 아무리 앞뒤를 둘러보았으나 아무것도 눈에 띄어지지 않고 오직 캄캄한 하늘에 수많은 별들이 반짝반짝하고 있을 뿐이었습니다. 그래서 부드럽게 달래던 노인은 화가 나서 황소의 궁둥이를 손바닥으로 한 번 짝 때렸습니다. 그러니까 황소는 깜짝 놀래면서 몸을 몹시 흔들었습니다. 그러는 바람에 타고 있던 노인은 그냥 소잔등이에서 굴러 떨어져 그 고개 한 옆에 오목하게 패여 있는 진흙 웅덩이에 빠져버렸습니다. 노인이 웅덩이에 빠지자마자 황소는 번개같이 몸을 날려 주인이 빠진 웅덩이의 구멍을 커다란 제 몸으로 뚜껑 덮듯 막고 엎드려버렸습니다. 아무 영문을 모르는 노인은 황소의 하는 짓이 너무나 괘씸도 하고 미웁기도 하여서 황소의 뱃대기를 주먹으로 자꾸 때리었습니다. 그러나 황소는 무슨 일인지 조금도 움직이지 않고 그 구멍을 막고 있었습니다.

그럴 때입니다. 별안간에 듣기에도 무서운 늑대의 소리가 들리며 성낸 황소의 으르렁 거리는 소리가 놀라웁게도 노인의 귀를 요란하게 하였습니다 그때야 비로소 노인은 황소가 늑대로 하여서 길을 더 못 가고 멈추었던 것을 알고 새삼스레 놀래였습니다. 그래서 노인은 간이 콩만 해가지고 웅덩이 밑에 든 채로 겨우 내어다 보이는 조그만 구멍을 통해 바깥 동정을 엿보고 있었습니다.

희미한 별빛이 비치는 곳에는 한 마리도 아닌 세 마리 되는 송아지만 한 큰 늑대가 엎드려 있는 황소를 노려보면서 몇 놈은 황소의 등허리를 쉴 새 없이 훌훌 뛰어넘으면서 무서운 소리를 치고 있었습니다. 그러나 황소는 조금도 겁내는 빛이 없이 주인의 몸을 위하여서 그 구멍을 떠나지 않고 머리를 좌우로 흔들어 그 무서운 쇳조각 같은 무게의 뿔로서 달려드는 늑대를 힘껏 받아 넘기고 넘기고 있었습니다. 얼마 동안을 그렇게 맹렬한 형세로 싸움을 하더니 그 사나운 늑대들도 달아나 버렸습니다.

그제야 황소는 웅덩이의 구멍을 비켜서 주인을 나오게 하였습니다. 노인은 웅덩이에서 나와서 자기의 목숨을 위하야 싸워 준 그 황소를 몹시 고맙게 생각하면서 소를 데리고 노인의 집 문 앞까지 근근이 이르렀습니다.

문 앞에 이르러 불빛에 보니까 별안간 그 황소는 입으로 거품을 많이 쏟으며 그대로 쓰러져서 일어나지를 못 하였습니다. 노인은 깜짝 놀라 즉시 등불을 가까이 들고 보니까 놀라지 마시요. 황소의 온몸은 새빨간 핏덩어리가 되어서 쓰러져 있으며 아직도 황소의 등허리에서는 붉은 피가 샘솟듯이 자꾸자꾸 쏟아져 나오고 있었습니다. 그것은 늑대를 만났을 때에 그 무서운 늑대란 놈이 황소의 등허리를 뛰어넘을 때마다 날카로운 주둥이로 수없이 물어뜯고 말로 찼던 까닭이었습니다.

그 날 밤에 황소는 노인의 외아들 같은 황소는 그만 죽어버리고 말았습니다.

아아! 얼마나 용맹스럽고 의리 있는 황소이었습니까? 그러나 그의 죽음은 몹시도 슬펐습니다. 피투성이의 큰 몸을 땅에 누이고 눈을 감고 늘어진 것을 눈으로 볼 수 없었습니다. 노인은 두 눈에 뜨거운 눈물을 흘리면서 자기를 위하야 비장한 죽음을 한 황소를 고대로 곱게곱게 정성껏 장사를 잘 지내어 주었습니다.

(이것은 사실로 있던 이야기입니다.)

(『어린이』, 제3권 제1호, 1925.)

최서윤, Midjourney 비장한 황소. 2024.https://discord.com/

비장한 최후(동물미담, 실화)

미소

이 이야기는 억지로 지어낸 이야기가 아니라 최근 멀고 먼 추운 나라 북극에 참말로 있던 슬프고 눈물겨운 말의 아름다운 이야기를 그대로 베낀 것입니다.

눈 나라 북극! 얼음의 나라 북극에도 어느 동네에 조그만 소학교가 하나 생겼습니다. 사람 많이 살지 않는 추운 나라에 처음 생긴 학교라 생도가 많지는 않으나 그러나 대게는 십 리 이 십 리 먼 곳에서 통학하는 생도들이었습니다. 여름에는 사람이 잘 다니지도 않는 잡풀이 무성한 등성이 좁다란 길로 겨울이 되면 아무 곳을 들러 보아도 나무나 산뿐이요 땅이라고는 조금도 보이지 않는 허옇게 나리 쌓인 눈 위를 어린 소녀들은 타박타박 걸어 다니는 것입니다.

어떤 해 추운 겨울이었습니다. 어느 농부의 집에서 기르는 충성스러운 말 한 필이 있었는데 온 여름 동안은 주인의 밭을 갈아주고 무거운 짐을 실어주고 겨울이 되야 이제는 농사는 다 지었으니까 주인의 하나밖에 없는 귀여운 아들! '쪼니'를 날마다 날마다 삼십 리나 되는 학교에까지 태워다 주는 직책을 맡아 하게 되었습니다. 아무리 춥고 아무리 눈보라 치는 무서운 날이라도 게으르지 않게 눈 속에 파묻힌 북극의 거리를 용감스럽게 뛰어다니는 충성스러운 말이었습니다.

그런데 하루는 추운 겨울 중에도 가장 매섭게 추운 날이었습니다. 이 말은 오늘도 아직 채 밝지도 않은 이른 새벽에 어린 주인을 등에다 태우고 어른과 같이 차고도 단단한 눈 위를 달음박질하였습니다. 일기는 대단히 추운 날이었으나 그러나 바람도 불지 않고 날도 흐리지 않아서 어린 쪼니나 말은 상쾌한 마음으로 학교에 갔습니다.

그러나 학교에서 돌아올 때에는 큰 일이 생겼습니다. 그렇게 맑고 좋던 일기가 갑자기 변하여 사나운 바람은 살을 베어갈 듯이 휙휙 불고 눈까지 퍽퍽 쏟아져 내려 지척을 분간치 못 할 만치 북국 특유의 무서운 눈보라로 변하였습니다. 눈과 바람은 심하고 말은 맘대로 달리지 못 하고 이른 새벽에 먹을 것도 변변히 먹지 못 한 쪼니는 그렇게 얼마를 오는 동안에 벌써 배는 고프고 추위는 살 속의 뼈까지 깎아내는 듯하고 몸은 얼 대로 얼어서 그는 참을 수 없이 '으악' 소리를 지르고 말 등에서 그대로 떨어져 버렸습니다. 어린 몸이 추위와 주리에 견디지 못 하야 차디찬 눈 위에 떨어진 채로 그냥 기절하여 버린 것입니다.

일 분! 이 분! 삼 분! 어린 쪼니의 불쌍한 몸은 시간이 지나면 지날수록 무섭게 내리는 눈보라 속에 점점 파묻혀 버리게 되어 만일 이제 누가 구해내기 전에는 어린 목숨이 도저히 살기가 어려울 만치 위태하였습니다.

이때! 바로 말 못 하는 짐승일 망정 어린 주인의 작은 몸이 점점 눈 속에 파묻혀 가는 것을 물끄러미 바라보고 있던 충성스러운 말은 무엇을 생각하였는지 갑자기 소리를 벽력같이 지르고 급히 눈 속에 파묻혀 가는 어린 주인의 망토자락을 입에다 단단히 물고 네 다리에다 힘을 주어 미친 듯이 무서운 눈보라를 헤치며 쏜살같이 집을 향하여 달음질하였습니다. 그러나 슬프게도 그렇게 충성스러운 말의 이는 어린 주인의 몸을 집에까지 옮겨올 만한 힘이 없었던 것입니다. 아무리 기운을 내고 애를 써 보았으나 이제는 한 발 걸음도 앞으로 더 내 디딜 수가 없이 되어 그렇게 충성스러운 말도 이제는 절망이라는 듯이 어린 주인을 입에다 문 채 그냥 눈 속에 엎드러지고 말았습니다. 눈보라는 점점 심해지고 추위는 점점 더해져서 어린 쪼니와 말은 눈 속에 파묻혀 불쌍한 두 목숨은 마치 바람부는 앞에 촛불과 같이 매우 위태하였습니다.

쪼니의 집에서는 사랑하는 아들이 저녁 늦도록 돌아오지 않는 고로 너무도 걱정이 되어 동네사람의 응원을 받아서 등불을 켜 들고 학교 쪽으로 가는 길을 찾아 나왔습니다. 그때에 걱정스러운 마음으로 열심히 찾아 나가는 여러 사람의 귀에는 무서운 눈보라 속에서 희미하나마 말의 부르짖는 슬픈 소리가 어렴풋이 들렸습니다. 여러 사람은 깜짝 놀라서 즉시 그 소리나는 쪽으로 달려 가 보았습니다.

그러나 벌써 때는 늦었습니다. 어린 주인을 꼭 붙들고 있던 말은 여러 사람을 보자 한 마디의 비장한 소리를 지르고 이제는 안심하였다는 듯이 눈을 스르르 감고 그만 추위와 과대한 수고로 인하여 죽어버리고 말았습니다.

그때에 여러 사람은 급히 달려들어서 어린 쪼니를 들쳐 업고 죽은 말까지 끌고 집으로 돌아왔습니다. 돌아와서 밝은 데서 보니까! 말은 입 속의 이가 하나도 없이 죄다 빠지고 입 속에서는 새빨간 피가 줄줄 흘러내려서 새하얀 눈 위를 빨갛게 적셨습니다. 그것을 보는 여러 사람의 눈에서는 알지도 못 하게 눈물이 흐르고 쪼니의 부모는 소리쳐 울었습니다. 말은 그렇게 죽었으나 그러나 그의 죽음은 헛되지 않았습니다. 말과 같이 죽을 줄 알았던 쪼니는 그 이튿날 새벽쯤 되더니 다시 피어났습니다. 다시 살아난 쪼니 소년이 마당에 죽어 넘어져 있는 그 말을 보자 어저께 일을 생각하고 그만 버선바닥으로 뛰어 내려가서 죽은 말의 목을 얼싸안고 소리쳐 울었습니다. 이것을 보는 그 부모와 동네사람들은 다시 새삼스럽게 슬픈 생각이 나서 눈물이 소리 없이 줄줄 흘렀습니다.

(『어린이』, 제8권 제1호, 1930.)

2) 생명을 살리는 어린이 이야기

당신이 제일 좋아하는 꽃

김기전

당신이 매일 좋아하는 꽃이 무슨 꽃이냐 하면 누구나 언뜻 대답하기가 좀 어려울 줄 압니다. 그러나 나는 곧 대답하겠습니다. 봄에는 앉은뱅이꽃, 여름에는 봉선화꽃, 가을에는 코스모스 꽃이라고요.

나는 무엇보다도 봄이면 봄, 가을이면 가을, 그 때 그 철의 기분을 잘 나타내는 꽃이 사랑스럽습니다.

이른 봄, 첫 양기가 잘잘 끌을 때 어느 꽃보다도 제일 먼저 잎이 나고 대가 서서 그 조고마한 모양을 드러내는 앉은뱅이 꽃은 그야말로 나의 가는 걸음을 멈추고 앉아서 그를 사랑하지 아니치 못 하게 됩니다.

처음은 두 다리를 죽 펴고 앉아서 보다가 점점 정이 드는 때에는 아주 비스듬하게 누워서 여기저기 피어 있는 그 꽃을 가만히 보고 있으면 봄의 정신이 그냥 땅 위에 솟아서 무엇을 속살거리고 있는 듯한 느낌을 갖게 됩니다. 여러분 내 말이 정말인가 거짓말인가 한 번 시험 삼아 그 꽃을 구경해 보시오.

꽃 이야기를 할 때에 꼭 한 말을 더 하고 싶은 것은 나는 꽃을 꺾는다 하는 때에는 아주 질색이외다. 꽃을 꺾는다는 생각을 할 때에는 곧 자기의 사랑한다는 그 동무의 목을 꺾는 생각이 납니다. 그를 사랑하고 좋아한다면서 어떻게 그의 목을 꺾고 다리를 분지릅니까. 나는 언제든지 꽃을 꺾어 가지고 다니는 사람들을 볼 때에 그의 마음성이 쇠쇠 쳐다보입니다. 아주 사람 같아 보이지를 않습니다.

(『어린이』, 제 4권 4호. 1926.)

최서윤, Midjourney 봄의 꽃. 2024.https://discord.com/

꽃을 심읍시다

방정환

　이 집 저 집에서 모두 이런 말을 하면서 봄비에 땅이 누그러지기를 기다리고 있습니다. 비가 왔습니다. 비단실 같이 고흔 비가 한나절 와서 지붕도 축이고 나뭇가지도 축이고 잔디도 축이고 땅도 축였습니다. 기다리는 사람들이 모두 나서서 비 뒤의 햇볕을 쪼이면서 자기들이 각각 좋아하는 꽃씨를 심었습니다. 뒷집 할머니도 심으시고 앞집 색시도 심고 우리집 어머니도 오빠와 함께 마당 앞에 심으셨습니다.

　집에 없던 재미와 기쁨이 꽃 심은 사람들에게 생겼습니다. 오늘 쪼끔, 내일 쪼끔, 파랗게 자라나는 어린 싹을 보느라고 바쁜 일도 잊어버릴 지경입니다. 그 파란 싹이 얼마나 자라서 어떤 꽃이 필지 그것을 기다리는 데 그들의 기쁨이 있고 그들의 희망이 있습니다. 따뜻한 봄볕이 날마다 그 싹을 비추어 주고 가끔가끔 봄비가 그 싹을 축여 줍니다.

　얼마 안 있어서 그들의 사랑하는 꽃이 어여쁘게 피겠지요. 자기가 심고 자기가 길러서 자기가 피워 놓은 아름다운 꽃의 향내를 맞게 될 때 그들의 마음이 얼마나 기쁘고 즐겁겠습니까?

　우리도 단 한 폭이라도 우리의 꽃을 심읍시다.

(『어린이』, 제4권 제4호, 1926.)

백합꽃

전춘강

내 이름은 백합꽃! 오늘은 내 생일이오니 여러분께 이야기를 한 마디 하겠습니다. 내 칭찬하는 것 같습니다만은 나는 빛깔이 희기가 눈 같고 키는 서양사람처럼 크고 꽃송이는 유성기 나발처럼 큼직하며 향내는 아무 꽃보다도 고상하고 좋아서 사람을 반하게 합니다. 그래서 우리 꽃동무들도 부러워하고 사람들도 나를 꽃 중에 왕이라고 합니다.

봄여름이 되면 어른 아이 할 것 없이 기어코 찾아와서 꺾어갑니다. 꺾어만 가면 하루쯤 병에 꽂혀 있다가 쓰레기통에 버림을 받기도 하고 일본사람의 꽃 파는 집에 가서 며칠 고생도 해보고 또 예배당 전도상 같은 데 꽂혀도 보고 뉘 생일집에도 가보고 어떤 색시 혼인하는 데 안겨도 보고 아니 가 본 데가 없고 별별 고생을 다 해 보았습니다.

그러나 그 많은 사람 가운데 나를 정말 사랑하고 귀해 주는 사람은 하나도 없고 그저 잠시 동안의 장난감으로만 여기는 고로 나는 갖은 학대를 다 받았습니다. 사람들이 꽃을 사랑할 줄 모르는 것은 기가 막힐 일입니다. 어찌 분한지 나는 어느 해 가을에 씨가 되어 떨어질 때에는 바람을 타고 훨훨 날아서 깊은 산골짜기 그 중 따뜻한 볕 잘 드는 양지 쪽을 찾아 떨어졌댔습니다.

몇 날 동안은 하느님께서 가엾어라고 내 빛깔처럼 흰 눈으로 푹 덮어주어서 세상 모르고 잠만 쿨쿨 잤습니다. 그런데 어느 날 누가 나를 흔들어 깨웁니다. 깨어보니 따뜻한 봄을 가지고 온 천사입니다. 그는 그때부터 물을 받아먹고 햇빛을 받아 자라기 시작했습니다. 나중에는 훨씬 피어 이쁘게 되었습니다. 그랬더니… 하루는 열세 살쯤 먹은 계집애와 팔구 세 되어 보이는 사내와 둘이서 손을 잡고 오더니 나를 보고 '누나 저기 백합꽃이 있네'하고 나를 바라보고는 깡충깡충 뛰어옵니다.

"아이! 글쎄 가보자." 누이도 어지간이 반가운 듯이 동생을 끌고 달음박질해 옵니다. 나는 그때 '아이원수의 저것들이 이 구석까지 와서 막 뚝뚝 꺾을 터이지. 올 해도 운수가 좋지 못 하구나!'하며 고개를 푹 숙이고 가슴만 울렁거렸습니다.

남매는 오더니 한참 들여다보고 만지며 향내를 맡으며 야단입니다. 얼른 꺾지도 않고 너무 좋아 둘이서 노래를 합니다.

　백합꽃 백합꽃

　아름다운 백합꽃

　향내는 진동하고

　빛깔은 희여라.

　고히고히 꺾어서

　어깨에 메고요

　깡충깡충 뛰어서

　집으로 갈가나.

노래를 그치더니 사내동생이 나를 뚝 꺾으려고 달려듭니다. 누나는 무슨 생각이 났든지 동생을 꽉 잡으며 "아서라, 꺾지 말어라." 합니다. "왜? 누나, 혼자 꺾어 가지려고?" 하며 동생은 성을 내고 뿌리치며 나를 꺾으려고 덤벼듭니다. 누나는 "아니야, 꺾어가면 며칠 있다가 꽃이 시들어 죽지 않니? 그러니 우리 뿌리째 파가지고 가서 마당에 심어주자." 하고 동생을 물끄러미 들여다봅니다. 나는 그때 일생 처음 반갑고 기뻤습니다. 어서 나는 동생이 찬성하기를 나는 조급히 기다렸습니다.

과연 동생도 "그럼 그렇게 할까, 그런데 어떻게 파내나" 하고 누나를 쳐다봅니다. 그들은 나를 파내려고 넙적하고도 뾰족한 별별 돌멩이를 다 가지고 와서 넓게 깊게 파 냅니다. 내 뿌리에 달 때는 따끔따끔하지만 꼭 참았습니다. 그리고 한참 뒤에 둘이서 나를 붙잡고 힘들여 쑥 뽑으려 할 때에 나도 힘을 주어 얼른 뽑으려 했습니다. 그런 후, 그들은 흙으로 내 뿌리를 싸고 싸서 손수건으로 다시 싸서 들고 저희 집으로 왔습니다. 깊은 산 속에 있는 조용하고 깨끗한 초가집 마당 꽃밭 한 가운데다 심고 날마다 물을 주며 공을 들였습니다.

그래 나는 죽지 않고 싱싱하게 자라서 벌써 삼 년이나 이 집에서 자랍니다. 오늘이 내가 여기 온 지 삼 주년째 기념일이외다. 어찌 기쁘지 않겠습니까? 그 누이의 이름은 금주라고 하고 사내동생은 수동이라고 합니다. 금주와 수동은 언제든지 아침저녁으로 와서 나를 들여다보고 귀애하며 동무들에게 자랑하고 잘 가꾸어 줍니다. 내 팔자는 이만하면 상팔자입니다.

사랑을 받는 것보다 더 좋은 것이 어디 있습니까. 모든 죄 많고 왁살스러운 어른들이 귀애하고 사랑하는 것보다 이 순결하고 착한 금주와 수동이가 나를 사랑하는 것이 나는 제일 기쁩니다. 그리고 마음이 변하지 않고 한결같이 사랑하는 것이 나는 제일 좋습니다.

꽃… 이것은 여러 어린이들도 아시는 바와 같이 이 세상 만물 가운데 가장 아름다운 것이 아닙니까? 봄이 좋다 해도 꽃이 없으면 무슨 재미가 있겠습니까? 나는 백합꽃이지만은 나 외에도 아름다운 꽃들이 좀 많습니까? 꽃을 사랑하는 사람은 다 마음이 고와지고 깨끗해지고 아름다워집니다. 실상말이지 어린이라는 것은 이 세상 사람 같은 데 꽃과 같습니다.

어린이와 꽃은 가장 가까운 동무외다. 지금도 금주와 수동이는 나를 바라보며 마루 끝에 나란히 걸터앉아 다리를 한들한들 하면서 내 삼 주년 기념을 축하합니다. 나도 고개를 끄덕끄덕 하면서 속으로 그들의 노래 곡조를 맞추어 부릅니다. 흰나비 노랑나비들은 내 옆에 와서 춤을 춥니다.

(『어린이』, 제4권 제3호, 1926)

아가

이태준

아가? 너는 무엇을 제일 고와하니?
꽃이냐? 나비냐? 하늘에 별이냐?
그리고 너는 네가 고와하는 것을 위해 얼마나 정성을 들이니?
네가 꽃을 제일 고와한다치자 그럼 너는 아침에 일어나는 길로 꽃분에 물을 주니? 행여나 꽃이 시들까 봐 아침마다 물을 주니?
그리고 밤이면 행여나 날씨가 추워 꽃이 얼지 않을까 하고 네 팔을 걷고 꽃과 함께 바람을 쏘여 보니? 그리고 네 팔이 얼어 들어오면 꽃도 얼 것을 알고 꽃분을 안고 방으로 들어가니?
만일 그렇게 안 하면 너는 정말 꽃을 고와 하는 사람은 아니다.

(『어린이』, 제12권 제5호, 1934.)

봄을 학대 마시오

박화성

"봄이오, 산과 들에는 새싹 나온 풀잔디가 여러분을 기다리오…(여러분을 쳐다보고 웃고 있는)…그 꽃, 그 고기떼, 그 나비들, 그들도 다 여러분과 같이 봄을 맞고 봄을 즐기려고 봄동산과 봄물에서 놀고 있는 것이오.

… 그들도 여러분과 함께 들리지 않는 봄노래를 부르고 있다우. 그러니 그들은 다 생명이 있는 여러분의 동무가 아니오?

… 공연히 여러분의 몹쓸 장난으로만 그렇게 작은 목숨들을 학대해서는 아니되오. 그들도 봄동산과 봄물의 주인이라오. 여러분과 꼭 같이…"

(『어린이』, 제12권 제4호, 1934.)

최서윤, Canva. 봄동무들. 2024. https://www.canva.com/

달이 말하기를

전영택(역)

지난 밤에는 어떤 집 안뜰을 비춰보고 왔지요. 본 즉 암탉이 한 마리 있고 병아리가 열 놈이 있어요. 그런데 마침 그 집의 문이 방끗 열리고 이쁘고 조구만 계집애가 나오더니 뛰놀면서 병아리들을 쫓으니까 어미 닭이 깜짝 놀라서 꼬댁꼬댁 하면서 그 날개 밑에 병아리들을 몰아들여 감추었습니다. 그러는데 저의 아버지가 나와서 단단히 꾸지람을 들었지요. 그렇지만 나는 다시 아무 생각 없이 거기를 지나쳐 버렸지요.

그런데 오늘 지금 막, 그 집 뜰을 잠깐 들여다보니까 고요한 뜰에 지난 밤 그 계집애가 갑자기 쑥 나오더니 바로 상큼상큼 닭의 우리로 가만가만히 가더니만 문을 열고 우리 안으로 들어가더군요. 닭들이 깜짝 놀라서 풀덕거리면서 우리 가운데서 뺑뺑 돌아다니지요. 나는 우리의 터진 틈으로 들여다보고 '계집애 못 쓰겠군!' 하고 있는데 저의 아버지가 나와서 어제보다도 더 몹시 책망하면서 계집애의 팔을 붙잡고 말렸지요.

나는 '옳지, 고소하다'고 보느라니까 계집애의 두 눈에서 구슬 같은 커다란 눈물방울이 뚝뚝 자꾸 떨어집니다. 저의 아버지가 "너 여기서 무얼 하니?" 해도 아무 대답도 아니하고 울기만 하고 한참 있더니 "나, 닭 보고 어제 잘못했다고 입맞초면서 빌랴고 그러는데…" 하겠지요.

아버지는 아무 말도 아니하고 딸의 얼굴에 입을 맞춥니다. 나도 그 이쁜 눈이며 입이며 뺨 왼 통 입을 맞초아 주었지요.

(『어린이』, 제11권 제6호, 1933.)

새 두 마리 (실화)

김대봉

어느 해 봄날 해거름에 갈밭에서 노란 새 두 마리를 얻었습니다.

그 새 이름은 아직 모릅니다. 그 생김과 큼이 참새만 하얐는데 몸집과 꽁지가 노랗고 뾰족한 까만 입과 가느다란 파란 다리는 보기 좋았으며 배 바닥은 백설처럼 하얐습니다. 나는 그 날 집에 돌아와서 새장 안에 넣고 길렀습니다. 보는 사람마다 색이 좋고 몸이 아름답다고 해서 좋아라고 떠들었습니다. 나는 이런 말을 들을 때마다 크나큰 자랑 거리나 가진 것 같이 기뻤습니다.

어느 날 늦은 봄날인가 합니다. 새장 안에 좁쌀을 넣어주고 물을 가지러 갔습니다. 새장 문이 열린 까닭에 노란 새 한 마리가 날아가고 말았습니다. 나는 너무 아까웠습니다. 그 이튿날 아침부터 새장 안에는 한 마리 새 뿐인데 두 마리 새 울음이 들려왔습니다. 너무나 이상하여서 뜰 가운데 뛰어나가서 이리저리 휘돌아보았더니 담 넘어 버드나무 가지에는 어제 달아난 새가 앉아서 울고 있음을 알았습니다. 나는 그때 비록 말 못 하는 새이나 같이 살려는 자기 친구를 구하랴고 온 줄로 믿었습니다. 그리고 구하러 온 새와 갇힌 새 두 마리 가운데는 참지 못 할 괴로움이 있는가 하얐습니다. 아! 얼마나 가련한 일이겠습니까. 나는 불이야 불이야 가슴을 껴잡아 가며 새장 문을 열고 남아 있었던 한 마리 새를 내어 주었습니다.

그러자 두 마리 새는 다정하게 날아갔습니다. 그것을 보고 나는 두 마리 새를 보고 어떤 때보다 더 크나 큰 기쁨을 느끼었습니다.

(『어린이』, 제9권 제9호, 1931.)

눈 오는 새벽

작자 미상

아기들아 너희는 어데 가느냐.
새하얀 양초들을 손에다 들고
오늘도 함박눈이 쏟아지시니
새벽의 산골짜기 나무다리가
미끄러워 다니기 위태할 텐데

어머님 저희는 가겠습니다.
새하얀 이 초에 불을 키어서
이 뒷산 골짜기 깊은 골짝에
눈 속에 떨고 있는 작은 새들의
보금자릴 녹여주러 가겠습니다.

(『어린이』, 제4권 제2호, 1926.)

자연과 친하자

공 탁

"사람은 한 때라도 자연을 떠나서 살 수 없습니다. 우리가 마시는 공기, 우리가 먹고 입는 모든 것이 한 가지로 자연이 주는 혜택입니다. 식물과 동물은 더구나 우리의 생활에 깊은 맺음을 가졌습니다.

… 우리는 땅에서 나는 곡식, 닭이 주는 알, 소나 양이 주는 것을 먹음으로써 사는 만큼 이 모든 것을 사랑하며 키워야 할 일입니다.

그런데… 사람들은 자연을 멀리하며 자연을 학대합니다. 소는 잡아먹어 밭을 갈 길이 없고 산은 벌거숭이가 되어 보기에 흉하고 부끄럽습니다. 이같이 나가다가는 자연이 우리에게 줄 아무것도 없게 될 날이 올 것입니다."

(『어린이』, 제132호, 1949.)

최서윤, Canva. 아무것도. 2024.
https://www.canva.com/

04 | 생태감수성교육

자연과의 교감 및 동감능력, 그리고 자기조율

현대 생태교육에서는 생태감수성 함양을 매우 중요하게 여기고 그 교육활동에 많은 비중을 두고 있습니다. 생태감수성이라 함은 자연을 직접 경험하면서 자연과 생명을 예민하고 느끼고 받아들이는 감각과 감성을 말하는데 자연에 대한 인지력과 이해력을 높여 주는 전제조건으로서 이것이 잘 발달되어야 자연과의 교감능력과 동감능력, 자기조율능력이 섬세하게 발달되고 생태지능과 지혜가 전반적으로 향상됩니다. 때문에 생태적 인간교육에 있어서 이 생태감수성은 가장 기초적인 것으로 중요하게 여겨져야 합니다.

그런데 현대의 어린이들은 대부분은 도시의 거대한 시멘트 공간 속에서 자연의 색과 향, 살아 움직이는 생명체들을 경험하지 못 하고 자라기 때문에 그만큼 자연에 대해서는 무지한 생태맹(生態盲)이 될 수밖에 없습니다. 또 자동차와 각종 전자음 등 인공적인 도시 소음을 늘 듣고 지내기 때문에 과도하게 예민하거나 신경질적일 수밖에 없고 생태적인 자기조율 능력을 잃고 늘 불균형과 불안한 심신상태에 놓이기 쉽습니다.

그렇기 때문에 도시 어린이들일수록 어떤 짜여진 환경이나 정해진 의도 없이 자연과 그 자신이 1대 1로 순수하고 자유롭게 만나는 경험을 보장받아야 하고 자연에 대한 감상을 느낀 그대로 표현하고 이야기 나누는 시간과 정서를 누릴 필요가 있습니다.

『어린이』지에 나타난 우리 민족 고유의 생태적 감수성 교육

어린이들의 그런 표현을 엿볼 수 있는 것이 시와 동요, 그림 등 예술적인 표현들인데, 『어린이』지에서는 주로 어린이들의 작품보다 이에 대해서는 색동회 작가들과 자연주의 문인들의 순수자연시들이 주로 소개되었습니다. 그 작품들을 보면, 자연현상들을 세심히 관찰하고 의인화해서 어린이들이 자연을 친구처럼 다정히 대하는 정서를 엿볼 수 있습니다. 또 봄, 여름, 가을, 겨울 각 계절마다 다르게 느끼는 감정표현들은 마치 읽는 이로 하여금 계절의 한복판에 있는 것처럼 느껴지게도 하고 따사로움과 씩씩함, 쓸쓸함과 연민, 꿋꿋함과 강인함 등 자연 속에게서 느끼는 다양하고 풍부한 감정표현들이 글에 대한 독자의 동감과 상상력을 한껏 유발하기도 합니다.

앞서 설명했듯이, 이런 순수시들이 다른 아동문학가들에게 당시 대다수 어린이들의 처참한 삶을 외면했다는 비판을 받기도 했지만 순수시들은 거칠고 척박한 현실에서 어린이들이 순수한 마음을 잃지 않고 고운 정서를 지키는 데 긍정적인 역할을 했다고 봅니다.

그리고 이뿐만 아니라 『어린이』지의 순수문학작품들은 우리민족이 원래 지니고 있던 생태적 정서에 대해 발견하게 해 준다는 데에서도 큰 의의가 있습니다. 우리는 농업전통이 있기 때문에 서구생태론이 이야기하는 자연관이나 생태적 감수성과는 관점과 깊이가 다릅니다. 『어린이』지를 보면 서양처럼 자연을 관조나 감상의 대상으로 여기기보다는 친구와 가족으로 여기면서 대화하고 어울리려는 이야기가 많이 나옵니다. 동식물들의 마음을 살뜰히도 들여다보고 헤아리는 이야기도 많고 심지어 자연현상을 종교적으로 해석하기도 합니다. 또 이 이야기들 속에는 우리 민족정서에 면면히 흘러온 자연합일적인 정서와 자연을 대하는 순수하고 밝은 마음이 공통되게 드러나기도 합니다.

이어지는 『어린이』지의 순수문학작품들은 우리 민족 고유의 이러란 생태적 정서를 이해하고 순수문학작품을 활용한 생태감수성과 생태문해교육을 개발하는 데 도움이 되리라 봅니다.

1) 계절에 대한 감수성

봄마지(동요)

유도순

산에들에 봄마지 잔치놀이라.
빨간꽃과 파란닢 한아름따서
각시한쌍 맨들어 시집보내면
종달새도 봄이라 노래부르네.
강에내에 봄맞이 잔치놀이라.
버들개지 물위에 띄워놓고서
손뼉치며 니나나 피리불면은
고기들도 봄이라 꼬리를치네.

(『어린이』, 제8권 제4호, 1930.)

밤이 늦도록 조선의 모든 장한 사람

유광렬

"밤이 늦도록 조선의 모든 장한 사람, 세계의 모든 장한 사람의 사적을 읽으면 어느 바람이 몰아왔는지 모르겠으나 봄비가 우수수 창문을 때린다. 봄비의 소리를 듣고 잠이 들었다 깨이면 어느덧 비는 개이고 베개머리에는 곱고 아름다운 아침 햇빛이 와서 든다.

이불을 박차고 일어나 수목이 무성한 산에 오르면 맑게 개인 하늘은 우주 영원(宇宙永遠)한 비밀을 말하고 대지 위에서는 어여쁜 풀과 사랑을 부르는 각색 새가 노래한다. 나는 이 봄의 아침이 제일 재미있다."

(『어린이』, 제8권 제4호, 1930.)

봄비(그림동요)

박로아

봄에오는 이슬비는
꽃비랍니다.

날개젖은 참새형제
떨고있어도
꽃봉오리 방울방울
꽃물먹어요.

봄에노는 이슬비는
눈트는비요

냇가에서 졸고섰는
장님버들에
천개만개 파랑눈이
웃는답니다.

(『어린이』, 제9권 제4호, 1931.)

나는 봄이 되면

이태준

　나는 봄이 되면 나무들이 많은 산에 가서 멍- 하니 앉아서 해 가는 줄도 모른다는 것이 나의 봄재미올시다. 그러고 있으면 새소리도 들리고 물소리도 들리고 나중엔 풀잎사귀들도 말을 하고 나뭇가지들과 나뭇잎들까지도 말을 하니까요.
　그것들이 무슨 말을 하느냐고요? 아니요 하다못해 나무 밑둥에서 꿀떡꿀떡하고 물 빨아올리는 소리라도 들릴 테니 여러분도 한 번 시험해 보십시오.

(『어린이』, 제8권 제4호, 1930.)

최서윤, Midjourney 봄의 대화. 2024.
https://discord.com/

이른 봄날 정다운 동무와

이정호

　이른 봄날 정다운 동무와 어깨를 맞걸고 가까운 교외를 찾아가 파-랗게 새로 돋아나는 싱싱한 풀들을 들여다보는 재미도 좋지만 그보다도 꽃 필 때 꽃나무 밑에서 낮잠 자는 재미가 좋습니다.
　꽃나무 밑에 비단같이 곱고 보드라운 잔디 위에 네 활개 쫙 펴고 드러누워서 한껏 아름답게 활짝 피인 꽃송이를 쳐다보고 있으면 향긋한 꽃냄새에 취하여 나도 모르게 솔솔 잠드는 재미!
이것을 싫어할 사람이 누구겠습니까?

(『어린이』, 제8권 제4호, 1930.)

최서윤, Midjourney 꽃나무 밑. 2024. https://discord.com/

봄 소리

봄은 움직이는 철입니다.

3월은 움직이는 달입니다.

긴긴 겨울 동안 죽은 듯이 움츠리고 있던 모든 것이 새로 활개를 펴고 새로 호흡을 하고 새로 소리를 치고 일어나는 때가 봄철이요 이 봄철의 움직임이 시작되는 것이 3월입니다.

여러분, 산에 가십시오. 골짜기에 흐르는 물에 봄 소리를 들을 것이요. 들에 가십시오. 가지에 날으는 새소리에 봄 소리를 들을 것입니다. 그리고 가만히 땅 위에 귀를 기울이십시오. 넓기나 넓은 대지가 움죽움죽 움직이는 소리를 들을 것입니다.

이 소리를 먼저 듣고 느끼고 그리고 그 소리에 화응하여 나아가는 사람은 사는 사람, 앞서는 사람일 것입니다.

아람 대지는 움직이기 시작하였습니다. 모든 것이 자라고 크기를 시작하였습니다. 우리도 움직이지 아니하면 아니 됩니다. 뛰고 놀고 새와 같이 새싹과 같이… 씩씩하게 쾌활하게…

(『어린이』, 제1권 제2호, 1923.)

4월 4월

　4월이 왔습니다 불그스레한 4월의 세상이 따뜻하게 찾아왔습니다. 겨울이 멀리 가버리고 벌써 산골짜기의 얼음까지 아주 녹아버렸습니다. 인제는 아주 봄이여요. 풀싹이 돋고, 샘물이 터지는 봄철입니다. 산을 보십시오. 불그레하게 웃고 있지 않습니까.
　솟는 때, 뻗는 때, 크고 자라는 때! 새 세상, 새 4월이 우리를 찾아왔습니다. 훗훗한 솜옷을 벗어 버리고 산에 가십시오. 들에 가십시오. 작은 새우는 소리에도 새 생명은 차 있고 한 잎의 풀 끝에도 새 생명은 솟고 있습니다.
　새같이, 꽃같이 어여쁘게 잘 씩씩하게 커갈 어린 동무들이여, 산에고 들에 가십시오. 그 귀엽고 힘 있는 새 생명이 당신들의 머리와 가슴에 스며들어서 당신들도 생기 있게 뻗어 가야 할 것입니다. 새 생명에 뛰놀아야 할 것입니다.
　산으로! 들로! 다 같이 가십시다. 날마다 가십시다.

(『어린이』, 제2권 제4호, 1924.)

어린이의 날 오월 초하루가 되면

작자미상

　우선 한울부터 유록하게 좋아집니다. 가을 한울처럼 매섭게 쌀쌀하지도 않고 첫 봄의 한울처럼 흐리터분하지도 않고, 무슨 좋은 것이 가득 찬 것 같이 듬뿍 차고도 환하게 개어서 그야말로 행복이 가득한, 개인 한울입니다. 5월과 4월이나 6월의 한울을 주의하여 보시면 알 것입니다.
　또 햇볕이 좋아집니다. 뜨겁지도 않으면서 탐탁하게 비치는 것이 5월의 햇볕입니다. 제일 마음대로, 제일 점잖게, 제일 밝게 비치는 때가 5월입니다. 그래 세상 모든 것이 5월 달에 제일 크게 자라고 커 가는 것입니다.
　또 공기(기운이라고 해도 좋습니다.)가 좋습니다. 봄날의 지저분한 데서 세상의 대기는 이 5월 달에 들어서 처음 깨끗하고 온화해집니다. 춥지도 덥지도 않고, 앙칼지지도 않고 통통하지도 않고 똑 알맞고 똑 좋은 대로 온화하고 깨끗한 것이 5월입니다.
　자연(세상이라 해 두어도 좋습니다.)이 새로워집니다. 검고 쓸쓸하고 죽은 겨울에서 봄철이 되어 새싹이 돋고 나뭇잎이 퍼지기 시작한 것은 좋으나 그것은 금시에 쓰레기통과 같이 지저분한 곳에 들어가 버리고 맙니다. 산이나 들이나 정말 눈이 부시게 산뜻하게 새 옷을 입고 나서는 때는 5월입니다.
　5월! 그 달은 참말로 희망에 타는 듯한 신록의 새 세상이 열리는 달입니다. 그러기에 서양 어느 나라에서는 5월을 정월로 쓰고 5월이 오면 새해가 왔다고 기뻐하는 나라까지 있습니다.

한울이 새롭고, 햇볕이 새롭고, 공기가 새롭고, 산천초목이 새로워지기니까 사람이 새로워집니다. 어떻게 새로워지지 않고 견디겠습니까. 몸은 솜옷을 입고, 대기는 흐리터분하고 노곤하기만 하던 봄에서 신록의 세상이 열리는 5월에 들어서는 - 설사 앞에 혹독한 삼복더위가 닥뜨려 온다 할지라도 5월달은 - 솜옷을 벗어 버린 때와 같이 몸이 가뜩하고 가슴이 시원하고 정신이 산뜻하여 새 원기와 새 정력이 뻗쳐 나가는 때입니다.

그러므로 세계에 유명한 시인 쳐놓고 5월을 찬미하지 아니한 이가 없고, 세계 어느 곳 사람이 5월을 축복하지 않는 사람이 없습니다. 서양에서는 예전부터 처처에서 이 달 이 날(초하루)에 꽃제사를 굉장하게 지내 왔고, 동양에서도 역시 5월 5일을 단오라 하여 복사꽃과 창포 등을 써서 일종의 꽃놀이를 하여 왔습니다.

이렇게 좋고, 희망과 새 생명의 상종이라 할 5월의 첫날을 우리가 특별히 어린이의 날로 기념하고 즐기게 된 일은 대단히 뜻깊고 또 무한히 기쁜 일입니다.

5월 초하루, 5월 초하루, 이 날에 새로 뻗는 새 힘과 새싹과 같이 우리 어린 동물들도 희망 많게 자라고 커 가야 할 것이고, 몇 만 년 가도 변하지 않을 이날의 행복과 함께 어린이들의 앞길에 영원한 행복이 있어야지 라고 우리가 특별히 이날을 따로 잡아 어린이의 날로 잡고, 세상의 많은 어른들과 함께 생각하고 일하고 빌자는 날입니다.

이 즐거운 어린이의 날을 축복해 주는 동무가 많습니다.

꽃은 피어 어루어졌고, 새들은 노래를 부르고, 나비는 춤을 추고 … 꽃과 같이 새와 같이 어여쁘게 씩씩하게 커 갈 우리 어린이 동무들이여…

즐겁게 즐겁게 이 날을 축복하십시오. 그 즐거움이 머릿속에까지 가슴 속에까지 배 속에까지 속속들이 스며 차게 하십시오 그럼으로써 당신들의 살림을 즐겁게 하셔야 할 것입니다.

(『어린이』, 제2권 제5호, 1924.)

첫녀름(동요)

허문일

물차는 제비야 나하고놀자.
멱감다 실커들랑 노래나하자.
목청좋은 꾀꼬리야 나하고놀자.
노래하다 실커들랑 춤이나추자.
버들가지 꺾어서 피리를부니
꾀꼬리는 노래하네 제비춤추네.
못가운데 뛰어들어 헤엄을치니
창포꽃도 춤을 추네 웃줄거리네.

(『어린이』, 제9권 제5호, 1931.)

가을이면 나는

김기전

가을이면 나는 산에 오르거나 들에 나가는 것이 제일 좋습니다. 그리고 새벽에 일어나 귀뚜라미의 우는 소리를 듣는 것과 저녁을 먹고나서 밤하늘을 쳐다보는 재미도 그럴 듯합니다. 정말입니다.

산에 올라 나뭇잎 떨어지는 골 틈에서 가늘게 흐르는 시냇물 소리를 듣는 것이나 들에 나서서 이리 저리 쓰러진 가을 풀 위를 걷는 맛은 무엇보다도 좋습니다. 슬픈 듯하면서도 달콤한 맛이 나는 말할 수 없는 유쾌입니다.

이 글을 쓰는 오늘 아침에도 나는 제이고보(第二高普, *현 경복고)에 다니는 어떤 소년과 같이 취운정 뒷산에 올라 그 졸졸 흐르는 샘에서 냉수마찰을 하였습니다.

(『어린이』, 제3권 제10호, 1925.)

최서윤, Midjourney. 가을이면 나는. 2024.https://discord.com/

나는 가을, 특별히 저녁 때

고환승

나는 가을, 특별히 저녁 때 들이나 언덕으로 산책하는 것이 제일 좋습니다.

불그레하게 넘어가는 석양 해를 바라보며 바삭바삭하는 낙엽을 밟으면서 혹은 바람에 나부끼는 들국화를 따 들면서 또는 낙엽지는 나뭇가지에서 깍깍 우는 까치의 소리를 들으면서 거닐 때에는 무한히 깨끗하고 무한히 아름다운 마음과 시가 우러나옵니다.

(『어린이』, 제3권 제10호, 1925.)

최서윤, Midjourney.가을,저녁 산책.2024.https://discord.com/

가을의 자연, 가을의 등불

김기전

새벽에 잠을 깨면 귀뚜라미 소리가 특별히 요란하고 저녁에 먼 산을 보면 산 그림자가 눈에 띄우도록 컴컴합니다. 이것이 모두 가을이 온 증거입니다.

지리한 더위를 보내고 선선한 가을을 맞는 것은 과연 유쾌합니다. 땀내 나는 옷을 벗고 깨끗한 새 옷을 입는 것과 같은 심정입니다. 한울은 어쩌면 그렇게도 높고 맑으며 산과 들에는 무슨 꽃이 그렇게도 많습니까!

보통으로는 꽃을 이야기할 때에 '봄'을 생각하나 실상은 봄보다도 가을이 꽃철인 듯하며 더욱 가을의 꽃은 어느 철의 꽃보다도 대개는 그 색채가 선명하고 강하며 형태가 청초(淸楚) 하여서 좋습니다.

가을꽃은 가을의 따님, 아니 가을의 정기라 할까요. 어쨌든 우리는 가을의 꽃에 대하여 마음 가득한 정취(情趣)를 느끼지 않을 수 없습니다.

그리고 이상하지 않습니까. 등불 밑에 얼마를 있어도 그렇게 졸리워지지를 않습니다. 이것은 어느덧 밤이 길어진 증거입니다. 여름 한 철 동안에는 저녁을 먹으면 밥술을 놓기가 바빠서 문밖으로 나가고 나가서 바람을 한참 쏘이고 들어오면 그만 잠을 자게 됩니다. 그래서 등불 하고는 그렇게 인연이 없이 살았습니다.

그러나 가을에 들어와서는 '등불 밑'이라 하는 한 새 세상이 생겨집니다. 덥도 춥도 않은 고요한 가을밤에 은근히 등불을 가까이하여 앉으면 스스로 마음이 정돈되고 가라앉아서 무엇이나 생각하고 보고싶게 됩니다.

　옛 사람의 말에 가을밤에 등불은 사람으로 하여금 저절로 책을 펴게 한다는 것과 같이 우리들 스스로 책을 보게 됩니다. 그러면 새로운 가을은 새로운 공부와 아울러 우리의 머리를 새롭게 하여 줍니다.

　가을의 자연! 가을의 등불! 이것으로 가을을 맞는 우리 일반에게 주어진 중요한 선물인가 봅니다.

(『어린이』, 제6권 제5호, 1928.)

겨울(동요)

허문일

겨울바람 치워서
나무가떨면
송이송이 하얀눈
나려쌓여서
산과들을 포근이
덮어줍니다.

겨울하늘 맑아서
달이맑으면
빨가숭이 나무들
놀기조타고
눈우에서 바람과
씨름합니다.

겨울바람 힘차게
뛰어단이면
나도나도 동무와
떼를지어서
찬바람과 달음박질
내기합니다.

(『어린이』, 제10권 제12호, 1932.)

2) 생명을 대하는 마음

어미새(동요)

장문진

넘어가는 저녁해에
어미새들은
어린아가 집에서
기다린다고
빨리날라 집으로
도라갑니다.

하로종일 그립든
엄마아빠가
서로조와하는걸
보고가려고
저녁해가 서산에
기다립니다.

(『어린이』, 제3권 제3호, 1924.)

6월과 종달새

임 연

엄마가 뽀얀 젖으로 애기의 목을 축여주듯이 솔솔 붓는 봄비가 잔디 위에 퍼질 때 잔디는 푸른 목숨을 힘 있게 뻗습니다. 나무마다 팔다리를 힘껏 뻗습니다. 그리던 봄들이 어느덧 푸른 들이 되었습니다. 풀들의 너울거리는 것이 푸른 물결과 같습니다. 더구나 아가의 키보다는 훨씬 큰 보리들의 춤추는 것이 물결과 같습니다.

그 보리밭에 뾰족뾰족 싹이 틀 때는 나물 캐는 누나들의 노랫소리만 흐르더니 보리가 우거지니까 그 노래는 들리지 않습니다.

그러나 한 구름 송이에 안겨 온종일 조잘대는 종달새 노래가 병아리 노래같이 하늘 땅을 수놓습니다. 그리고 풀이나 나뭇가지나 아름다운 그 노래에 맞춰 춤을 춥니다. 그 중에도 맑은 시내에 푸른 머리 적시고 노는 수양버들과 우거진 보리가 가장 춤을 잘 춥니다. 그 종달새의 노래를 들으면 냇가에서 빨래하던 누나들도 맑은 물에 발 담그고 종달새와 같이 노래를 부른답니다. 나무하던 소년들도 실비같이 솔솔 내리는 종달새의 노래를 듣고는 종달새와 같이 놀고 싶어서 보리밭 속의 종달새 집으로 그 애들(종달새들)을 찾아간답니다.

아아 얼마나 귀여운 종달새입니까? 종달새는 몸은 적어도 하늘이나 땅이나 다 그의 집을 삼습니다. 종달새가 노래하면 모든 것이 그 노래를 따라 춤추며 노래합니다.

(『어린이』, 제9권 제5호, 1931.)

해바라기씨

지용

해바락이 씨를 심자.
담모퉁이 참해 눈 숨기고
해바락이 씨를 심자.

누이가 손으로 다지고 나면
바둑이가 앞발로 다니고
괭이가 꼬리로 다지고

우리가 눈감고 한밤 자면
이슬이 나려와 같이 자고 가고

우리가 이웃에 간 동안에
햇빛이 입 맞추고 가고

해바락이는 첫 색시인디
사흘이 지나도
부끄러워 고개를 아니든다.

가만히 엿보러 왔다가
소리를 꽥! 지르고 간 놈이
사철나무 닢에 숨은
오오 청개고리 그 놈이다.

최서윤, Canva. 해바라기와 개구리.
2024.https://www.canva.com

(『어린이』, 제5권 제5호, 1927.)

눈 오시는 밤(동요)

이 구

새하얏케 밤새도록
눈오시는밤
아랫목 이불속에
꿈을꾸엇소.

불쌍한 참새하나
발발떨면서
눈위에 뒹구르며
내이름 불너요.

나는얼른 일어나
참새안아다
은방울을 채워주고
자장가 불렀소.

머ㄴ동이 닭소리에
놀나깨보니
새벽달이 절반이나
창에들엇소.

최서윤, Canva. 눈 오는 밤의 참새.
2024.https://www.canva.com/

(『어린이』, 제7권 제1호, 1929.)

말(동요)

지용

말아
다락같은 말아
늬는 점잔키도하다만
웨 그리 슬퍼 뵈니?

말아
사람 편인 말아
검정 콩 푸렁 콩을 주마.

이 말은 누가 난 줄도 몰으고
밤이면 머언데 달을 보며 자네.

(『어린이』, 제11권 제6호, 1935.)

최서윤, Midjourney. 슬픈 말. 2024.
https://discord.com/

우리 애기 자랑

작자 미상

닭꺼정이 저의 애기 자랑
곰이나 사자가 제 아무리
잘난 척해도
이런 쪼꼬맣고
귀여운 애기가 있겠어요.
닭은 시방 아기들을 등에 업고
삐악 삐악 노래를 가르치고 있습니다.

(『어린이』, 제12권 제6호, 1934.)

새끼 잃은 검둥이(동화)

성해

영길의 집에서는 한 달 전에 검둥이가 새끼를 낳았습니다. 그런데 두 마리는 어미 개 닮은 검둥이요 한 마리는 얼룩이었습니다.

영길은 기뻐하야 날마다 이 강아지들을 안아 주기도 하였고 그 보드러운 몸을 쓰다듬어 주기도 하였습니다.

어떠한 때에는 어미 검둥이에게 물릴 뻔한 일도 있었습니다. 그것은 어미 검둥이 생각에는 영길이가 제 새끼를 빼앗아 가지나 아니할까 염려하야 이빨을 내놓고 웅크린 것입니다.

어버이는 검둥이가 이렇게 사랑하던 새끼 검둥이들은 난 지 한 달 되는 날에 다른 곳으로 어미 모르게 가져가버렸습니다. 한 마리는 영길의 사촌집에서 가져가고 또 한 마리는 영길의 이웃집에서 키우려고 얻어갔습니다. 남은 것은 다만 얼룩이 하나였습니다.

영길은 대단 섭섭하였습니다. 그리하야 하루는 어머니께 물었습니다.

"강아지를 왜? 우리집에서 다 키우지 않습니까?"

어머니는 웃으면서 대답하였습니다.

"그것을 세 마리나 다 키워 무엇하니?"

영길은 그 대답이 더욱 섭섭하였습니다. 그리하야 "그러면 영애 누님 집에는 개가 다섯 마리나 되던데요." 하고 말하였습니다.

영애 누이의 집에 가게 되면 여러 개들이 악착스럽게 짖고 덤비던 일을 생각하였습니다.

어머니는 영길의 말을 듣고 힘없이 대답하였습니다.

"영애의 집은 부자이니까 개를 여러 마리라도 키울 수 있지만은 우리집은 어떻게 그러할 수 있니?"

영길은 대단히 슬펐습니다. 그리하야 "어머니 그러면 내 밥을 조금씩 덜어서 주고라도 강아지를 키웁시다." 하고 청하였습니다.

그러나 어머니는 그 말을 우스운 말로 돌리고 그대로 아무 말도 안 하였습니다.

영길은 어미를 떨어진 강아지들이 어떻게 슬플까 그것을 생각하는 밥도 잘 먹지 못 하고 잠도 잘 이루지 못 하였습니다. 그리고 지금의 어미 검둥이를 일 년 전에 자기집으로 가져왔을 때의 일을 생각하였습니다. 오늘의 어미 검둥이도 그때에는 새끼 검둥이였습니다. 집에로 갖다 놓은 사오 일 동안은 저녁에는 조금도 잠을 자지 않고 어미를 찾으며 끙끙거리었습니다. 이것을 생각하매 지금에 새끼 검둥이 둘이 어디서 끙끙거리며 애를 태우는 것이 눈에 뵈이는 듯하였습니다.

그리하야 영길은 다시 어머니에게 "어미 검둥이가 작년에 끙끙대는 것처럼 새끼 검둥이도 지금 다른 곳에서 끙끙 거리겠지오?" 라고 물었습니다. 어머니는 "그런 것을 생각하면 무엇하니?" 라고 예사로 여기는 듯이 대답하였습니다. 영길은 '자기의 집도 영애집처럼 부자이었다면 검둥이가 그대로 있을 수 있을 것을…'이라고 생각하였습니다.

그러나 며칠 뒤에 다만 한 마리 남았던 얼룩이조차 다른 일가집에서 가져가 버렸습니다.

영길은 새끼를 다 잃어버린 검둥이를 볼 때마다 가없는 생각을 하였습니다.

(『어린이』, 제3권 제3호, 1924.)

하얀 무덤(동요)

이 구

우리집 힌비닭이 빨간피흘려
고요히 눈감은 이튿날아침
하얀눈이 펄펄 쏟아졌어요.

남몰래 나홀로 뒷동산에가
귀여운 비닭이 장사지내고
터벅터벅 눈길을 걸었습니다.

아무도 모르는 가엾은무덤도
그러나 봄이오면 무덤위에는
새빨간 꽃한송이 피어난대요.

(『어린이』, 제10권 제1호, 1932.)

05 | 자연놀이

자연놀이의 본질과 현대 자연놀이의 한계

어린이 교육자 분들은 '어린이들이 해야 할 일은 노는 것이다.'라는 유명한 문구를 한번쯤 다 들어보셨을 겁니다. 유럽의 자연주의 교육에서 흔히 쓰는 말인데 우리나라는 누리교육과정에서 놀이를 중시하고 있고 그에 따라 어린이집과 유치원 모두 어린이 놀이에 큰 비중을 두어 시행하고 있습니다. 특히, 생태교육이 확산되면서 어린이 자연놀이와 숲놀이가 활발하게 이루어지고 있는데 대부분의 어린이들이 도시에 살고 있는 상황에서 과거에 비해 자연놀이를 중시하게 된 것은 매우 반갑고 바람직한 현상이라고 봅니다.

그런데 현재 숲놀이와 자연놀이들을 보면 대부분 자연물을 플라스틱보다 더 안전한 장난감 대체물로 여기는 데 그치는 경우가 많고 신체발달을 위한 놀이의 경우에도 짜인 놀이법대로만 하거나 자연물을 활용한 구조물을 사용하는 데 집중된 경우가 많습니다. 또 유아숲지도사 양성기관에서 제공하는 놀이프로그램과 도구들을 이용하는 틀을 벗어나지 못 하는 경우도 적지 않습니다. 물론 모두 좋은 방법들이고 거기에는 어린이교육에 대한 많은 분들의 애정과 고심이 담겨 있기에 분명 좋은 교육효과들이 있다고 봅니다.

그러나 『어린이지』가 나왔던 시절의 어린이들의 놀이와 비교해 보면, 그때는 자연과 어린이가 자연스럽게 어우러져 노는 순수한 놀이였던 반면, 현대의 자연놀이는 인간중심적이고 획일적이고 도구주의적인 면이 있습니다. 현대의 어린이들이 예전의 어린이들처럼 주변 어디에서나 자연을 접할 수 있고 생활 속에서 언제든 자기들끼리 자연으로 놀러가기는 어렵습니다. 그래서 대부분 어쩌다 한번 정해진 짧은 시간 동안 어른들의 통제와 짜인 틀 속에서 자연놀이를 하게 되는데, 이는 어린이들이 자연에서 장시간 일상적으로 반복해서 노는 경우와는 교육효과에서 큰 차이가 납니다.

어린이 스스로 자연에서 자연스럽게 놀 때에는 자연의 소리와 향내음, 빛과 색, 여러 감각과 감정을 한껏 느낄 수 있습니다. 특히, 자연을 그저 배경으로만 삼거나 놀이대상으로 여기지 않고 자연과 직접 교감하기 때문에 그것을 통한 감정이 노래와 시, 온갖 표정과 몸짓을 통해 절로 우러나오게 됩니다.

이때 어린이들이 느끼는 감정은 충만과 환희입니다. 자연의 기운과 아이들의 기분이 일치되었을 때 아이들은 함께 노래로, 시로 흔들거리는데, 그러면서 잠깐의 평범한 유희가 아니라 자기 존재의 충만함과 행복감을 느끼는 경험이 평생동안 본연의 정서로 내면에 자리잡게 됩니다. 그래서 자연에서 자연스럽게 논 아이들은 폭력적이고 자극적인 미디어 게임이나 다른 어떤 중독성 있는 자극에도 쉽사리 마음을 빼앗기거나 자기 자신을 잃게 되는 법이 없게 됩니다.

『어린이』지에 나타난 자연놀이의 성격

『어린이』지의 글들을 소개하기에 앞서, 『어린이』지에 실린 자연놀이들을 종합적으로 살펴본 결과, 현대 자연놀이의 발전에 밑거름이 될 자연놀이의 성격을 아래 다섯 가지로 정리하여 소개합니다.

첫째, 자연놀이는 가공된 놀이기구에 의존하지 않고 자연과 어린이가 직접 만나는 방식으로 이루지는 것이 좋습니다. 때로는 어른들의 숲해설을 듣거나 짜인 놀이를 하느라 자연 속에 있으면서도 자연을 보지 못 하는 경우가 많은데 자연과 어린이들을 매개하는 놀이기구가 없을 때 어린이와 자연의 거리가 좁혀지고 어린이들은 자연 그대로를 몸과 마음으로 오롯이 만날 수 있습니다.

둘째, 자연놀이는 자연의 시간을 따라서 노는 방식을 추구해야 합니다. 도시에 있는 대부분의 어린이교육기관에서 일주일에 한 두 번 자연에 가는 것도 현실적으로 쉽지가 않습니다. 그런데 옛날의 어린이들은 가까이에 있는 산과 들에 언제든 갈 수 있었기 때문에 계절의 흐름과 시시각각 자연의 시간을 익히고 따라 살 수 있었습니다. 그래서 일년 내내 계절마다 꽃놀이, 식물 심기, 감 따기처럼 자연을 기다리고 맞이하는 놀이들을 할 수 있었습니다. 그러면서 자연처럼 생겨나고 자라고 번창하다가 시들고 비우고 다시 태어나는 생의 원리도 자연스레 배울 수 있었던 것입니다.

셋째, 자연놀이는 일정한 법칙대로만 하지 않는 것이 더 좋습니다. 예전에는 그저 혼자도 좋고 때에 따라 동무들끼리 삼삼오오 자연 속에서 걷거나 뛰어놀고 동식물들과 대화하는 것으로 놀이효과를 훨씬 더 크게 얻을 수 있었습니다. 정해진 규칙에 매이다 보면 규칙 자체나 놀이 결과에 집중하기 때문에 자연 자체를 인식하기 어려울 뿐 아니라 자연과 상응활동을 하기는 더 어렵습니다. 그런 경우, 놀이의 규칙과 놀면서 자연에서 놀지만 자연과 차단된 놀이를 하는 셈이 됩니다. 그러나 자연 속에 자유롭게 있으면 어린이는 시시각각 변하는 자연상태 속에서 우연히 접하게 되는 자연현상에 자율적으로 반응하게 되고 그 속에서 각자의 관심사와 감성, 호기심대로 자연을 배우게 되는데 이는 놀이의 법칙이 가져다줄 수 있는 교육효과의 범주를 넘어서는 것입니다.

넷째, 규칙에 따르는 놀이를 하더라도 자연물의 가치를 차별하거나 승자와 패자를 가르는 놀이는 하지 말아야 합니다. 대부분의 경우 아름나움과 추함, 쓸모 있는 것과 쓸모 없는 것을 인간중심주의의 기준에서 이분법적으로 가르치는 경우가 많은데 이는 자연의 다양성과 순환관계를 무시하게 할 우려가 있습니다. 또 한정된 자연물을 주고 경쟁적으로 차지하게 하는 방식이 많은데 이는 협동과 공생의 생태원리를 무시하고 경쟁주의 윤리를 내면화 하게 할 수 있는 매우 반교육적인 것입니다. 그런 식으로 놀면서 자란 아이들은 자연에서 즐길 줄은 알아도 여전히 자연과 대화할 줄 모르고 자연을 지배하려 들게 됩니다. 따라서 그보다는 각기 다른 자연물들을 평등하게 여기고 공동체의식을 키워 줄 수 있는 놀이를 하는 것이 더 바람직합니다.

다섯째, 자연놀이에서는 어린이들이 놀이의 진정한 주체가 되어야 합니다. 요즘 자연놀이를 보면 교사가 놀이방법을 설명하고 익히게 하거나 주도적으로 숲지식을 설명하는 데 많은 시간을 사용하는 경우가 많습니다. 그런데 이에 비해, 『어린이』지의 자연놀이들을 보면, 어린이들이 주체가 되어 자연을 만끽하고 두런두런 모여 앉아 그 느낌과 생각을 나누는 것들이 대부분입니다. 교사가 정해진 교육효과를 의도적으로 유도하는 것이 아니라, 어린이들 스스로 자연놀이의 경험을 대화를 통해서 생태적 품성으로 내면화 하게 하는 과정을 거치게 했던 것입니다.

마지막으로, 자연놀이는 놀이의 과정과 결과에서 모두 자연을 공경하고 축복하는 태도가 드러나도록 해야 합니다. 이것은 기후위기 속에서 가장 주목할 만한 것인데, 아무리 자연 속에서 자연물을 가지고 놀아도 그 의도가 인간의 유희만을 위하고 자연의 희생을 당연하게 여기게 하는 것이라면 그것은 진정한 자연놀이라고 할 수 없습니다. 그런데 이에 비해 『어린이』지의 자연놀이에서는 어린이들이 자연을 축복하는 행위 자체가 자연놀이로 구현되어 있습니다. 꽃이 피어나는 것을 축복하고 열매가 영그는 것을 축복하고 철마다 친구와 가족을 축복하듯 땅을 축복합니다. 그런데 현대에서는 "어린이 여러분 오늘 재미있었나요?" 하고 어린이들의 만족도만 확인되면 그 자연놀이가 잘 이루어졌다고 평가하는 경우가 많습니다.

자연을 공경하는 의미의 자연놀이가 되게 하기 위해서는 가능한 자연놀이를 시작할 때와 끝마칠 때 어린이들이 자연에 인사와 축복을 하도록 지도하는 것도 좋은 방법이 되겠습니다.

현대에서는 어린이들이 대부분 도시에 사느라 자연놀이를 풍부하게 하기 어렵지만 자연이 변화하는 현상과 시간의 흐름을 따라 교육 프로그램을 짜는 원칙을 잘 지키면 공간과 상황에 맞게 얼마든지 적절한 자연놀이를 할 수 있습니다. 더욱이 자연에 대한 경이로움과 공경심을 갖게 하는 것이 가장 중요한 교육목표라는 것을 잊지 않는다면 교육환경과 방법 또한 얼마든지 유연하게 활용할 수 있을 것입니다.

이어지는 『어린이』지의 글들은 이제까지 서술한 자연놀이의 원칙이 담긴 것들입니다. 현대에 계승해야 할 생태적인 자연놀이의 목적과 원리를 정립하고 당시의 자연놀이를 현대적으로 복원하는 데 도움이 되리라 봅니다.

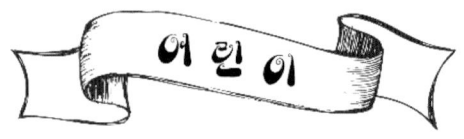

꽃놀이

편집인

　새로 오는 봄철에 가장 고상하고 유익하고 재미있는 놀이를 가르쳐 드릴 터이니 반드시 실제로 해 보십시오.
　소년회는 물론이고 소년회 아니라도 칠팔 인 혹은 십오륙 인 그보다 더 많으면 많을 수록 좋습니다. 한 곳에 모여서 어느 날짜를 정해 가지고 그 날부터 제각각 화초분(화분)에 자기 좋아하는 화초 씨를 심어 가지고 서로서로 숨겨 가면서 보이지 아니하고 넌짓넌짓 물을 주어 가면서 기릅니다. 반드시 화초분에 심지 않더라도 땅에서 길러서 나중에 화초분에 옮겨 심어도 좋습니다. 그러면 서로서로 남의 집에서는 어떤 꽃을 기르는지 또 그것이 얼마나 잘 커 가는지 알고 싶어서 궁금해지는 고로 재미가 있습니다.
　그렇게 서로 숨겨 가면서 기른 꽃이 상당히 피었을 때 토요일이나 일요일이나 아무 날이나 적당한 날을 정해서 그 날은 일제히 모두 꽃분(화분)을 가지고 모여서 정한 방이나 회관을 치우고 꽃분에 성명을 붙여서 나란히 보기 좋게 늘어 놓고 서로서로 보면서 누구의 꽃이 제일 잘 피었다고 쪽지에 적어서 그 쪽지를 모읍니다. 모은 쪽지를 일일이 조사하여 제일 많이 적힌 사람과 그 꽃이 1등, 그 다음으로 많은 사람이 2등, 이렇게 차례차례를 정하게 됩니다. 자기네끼리 쪽지에 적어 넣기가 불공평하면 누구든지 와서 구경하라 하고 어른이나 아이나 모든 사람에게 구경을 시킨 후에 모든 사람들이 한 장씩 쪽지에 제일 잘 기른 사람의 이름을 써서 놓고 가라 하여도 좋습니다.

그리고 그 날 밤에는 모두 각각 색등을 한 개씩 만들어 가지고 모여서 그 여러 가지 색색이 오색능에 불을 켜서 방에 꽃 위에 나란히 매달아 놓습니다. 그리고 곧 아름다운 등불 밑에서 향긋한 꽃 향내를 맡으면서 차례차례 꽃에 대한 전설을 아는 대로 이야기하고 또 창가들도 하면서 즐겁게 놉니다. 이것을 '꽃놀이'라고도 하고 '꽃제사'라고도 합니다. 이것은 곱게곱게 자라가는 일이 사람이 자기 품에서 커 가는 어여쁜 꽃의 아름다운 생장을 보는 것이니 크게 유익한 일이요, 자연에 대한 사랑을 기르고 지식을 얻게 되는 것이니 또 유익한 일입니다.

재미있고 유익한 중에 고상한 취미를 기르는 일이니 학교와 소년회에서도 힘써 하시는 것이 좋고 소년회나 학교에 안 다니는 이들끼리도 하는 것이 좋습니다. 꽃은 똑같은 때에 일제히 크게 하기 위하여 똑같은 꽃을 한 날 한 시에 심는 것도 좋습니다.

그렇게 잘 놀고 난 후에 이튿날 그 꽃들을 가지고 가까운 병원이나 병원 아니라도 앓는 사람을 찾아다니면서 머리맡에 한 분씩 놓아 주고 위로를 해 드리면 더욱 좋은 일입니다.

(『어린이』, 제3권 제4호, 1925.)

참외와 수박

이태준

여름 한 철에야 무엇이 좋으니 무엇이 반가우니 하여도 참외와 수박처럼 반가운 게 어디 있겠습니까. 오륙 년 만에 만나 본 친구의 이야기는 일기에 적지 못 하여도 '오늘 참외가 나다.', '오늘 수박을 처음 먹다.'는 꼭꼭 적어 두지요.

참외는 앉은 자리에서 보통 일곱 여덟 개는 집어치우고 수박은 광천 무등산 수박이 제일, 이런 말을 듣고 작년 여름에는 전라도 광주까지 갔더라면 그만이지요. 아침에 참외, 점심으로 수박, 저녁에 참외, 밤참으로 수박 그리고 24시간에 48회의 오줌을 누는 것이 나의 여름 재미입니다.

그리고 이 은혜 많은 여름이 지나고 가을이 오려 할 때에는 나는 나와 같이 참외와 수박을 즐기는 친구들과 참외 송별회, 수박 송별회를 엽니다. 그 해 여름에 먹은 참외와 수박의 총결산을 신고하는 회이지요. 작년 여름에는 참외 180개, 수박 45개를 먹었더랬습니다.

(『어린이』, 제7권 제6호, 1929.)

최서윤, Midjourney.여름 재미. 2024.https://discord.com/

보건 여름과 어린이

김보영

여름은 내에서 바다에서

뜨거운 빛이 쪼이는 여름날에 어떤 동무들끼리 서로 손을 잡고 냇가나 바닷가에 가서 빨가숭이 몸뚱이로 은빛 금빛 물결이 부서지는 물 속에서 헤엄을 치며 노는 맛과 모래밭에 나와서 모래찜을 하며 맑고도 시원한 바람을 들이 마시는 맛을 무어라 다 말하겠습니까.

여름의 즐거움은 저녁모임에

낮에 하던 일을 죄다 마치고 저녁밥을 먹은 뒤에 동네 모임터에 일제히 모여서 저녁하늘 반짝이는 별들을 쳐다보며 한 사람씩 돌려가며 그 날 지낸 이야기도 하고 여러 가지 재미있는 유희도 하야 머리도 쉬고 몸을 튼튼하게 단련하는 맛은 더 없는 즐거움이요 기쁨이외다.

여름은 여러분의 세상! 맘껏 뛰고 맘껏 노래하십시다. 산에서 들에서 그리고 내에서 바다에서!

(『어린이』, 제11권 제7호, 1933.)

자전거 산책

신영철

여름 재미!

시골에 있다면 그도 꽤 여러 가지가 있겠지만 도회지에 있는 몸으로는 틈만 있다면 혼자라도 자전거를 타고 도회지 밖에 전답 있는 농촌 같은 데를 찾아가서 자전거를 누가 안 가져 갈 만한 곳에다 놓고 걸어서 논둑으로 밭둑으로 볏닢 사이 콩닢 사이에서 향내 나는 바람을 쏘여가며 향방 없이 돌아다니다가 그늘 밑 풀밭에서 데굴데굴 멋대로 뒹굴기도 하고 노래도 부르며 놀다가 저녁 때 해 넘어갈 만해서 또다시 자전거를 몰아 돌아오는 재미도 제법 그럴 듯한 재미다.

(『어린이』, 제7권 제6호, 1929.)

최서윤, Midjourney.자전거 산책. 2024. https://discord.com/

밤 줍는 재미

박달성

가을재미 하고는 아마 이것이 제일일 것이외다. 어른보다 어린이들 취미로서 제일이라고 추천합니다. 팔월 추석 밑 천고기청(天高氣淸)한 청신한 아침에 아침산책 삼아서 어린 동생 손목 이끌고 뒷산이나 앞산 밤나무 아래로 가서 은방울 같은 이슬을 톡톡 걷어차면서 풀밭을 요리조리 뒤지노라면 빨갛고 동글동글한 밤알이 풀밭에 숨어 있다가 마치 어린이들이 숨바꼭질이나 하다가 발견이 되어가지고 '하하 내가 여기 숨어 가지고 네가 찾기를 기다렸었다!'라고 말하듯이 부끄러운 듯 빨간 얼굴로 '헤헤…' 웃으며 나타납니다.

최서윤, Midjourney. 밤송이. 2024. https://discord.com/

그러면 조아라고 냉큼 집어서 바구니나 주머니에 넣으면 '나는 한 알 주웠다! 아! 또 한 알!'하고 기뻐서 날뜁니다. 그러다가 지난 밤 바람결에 떨어진 크다란 밤송이를 만나게 되면 더 한층 기뻐서 춤을 추게 됩니다.

그리고 또 잘못 덤비다가 밤 가시에 손끝이나 발바닥을 질려 가지고 와서 어머니나 누나보고 바늘로 파달라고 조르는 재미도 엔간하지요….

(『어린이』, 제8권 제8호, 1930.)

가을맞이

방정환

가을이 되어 단풍이 들어서 산이 빨개지면… 소년회원끼리 가거나 또는 동리의 동무들끼리 '가을맞이'하러 가는 데 특별한 취미가 있는 것입니다. 점심은 싸가지고 갈 밖에 없습니다. 학교에서 갔던 때처럼 그냥 산으로 돌아다니기만 하지 말고 가을꽃, 가을 풀 같은 것을 하나씩 하나씩 발견할 때마다 그 자리에 쭉 둘러서서 그 꽃이나 풀에 대한 이야기를 합니다.

최서윤, Midjourney. 가을맞이. 2024. https://discord.com/

그렇지 아니하면 처음 갈 때에 큰 물병이나 깊숙한 물그릇을 가지고 가서 가을풀과 가을꽃을 한 가지씩만 구해서 그릇에 꽂습니다. 모두 모아서 꽂아가지고는 산 둔덕 어느 편 한 자리에 가서 자리를 잡아 한 가운데 그릇을 놓고 쭉 둘러앉습니다. 앉아서 가을에 대한 노래가 있으면 그 노래를 합창을 합니다. 합창이 있은 후에 누구든지 나서서 가을에 관한 이야기를 하고 그 다음에 가을에 관한 감상, 가을꽃에 관한 이야기, 가을풀에 관한 이야기, 가을에 관한 노래, 이렇게 아는 대로 차례차례 나와서 하고 그러고 나서 점심을 먹습니다.

점심이 끝난 후에 씨름을 하든지 그림 그리는 사람은 사생(실물이나 경치 그리기)을 하든지 밤나무가 있으면 밤을 따든지 하여 화톳불(모닥불)을 지르고 구워 먹습니다.

(『어린이』, 제2권 제10호, 1924.)

재미있고 유익한 가을놀이 몇 가지

방정환

달맞이

가을에는 무엇보다도 제일 좋은 것이 달 밝은 것입니다. 일 년 중에 가을달처럼 맑고 서늘한 달은 다시없습니다. 음력으로 9월 보름께쯤 저녁을 일찍 먹고 나서 자기 집에 있는 과실을 밤이든지 배든지 포도든지 감이든지 조금만 싸가지고 약속한 시간에 뒷동산이나 앞뜰이나 모이자 한 곳으로 모입니다.

물론 그 자리는 단풍나무에 에워싸였거나 그렇지 않으면 다른 무엇에 에워싸인 조그마한 편편한 마당입니다. 그 조그만 마당에 미리 준비하여 손바닥만 하게 좁다랗고 손으로 두 뼘만 하게 길쭘하게 종이를 오려서 그 종이에 울긋불긋하게 물감칠을 하고 그 위에 먹으로 '가을놀이 9월 보름', '달맞이' 혹은 '달과 같이 둥글게'라 하든지 혹은 '달과 같이 맑게'라 하든지, 자기 마음에 좋다고 생각하는 글귀를 씁니다. 그렇게 한 사람이 석 장 혹은 다섯 장씩 써서 종이 끝에 실을 꿰어서 나뭇가지에 드문드문 메어 답니다. 그러면 그것들이 바람에 불려서 나뭇가지 사이에서 펄펄 나는 것이 퍽 흥취 있습니다.

그렇게 해 놓고 앉아서 아무 이야기나 하고 놀다가 동편 산머리에 달이 오르기 시작할 때 모두 일어서서 달을 향하고 서서 창가(*근대 서구 곡조의 노래)를 합창합니다. 그러면 처음 오르기 시작하는 달빛이 합창하는 사람들의 얼굴에 훤하게 비추어 옵니다. 이 합창으로 달맞이는 개회된 것입니다.

합창이 끝나면 모두 둘러 앉아서 그 중에 달에 관한 이야기를 아는 사람이 가운데 와 앉아서 조용히 달이야기를 합니다. 달이야기가 끝나면 그 사람이 들어앉고 또 다른 사람이 나와 앉아서 달에 관계 있는 이야기를 합니다. 이렇게 차례차례 이야기하는 동안에 달은 퍽 높이 올라옵니다.

최서윤, Midjourney. 달놀이. 2024.
https://discord.com/

그러다가 이야기가 끝나면 이 번에는 달에 관한 노래를 한 사람씩 나와서 합니다. 가령 '우는 갈매기' '가을밤', '반달' 같은 것을 아는 대로 독창도 하고 합창도 합니다. 만일 단소를 부는 사람이나 하모니카 같은 것을 부는 사람이 있으면 나와서 불어도 좋습니다.

노래가 끝난 후에는 각각 종잇조각에 연필로 달이 얼마 만하게 보인다는 것을 남모르게 써서 모읍니다. 맷방석(*매통이나 맷돌을 쓸 때 밑에 까는 짚으로 만든 방석)만 하게 보인다든지, 동전 한 푼만 하게 보인다든지, 자기 눈에 보이는 대로 쓰고 자기 성명을 써 한 데 모읍니다. 다 써 놓고는 다시 자기 자리에 둘러앉고 그 중에 한 사람이 모아 놓은 것을 한 장씩 한 장씩 읽습니다. (물론 불을 켜지 않고 달빛에 읽노라니까 재미있습니다.) 그렇게 읽은 후에 그 중 크게 보인다는 사람에게 상으로 밤을 주든지 포도를 주든지 합니다.

그 다음에는 책을 한 권 갖다 놓고 달빛에 책 읽기 내기를 합니다. 한 사람씩 한 사람씩 나와서 그 책 속에 있는 어느 한 구절을 읽어 봅니다. 더듬거리지 않고 얼른얼른 읽는 사람이 시력이 좋은 사람입니다. 이것이 끝난 후에는 가지고 온 과실을 나누어 먹습니다. 포도 가지고 온 사람, 떡 가지고 온 사람, 감 가지고 온 사람, 모두 내어서 합쳐 놓고 먹습니다. 먹는 동안에는 물론 그 과실에 대한 이야기가 나올 것입니다.

먹기가 끝나면 일제히 일어서서 달을 향하고 늘어서서 소리를 높여 합창을 합니다. 그 합창이 끝나면 달과 작별하는 인사로 만세를 세 번 부르고 헤어져 갑니다.

물론 이런 놀이를 하는 중에도 간사나 위원을 한 사람 정해 놓고 그 사람의 말을 잘 듣도록 할 것이요. 또, 한 사람 한 사람 노래를 하든지 이야기를 하든지 시작할 때마다 끝날 때마다 손뼉을 쳐서 환영하고 감사하는 뜻을 표하여야 합니다.

여러 사람이 모여서 시끄럽게 떠들기만 하는 것보다는 이렇게 조용하게 질서 있게 노는 데 더 한 층 깊은 재미가 있는 것이요, 생각이 고상해지는 것입니다.

코스모스회(會)

이것은 동화동요회입니다. 코스모스란 것은 가을에 피는 어여쁘디 어여쁜 꽃 이름입니다. 꽃만 보아도 아주 가을철 같은 꽃입니다. 그래 가을회라는 의미로 코스모스회라고 부르는 것이 좋습니다.

토요일이나 일요일 저녁에 깨끗한 방을 치우거나 깨끗한 마당에서 합니다. 마당에 마침 코스모스 꽃나무가 있으면 더욱 좋습니다. 방에서 할 때는 코스모스 나무를 분에 심어서 방에 들여다 놓으면 더욱 좋습니다. 그리고 제각각 종이로 조그맣게 코스모스 꽃을 만들어서 가슴에 꽂으면 훌륭합니다.

마당이나 동산에서 할 때에는 미리미리 준비하여 각각 등을 한 개씩 수박 등이든지 마늘 등이든지 마음대로 만들어서 초를 꽂아 가지고 와서 불을 켜서 나뭇가지에 매어 달고 그 밑에 둘러 앉아서 동화와 동요를 차례차례 나와 합니다. 또 동화나 동요가 아니더라도 요술을 부리든지 다른 재주를 부리든지 춤을 추든지 또는 짐승의 소리를 하든지 뭣이든지 재주를 다하여 재미있게 재미있게 가을날의 하룻밤을 즐겁게 즐겁게 놀고 지내는 것입니다.

　좋은 철 가을날을 어떻게든지 재미있게 노는 것은 우리들의 정신생활을 몹시 풍부하게 또 행복있게 하는 것입니다. 몇 날이 못 가서 가을도 저물고 말 것이니 되도록 즐겁게 지내십시오. 그것이 우리의 큰 복입니다.

(『어린이』, 제7권 제8호, 1929.)

최서윤, Midjourney. 코스모스회.2024.https://discord.com/

땀이 줄줄 흐르도록 뛰고 놉시다

이선희

그 새 너무 추어서 밖에만 나가면 귀가 떨어지는 것 같고 손이 꼽아서 혼났습니다. 그러더니 기어이 가운데 발가락 두 놈하고 새끼손가락 한 놈이 얼었구만요. 그르드니 기어이 가운데 발가락 두 놈하고 새끼손가락 한 놈이 얼었구만요. 여러분 가운데도 나처럼 손이나 발을 얼구신 분이 계십니까.

요즘은 꽤 따뜻하지요. 어떻게 좋은지 모르겠어서요. 장난하기가 꼭 좋습니다. 그런데 아직도 노는 시간에 학교 운동장 한 모퉁이에 웅크리고 머-니 섰는 분이 계십니까.

안 됩니다. 바보가 됩니다. 아주 정신이 번쩍 들게 뛰고 노십시오. 건뜻하게 올려 입으십시오. 또 버선은 기어이 신으시려구만 말고 발을 시원하게 벗고 노십시오.

토요일 오후나 일요일이 되거든 산에나 들로 나가십시오. 그래서 등에서 땀이 줄줄 흐르도록 뛰고 노십시오.

(『어린이』, 제12권 제2호, 1934.)

최서윤, Midjourney. 뛰놀기. 2024. https://discord.com/

겨울에 할 것

방정환

눈 맞이

우선 눈을 많이 맞으십시오. 겨울에 제일 반갑고 좋은 것은 눈 오시는 것이니 눈이 오시거든 책을 덮어 놓고 뛰어 나아가서 눈을 맞으십시오.

비 오시는 것은 구슬프지만 눈 오시는 것은 정답고 재미있습니다. 눈 오시는 것을 보면 아무라도 마음이 고와지고 생각이 부드러워집니다. 1년 내 그리던 눈이 당신의 집 마당에 찾아오면 어떻게 당신이 유리창으로 내다 보고만 앉았습니까?

뛰어나가서 그 깨끗하고 반가운 눈을 맞으면서 돌아다니십시오. 동네 동무의 집을 찾아다니고 동리 바깥 벌판에도 나가보고 또 뒷동산에 올라가서 눈 속에 파묻히는 동리를 내려다보기도 하십시오. 그러면 눈과 한울과 동리와 벌판과 겨울이 모두 한 뭉치가 되어 당신의 가슴 속에 삼켜집니다. 그리하는 것이 당신이 자연을 집어삼키는 것이 됩니다.

눈이 우연만큼(*웬만큼) 오래 쌓이거든 두 편을 갈라서 눈싸움을 (꼭 규칙을 정해 가지고) 규모 있게 하고 눈이 대강 그치거든 눈을 뭉쳐서 사람을 만들되 사람만 만들지 말고 송아지, 코끼리, 돼지, 앉은 토끼, 닭, 쥐, 우체통, 삼층 탑, 자동차, 무어든지 만드십시오. 집집이 잘 만들기 내기를 하거나 동리와 동리가 편갈라 가지고 내기를 하여도 좋습니다.

눈과 함께 사십시오, 눈 속에서 뒹굴면서 지내십시오. 눈을 싫어하거나 눈을 피하는 사람은 죽을 날 가까운 노인들뿐입니다.

일야강(하룻밤 동안 놀고 배움)

동네에서 조금 떨어진 곳에 방을 얻을 수 있으면 그곳에 장소를 정하고 저녁 먹고 그리로 모이되 공책 하나와 연필 하나를 가지고 모입니다. 모여서, 가령 7시에 모인다면 7시부터 30분까지 창가 합창, 8시 반까지 한 시간 동안 역사 이야기, 9시까지 독창, 독주 또는 재담소리, 9시로부터 10시 반까지 토론, 10시 반부터 11시 반까지 반 시간 동안 밖에 나아가서 동리 순경을 돌고 11시 반부터 12시까지 자유로 팔씨름, 다리 씨름 몸 재주, 수수께끼 각각 자기 맘대로 하고 자정을 치면 일제히 누워서 잡니다.

새벽 5시에 일제히 일어나서 합창 3회 하고 뛰어나가서 샘물로 세수하고 뒷동산에 올라가서 동천을 향하고 체조, 합창 30분 동안 하고 내려와서 6시에 한 시간 동안 역시 이야기 듣고 7시 반까지 소견껏 장래일을 약속하고, 7시 반에 흩어져 내려와서 8시 아침을 먹습니다.

이것도 크게 유익한 일이요. 겨울방학에 하기 좋으니 꼭 한번 실행해 보십시오. 자꾸 하게 됩니다.

영년회(송년회)

  12월 31일 밤, 각각 자기 집에서 과세하지 말고 한 방을 치우고 이 날은 특별히 석유등잔을 치우고 촛불을 밝히 켜고 벽 정면에는 '송구영신'이라 크게 써 붙이고 모여 앉아서 창가도 하고 신년부터 실행하고 싶은 일을 각각 적어 가지고 와서 차례차례 일어서서 그것을 크게 읽고 음악회처럼 담화회처럼 재미있게 놀다가 새벽에 흩어져 돌아가면 혼자 자기 집에서 과세하는 것보다 더 재미있고 의미 있습니다.

(『어린이』, 제6권 제7호, 1928.)

2부
『어린이』지의 어린이생태시민교육

II 인문교육

01 | 민족교육

근대 민족주의와 현대 세계시민주의의 폐단

 탈근대화를 거치면서 현재는 민족주의가 세계화와 인류공동체에 반하는 것으로 여겨지는 경우가 많습니다. 근대 독일의 나치즘이나 이탈리아의 파시즘, 일제의 흥아론, 중국의 중화사상, 미국의 팍스 아메리카나 등 패권적인 민족주의와 국가주의가 세계 전쟁을 일으키고 전 인류를 고통 속으로 몰아넣었기 때문입니다.

 그리고 그런 패권주의와 자민족중심주의, 그와 연관된 인종차별주의에 대한 신념은 다른 민족에 대한 지배와 학살을 정당화했고 아직까지도 배타적인 신인종주의와 신민족주의로 이어져 세계 곳곳에서 여러 형태의 테러와 범죄, 전쟁을 일으키는 내적요인으로 작용하고 있습니다.

 이에 더해, 전 세계적으로 세계시민교육이 부각되면서 민족교육이 더욱 구시대의 산물로 여겨지는 경향을 띠게 되었습니다. 세계시민교육은 범민족적으로 인류 공동체 건설을 목적으로 한다는 점에서 분명 인류정신사의 긍정적인 발전입니다. 그러나 우리는 이 세계시민교육이 상반되는 두 개의 의미를 지니고 있다는 점에 유의해야 합니다. 이는 인류공동체성을 강조하는 긍정적인 의미도 있지만, 현실에서는 여전히 근대의 패권적 민족주의나 국가주의가 지속되고 있고 그와 결탁된 글로벌산업들이 세계 각 지역민들을 단일화된 세계 시장체제의 시장인으로 종속시키려는 데 명분으로 이용되기도 하기 때문입니다. 더욱이 최근에는 기후위기로 인한 대재난과 식량위기, 급작스럽고 연쇄적인 경제붕괴, 4차산업 자원확보를 위한 전쟁 등은 현 인류를 또다시 녹색제국주의라는 새로운 제국주의의 국면으로 접어들게 했고 그 속에서 자민족중심주의와 패권적 군비강화를 추구하는 네오신자유주의가 부활하고 있습니다. 한미일, 북중러의 대립과 긴장이 갈수록 더 고조화 되고 있는 것과 세계 곳곳에서 국가간 직접전쟁이 새롭게 발발하는 현상도 이러한 맥락에서 이해될 수 있습니다.

도덕적 민족주의와 생태적 세계시민교육 추구

이런 상황에서 우리는 국가와 국가, 민족과 민족간 관계와 상호대응방식에 대해 새롭게 생각해 보지 않을 수 없습니다. 과거처럼 제국주의 침략과 전쟁을 또다시 겪어서는 안 되기 때문입니다. 특히 교육은 자기 민족의 정체성과 자주적인 생존권을 보장하면서도 다른 국간간 공동번영을 추구할 수 있는 도덕적 민족주의와 생태적인 세계시민교육에 집중해야 합니다. 그리고 이를 실현하기 위해서는 생태적 공동체로서의 민족과 인류사회에 대한 개념을 알려주고 자기 민족에 대한 정체성과 역사, 책임감을 먼저 가르쳐 나가야 합니다. 민족에 대한 올바른 교육을 받지 못 하면 자민족뿐 아니라 다른 민족과 다른 국가와의 관계도 바르게 이해하지 못 하고 존중할 수 없게 되기 때문입니다.

이에 우리 민족사를 보면, 우리 민족은 위기 때마다 민족정신을 잃지 않고 함께 힘을 발휘하여 나라를 잘 지켜 왔습니다. 그러면서도 민족우월주의를 내세워 먼저 다른 나라를 침략한 적이 없었을 뿐 아니라 일제 강점기조차 인류평화주의와 세계일가족주의를 주장하면서 인류애와 높은 도덕성을 잃지 않으려 했습니다. 더욱 감사한 것은 그런 민족성을 다음 세대에게 전수하고 더 강화하기 위해『어린이』지와 같은 민족교육의 방편을 굳건히 지켜냈다는 것입니다.『어린이』지에는 우리 민족이 지닌 도덕적 우월성과 정체성을 증명하는 글들이 다른 주제에 비해 많은 비중으로 실려 있는데, 그 속에는 우리 민족이 그것을 얼마나 용맹하게 지켜 왔는지, 그 민족성을 지키는 것이 세계사적으로 왜 중요한지 등에 대한 깊은 가르침이 담겨 있습니다.

그런데 아직 우리 사회에는 일부 어린이들과 청소년들이 일제를 숭배하거나 개념 없이 극우성향을 드러내기도 하고 '헬조선' 이라는 말로 우리 민족 스스로를 폄훼하는 모습을 보이기도 합니다. 이는 독립 후부터 지금까지 친일파를 제대로 청산하지 못 하고 일제가 왜곡해 놓은 식민지 민족사관을 제대로 거둬내지 못 했기 때문인데 세계적으로 우경화가 확산되고 있는 현 추세 속에서 앞으로 더 심화될 가능성이 큽니다. 따라서 현대교육은 다음세대들의 잘못된 민족의식과 역사관을 바로잡아 주는 것을 시급한 과제로 인식하고 올바른 민족교육을 수행하는 데 힘써 나가야 합니다.

이를 위해서는 『어린이』지가 그랬듯, 현재까지 이어져 온 일제식민사관에서 벗어나 일제와 친일세력이 은폐하고 왜곡해 놓은 역사를 하나하나 바르게 밝히고 다시 가르치는 일부터 시작해야 합니다.

『어린이』지에 나타난 한국의 민족성과 범민족교육 계승

『어린이』지는 '조선에 대해 바로 알기'호를 특별기획했는데, 조선의 역사와 위인들, 지리와 산하, 기후, 조선의 얼과 글, 독특한 정신력과 기량, 정서적 특징, 발명품에 이르기까지 조선과 우리민족에 대해 다방면에 걸친 이야기들을 연재하면서 당시 어린이들이 면밀한 민족교육을 받을 수 있도록 했습니다. 그런데 이 글들이 단순히 민족정서에 호소한 것이 아니라 객관적 사실과 면밀한 증거를 통해 조선민족의 우월성을 객관적으로 제시했다는 점에서 그 가치를 높게 평가하지 않을 수 없습니다. 이는 조선을 열등하게 여긴 일제의 착각을 깨우치고 조선 어린이들의 민족성을 말살하려 했던 식민지교육에 정면대응한 우리민족의 가장 큰 정신 승리였습니다.

물론 『어린이』지에 참여한 작가들 중 민족문제를 도외시한 사회주의 작가들도 있었고 민족주의 작가들 중에는 변절해버린 친일파도 적지 않았습니다. 그러나 그들의 글일지라도, 조선 어린이들을 더럽고 게으르다고 비하한 몇 군데의 표현을 제외하면 전체적인 맥락과 주장에서 소년해방운동의 민족관과 역사관에 어긋난 부분은 거의 찾아볼 수 없습니다. 그들을 옹호하는 것이 아니라, 『어린이』지에 참여한 여러 작가들이 민족을 이해하는 시각이 조금씩 다르기는 했지만 그럼에도 불구하고 어린이들을 위한 민족교육에서 대해서 만큼은 우리 민족의 주체성과 도덕적 우월성을 전하려는 대오에 모두 동의했다는 것과 그로 인해 『어린이』지가 당시에 민족과 역사 교과서의 역할을 훌륭히 해 냈다는 것을 말씀드리는 것입니다.

개벽사에서 어른들을 위한 잡지로는 『개벽』지를 발간했습니다. 개벽은 한국의 자주적 근대사상이 총화된 것으로서 일제를 향한 사상투쟁의 화구(火口)와도 같은 것이었습니다. 『개벽』지의 글들이 최고의 지성과 이상을 뽐내고 위대한 정신의 힘과 위엄을 뿜어냈기 때문에 일제는 『개벽』지를 완전 몰수해서 조선총독부 앞마당에서 한권한권 작두질을 해버릴 만큼 개벽지를 두려워했다고 합니다. 그 위대한 『개벽』지에 담긴 민족정신이 어린이 눈높이에 맞게 표현된 것이 바로 『어린이』지입니다.

아래 『어린이』지의 원문들 속에서는 그런 자긍심 넘치는 우리민족의 역사와 정체성이 여실히 확인됩니다.

1) 조선의 역사

조선 땅과 조선 사람

이은상

"… 우리 조상 가운데 가장 잘나시고 가장 거룩하신 한 분이 나시어 모든 사람들에게 사는 법을 골고루 가르쳐 주시므로 그가 임금이 되시니 곧, '단군'이 그이시다. 그가 태백산, 지금 백두산 아래에 나라를 세우시고 나라 이름을 '조선'이라 하시니 지금으로부터 사천이백육십칠 년 전 시월 삼일이었고 그 날을 뒤에 개천절이라 하여 자자손손 조선민족의 가장 크고 가장 중요한 명절을 삼아 왔던 것이다.

… 그 날이 있었기 때문에 조선 사람이 비로소 한 나라를 이루고 모여 살기 시작했던 것이오 그 임금이 계셨기 때문에 사천 년 동안 동방문명의 가장 으뜸가는 지도자 곧 주인 노릇 하던 것이 조선 사람이었던 것이며… 그때에 하늘을 숭배하는 풍속이 지금껏 전하거니와 오늘 우리들에게 있어서도 하늘같이 높고 깨끗하게 살며 밝은 햇빛같이 환하고 생명 있게 살아야 할 것만은 조금도 틀림이 없는 것이다. … (우리는 단군 때부터) 남이 못 가진 문명을 가지기 시작하였더라는 것을 알아 두자. 이것이 우리 역사의 맨 첫 장이니라."

(『어린이』, 제12권 제1호, 1934.)

조선은 이렇다

최영주

조선사람이 조선을 모른다면 망발이지요. 부끄럽다 부끄럽다 하여도 이것보다 더 부끄러운 일은 또 없겠지요. 그런데 여기 조선 사람으로 조선을 모르는 이가 있다면 어떻게 하겠습니까? 쫓아내나요? 때려 주나요? 아니지요. 가르쳐 주고 일러주어야 하겠지요!

… 조선은 이렇다! … 그러니까 조선을 알려면 먼저 지나간 조선, 지금의 조선, 오는 조선을 알아 두어야 한다는 말씀입니다.

처음의 조선

이야기는 지금부터 사천삼백 년 전으로 거슬러 올라갑니다. 그때도 백두산 꼭대기의 흰 눈은 그대로 말없이 녹고 대동강 푸른 물은 그때도 지금같이 소리 없이 흘렀습니다. 임자 없는 벌판에 풋과일이 가득하고 아름답고 향내나는 어여쁜 꽃들이 제 맘대로 피었습니다. 도끼와 낫을 모르고 자랄 때로 자라나는 수풀 속은 어여쁜 새들의 놀이터가 되고 고웁기가 새악씨의 눈썹 같이 고흔 산 속은 거치는 것이 없이 자라는 짐승들의 잔치판이었습니다.

그러나 그때 우리 조선 땅에는 임자가 안 계셨습니다. 사람들은 열씩 스물씩 여기저기 헤어져서 집도 없이 여름에는 나무 밑으로 겨울에는 바위틈 굴 속으로 몰리어 다니었다고 합니다. 옷이라니 풀을 엮어서 몸에 두르고 먹는 음식이래야 나무 열매, 짐승들의 고기, 혹은 물고기들이었습니다. …

그렇게 사람들이 아무것도 모르고 지낼 시절에 우리 조선에는 큰일이 났습니다. 그것은 별안간 하늘이 쪼개지며 흰 옷을 입으신 하늘 어른께서 삼천 명 무리들을 이끌고 그때의 태백산(지금의 묘향산) 꼭대기에 내려오신 것입니다. 그 어른은 환웅천왕이신데 그곳에다 신시(神市)라는 저자(도시)를 세우셨다고 합니다. 환웅천왕님께서 아드님 왕검(王儉)을 나셨는데 이 분이 단군님이십니다. 단군님은 덕이 높으시고 마음이 거룩하신 데다가 모든 것을 모르시는 것이 없으셨습니다.

그때 사람들에게 옷감을 짜서 옷 지어 입는 법을 가르치시며 음식 만들어 먹는 솜씨를 일깨워 주셨습니다. 그뿐인가요. 입을 짓고 사는 법을 가르치시고 머리를 틀어 올리고 갓 쓰게 하시며 사람의 하여야 하고 지켜야 할 일을 말씀하셔서 조선 땅 안은 별안간 딴 세상이 된 것 같았습니다.

그때 사람들은 단군님의 말씀이라면 모조리 좇게 되고 무슨 일이든지 모르는 것은 단군님께 여쭈어 보게 되었습니다. 그러자 누가 말을 내인 줄도 모르게 단군님을 우리 땅의 임금님으로 뫼시자! 단군님은 우리들의 임자이시다! 이런 소리가 퍼지자 조선 땅 안에 사는 사람들은 일제히 단군님을 임금님으로 우러러 뫼시었습니다. 이때가 지금으로부터 사천이백육십이 년 전(서기 2333년)입니다. 이 해에도 조선이라는 이름도 처음으로 생기고 조선 나라도 비로소 생긴 것입니다.

지나온 조선

단군님께서 조선 나라를 세우신 뒤 일천이백여 년 동안 걱정 근심 없이 단군님의 후손이 나라를 이어 오셨습니다.

그때에 우리 조선에 기자(箕子)라는 분이 오셨습니다. 이 분은 본시 중국은 나라 임금 '주'의 선생님이었습니다. 주임금이 마음이 방탕하여 고약한 일을 함으로 그것을 말리다가 그 분은 옥에 갇혔습니다. 그러자 은나라는 주나라에 나라를 빼앗기고 주임금은 무참한 죽음을 하야 나라가 없어지자 옥에 갇혔던 기자 어른은 놓여 나와서 그는 멀리 동방에 있는 조선이 정답게 지낸다는 말을 듣고서 그를 따르는 오천 명 무리와 같이 그립던 조선을 향하여 찾아오신 것입니다.

기자는 그때에 있어서 학식이 높고 마음이 어진 분이였습니다. 그 분은 오시는 길로 밭을 만들어 곡식을 심고 거두는 법과 누에를 쳐서 실을 뽑아 옷감을 짜는 법을 가르치시고 또 노래와 글을 펼치우시는 한편으로 그릇 만드는 것과 또 연장 만드는 것들을 보여 주시었습니다. 그리고 마음이 착하사 모든 것에 본을 보이셨습니다.

단군님의 후손은 조선을 맡아 다스리시는 것을 기자 어른에게 내어 주시면서 여러 가지 부탁을 남기시고 멀리 북쪽 흑룡강이 흐르는 언덕 북부여라는 곳으로 떠나가셨습니다. 기자님은 임금이 되시자 여덟 조목의 법을 작성하셨습니다. 그리고 백성들의 마음을 잘 인도하여서 나라 안에는 도적이 없고 음란한 일과 망측한 일이 그림자도 없었다고 합니다. 기자님이 임금 되시던 때가 지금으로부터 삼천오십일 년(서기 1122년)이올시다.

그 뒤 구백이십구 년 동안에 우리 조선은 앞으로 앞으로 세워 가는 길로 나아왔습니다. 나라 벼슬하는 차례가 생기고 저울파되를 만들어 내고 돈을 처음으로 만들어 쓰고 학교가 생기어서 공부를 하게 되고 직언경이라는 종을 만들어서 백성의 억울한 일을 임금님이 바로 재판을 하여 어려운 백성을 구제하는 기관을 만들어 놓는 등 여러 가지 갈래로 새 일이 생기었습니다.

이 시절에는 싸움을 싸우거나 남의 것을 빼앗으려는 마음은 도무지 없이 다만 우리나라를 잘 지키고 우리나라 사람이 한결같이 편안히 지내야 하겠다는 것 외에는 딴 생각이 없습니다. 이 것은 이때뿐만이 아니겠습니다. 조선사람의 근본 성질이 그러하였던 만치, 지내 온 조선 이야기의 어느 면에서든지 이 마음이 보이는 것입니다.

이때 벌써 우리 조선사람의 재주가 힘껏 나타났습니다. 오백 장 높이 구선대라는 높은 집을 짓고 청류각이라는 삼백 문 큰 집을 세웠다는 말이 남아 있습니다. 나라에 흉년이 들어서 먹을 것이 없을 때에는 우리 땅에 나는 구리와 쇠와 물고기, 소금 등을 가지고 배를 타고 넓으나 넓은 황해바다를 건너가서 저 편 나라의 곡식과 서로 바꾸어다가 주리우는 것을 면하기까지 하였습니다. 이것도 한 사람

두 사람이 간 것이 아니고 나라에서 뱃사공 천여 명을 뽑아 보내어 곡식 수만 섬을 가져왔다는 것입니다.

한편으로 노래와 춤이 성하였고 농사, 장사, 공업 등이 모조리 발달되었다고 합니다. 더욱이 조선은 신선의 나라라고 이름 널리 알리어져서 늙지 않고 죽지 않는 약(불로장생초)이 조선에 있다 하야 그것을 구하러 찾아오는 사람도 퍽 많았다고 합니다. 이만큼 나라가 세웠을 때에 우리 조선은 임금님의 자리가 위만이라는 이의 손으로 바뀌어졌습니다. 그리고 중국 한나라의 속지가 되게 되었습니다.

이때의 조선은 북으로 지금의 요동반도와 흑룡강이 흐르는 곳까지고 남으로는 한강 건너 경상도 채 못 미쳐 조령이라는 데까지 지금 조선의 여러 곱절 큰 판장이었고 지금의 만주와 대동강 언저리는 조선의 한복판이었던 것입니다. 이때에 조선의 남쪽 즉 지금의 충청, 전라, 경상도 언저리를 판 잡고 삼한이 섰습니다. 삼한은 마한, 진한, 변한의 세 나라를 말하는 것입니다. 이 세 나라는 언제부터 있었는지 모르지만 서로 나라를 세워가지고 지냈습니다. 그런데 나라 안에 나라를 세워 가지고 마한 나라는 오십사 국으로 되고 진한과 변한은 십이 국으로 되었는데 큰 나라는 만여 집이고 적은 나라는 십여 집이었다고 합니다.

이곳에서는 갓을 쓰고 저고리와 바지를 지어 입고 검은 신을 만들어 신고 지냈다고 합니다. 조선서 처음으로 동전을 만들고 금은, 주옥으로 몸을 치장하고 거울과 칼창들을 만들어 썼다고 합니다.

이 뒤에 얼마 되지 않아서 우리 조선은 삼국시대가 되었습니다. 삼국시대 이전을 고대 조선이라고도 하고 조선의 상고사라고도 합니다.

(『어린이』, 제7권 제3호, 1929.)

조선은 이렇다

푸른 소

지나온 조선(삼국시대)

삼국시대로 얼마 안 되어 우리 조선은 삼국시대로 바뀌었습니다. 삼국이라는 것은 신라, 고구려, 백제 이 세 나라를 이르는 것입니다.

기자님의 후손이 나라를 잃어버린 지 백사십 년도 채 못 되는 지금으로 약 사천 년 전에 지금의 경상도 언저리를 판 잡고 있던 진한 나라에 신 같은 양반이 나섰습니다. 백성들이 뫼시어 임금님을 삼았으니 이 분은 나라의 맨 처음 임금님 시조 박혁거세라는 분입니다. 임금님 되시던 해에 겨우 열 세 살 밖에 안 되었으나 어른보다 뛰어나게 영특하신 고로 나라를 잘 다스려서 바다 건너의 일본사람들이 군사를 다리고 신라를 쳐들어 오려다가 박혁거세님의 신덕이 있음을 듣고서 그대로 도망갔다는 말이 역사에 기록되어 있습니다.

박혁거세님이 나라를 세운 지 꼭 스물 한 해 되던 해에 북부여나라 동명 성황의 아드님 고주몽께서 남쪽으로 내려오셔서 고구려 나라를 세우셨습니다. 고구려 나라는 한나라가 빼앗았던 우리 조선 땅을 모조리 도로 찾아서 북쪽은 멀리 만주 건너 편까지 큰 나라이랍니다. 고구려 나라가 개국된 지 이십 년 꼭 이십 년 되던 해에 고주몽 임금님의 셋째 아드님 고온조께서 한강 남쪽에다 나라를 세우셨습니다. 이 나라가 백제나라의 개국이요 지금의 충청, 전라도 땅에 판을 차렸던 마한 땅을 차지하여 가지고 신라, 고구려와 맞서서 삼국시대를 꾸며 놓은 나라이랍니다.

신라와 백제 두 나라 틈에 가락국이 있었습니다. 이 나라는 변한 땅을 물려 가지고 지금으로 일천구백 년 전에 김수로라는 분이 개국한 나라로 늘 신라의 보호를 받고 있다가 신라와 합해버린 나라입니다.

신라, 고구려, 백제 이 세 나라는 솥발같이 버티어가지고 서로 힘을 내어가면서 날로 날로 나라를 발전시키고 문명을 더 밝게 하였습니다. 글이 비로소 생기고 온갖 재주가 점점 더 하야 지금 와서도 세계 사라들의 혀를 두르게 하는 그림과 조각, 청기와, 질그릇 등을 만들어 내기도 이 시대이었습니다.

을지문덕, 양만춘, 김유신과 같은 이름 높은 장수들도 이때 사람들입니다. … 이 시대처럼 여러 나라에서 싸움을 많이 걸은 때는 없었습니다. 그러나 영락없이 잘 막아내고 물리쳤습니다. 그래서 삼국의 힘자랑은 굉장하였습니다마는 평화를 즐기우는 우리나라는 옆에 나라에게 싸움을 걸은 일은 결코 없었습니다. 그러나 싸움을 거는 다른 나라를 막아내지 못 하고 물리치지 못 한 때는 없었습니다. 일본에 글과 불교역법과 의학들을 전하야 준 때도 이때입니다.

이때 우리 조선은 남의 나라에 앞에서 나갔고 조금도 뒤지지를 않았습니다. 삼국시대로 칠백여 년이 지나간 뒤 백제, 고구려가 차례로 신라에게 망하였습니다. 백제는 개국한 지 육백팔십일 년 삼십일 세의 왕립을 전하고 의자왕 때에 망하고 고구려는 개국한 지 칠백 년 이십팔 세 보장왕 때에 망하야 신라에게 합하였습니다. 삼국을 통일한 신라는 세 나라 백성의 마음을 어지럽게 안 하고 삼백 년 동안(그 동안에 설총, 최치원 같은 문장이 나셨습니다.) 잘 내려왔으나 오십일 세 왕 진성여왕 때부터 나라가 흔들리기 시작하여서 진훤이라는 분은 후백제라고 하야 나를 세우고 궁예라는 분은 태봉나라를 세워 제각각 임금이라고 떠들어서 나라는 어지럽기 짝이 없이 되었습니다. 마지막 가서 신라는 왕건 어른에게 망하였습니다. 왕건 어른은 고려의 시조이십니다. 신라는 오십육 세 구백오십이 년 동안 이름이 날리었습니다.

지나온 조선(고려시대)

삼국시대의 뒤를 이어 신라가 통일하야 내려오다가 고려 나라가 뒤를 이었습니다.

지금으로 약 일천 년 전에 고려 태조 신성왕 왕건 어른이 임금님 자리에 오르셨습니다. 궁예를 물리치고 후백제를 합하야 나라 이름을 고려라고 정하고 지금의 개성에 다시 터를 잡으셨습니다.

이 동안에 조선의 북쪽 지금의 만주 언저리에는 거란, 여진, 발해 등의 나라가 생겼습니다. 게다가 뒷날에 청국이 이곳에서 일어나서 중국을 통일하자 우리 조선은 아깝게도 조선의 옛 땅 만주 큰 덩어리를 잃게 되었답니다.

고려시대에 두 번 큰 난리가 있었습니다. 한 번은 거란 군사 십만이 쳐들어온 것이고 또 한 번은 몽고의 큰 군사가 쳐들어온 것입니다. 거란 군사는 연거푸 두 번이나 쳐들어왔었으나 강감찬 장군으로 말미암아 가엽게도 패하야 돌아갔고 그 뒤 몽고 군사는 거퍼거퍼 여섯 번을 군사를 끌고 쳐들어왔었으나 그들도 어쩔 수 없이 돌이켜 가는 수밖에 없었습니다.

고려 때에는 글, 그림, 공예 모든 것이 놀랍게 발달되어서 지금에도 고려자기는 세계에도 없는 보기(寶器)로 이름이 날리고 조선의 고유한 노래 시조도 이때에 성하였고 삼국유사란 역사책도 이때의 중, 일연이라는 분이 연구와 조사를 거듭하야 지어내었고 미술품으로 고려의 불상은 동서에 이름난 것이 많습니다.

이렇게 나라가 잘 되어 나아가던 끝에 유교가 들어와서 그때의 굉장하던 불교와 다툼질이 나게 되고 한 편에는 양반 싸움질이 나며 바깥 나라에서는 자꾸 싸움을 걸고 하야 나라는 어지럽게 되었습니다. 그리고 힘을 잡은 불교의 중들이 별별 고약한 짓을 하고 임금님을 꼬이여 나라는 자꾸 기울게만 되었습니다. 끝끝내 충신 정몽주 어른의 마지막 피가 선죽교 다리 위에 흘으자 그때 백성들의 인심을 잔뜩 사고 계시던 이성계 어른이 나라를 잡게 되었습니다. 고려는 삼십 사 왕조와 사백칠십오백 년의 역사를 남겨 놓고 지금으로 약 오백사십 년 전(서기 1392년)에 망하였습니다.

지나간 조선

그 뒤를 이은 태조 고성제 이성계 어른께서는 나라를 조선으로 고치시고 한양, 지금의 경성에 서울을 정하셨습니다. 지금 서울의 경복궁은 이 어른께서 지으신 것이고 창덕궁 이왕 전하께서는 이 어른의 후손이십니다.

조선은 태평한 날을 누리며 내리는 동안에 문명은 놀라게 진보가 되었습니다.

태종 임금님 때에 주자를 만들어서 책을 베껴내게 되었습니다. 이 것은 그때에 다른 나라에서 생각도 않던 일이었습니다. 그리고 불교를 물리치어서 절들이 산 속으로 들어가기도 이때라고 합니다. 그 다음 임금님 세종 어른께서는 문학을 크게 힘쓰시고 한편으로 법을 새롭게 고치시고 아악(조선 고유의 음악)을 연구하는 곳을 만들어 놓으시는 한편으로 지금 우리가 쓰는 조선 글을 처음으로 만들어 내셨습니다. 그때는 지금으로 사백팔십삼 년 전입니다.

그러나 그 뒤에 대궐 안에 풍파가 일어나고 양반들의 당파 싸움이 나고 임진 난리가 나고 병자호란이 일어나서 조선은 뒤숭숭하기를 그치지 않았습니다.

그 동안 박팽년, 성삼문 같은 충신이 나셨고 이퇴계, 이율곡 같은 큰 학자님도 나셨으며 이순신, 김덕령, 임경업 같은 장수도 나셨습니다. 그 뒤 얼마 동안 편안한 날이 지낼가 말가 하야 조선이 없어지게까지 만들어 놓았다는 양반 싸움이 크게 벌어져서 나라일이 서로 세력 다툼이 될 적에 서양의 문명은 자꾸 들어오고 그들의 세력은 자꾸 밀리어서 앞뒤를 싸고 조선을 삼키려고 덤비어드나 나라를 맡은 이들은 '우리 조선일은 청국에 가서 물으시요.' 하고 그저 세도 얻기에 눈이 벌겠습니다.

김옥균 서재필 같은 여러 개혁당이 나라를 바로잡으려고 애를 썼으나 하릴없이 나라는 기울어지기 시작했습니다.

이리하야 지금으로 꼭 이십 년 전(서기 1910년) 8월 22일에 이십팔 왕조 519년의 역사를 남기고 일본과 합하게 되었습니다. 그리고 지금의 조선까지 이른 것입니다.

(『어린이』, 제7권 4호, 1929.)

2) 조선의 역사적 위인과 사건

조선의 자랑. 조선 사람의 남다른 담력!

김진구

여러분! 놀라지 마십시오!! 우리 조선 사람의 담력 자랑에 너무 놀라지 마십시오! 우리 조선 사람이 도량으로 온 세계 사람을 능히 포용하였던 일과 재주는 어떤 나라 사람보다도 뛰어났다는 증거를 요전 번에 소개하였던 것이지요. 이번에는 우리 조선 사람의 담력이 온 세상을 내려 누를 듯한 굉장한 위력을 가졌다는 이야기를 하겠습니다. 태양덩이를 한 주먹에 때려부술 듯한 기상을 가진 이도 조선 사람이었고 땅덩이를 한 발길에 차서 터칠 만한 담력을 가진 이도 우리 조선 사람이었습니다. 온 세상 사람의 귀와 눈을 놀래이는 대사변이 일어날 적에는 반드시 조선 사람의 담력이 끼어들어간 것만으로 미루어 보아도 알 것이올시다.

나의 간담을 서늘케

멀리 사천 년 전 옛날에 인문이 아직 발달되지 못 하여 교통기관이 별로 없고 언어와 문자도 서로 통하지 못 하던 그때에 단군님의 큰 아들 부루(夫婁)는 가진 문화와 무비(武備)를 갖추어 가지고 중국에 건너가서 하우씨라는 걸주로 더불어 국제연맹을 대질하고 그의 담력으로 천하의 문명국이라고 자랑하던 중국 사람의 간덩이를 서늘하게 하였습니다.

일천오백 년 전 신라 때에 최치원이라는 대학자는 열두 살 적에 비상한 담력을 가지고 정든 산천과 사랑하는 부모형제를 이별하고서 태산준령을 넘고 파도 험한 바다를 건너서 만리 타국 머나먼 당나라로 나아가서 구주강산 그 큰 나라를 죄다 답파(踏破)하여 지리, 역사, 인정, 풍속을 연구한 후에 최후로 격황소문(檄黃巢文)이라는 만고에 통쾌한 격문을 지어서 왕군(王軍)의 기세는 일시에 하늘을 찌를 듯하게 되고 적군의 수십 만 장졸은 한번에 심담(心膽)이 찢어지고 기운이 소진하여 싸워보지도 못 하고 스스로 무너져 멸망을 하였습니다.

소년 최치원의 담력이 어떠하였으며 고구려의 을지문덕 장군은 수나라의 백만 대병이 장차 살수를 건너서 조선 전체를 들어 집어먹으려는 그 무서운 큰 적을 을지문덕 장군의 한 칼에 죄다 무찔러서 쫓아버렸으며 그 후 양만춘 장군은 중국 천지를 메주 밟듯 밟어 뭉게고 그 억센 수나라를 집어먹고나서 다시 조선땅을 마저 집어먹으려고 범의 떼 같은 백만 장졸을 만주벌판으로 무인자경처럼 내려 몰아 들어오는 만고 영웅 당태종의 왼쪽 눈깔을 모진 화살로 대고 쏘아 천하에 대적이 없던 영걸지주로 하여금 온 몸에 소름이 쭉-가슴이 덜컥-내려앉게 다발경을 치여 보냈으니 양만춘 장군의 담력을 당할 사람이 누구이며…

이 아래 두 페이지는 삭제되어 내지 못 합니다.

(『어린이』, 제5권 제10호. 1927.)

거북배를 만드신 이 충무공 이야기

신영철

세계에서도 제일 먼저 거북배를 발명하고 전쟁 잘 하고 글 잘 하고 활 잘 쏘고 그러고도 마음은 다시없이 착하신 그런 어른의 고집 센 어렸을 때 일을 좀 이야기하야 드리겠습니다.

여러분 중에 그 어른을 아시는 이가 누구 누구이십니까? 모르시는 분이 있다면 그야말로 우리의 부끄런 일입니다. 그 어른이 조선은 그만두고 세계에도 이름이 높으신 조선 어른이 충무공이신데 우리 조선사람으로 그런 어른을 모른 대서야 말이 됩니까?

그러면 이번은 이 이야기를 듣고 꼭 머릿속에 담아두기로 약속합시다. 그러면 이제 이야기가 나옵니다. 잘 들어주십시오.

이 충무공의 원 이름은 순신(純臣)씨이고 지금으로부터 한 삼백여 년 전에 우리 조선에 계시던 어른인데 임진왜란 난리 때에 바다싸움 잘 하기로 세계에 이름이 높이 들렸습니다.

그런데 그 어른이 어렸을 때부터 이웃집 아이들과 뛰놀고 장난만 하는 데도 의례히 진을 치고 싸움 싸우는 흉내를 내되 반드시 규칙을 지키어 조금이라도 틀리면 용서 없이 벌을 주고 잘 하는 이면 칭찬을 하여 주어 누구나 그 엄연하고 공평한 데는 탄복치 아니할 이가 없었습니다.

그리고 원래 그 어른의 자격이 나중에 이름 날 장수가 될 재목이라 어려서부터 그와 같이 싸움 싸우는 법을 연습도 하고 또는 활 쏘기 말 달리기에 밥 먹기를 모를 만치 열심이었습니다. 그러면 그 어른은 아주 그런 데만 정신 빠져서 글도 모르고 지식도 없는 무식쟁이인가보다 하고 의심하실 이도 있을는지 알 수 없지만 웬 걸요. 게다가 글까지도 잘 하야 그 어른의 지으신 글이 지금도 몇 권 책으로 전하야 내려오고 무슨 연구성도 매우 많아서 남모르게 물 속으로 살살 돌아다니어 저 쪽 적군의 군함을 달칵달칵 엎어놓고 때려 부시는 거북배-지금 말로 하면 물 속으로 다니는 잠수정을 세계 어느 나라 누구보다도 맨 먼저 발명하야가지고 바다 싸움에 잘 썼답니다.

그런데 이것도 그 어른이 글 읽던 시절 아주 나이 적었을 때의 이야기랍니다.

원래 그 집이 그렇게 넉넉지 도 못 하고 또는 그 집 부형들이 그때 높은 벼슬도 한 이가 없음으로 세상에서 별로 아는 이도 없고 더구나 그때 이름난 사람이 찾아오는 이는 볼래야 볼 수가 없어서 충무공 댁에는 아무 일 없이 한가하였더랍니다.

그래 충무공은 이따금 집 뒷산 벌판에 가서 활도 쏘아보고 말도 달려보고 하시다가는 내려와서 글 읽는 것이 날마다 그의 공부이었습니다. 넓다란 벌판에 마음대로 활발하게 말 타는 공부, 활 쏘는 공부를 하고 맑은 바람에 땀을 씻어가며 집으로 내려오면 뜰 앞에 꽃도 피고 나뭇잎도 떨어지는 봄날, 가을날에 삽살개가 꼬리를 치며 반가워라고 들이덤빌 때 충무공의 마음과 기운은 얼마나 기쁘고 유쾌하고 활발하였겠습니까?

그렇게 하루는 충무공이 집에서 높은 목소리로 글을 읽고 있었더랍니다. 그랬더니 마침 그때 병조판서, 지금으로 하면 한 육군 대신이나 되는 이율곡이라는 어른이 지나다가 그 글 읽는 소리를 들으셨습니다.

이 이율곡이라는 선생님 역시 범연찮은 어른이라 사람 잘 알아보기에는 아주 조화가 붙었다고도 할 만했습니다. 충무공의 글 소리가 그 귀에 들리자 아마 이상했던 모양이어요. 보지도 않고는 이 아이가 필연코 나중에 크게 될 인물이라 한번 만나보아야겠다는 생각으로 가던 행차를 머무르고 하인을 시켜서 충무공을 한번 불러 오랬습니다. 하인은 멋도 모르고 충무공 댁으로 들어가서 "이 대감께옵서 잠깐 나와 주십사고 여쭈랬습니다." 하고 말을 건넸습니다.

보통 아이 같으면 대감소리에 그만 겁이 나서 어쩔 줄을 모르고 지금 사람 같으면 군수 면장 하나가 어째 어쨌다면 머리를 굽실대고 야단이었을지도 알 수 없지만 담배 될 놈은 떡잎 쩍부터 알아본다는 셈으로 훌륭한 인물 될 이 충무공이라 웬 걸요. 대감의 명령이라는 전갈 앞에도 눈 하나 깜짝 아니하고 글만 읽다가 다 끝난 뒤에야 책을 딱 덮어 놓고는 엄연한 얼굴을 가지고 "무엇이 어쨌어?" 하고 다시 물어보셨습니다. 하인은 기가 죽어서 공손한 목소리로 "네, 이 대감께옵서 잠깐만 오셔 주십사…" 고 하며 대답했더니 충무공은 장히 뻣뻣한 고집으로 "대감이 보실 터이면 와 보시든지 말든지 하실 일이지…. 나는 대감을 가 뵈올 까닭이 없다고 여쭈어라." 하고는 딱 거절을 해버렸습니다. 하인은 하도 어이가 없으나 두 말을 못 하고 율곡 대감께 돌아가서 그 말씀을 여쭈었습니다. 율곡 선생님은 조금도 노여워 아니하시고 일부러 찾아 들어가 충무공을 보셨다 합니다. 알고 보니 성이 같고 본이 같은 일가간이었더랍니다.

충무공은 어려서부터 그와 같이 엄하고도 고집이 굉장하셨지만 그의 마음은 지극히 얌전하고도 착하시어 군사를 데리고 싸움을 나갈 때라도 반드시 어려운 일을 몸소 하시고 쓴 일, 단 일을 할 것 없이같이 하셨습니다. 그럼으로 전쟁을 할 때에도 장수와 군사가 한 맘 한 뜻으로 힘을 합하야 싸우기 때문에 몇 십 번이나 위태로운 싸움에도 한 번 져 본 일이 없이 이기고 이기고 하였습니다.

그 뿐입니까? 그 어른은 그렇게 바쁘고 괴롭게 전쟁에 돌아다니는 때라도 집안 사람이나 일가친척 가운데 누가 죽었다는 소식을 들으면 눈물을 줄줄 흘려가며 서러워하셨답니다.

더구나 원나라 사람들이 생각하시기를 자기 몸 같이 알으시어 바람만 세게 불거나 비만 오래 아니 와도 '아! 흉년이 들면 우리 조선 사람이 어떻게 사나!'하시고 매우 걱정하시더니 그 어른은 필경 전장에서 싸우다가 돌아가시고 말았습니다.

그 어른은 얼마나 마음이 고흔 중에도 고집이 그와 같이 꿩장하셨습니까? 그러면 처음 약소간 대로 잊지 말고 모두 기억해 두기로 합시다.

『어린이』, 제3권 제2호, 1925.)

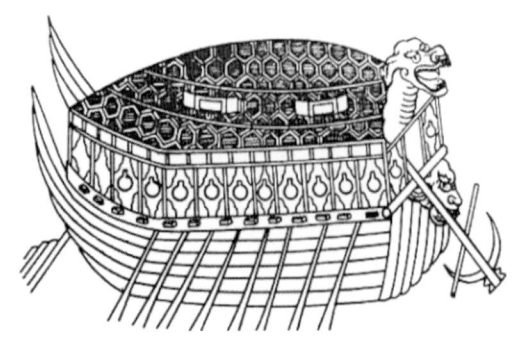

천도교의 시조 최수운 선생

김기전

최수운(崔水雲)이라 하면 우리 조선 사람은 아직도 모르는 사람이 많겠지요마는 외국 사람들은 벌써부터 조선에서 제일 가는 사람으로 알고 있는 것입니다. 그러나 그 어른은 지금 이 세상에 계시지 못하시고 벌써 육십여 년 전(1864년)에 참혹히도 대구 형장에 목을 베여 죽이움이 되었습니다.

친애하는 우리 육백만 소년동무들이여 이와 같이 왼 세상 사람이 들러붙어서 조선에 제일 가는 인물로 추존(推尊)하는 최수운이라는 그 선생은 대체 어떻게 나서 어떠한 생각을 하셨던가 이제 잠깐 그 이야기를 하여볼까요.

지금으로부터 벌써 팔구십 년 전입니다. 학교도 없고 기차, 자동차, 전신, 전화, 아무것도 없고 일본 사람, 서양 사람의 내왕도 없고 우리 조선의 사천만 동포들이 다 같이 어둑캄캄한 꿈 속에 잠기어 무엇인지를 도무지 모르고 그저 천 길 만 길의 쇠망의 구렁창이를 향하여 달음질 칠 때에 수운 선생께서 홀로 이것을 보시고 근심하고 한탄하야 그때의 이름으로 동학당이오 지금 이름으로 천도교인 천만고에 없는 새로운 주의(主義)를 주창하시고 새로운 단체를 지어서 먼저 못 살게 된 우리 동무를 살리고 나아가 왼 세상의 눌리움을 받은 백성들을 구원하게 되었습니다.

이러한 큰 생각과 큰 일을 한 그 어른이 그때 권력을 잡은 관청의 사람들에게 미움을 받아 불과 사십일 세의 연령으로 목이 베여 돌아가셨다는 것이야 너무도 놀라울 일이 아닙니까.

그러나 그때의 무지하고 악착한 권력 계급도 그의 몸댕이는 죽였으나 그의 정신과 그의 큰 단체 그것만은 어찌 하지를 못 하야 겨우 칠십 년이 넘지 못 한 오늘에 그의 주창한 동학당-천도교는 그냥 그냥 크고 자라서 우리 조선 동포 중에 벌써 오백만이나 되는 사람을 단결시켜가지고 있습니다.

이와 같이 큰 생각을 갖고 큰 일을 하신 이 수운 선생의 소년시절은 과연 어떠하였던가 이것을 잠깐 소개하리다. 이 선생이 나신 곳은 경상북도 경주군 현곡면 가정리였습니다. 얼굴이 어떻게 잘생기었던지 동네사람들은 그를 선동(仙童)이라 하였으며 더욱 한 번 뜨면 귀신이라도 놀랄 만한 그 눈은 광채가 혁혁하야 보는 사람을 놀래였습니다.

그리고 모든 것을 보고 또 생각하는 것이 다른 어린이들과 달라서 세상 사람들이 다 옳다 하는 그 속에서도 끔찍하게 잘못된 점을 찾아내이고 왼 세상이 다 글렀다 하는 그 속에서도 분명하게 옳은 일을 찾아내이는 것이였습니다. 여섯 살 때의 일입니다. 하루는 당신의 아버지한테 나아가 이러한 질문을 하였습니다. '아버지께서는 밖사랑에도 계시고 안방에도 들어오시어 안과 밖에 대한 출입을 마음대로 하시는데 어머니께서는 어찌하야 안에만 계시고 밖에를 나가지 못 하십니까.' 이 질문을 받은 그의 아버지는 이 어린이의 장래가 심상치 않을 것을 느꼈다고 합니다.

선생이 열여섯 살 되던 해의 일입니다 일곱 살에 어머니를 잃은 선생은 열여섯 살에 또 아버지가 돌아가셨습니다. 선생은 이때부터 크게 결심한 바가 있어서 일곱 살부터 읽어보던 공자 왈 맹자 왈 하는 구학문, 구서적을 불살라 없애고 또 집에 있던 남종 여종을 해방하고 죽장망혜(*대지팡이와 짚신)로 선선히 집을 떠나 조선 삼천리의 방방곡곡을 찾으면서 인심풍속의 어떠한 것을 살피고 나날이 굴러가는 조선의 정상을 진찰하다가 삼십칠 세 되는 사월 오일(1860년)에 위에서 말한 동학당이라는 큰 주의를 세우시고 '조선 사람아 정신 없이 잠만 자지 말고 다 같이 일어나서 한 뜻 하나 마음으로 서로 힘 쓰고 서로 합하야 우리 조선을 구하고 전 세계를 구하자.'하시다가 그만 때가 이롭지 못 하야 모든 일을 뒷사람인 우리에게 부탁하시고 대구 형장에 뻘건 피를 묻히여서 그 주의를 살리었습니다.

(『어린이』, 제8권 제9호, 1930.)

동학 교조
수운(水雲) 최제우(崔濟愚)

네 땅 내 땅 (동화)

임서하

 큰 대문을 들어서자 방과 마당이 있고 또 하나 문이 열리면서 주인집이었습니다.
 문간방에 들어 있는 창히는 오늘도 햇빛이 적게 들어오는 문간 마당에서 앞집 문자와 뒷집 찬주와 함께 땅찾기를 하고 있습니다.
 "자, 주먹이다. 내가 또 이겼지, 봐라, 내 땅이 또 늘었다."
 짠껜뽕에 이긴 창히의 말입니다. 창히는 둥그렇게 그린 땅 안에다 좁은 손바닥을 재었습니다. 반 이상이나 창히가 땅을 차지하자 문자는 풀이 없어져 "어쩌면, 네 땅이 이렇게 많어. 욕심쟁이. 인제 알았더니 욕심쟁이야-" 하자 찬주도 덩달아
 "그래, 욕심쟁이야. 그럼 이 동네 땅이 모두 창히 네 건가."
 놀리듯 하는 말에
 "그럼, 내가 이겼으니까, 내 땅이지 누가 지라고 했어. 너희도 이기면 되지."
 말없던 창히가 이렇게 불쑥 대답했습니다.
 "그럼 다시 해봐."
 문자와 찬주 말에 또다시 땅찾기를 시작하려고 할 때였습니다. 문이 요란하게 열리더니 안에서 수길이가 나오면서

"나도 함께 하자."

그러나 창히는 거침없이

"너는 이따가 해."

하지만 워낙 심술이 사나운 수길이라

"뭐 이게 네 집이야."

멀쓱해진 창히는 수길이를 바라다보며

"이 땅도 네 땅이야."

"그래, 우리 땅이야. 모다 우리 꺼야."

창히도 어디까지 지고 싶지 않아

"네가 이 땅을 만들었어?"

"응, 만들었어. 우리가 샀어" 하며 수길이는 눈을 부라리었습니다. 저 길도 저의 건가 문자도 가만히 있을 수만 없었습니다.

"너는 무슨 참견이야. 저까짓 길보다 우리는 더 넓은 땅이 얼마든지 시골에 있어. 모두 우리 꺼야!"

한참 뽐냈습니다.

"에헤, 거짓말 말어, 이 땅은 하나님이 맨드신 거야"

놀랍게도, 옹졸한 찬주 말입니다. 찬주네는 모두 예수를 믿고 있습니다.

"아니다. 귀신이 만들었다는데."

찬주 말에 좋은 생각이나 난 듯 문자도 한 소리 끼었습니다. 언제인가 할머니의 옛날 이야기 속에서 들었던가 싶습니다.

모두 이 말 저 말 길어지자 창히는 커다란 소리로

"땅은 우리 나라 것이야!"

저의 땅도 없을 뿐 아니라, 언제든지 남의 집으로 돌아다니는 창히는 그렇게 말하는 것이 여간 유쾌하지 않았습니다.

  이 날 밤 창히는 어머니 옆에 드러누워

  "왜 우리는 땅도 없고 집도 없수?"

자꾸 물었습니다. 창히가 여러 번 묻자

  "너희도 옛날엔 큰 집도 있고 땅도 있었지."

  "퍽 많이?"

  "여부 있니. 퍽 크고 넓었지."

  "이 세상에서 제일이지?"

  "그래, 창히야 어서 자거라."

허지만 창히는 잠이 오지 않아

  "그런데 왜 지금은 없어졌수?"

  "할아버지가 너무 욕심이 많아서 없어졌지."

  "욕심이 많은데 어떻게 없어졌수?"

어머니는 망설이더니

  "모두 파셨단다."

  "누구에게?"

  "일본 사람에게 팔았지. 남의 것을 집어먹으려는 나쁜 놈들에게"
하더니 어머니는 잠이 들었습니다.

  일본 사람이 나쁘고 고약하다는 것은 창히도 모르는 바가 아닙니다. 그러나 이제 겨우 국민학교 2학년인 창히에겐 일본 말도 그 놈들의 모습도 뚜렷이 머리에 떠오르지 않았습니다.

  어느 때나 되었는지 창히는 벌떡 자리에서 일어났습니다. 창히는 꿈속에서 깨었습니다. 정말 창히로서는 굉장한 꿈이 아닐 수 없습니다. 넓고 아름다운 들꽃이 만발하고 날짐승이 재재거리고 맑은 물까지 있는 뜰에서 창히는 귀여운 강아지를 데리고 마음껏 뒹굴다 넘어졌습니다. 넘어지는 바람에 눈을 떠보니 감쪽같은 꿈이 아니겠습니까.

아침에는 수길이도 나오고 문자, 찬주도 찾아와서 학교엘 갑니다. 모두들 2학년입니다. 말없이 가다가 문득 창히가

"시, 시, 우리도 옛날엔 땅도 많고 집도 컸대. 정말이야 우리 어머니가 그러셨어."

창히는 자랑이었습니다.

학교 문에 들어서자 종이 울렸습니다. 마당에는 콩나물 대가리처럼 많은 학생들이 모여 늘어섰습니다.

"우리나라는 아직 완전히 독립이 안 됐다. 나라가 두 개로 쪼개져서 ……"

교장 선생님의 어려운 말이 오래 계속되자 잠잠하던 마당은 어수선해졌습니다. 이때였습니다. 교장 선생님은 화가 나신 듯 "허-똑똑히 들어라. 착한 생도야" 하더니 "우리나라 땅은 누구의 땅이냐?" 하고 물었습니다.

그러나 아무도 대답이 없자 교장선생님은 꺼먼 수염을 만지작거리더니 "우리들의 땅이야. 너희들이 땅 주인이야. 우리나라는 너희들의 것이야." 하고 막 호령하듯 말했습니다.

"또다시 우리는 땅을 외국 사람에게 팔아서는 안 된다. 그러니까 부지런히 공부를 해야 된다."

모두들 교장선생님의 말이 무슨 뜻인지 모르는 생도가 많았습니다. 그러나 창히는 어렴풋이 그 뜻을 알았습니다. 어제 어머니의 말대로 할아버지가 많은 땅을 일본 사람에게 팔았던 이야기가 자꾸 머리에 떠올랐습니다.

공부시간에 창히는 수길이와 눈이 마주쳤습니다. 창히도 빙그레 웃고 수길이도 빙그레 웃었습니다.

공부가 끝나고 집에 돌아가는 길이었습니다. 뒤에서 뿌-ㅇ 뿌-ㅇ 자동차 소리가 들렸습니다. 창히가 돌아다보니 외국 사람이 탄 자동차였습니다. 자동차가 지나가자 어느 때나 마찬가지로 외국 사람은 빙그레 웃었습니다.

그러나 창히는 꼼짝도 하지 않고 자동차가 지나가며 먼지를 풍기자 그 먼지 속으로 입을 꼭 다물고 뛰어가는 것이었습니다.

(『어린이』, 제129호, 1948.)

삼일절을 맞이하야
분단시대에 애국정신으로 나아가자

공 탁

어느 나라든지 그 나라에서 가장 소중히 여기는 날이 있는 법입니다. 그런데 삼일절은 우리에게 제일 거룩하고 경사로운 날입니다. 왜 그런 고 하면 이 날은 우리 선조들이 왜정 앞에 굽히지 않는다는 굳센 마음을 보이는 동시에 피를 흘린 때문입니다. 이때에 비로소 백성 가운데에는 독립사상이 일어나며 애국자가 많이 일어나서 우리나라가 연합군에 의하여 해방될 때까지 왜놈과 싸워 온 것입니다. 그렇기 때문에 우리는 삼일절을 가장 거룩하게 축하하는 바입니다.

옛날, 벨기에란 나라가 스페인의 압제 아래 있을 때에 건국일을 기념하려 하였으나 국기를 달지 못 하게 하여 모든 백성들이 침울한 가운데 묵묵히 있었더랍니다. 이때에 어린 소년 셋이 국기의 빛깔 즉, 하나는 검은 옷을 입고 둘째는 누런 옷을 입고 셋째는 붉은 옷을 입고 셋이 나란히 서서 이 나라의 서울 되는 브뤼셀의 한복판을 달렸더랍니다. 그리하여 시민들은 비로소 자기 나라의 국기를 본 것 같이 만세를 부르며 날뛰었더랍니다. 얼마나 상쾌한 일입니까.

백성은 나라가 있어야 살며 나라는 백성을 위하여 되어 있습니다. 그런데 우리나라는 해방은 되었다 하지만 아직도 남북이 갈리어 있어 여러 가지로 말할 수 없는 슬픔이 많습니다. 지금으로부터 삼십여 년 전에 삼일운동을 할 적에는 국민 전체가 한 덩어리가 되어 만세를 부르며 나라를 찾았습니다. 이제라도 우리가 한 마음 한 뜻으로 우리 선조를 섬기며 다른 나라에 의뢰하지 않으면 곧 남북이 통일되며 훌륭한 나라가 될 수 있으리라 믿어집니다.

잃어버렸던 마음을 찾으며 잘못되었던 파괴의 행동을 뉘우치어 앞으로 오로지 민족을 위하여 애국의 정신으로 나가기만 하면 안 될 일이 없습니다. 이렇게 하는 것뿐이 '나'를 찾으며 '나라'를 찾는 길입니다.

(『어린이』, 제131호, 1948.)

3) 조선 자랑

꼭 알아야 할 네 가지

이성환

　전 조선 칠백 만 소년소녀에게 부치노니, 당신네는 조선 사람의 뼈와 살과 피를 가진 사람이 아니오니까. 그러기 때문에 조선 말을 잘 알아야 하고 조선 글을 잘 알아야 하고 조선 역사를 잘 알아야 하고 조선 생각까지 잘 하여야 됩니다.
　이 네 가지에 능하고 앞선 사람은 지극히 귀엽고 정답고 착한 사람입니다. 그 다음 이 착한 사람들끼리 서로 뭉치가 됩시다. 뭉치가 되여서는 크나 적으나 조선 사람에게 행복 될 일을 꾸며 보고 행하여 봅시다.

(『어린이』, 제5권 제1호, 1927.)

조선자랑. 조선 글은 천하에 제일

권덕규

　우리 인류가 쓰는 말과 글 가운데 어떤 말이 제일 좋으며 어떤 글이 제일 좋은가. 나는 이에 대하여 두어 마디 하고자 한다.
　… 대체 글은 몇 가지인가. 세계의 글을 통틀어 간단히 나누면 두 가지로 나눌 수밖에 없다. 첫째는 그림글, 둘째는 소리글이다. 본보기를 들어 말하면 지나 글 곧 한문 같은 것은 그림글이요 서양 각국에서 쓰는 로마 글자, 곧 알기 쉽게 영어 글자 같은 것은 소리글이다. 또한 동양으로 말하여도 지나 글 밖에 조선 글, 일본 글 같은 것은 소리글이다.
　이번에는 조선 글 이야기를 할 터이오… 소리글이라 함은 글자가 곧 말을 적는 표를 그림으로 하지 아니하고 말하는 소리를 그대로 그리도록 표를 맨든 것이다. 그러한데 소리글 가운데에도 소리를 덩어리 덩어리로 뭉치어 표하는 것과 소리의 갈래 갈래를 샅샅이 갈라서 표하는 것이 있으니 일본 글자 같은 것은 덩어리 소리글이요 조선 글, 서양 글 같은 것은 낱소리글이다. 다시 똑똑히 설명하면 일본 글은 소리글은 소리글이로되 소리를 낱낱이 형용하여 읽지 못 하고 덩어리 덩어리로 형용하여 부르는 것이요, 조선 글은 소리의 나는 차례를 따라 그 소리를 깔축없이(*조금도 축나거나 버릴 것 없이) 드러내는 것이니 이에 본보기를 들어 말하면 '가'라는 소리를 쓸 적에 조선 글이나 서양 글은 그 소리를 더 나눌 수 없이 똑똑이 갈라서 그 다음에 ㄱ과 ㅏ를 합하면 '가'가 되게 맨든 글이어니와 일본 글은

'力' 이렇게 표하여 말하면 '力'이라는 소리가 ㄱ다음에 ㅑ가 났는지 ㅑ 다음에 ㄱ이 났는지 도무지 분간이 없다. 이런 글을 덩어리글 곧 소리글 가운데에서도 범벅글이라 한다.

　이렇게 조선 글은 소리의 낱낱을 형용할 수 있고 일본 글은 소리를 덩어리 곧 범벅으로 내재된 까닭에 조선 글로는 이 세계 어느 나라 말이고 적어 형용하지 못 할 것이 없으되 일본 글로 우리 인류 전체의 말을 적기에는 퍽 거북하다. 그리하기에 외국말을 배우는 데에도 조선 사람은 말재주가 있고 일본 사람은 말재주가 부족하다는 것이 이 때문이다.

　우리 조선 사람이 세계에 자랑할 것이 많은 가운데에 더욱 글 자랑 같은 것은 우리가 자랑하기 전에 외국 사람이 먼저 항복하는 것이다. 그리하여 어떤 외국 사람의 말에 '세계의 이백여 가지 글 가운데 조선 글같이 아름답게 된 것은 다시없다.'고 하였다.

　그리하면 글은 말을 따라 생기고 말부터 아름다워야 말을 따라 생기는 그 글이 아름다울 것이니 조선 글이 천하에 제일이라는 한 쪽에 조선말은 어떠한 가 하고 다시 한번 생각하고 연구할 문제이다.

　　　　　　　　　　　(『어린이』, 제4권 제6호, 1926.)

조선의 기후 자랑

최두선

"우리 조선의 기후는 세계 어느 나라에 가더라도 얻어볼 수 없을 만치 명랑합니다. …

우리 조선의 기후, 봄이면 맑은 아지랑이가 산중턱으로부터 들까지 강가까지 고요한 농촌 아득한 바다 위까지 연달아 끼인 그 속에 붉은 복숭아 가느다란 버들개지가 꿈같이 희미하게 고은 광경, 여름이면 하루를 오거나 이틀을 오거나 실컷 온 비 뒤라도 개이기만 개이면 언제 비가 왔더냐는 듯이 말쑥하게 벗겨진 한을 씻겨진 강산, 동네 뒤에 무르녹은 녹음 넓은 평야의 볏닙 한 올에 푸른 빛은 땅을 비추이고 땅 위에 푸른 빛은 한울을 비추는 듯한 그 빛깔, 더구나 가을이면 산등에 살찐 말이 꼬리를 칠 때 끝없이 높은 하늘빛 건너 언덕에 물들어 가는 단풍이 공중까지 반사하는 듯한 찬란한 색채, 겨울이 되면 아득히 보이는 먼 산의 눈빛, 밤하늘 설산 위에 높이 비친 찬 달빛. 시인이 아니라도 시가 저절로 나오고 화가가 아니라도 저절로 그림이 그려질 듯한 광경은 조선의 기후가 아니고는 세계 어느 나라 어느 곳에 가서도 도저히 맛볼 수 없는 광경입니다.

… 하여간 우리 조선의 기후! 언제 보아도 명랑한 기분이 휘도는 가장 경쾌한 생각을 자아내는 좋은 기후입니다."

(『어린이』, 제7권 제3호, 1929.)

우리 조선 반도

김교신

사람의 얼굴에 이목구비가 다 같이 있어도 잘생긴 사람과 못생긴 사람이 있는 것처럼 한 나라에 아무리 명산대하(名山大河)가 있다 하더라도 놓일 데에 놓여 있지 아니하면 아무 쓸데없는 것입니다.

지리학상으로 보아 세계에서 제일 뛰어나게 아름다운 나라가 둘이 있었으니 하나는 다도해에 임한 희랍이요 또 하나는 지중해 한가운데로 불쑥 나온 이태리 반도였습니다.

그런데 여러분! 세계지도 한 장을 떼어 목구두 모양으로 된 이태리 반도의 발인 아푸리 반도와 칼라부리아 반도 위에 희랍반도를 맞대어 보십시오. 그 형상이 어느 나라 같은가. 조선반도는 곧 이 이태리 반도에다 희랍을 연접해 놓은 것입니다. 아세아 대륙을 등지고 반 백 산맥과 백두산의 신비경으로부터 태백산맥이 꿈틀꿈틀 동남을 향하야 길고 가는 반도의 몸뚱이를 이룬 모양은 하릴없는 이태리요 태백산세와 소백산세가 조선 해협에 임한 곳에 이른 바리아스 해안 모양을 이루어 있고 제주도까지의 우리 다도해가 이곳에 즐펀히 늘어 놓여 있으니 옛날엔 충무공 이순신이 천만고에 자랑할 거북선을 만들어서 썰물 밀물이 드나드는 이곳에서 신출괴몰 하는 재주를 베푸는 터요 근대에는 일본 해군의 함대를 모조리 수용하고 서너 달 동안 연습하여도 세계에서 그 있는 곳을 찾을 수 없다 하야 대번 세계적 군함이 된 진해완을 비롯하야 어업, 운수, 군사 등에 있어서 한 나라에 한 개도 얻기 어려운 항완이 반도의 삼면에 둘려 있으니 세계에 우리 반도보다 더 좋은 강산이 또 어디 있겠습니까.

백두산으로부터 묘향산 금강산, 지리산, 한라산까지의 금수강산이 아름다움은 말할 것도 없거니와 우리가 지리학상으로 보아서 조선이 아름답다는 것은 특히 그 위치와 해안선에 있습니다.

보면 볼수록 그리면 그릴수록 과연 조선은 아름다운 강산입니다. 합마고지도 웅장하고 경원선의 허리 잘룩한 지구대 또한 아름답지 아니합니까.

현명한 어머니는 현명한 아들 딸을 낳습니다. 희랍과 이태리의 어머니는 걸출한 아들 딸을 수두룩하게 낳아 놓았습니다. 손꼽아 보십시오! 희랍으로 말하면 시성(詩聖) 호머, 철학의 시조 소크라테스, 플라톤, 아리스토텔레스를 그리고 또 수학교과서에 나오는 알키메테스, 유클트, 피타고라스 그리고 또 저 유명한 알렉산드 대왕! 이태리로 말하면 시성 단체를 비롯하야 수많은 대음악가 수많은 대미술가를 낳지 않았습니까.

여러분 조선도 한 장을 벽에 걸고 보십시오! 땅에 그리고 보십시요! 아름다운 이 어머니의 품에서 자라나는 반도의 어린이 여러분은 또 그 어머니의 우아함과 같이 여여쁘고 그 웅장함과 같이 씩씩할 것입니다.

(『어린이』, 제11권 제7호, 1933.)

세계 중에 제일인 지리상으로 본 조선자랑

박달성

우리 조선은 지리상으로 보아 세계에서 제일입니다.

이것은 여러분이나 내가 다 같은 조선 사람이라고 해서 또는 제나라 제 땅이라고 해서 억지로 그러는 것이 아니라 사실로 우리 조선 같이 좋은 나라는 이 세상에 하나도 없기 때문입니다. … 이것은 결코 꾸며대는 말이 아니요 거짓말도 아닌 사실이라는 것은 여러분이나 나뿐 아닌 외국사람들까지도 그렇게 말하고 그렇게 칭찬하는 것입니다.

이 세계에는 참말로 별별 이상한 곳이 다 많습니다. 어떤 곳은 춥기만 하고 어떤 곳은 더웁기만 하고 또 어떤 곳은 눈과 얼음뿐이고 또 어떤 곳은 비와 안개뿐이고 또 어떤 곳은 모래와 진흙뿐이고 또 어떤 곳은 산과 언덕뿐이고 또 어떤 곳은 사나운 짐승과 독한 배암이 많고 또 어떤 곳은 사람 잡아먹는 야만인종과 독수리와 기타 무엇 무엇 하는 망나니들이 있는 곳도 있습니다. …

그러나 어리 조선은 어떠한 나라입니까? 아세아 동방에 우뚝이 솟아 있는 반도로서 실제 세계에 자랑할 만한 훌륭한 나라입니다.

동편과 서편 쪽은 바다가 들어서 있고 북편 한 곳만 육지와 접해 있어서 바다와 육지를 알맞추 겸하야 가졌으니 이것이 우선 자랑의 하나라고 안 할 수 없습니다. 또 육지와 바다를 겸하야 가진 고로 기후의 변화가 좋아서 따뜻한 봄, 열매 짓는 여름, 수확의 가을, 준비의 겨울… 이렇게 네 철이 변함없이 순환되야 우리들의 생활에 끊임없이 좋은 자극을 줍니다.

그리고… 해안선으로 말하면 굴곡이 많아서 부산, 인천, 진남포, 원산, 성진, 청진 등의 좋은 항구가 많고 게다가 남쪽과 서쪽에는 제주도 진도, 완도, 강화도 외에 좋은 섬이 무수히 많고 또 삼천리 그 안에는 백두산, 묘향산, 구월산, 삼각산, 금강산, 속리산, 태백산, 지리산, 한라산과 같은 유명한 산이 많고 그리고 압록강, 두만강, 청천강, 대동강, 임진강, 한강, 금강, 낙동강 같은 커다란 강도 많아서 실로 육지와 바다, 산과 강, 그 무엇이든지 조금도 부족한 것이 없고 또 나무랄 곳이 없는 자랑스러운 조선입니다.

또 삼 면이 바다인 고로 좋은 항구가 많아서 교통하기가 편하고 해산물이 풍부하고 일 면이 아세아 대륙에 접해 있는 고로 대륙의 늠름한 기풍을 받아서 섬나라 사람들 같이 방정맞거나 잔망하지 않고 이편 저편의 좋은 점만 취해 가진 것이 참으로 저마다 갖지 못 하는 우리들 독특의 자랑이 아니고 무엇입니까?

그뿐입니까. 높은 데를 갈면 밭이 되고 낮은 데를 갈면 논이 되고 산으로 가면 나무가 나고 바다로 가면 고기가 나고 이 곳을 파면 금이 나고 저 곳을 파면 은이 쏟아져 나오고 쇠를 쓰겠다면 쇠가 나오고 실로 없는 것이 없는 우리 조선이야말로 얼마나 자랑스러웁습니까!

(『어린이』, 제7권 제3호, 1929.)

세계 제일 훌륭한 조선의 산수(山水) 자랑

신영철

백두산

　백두산은 우리들의 할아버지십니다. 이름부터 흰 백(白)자 머리 두(頭)자를 쓰니 벌써 할아버지 같은 생각이 납니다마는 사실로도 백두산은 과연 우리들의 할아버지입니다. 이 땅덩이가 있고 사람이 생기기 시작하면서부터 조선 사람의 조상이란 전부가 이 백두산 밑에서 낫고 컸고 죽었습니다. 백두산을 무대 삼아가지고 안으로 평화할 때에는 춤추고 노래하고 널뛰고 하다가 무슨 난리가 생기면 총을 메고 칼을 들고 투구 쓰고 갑옷 입고 싸웠습니다. 그럴 때마다 백두산 할아버지는 가만히 움직이지도 않고 서서 내려다보시며 '저놈들이 무슨 장난을 저리 심하게 하나' 하셨을 뿐입니다.

　지금도 우리 조선 사람은 백두산의 흙을 밟고 백두산의 물을 마시고 백두산의 공기를 호흡하여 살고 있습니다. 백두산이 무너지는 날은 조선 사람이 죽는 날입니다.

　백두산이 함경북도로 무산(茂山), 함경남도로 갑산(甲山) 두 고을 사이에 있다고 누가 무산, 갑산의 산이라고만 하며 함경도의 산이라고만 하겠습니까? 조선의 산이란 산은 백두산의 뼈다귀 아닌 산이 없고 조선의 흙이란 흙은 백두산의 살점 아닌 흙이 없을 것입니다. 황해가 넓다 하고 동해가 크다 하되 백두산 꼭대기에 둘레가 팔십리나 되는 천지에서 스며 나온 물이 동쪽으로 두만강이 돼야 동해로 보내주고 서쪽으로 압록강이 되어 동해를 보태 준 것이며 우리의 마시는 물 한 모금이 모두 백두산 속에서 스며 나오지 아니한 것이 없습니다.

높이가 구십 척, 실상 높이는 구천오십오 척이요 이천칠백사십사 미터라고 누가 백두산을 낮다 하겠습니까 이마에 올라서 보면 동해의 물결도 한 손에 쥘 것 같고 동아의 대륙도 손바닥에 올려놓을 것 같을 것입니다.

부여, 발해, 숙신, 말갈, 여진, 요, 금, 원청(이것은 예전에 다 백두산 저쪽에서 활동하던 나라의 이름) 이따위 나라들이 다 같이 백두산의 손자들이었건만 되지 못한 짓궂은 장난으로 불과 몇 백 년 전에 '요것은 내 것이요 요것은 네 것이다.'하고 백두산 중턱에다 천국과 조선의 경계를 갈라 가지고 세운 것을 정계비라 합니다. 몇 십 리, 몇 백 리 무인지경에 베어도 베어도 한없이 남을 보배로운 하늘 닿은 삼림이 빽빽이 들어섰건만 그것조차 이용할 줄을 모르는 백두산의 손자들은 지금 와서 공연히 배고프다는 못생긴 소리만 찾고 있습니다.

그러나 할아버지는 손자들이 남의 애들과 싸우다가 우는 것을 보고도 혀를 끌끌 하며 '이 놈, 장난을 너무 심하게 하더니 그럴 줄 알았지…'하고 학교에서 낙제를 해도 할아버지는 '이 놈, 공부를 안 하더니만 글쎄 보아라, 이 다음부터나 잘해라.'하고 도리어 과자를 사주시는 것처럼 백두산은 조선 사람을 꾸중도 아니하고 종아리도 아니 때리고 그래도 하얀 머리를 가지고 빙그레 웃으며 서 있기만 합니다.

여러분! 조선 사람이 아무리 백두산을 모른 척하고 백두산을 푸대접하고 백두산을 못 지켜도 백두산은 그래도 그대로 그 크고 넓고 웅장하고 정답고 도량이 너그러운 할아버지 노릇을 천 년이 되건 만 년이 되건, 그대로 하얀 머리로 조선의 손자들을 사랑하시고 조선의 사람들을 잊어버려 본 적이 없답니다. 할아버지가 밖에 나가시든지 안에 계시든지 밤 한 알, 대추 한 쪼그랭이만 얻어도 그것을 안 잡수시고 수건에 다 싸고 싸다가 사랑하는 손자들을 갖다 주시는 것처럼 백두산은 조선 사람들을 그렇게 안타깝게 생각하는 산입니다. 우리가 이런 할아버지를 잊어서야 되겠습니까?

여러분! 이제부터는 백두산을 생각하고 공경하고 백두산을 알고 지냅시다. 그리하여 백두산의 가르침을 받읍시다. 아름다움! 씩씩함! 웅장함! 크고도 너그러움, 꿋꿋하고도 사근사근한 맛이 있는 무시운 듯하면서도 정다움. 백두산 할아버지에게 모든 그것을 배웁시다.

내가 이 말을 쓰는데도 백두산 할아버지가 하얀 머리를 들고 기우 시 넘어다보시며 '넘었으니'하시는 웃음 띤 정다운 목소리가 늙으신 친할아버지가 손자의 그림 장난하는 것을 보고 말씀하시는 것처럼 은근히 내 귀에 들리는 것 같습니다.

(『어린이』, 제7권 제3호, 1929.)

천하 제일 금강산
세계에 자랑할 조선의 명산

신영철

… 금강산도 지금은 벌써 깊은 가을을 만나 밝-안 단풍잎이 왼 산을 덮어주고 잣, 머루, 개금, 산포도 같은 것이 익어서 다람쥐가 좋아라고 동당걸음을 치고 까치새가 때 만났다고 깝작스리여 날아다니겠습니다마는 아마 이 잡지가 여러분의 손에 들어가게 되는 때는 단풍 지은 이 풍악(楓岳)에도 하얀 눈이 봉오리 봉오리 골짜기 골짜기에 소복소복 쌔여서 뼈만 남은 개골산이 될는지도 모르겠습니다.

여러분… 참말 이 금강산이야말로 이 지구뎅이가 아무리 아무리 넓고 크다고 하지만 암만 찾고 또 찾아도 요렇게 기묘하고 웅대하고 신통하게 생긴 곳은 둘이 없다고 합니다. 지금이야 무엇 말할 것 없지만 예전 예전부터도 멀고 멀리 사는 외국사람들까지 '조선에 가 생겨나가지고 금강산을 한 번만 쳐다보았으면 죽어도 원이 없겠다.'는 탄식까지 한 일이 있답니다.…

과연 금강산은 세계에 자랑할 조선의 보배입니다. 누구나 금강산을 보면 얼른 알 수 있는 일이지만 아무리 아무리 뜯어놓고 보아도 그저 우연히 생긴 산이 아닌 것만은 사실 같습니다. 산이 있으면 아름다운 골짜기가 있고 절이 있으면 훌륭한 탑이 있고 나무로도 장송, 고목, 풀로도 향기로운 꽃, 이상스러운 잎사귀, 바위가 갈리어 천연의 벽파문이 되고 들이 솟아 괴상한 봉오리를 만들었으며 물 흐르면 장엄한 폭포가 되고 폭포 떨어지면 반드시 못, 못 밑에 내가 철철 흘러가는 것은 어느 모로 보나 무슨 조화의 속이 아니고 이렇게 될 수 없는 것이 확실합니다.

아마 퍽이나 퍽이나 오래된 태고시대에 어느 한울님이나 누가 재주 좋은 천사들을 모아가지고는 이 조선 반도의 강원도를 찾아와서 왼 갖 신통한 기계를 가지고 붙이고 짜개고 부시고 갈고 쌓고 다듬어서 넌지시 만들어 놓은 것이 이 금강산일 것입니다.

봉오리 하나, 바위 한 뎅이, 나무 한 주, 돌 한 개, 절 한 간, 탑 한 층, 폭포 한 곳, 물 한방울이 그저 아무 의미 없이 생긴 것이 아니고 서로서로 얽히고 맞아서 어느 귀퉁이로 보나 무슨 기묘한 모양을 뵈고야 마는 것은 아무리 생각하야도 무슨 조화 속으로 된 것 같이만 뵈입니다.… 이 금강산이야말로 도리도리 뭉쳐 놓은 한 폭의 그림, 그림 중에도 사람의 힘으로는 도저히 그릴 수 없는 천연적 그림입니다.

… 이것이 우리의 자랑이 아니고 무엇이겠습니까? 그렇다고 조선의 보배인 이 금강산을 한 번 보았대서야 우리의 수치가 아닙니까? 여러분은 기회가 있으시거든 반드시 이 금강산을 한번 찾아보고 좋은 그림, 아름다운 글로 많이 그리고 써서 이 산의 이름이 정작 임자인 여러분으로 하야 다시 한번 더 높아지게 되기를 나는 간절히 바랍니다.

(『어린이』, 제3권 제11호, 1925.)

한글

서영호

　세계에서도 드물게 거룩하신 세종 임금님께옵서 우리 글을 펴신 지 꼭 502 주년이 됩니다.
　대왕께옵서는 우리말과 맞지 않는 한자를 배우는 것의 어려움과 또한 백성들이 답답한 사정이 있어도 글을 모르기 때문에 그 답답한 사정을 나타내지 못 하는 안타까움을 가엾게 생각하시는 거룩하신 생각으로 갖은 고생을 다 겪어 가시면서 세계에 빛나는 우리글을 펴시었습니다.
　우리글이 가장 으뜸 가는 글이라는 것은 누구나 다 잘 아는 것입니다. 세계에는 250여 종의 글자가 있다고 합니다. 놀랄 만큼 많은 종류의 글이 있으나 우리 한글처럼 우수한 것은 거의 없다고 합니다. … 우리 한글이 가장 발달된 글자라는 것은 우리가 말하는 것보다도 세계의 여러 학자들이 입을 같이 하여 찬양하고 있습니다.
　우리 글은 첫째 글자수가 적다는 것입니다. 일본 글은 말할 것도 없거니와 세계에서 제일 문명이 발달되고 뽐내는 영국, 미국 글자인 영어도 우리 글보다 2자 많은 26자입니다.
　우리글은 수가 적으면서도 둘러쓰는 법이 많아서 못 적을 소리가 없고 뜻을 나타내지 못 하는 것이 없습니다. 다음은 보기에 아름다우며 배우기 쉬운 것입니다. 우리 글은 내려 쓸 수도 있는 글이며 가로로 써도 보기 좋을 뿐 아니라 누구든지 재미를 느끼며 쉽게 배울 수 있는 글입니다.

우리는 이같이 세계에서 으뜸가는 훌륭한 글을 가지고 있으면서 '나'라는 것을 잊어버리고 또한 악독한 왜적의 억누름으로 과거에 우리 글은 땅 속에 파묻힌 옥과 같이 되고 말았던 것입니다. 독립을 찾은 오늘날 우리는 세종 임금님의 은덕을 우러러 그리는 동시에 우수한 우리 글의 참다운 가치를 깨달아야 하겠습니다.

　우리는 이 한글나라에 태어난 행복을 느껴야 합니다. 그리하여 세계에 으뜸가는 글자를 가지고 세계에서 제일 가는 우리 문화를 세우며 세계 모든 인류가 우리 한글을 스스로 찬양하여 배우게 되도록 하지 않으면 안 됩니다.

(『어린이』, 제127호, 1948.)

호랑이

작자 미상

　호랑이! 호랑이!
　무서운 호랑이올시다.
　용장한 호랑이올시다.
　그의 늠름한 자태와 우렁찬 울음은 산중 왕으로 자리를 차지하고 있습니다. 호랑이는 사나운 짐승 중에도 어딘지 범할 수 없는 위엄이 있고 또 어딘지 모르게 점잖은 곳이 있습니다.
　조선은 호랑이 나라였습니다.
　그래서 사람과 호랑이의 사이에 여러 가지 재미있는 사실과 옛이야기와 전설이 쌓이고 쌓여 있습니다.

(『어린이』, 제11권 제3호, 1933.)

최서윤, Midjourney. 조선 호랑이. 2024. https://discord.com/

인왕산 호랑이의 대연설

조재호

"새롭고 튼튼하고 쾌활하고 꾸준한 여러분의 얼굴에는 우리 금수강산을 어깨에 메고 은하수라도 건너 뛸 만한 거룩한 용기와 튼튼한 믿음이 넘쳐 보입니다.

아! 거룩한 어린이 여러분! 우리 호랑이들이 날쌔고 힘세고 날래고 용맹스러운 것처럼 신령하고 천진한 가운데서 튼튼하고 날래고 용맹스러움소서.

… 우리 함께 웃으며 노력하고 기뻐하며 나아갑시다.

새로운 세상의 주인, 어린이 여러분! 만세! 만세! 만만세!"

(『어린이』, 제4권 제1호, 1926.)

최서윤, Canva. 용맹하게. 2024. https://www.canva.com/

조선의 자랑. 도량, 재주, 담력! 자랑

김진구

여러분, 동무들이여! 우리 조선 어린 동무들이여!! 여러분은 아마 날로 날로 생각하기를 어찌하면 이 세상의 일을 잘 알 수 있을까? 하는 희망뿐일 줄 압니다. 모든 일 중에도 내가 살고 있는 집 즉 우리 조선의 일을 잘 알고 싶다는 것이 희망 중에도 큰 희망일 것입니다.

여러분은 당신네의 울적한 마음과 팔딱이는 핏줄기가 자꾸자꾸 무엇을 알려고 애쓰는 무슨 일을 해보겠다고 요구하는 데 당신의 육체는 무한 피곤함을 느꼈을 것이올시다.

그리고 우리 조선 사람은 세계 각국 사람과 견주어 보아서 성질은 어떠하며 재주는 어떠하며 담력과 도량, 지혜는 어떠한가. 이런 것이 제일 먼저 알고 싶은 점일 것입니다. 또 내가 여기서 여러분께 알려드리려고 붓을 들게 된 문제도 이것이올시다.

여러분! 우리 조선 사람은 세계 어떤 나라 사람에게 비교해 보든지 제일 우수한 성질을 가지고 있습니다. 중국사람은 굳세고 튼튼하나 자기 나라를 사랑하는 마음이 없는 고로 얼른 통일이 되지 않고 일본 사람은 애국심은 있으나 성질이 너무 팔팔하며 마음이 좁기만 해서 일에 실패는 적으나 좀처럼 크게 되지 못 하며 서양 사람은 굳세고 튼튼하고 애국심도 열렬하야 제 민족끼리의 단결력 즉, 한 데 엉키고 뭉치는 힘은 크지만 뱃속이 컴컴하고 욕심이 너무 커서 남을, 혹은 남의 것을 크게 먹으려는 못 된 성질을 가지고 있습니다.

… 그러나 조선 사람은 남이 가지고 있는 모든 좋은 성질을 통틀어 가지고 있습니다. 중국사람의 못된 성질(즉, 애국심이 엷은 것 한

데 엉키고 뭉치는 힘이 약한 것)도 가지지 않았고 일본 사람의 못된 성질(성질이 찬찬하기만 하지 범위가 크지 못 한 것)도 가지지 않았으며 서양 사람의 나쁜 성질(음흉하고 남을 해롭게 하려는 욕심장이 성질)도 가지지 않았습니다.

조선 사람은 대모관자처럼 툭 틔였습니다. 그리고 옳은 짓(正義)이 아니면 무턱의 욕심을 내려고 하지 않습니다. 그럼으로 컴컴한 짓은 하지를 않습니다.

조선 사람은 숙록비(*잘 다듬은 사슴가죽)처럼 눅진눅진하고 찔깃찔깃합니다. 어떠한 분한 꼴을 보거나 급한 경우를 당하더라도 깊이깊이 생각해서 일을 처단하며 반드시 점잖고 크게(正大)하여 결단코 방정맞고 소견 좁은 일은 하지를 않습니다.

조선 사람은 인정이 뚝뚝 떨어 동무를 아껴 주며 나라를 사랑하는 마음이 간절함으로 언제든지 차지게 엉키며 단단하게 뭉치는 버릇이 오천 년 동안 아주 머리에 박혀서 좀처럼 해서 해시시 무너지지 않습니다.

어쨌든지 조선 사람의 성질은 부드러울 데는 부드럽고 영악할 데에는 지독히 영악하며 적고 찬찬할 데는 찬찬하고 큰 데는 무한히 크게 벌이는 아주 진선진미(盡善盡美)한 민족성을 가지고 있는 세계에 제일 갸륵하고 훌륭한 인종이올시다.

(『어린이』, 제5권 제6호, 1927.)

조선의 인정(人情) 자랑

박승철

"남들은 그 사상(思想)이 나쁘니 또는 여러 가지 조직이 불완전해서 그러니 하고 비난도 하지만 우리 조선 사람과 같이 인정 많은 민족은 이 세상 어디를 가보아도 없을 것입니다.

… 우리 조선에서 아무리 어려운 집이라도 친척이나 친구가 찾아오든지 그렇지 않으면 모르는 손님이 찾아오더라도 음식을 대접하고 재워 보내고 또 노자까지 보태어 주는 풍토가 깊은 시골까지 있는 것을 보면 그것의 인정미로 보아 얼마나 사람과 사람끼리 사는 이 세상에서 따뜻하고 고마운 맛을 느끼게 되는 감격한 일입니까.

찢고 빼앗고 그것도 부족하여 다투고 싸우고 심지어 죽이기까지 하는 잔악한 짓을 적게 하고 크게 하고 숨어서 하고 들어 놓고 하는 다른 민족에 비하면 세계 어느 나라에 가서도 찾아볼 수 없는 우리의 미풍일 것입니다."

(『어린이』, 제7권 제3호, 1929.)

외국인이 본 조선의 자랑
다른 나라 사람보다 청결, 개결(介潔)이 특색

한-ㄴ 푸름

나는 조선나라를 가보지는 못 하였습니다. 그러나 우리는 몇 천리 몇 만 리를 격해 있는 이 곳에서도 조선 사람들의 성질이 얼마나 청백(靑白)하고 개결(介潔)한지를 눈 앞에 완연히 보고 있습니다.…

조선의 학생으로서 이곳에 와 있는 이가 그렇게 많은 수효는 되지 않지만 그이들의 행동이나 처사하는 것으로 보아 조선민족 전체의 그 성질을 엿보아 알 수가 있는데 그 청렴하고 깨끗한 점에 있어서는 어느 나라 어느 민족으로도 도저히 따를 수 없으리라고 믿습니다.

이곳 유학생 중에 다른 나라 사람은 그만두고라도 동양제국의 유학생 중에는 여기 와 있는 동안에 별별 못된 짓을 하는 사람이 대단히 많습니다. 심지어 학교에 제출할 논문 같은 것도 돈을 주고 사서 자기가 한 것 같이 시치미를 떼는 사람이 적지 않습니다. 그러나 조선 유학생뿐은 도무지 그런 법이 없이 힘이 좀 부족하더라도 무엇이나 자기 스스로 할 줄 아는 그 고결한 성질을 나는 한없이 칭찬하고 싶습니다.

이런 것으로 미루어 보면 조선의 민족성이 얼마나 깨끗하고도 청렴한지를 족히 알 수 있는 동시에 따라서 조선의 장래가 오늘과 같은 경우에 있다고 결코 슬퍼할 것이 없고 그의 아름다운 점을 세계에 자랑하야 결코 부끄럽지 아니할 것을 단언하겠습니다.

독일 백링 대학 교수 하-씨와 오디리 유야납 대학 교수 푸롬씨의 말씀은 둘이 다 비슷한 고로 그냥 두 분 이름으로 실었습니다.

(『어린이』, 제7권 제3호, 1929.)

조선 독특의 자랑

유광렬

"우리 조선에서 무엇을 자랑할 것이 있느냐고 묻는다면 나는 서슴지 않고 여러분 어린이를 자랑하고 싶습니다. 여러 가지로 어려운 경우에 처해 있는 우리로서 여러분을 자랑하지 않고 어쩌겠습니까?

우리 조선의 어린이들은 아버지나 할아버지 심지어 증조할아버지 때부터서라도 아무것도 끼쳐 놓고 간 것이 없으니까 모두 새로 창조해 놓아야 할 위대한 창조자들입니다.

역사도 창조할 것이며 과학도 창조할 것이며 기타 모든 새로운 문명을 창조할 것이라 지금부터 여러분의 그 작은 주먹이 모든 것을 창조해 내이겠고나 하고 생각할 때 나는 한껏 여러분이 귀엽고 자랑스러워지는 것입니다."

(『어린이』, 제7권 제3호, 1929.)

빨리 물러가라

조선의 소년은 부르짖는다(소년시)

정흥필

그들은 굳세인 체하면서도
너무나 약한 로보트가 걸어 다닌다.
용감성 없는 그대들이여!
염려 말고 어서 빨리 물러가라.
그들의 뒤를 따라 솟아난
꿋꿋한 새 아들 우리들이 있지 않은가.

그들은 무엇을 하는 체하면서도
너무나 가엾은 거짓의 탈이 걸어 다닌다.
희생심 없는 그대들이여!
어서 빨리 이 자리를 물러가라.
그들의 뒤를 이어 억세인 발길을 옮겨 놓는
철혈의 아우인 우리들이 있지 않은가.

오! 형님 앞에 가는 그대들이여!
먼지 속에서 속삭이고 공기는 우리들을 돌아다보아요.
검은 기름 속에서 속삭이고 공기는 아우를 돌아다보아요.
끝없이 아득한 벌판을 보았습니까.
우리의 마음은 그만하다!

공장 속에 돌아가는 기계를 보았습니까.
우리의 마음은 그만하다!
태양을 삼키는 대해를 보았습니까.
우리의 마음은 그만하다!
그만한 속에서 우리는 자라났다.

오! 그대들이여 알아라.
우리에게서 쏟아질 새 힘을
오! 그대들이여 사랑하고 아끼여라.
그리하여 약하고 우스운 그대들은
아무 염려 말고 어서 빨리 이곳을 물러가거라.

（『어린이』, 제10권 제5호, 1932.)

좋은 나라 연만은

공 탁

"… 우리 민족의 '인간을 널리 돕는다(弘益人間)'의 생각은 깊이 깊이 우리의 마음 가운데 뿌리박아 있습니다. 남을 해치고 누르는 성격이 적고 형제요 자매로 알아서 널리 돕는 성품을 가졌습니다. 따라서 지나는 나그네를 두텁게 대접하는 것이 보통입니다.…

그리고 우리 민족은 자유를 좋아합니다. 다른 나라를 먼저 친 일은 없고 우리를 쳐들어오는 외적에 대하야는 언제나 물리쳤습니다. … 스스로 쓸 만한 힘을 넉넉히 가졌습니다.

예부터 우리 겨레는 한울님을 섬기어 오며 모든 사람을 한울님처럼 섬기는 사상이 있습니다. 우리 백성은 이 한울님 앞에는 누구나 한 몸이요 한 마음입니다. 세계의 어떤 사상이라도 우리를 잘 살게 하기 위하여 한 도움이 될지언정 우리가 그 사상에 속박받아 나라를 그르친 일은 없습니다. 우리는 우리에게 맞는 문화를 우리 손으로 만들어 왔습니다.

우리는 오늘날 우연히 불행한 경우 백성에 처해 있습니다. 나라가 둘로 쪼개지어 한 편에는 소련군이 지키고 다른 한 편에는 미국군이 버티고 있습니다. 예전의 우리 선조들이 보인 바, 한 맘 한 뜻으로 우리 겨레가 뭉치면 이 모든 것이 해결될 수 있습니다."

(『어린이』, 제127호, 1948.)

02 | 문예교육

자율적이고 창조적인 정서 함양 추구

『어린이』지는 물질적인 근대화와 실용적인 삶의 개조를 추구했기 때문에 과학지식과 사회과학지식을 주요하게 다루었습니다. 그러나 정신문화와 인간성을 근본으로 여겼고 물질개조를 위해서는 풍요로운 정서 함양과 창조성 개발이 뒷받침되어야 하기 때문에 그와 더불어 문예교육의 중요성 또한 간과하지 않았습니다. 특히, 봉건주의 사회와 기성세대로부터의 어린이 해방이라는 목표 하에 어린이들의 주체성과 자율성을 기르기 위해서는 어린이들이 주체적으로 사고하고 자율적으로 표현하게 하는 교육이 필요했기 때문에 문예교육은 정서함양과 더불어 다방면에서 교육효과를 얻을 수 있는 종합적이고 효율적인 교육으로 인식되었습니다.

『어린이』지에 주체적으로 참여한 어린이 문인들

『어린이』지는 주로 동화와 동시, 동요와 그림 그리기를 통해서 문예교육을 펼쳤는데 동화와 동시는 많은 문인들에 의해 제시가 되었지만 동요는 그에 비해 작가 수가 적은 편이었고 주로 윤극영과 윤석중의 작품들이 많이 소개되었습니다. 한국 근대 초기의 동요들이 이 두 작가들에 의해 이 시기에 가장 많이 만들어졌기 때문에 이들의 작품이 발표된 『어린이』지는 우리나라 동요사에서도 매우 중요한 의의를 지닙니다.

또 이와 더불어 『어린이』지는 기성세대 문인들의 작품만 소개하지 않고 어린이들의 문예작품을 많이 실었다는 점에서 아동문학사에서도 가치가 매우 높고 특히 당시 일본의 아동문학과 뚜렷한 차이점을 지닙니다. 당시 일본의 아동문학계에서는 어린이 문예지와 동요집에 기성세대 문인들의 작품만 실었고 어린이들의 작품은 문학작품으로 인정하지 않는 것이 주류 풍토였습니다. 그러나 『어린이』지는 그와 달리 어린이들의 작품을 적극적으로 투고 받아 소개함으로써 어린이들의 주체적이고 자율적인 사고와 표현을 함양한다는 문예교육의 목적에 충실했습니다. 몇몇 보수적인 문인들이 어린이들의 투고문들이 문학작품으로서 질이 낮다고 비판하기도 했지만, 최영주, 신영철을 비롯한 『어린이』지의 편집자들은 어린이 스스로 생성한 조선 소년문단에 대한 자긍심과 교육적 신념을 가지고 어린이 독자들의 작품을 비중 있게 실었습니다. 그래서 최영주와 신영철이 편집을 맡았던 시기에 어린이들의 참여가 매우 높았는데 『어린이』지에 실린 어린이들의 입선동요들이 이 책에 제목조차 다 싣기 어려울 정도로 그 수가 많았습니다.

『어린이』가 만든 한국의 특유의 어린이문단

그리고 방정환, 유도순, 유지영, 정순철 등이 '동요와 동시 짓는 법', '그림 그리기의 주안점' 등 기성작가들 뿐 아니라 어린이들도 쉽게 이해할 수 있도록 창작 철학과 방법을 교육하는 글들을 실었는데 이 또한 어린이가 주체가 되는 동요교육의 목적을 충실히 수행한 증거이자 어른 동요작가들의 교육적 책임과 소양을 다져 나가기 위한 노력이었다고 볼 수 있습니다. 물론 어린이들의 개성과 자유로운 표현을 추구하는 일본의 동요를 표방하고 확산시키기는 했으나 그 또한 근대교육의 긍정적인 면을 수용한 것으로 타당하게 볼 수 있기에 크게 문제될 것이 없다고 보고, 그보다는 최시형의 증손자인 정순철을 비롯해서 수운주의 작가들이 우리 동요에 소년해방운동의 목적의식을 분명하게 담아냈다는 점이 훨씬 더 부각되었기 때문에 이 점에서 또한 『어린이』지의 문예교육이 일본의 그것과 본질상 다르고 수준도 크게 차이가 난다고 하겠습니다.

그리고 이것은 『어린이』지에 참여한 어린이 작가들과 그 작품들에 의해서 더 분명하게 증명됩니다. 조선 어린이들은 그들의 품성과 기질대로 스스로 동요를 짓고 적극적으로 불렀습니다. 그들은 동요를 통해서 자기 삶을 표현하고 동요를 힘든 현실을 극복하는 동력으로 삼았는데 이는 일본과 같은 제국주의 침략국가의 어린이들이 평온한 사회에서 동요를 부르는 것과는 전혀 차원이 다른 것이었습니다. 조선 어린이들이 지어 부르는 동요에는 설움도 있지만 정의감과 민족애, 생명과 삶에 대한 강한 열망이 담겨 있기 때문입니다.

이 책에 소개하지 못 했지만 『어린이』지에서는 기성작가들보다 훨씬 더 감동적이고 뛰어난 작품을 쓴 어린이 작가들이 많습니다. 그리고 그 중에서 윤극영과 같이 투고로 시작해서 기성작가로 성장한 작가들도 많이 배출되었는데 그로 인해 『어린이』지는 문인 자체가 부족했던 당시 조선 문단에 많은 문인이 생겨나게 하는 데 기여했지만 그보다 더 자랑스러운 것은 당시 일본에서는 상상도 할 수 없던 어린이들 스스로 만든 어린이문학 장르를 만들어 냈다는 것입니다. 이에 『어린이』지의 문학작품들을 순수아동문학으로만 규정해서는 안 되고 역사와 민족애 그리고 시대정신이 조선 어린이들의 창의적인 문예기질과 만난 말그대로 살아 있는 혼이 넘쳐나는 종합예술이자 정신승리의 나팔소리로 이해해야 합니다.

다음은 『어린이』지 중에서 글, 그림, 동요를 중심으로 하여 문예창작과 교육의 철학과 원칙을 다룬 글들인데 한국의 자생적인 문예교육의 전통을 이해하고 계승하는데 좋은 자료가 되리라 봅니다.

1) 글·그림·동요

이렇게 하면 글을 잘 짓게 됩니다

일기자

생각하는 고대로 쓰라.
정신을 쏟아 넣어 지으라.
많이 읽고 많이 지으라.
몇 번이든지 좋게 고치라.
힘써 남의 비평을 받으라.

학교 작문 시간에뿐 아니라 어느 때든지 '어떻게 하면 글을 잘 짓게 될 수 있을까 나도 한 번 글을 잘 짓게 되었으면…'하고 여러분 중에는 이런 생각과 희망을 가진 이가 많을 줄 압니다. 물론 장래에 문학가가 되지 않는다 하더라도 실업가가 되면서 무슨 기술가가 되어서든지 무슨 직업을 갖든지 자기의 생각과 의견을 남에게 적어 보일 만큼 한 재주는 반드시 가져야 합니다. 어떻게 하면 글을 잘 쓰게 될지 대단히 간단하게나마 나는 거기에 대한 몇 가지를 말씀해 드리겠습니다. 대체, '그 글 잘 되었다.'하고 칭찬하는 것은 무엇을 표준하고 하는 말인지 아십니까?

그것은 아무것보다도 먼저 그 글에 그 사람의 속생각이 분명하게 나타났느냐 안 나타났느냐 하는 데 있는 것입니다. 즉 누구든지 그 글을 읽고 그 글을 써 놓은 사람의 생각을 똑똑히 잘 이해하게 되었으면 그 글은 잘 된 글이라 할 수 있는 것입니다.

그러면 어떻게 하면 그렇게 남이 내 속생각을 똑똑히 알게 쓰게 되느냐 하면 자기의 느낌과 뜻과 생각을 조금도 더 꾸미지 말고 더 빼지도 말고 고대로 생각 고대로 써 놓으면 되는 것입니다. 공연히 글 잘 하는 체하고 남의 글에 자만 골라다 늘어놓거나 남의 글 흉내만 내어 꾸며 놓으면 글을 읽는 사람이 그 글을 쓴 사람의 속생각은 도무지 알 수 없게 되니까 그 글은 아무 짝에 소용없는 쓸데없는 글이 되어 버리고 마는 것입니다. …

그런 고로 글은 짓는 것(꾸미는 것)이 아니고 쓰는 것입니다. 생각이나 느낌을 고대로 쓰기만 하는 것입니다. 짓거나 꾸미거나 하면 그만 그 글은 망치는 것입니다. … 글을 쓰는 데는 꾸미지 말고 숨기지 말고 생각하는 고대로 느낀 고대로만 충실히 써 놓는 것이 제일 잘 짓는 것입니다.

그 다음에는 자기 정신을 아주 쏟아 넣어 써야 합니다. 그래야 그 글이 피 있는 산 글이 되는 것입니다. 그렇게 피가 있고 정신이 박힌 글이면 아무리 짧은 글이라도 읽는 사람이 감동 안 될 수 없는 것입니다. 자기 정신은 딴 데 두고 아무렇게 이 글 저 글 모아다가 꾸며 놓거나 남에게 칭찬받으려고만 살살 발라 놓은 글이면 그 글이 무슨 뼈나 피가 있으며 누가 그것을 읽고 조금인들 움직이겠습니까. 짤막한 글 한 구를 쓰더라도 자기의 온 정신을 쏟아야 그 글은 살아나는 것입니다….

그 다음에는 되도록 힘써 남의 글을 많이 읽어야 합니다. 잘 된 글을 많이 읽어야 합니다. 잘 된 글은 몇 번이든지 되풀이해 읽어 두는 것이 좋습니다. 그래서 내 속에 아는 지식이 많아야 무엇을 보아도 얼른 잘 느끼게 되고 생각이 많아지게 됩니다. 그리고 누구든지 흔히 느끼는 것과 생각은 많이 있어도 그것을 어떻게 말이나 글로 발표해 낼 재주가 없어서 갑갑해하는 것인데 남의 잘 된 글을 많이 읽으면 그 발표할 재주가 생기는 것입니다. 그렇다고 된 글 안 된 글 함부로 읽기만 하면 탐독에 빠져서 못 쓰게 되는 것이니까 주의하야 조흔 글 잘된 글을 골라서 많이 읽어야 하고 또는 그 글 쓴 사람을 직접 만나서 그 글을 쓸 때에 어떤 생각과 느낌으로 쓴 것까지 물어볼 수 있으면 더욱 유익한 공부가 되는 것입니다. 그리고 우리 어린이 잡지에 뽑힌 글 발표되는 글도 주의해 읽도록 하는 것이 크게 참고될 것입니다.

많이 동시에 많이 써보도록 하여야 합니다. 암만 느낌이 많고 생각이 많고 아는 것이 많아도 자주 써 보지 않으면 글 쓰는 재주 즉 내 속에 있는 생각을 남이 잘 알도록 나타내는 재주가 늘지 않는 것입니다. 자꾸 힘써 짓기 공부를 하여야 글 쓰는 재주는 자꾸 늘어가는 것입니다.

그런데 많이 써야 한다고 자꾸 되나 안 되나 함부로 써 두기만 해서는 못 씁니다. 하나를 써 가지고 그것을 읽어보고 또 읽어보고 하면서 서투르거나 순하지 않은 곳은 몇 번이든지 고치고 고치고 하여야 글이 훌륭해지고 글이 부쩍부쩍 늘어가는 것입니다. 아무렇게나 써서 홱 집어던져 버리면 글이 늘기에 힘듭니다.

그리고 그렇게 고치고 고쳐서 쓴 후에는 자기보다 나은 사람께 보이고 잘잘못 간에 비평을 많이 들어야 합니다. 여러분이 글을 지어서 만들 만한 잡지사에 보내서 그 글이 뽑히나 아니 뽑히나 시험해 보는 것은 대단히 좋은 일입니다. 어떤 사람은 글을 한두 번 보내서 뽑히지 않으면 그만두어 버리지만 그것은 잘못하는 짓입니다. 몇 번이고 쓰고 쓰고 써서는 고치고 하야 보내되 못 뽑히면 또 쓰고 또 쓰고 해 나가야 글은 부쩍부쩍 늘어가는 것입니다. …

마지막으로 한 말씀 더해 드릴 것은 글을 쓰려는 사람은 평시에 모든 물건과 모든 일에 대하야 자상하고 치밀한 관찰을 하여야 하는 것입니다. 가령 개의 동작을 쓰려면 먼저 개의 동작을 실제로 정밀하게 보지 못 하면 도저히 글에 쓸 때에 개의 동작을 잘 나타내지도 못 하는 것입니다. 실제의 개의 동작을 바로 눈으로 보는 것 같이 알게 되면 그 글은 성공한 글이 되는 것입니다.

대단히 간략하지만 대개 위에 말씀한 몇 가지를 잘 명심하야 공부하시면 반드시 여러분도 글을 잘 쓰게 될 것을 믿습니다.

(『어린이』, 제2권 제12호, 1924.)

어린이와 그림

공진형

"연필이나 혹은 크레용이나 혹은 안색 같은 것으로 아무런 기술의 숙련도 없고 그리는 법의 계통도 없이 자유로 자기의 심안(心眼)에 비취는 대로, 감정에 우러나는 대로 선을 긋고 색을 칠하여 그린 여러분의 그림을 우리는 자유화(自由畵)라고 부릅니다. …

어린이들은 자연을 모방하려는 힘보다는 자기의 마음 속에 비치는 모양을 그대로 그리려는 욕망이 강하고 또 형상을 자기의 생활이나 감정에서 우러나는 정서를 그대로 나타내는 힘이 더 강합니다.…

그러므로 여러분은 그림이란 한 손 끝에서 나오는 기술이나 자연을 그대로 모방하며 묘하게 복사하는 기공(技巧)으로만 알아서는 안 될 것입니다.

될 수 있는 대로 여러분의 순결한 마음의 눈에 비치는 정서를 그대로 대담하게 표현하도록 하여야 어린이 여러분의 그림은 자라고 예술은 아름다운 꽃을 피게 할 줄 압니다."

(『어린이』, 제123호. 1948.)

그림 그리는 동무에게

김 홍

"어떻게 하면 그림을 잘 그릴 수가 있을까? …

그림을 그릴 때 먼저 주의할 것은… 자기가 그리려는 그림의 전체를 생각하야서 서로 조화가 되도록 그리지 않으면 안 됩니다. 그 다음에는 그림의 주안점을 분명히 생각해야 합니다. 그래서 그림에 나타내려 한 것을 똑똑하게 힘 있게 나타내 놓지 않으면 안 됩니다. … 그 다음에는 그림을 손끝으로 그리려 하지 말고 팔을 놀려서 (대담하게) 그리도록 하십시오. 손끝에서 나오는 그림은 산 맛이 없고 힘이 없습니다. 어여쁘게 고웁게 그리려고 하기 전에 먼저 어떻게 하면 힘이 있고 산 맛이 생겨날까 하는 것을 배우십시요.

… 그 다음에 명심할 것은 '참을성'과 '찬찬함'입니다. 급하게 허둥대는 사람은 암만해도 좋은 그림을 그리기는 어렵습니다. …

잘 그린 그림은 그림 그린 사람의 마음이 그림 위에 나타난 그림이라야 비로소 잘 그린 그림입니다. 굵게 그렸든 가늘게 그렸든 진하게 그렸든 엷게 그렸든 그것보다도 자기 생각한 것이 자기 마음이 그 그린 속에 보이는 것이라야 산 그림이요 잘 그린 그림입니다."

(『어린이』, 제10권 제12, 1932.)

조선의 동요 자랑

유도순

… 어떠한 사람이 우리에게 말을 하기를 '자랑할 만한 것을 가졌느냐'하고 물으면 '세계 어느 나라의 것보다도 못하지 않은 것을 한 가지 가졌다.'하고 대답하겠습니다. 그것은 우리의 할아버지들이 옛날 부르던 노래입니다. 노래 중에 어린이들을 위하야 생긴 동요입니다. … 오늘까지 전해내려 온 (우리) 동요를 보면 예술의 나라 불란서의 동요보다 역사 오랜 중국의 동요보다 못하지 않습니다. 노래의 생각, 노래의 아름다움 이 밖에 어떠한 점으로든지 못하지 않습니다. 기쁜 노래면 춤이 덩실덩실 나오리 만치 기쁘고 슬픈 노래면 눈물이 느껴지리 만치 되어 있고 놀음의 노래면 힘드는 것을 잊으리 만치 되어 있고 웃음의 노래면 허리가 끊어질 만치 되어 있습니다. 한마디로 말하면 노래로써 읊어진 법이 털끝만치라도 부족한 것이 없이 되었다는 말입니다.

동요는 나라를 가지고 족속을 이룬 백성의 고유한 성정이 품기어 있습니다. 동요는 얼른 보면 어린이들의 알기 쉬운 말 같지만 이 말 속에 품겨 있는 뜻은 그 시대의 살림, 문물, 백성들의 생각을 은연중 표시하고 있는 것입니다.

그럼으로 우리의 동요는 우리의 성정을 표시하는 영구한 존재가 될 것입니다. 따라서 동요는 어린이들만의 보배가 아니라 그 나라 그 백성의 귀중한 보배일 것입니다….

(『어린이』, 제7권 제3호, 1929.)

노래 잘 부르는 법

정순철

사람은 누구나 다 노래를 부르고 있습니다. 부르지 않고는 견딜 수가 없을 만치 여러 가지의 이유로 노래를 부르고 있습니다.

노래는 쓸쓸한 사람에게 충실하고 유순한 동무가 되어 주고 호올로 외로울 때 마음이 아프고 괴로울 때 그의 외로움과 괴로움을 잠재워도 줍니다.

때로는 끝없는 희망을 말해 주며 우리가 하는 가지 가지의 일에 '이즘'을 주는 다시없는 친한 친구가 되어 줍니다.

사람은 노래를 부릅니다. 괴로운 사람이나 일하는 사람이나 번민하는 사람이나 누구나 자기의 처지에 따라 노래를 부르고 있습니다. 기쁠 때 기쁨을 나누어 주며 슬플 때 슬픔을 나누어 주는 둘도 없는 친한 동무가 있다면 그것은 노래뿐만이라고 생각합니다. 그러므로 해서 우리 인간 세상에는 노래라는 것이 없어서는 안 될 커다란 자리를 잡고 있습니다.

아침에 일직이 소를 끌고 들로 나가 일하는 농부는 소와 더불어 노래하고 있고 나무하는 초동은 흩어진 낙엽과 같이 노래하고 있으며 푸른 바다에 배를 저으며 고기 잡으러 가는 어부들은 바다를 노래하고 있습니다. 그리고 어린이는 어린이의 마음을 노래하고 봄을 노래하고 그의 생각, 그의 생활 전체를 노래하고 있습니다. 이것을 말하야 동요라고 할 수 있겠습니다.

… 여러분! 여러분은 생각하시기를 노래를 잘 하려면 목소리가 좋아야 한다고 생각하시겠지요? 그러나 목소리가 아주 나빠서 병적으로 소리가 숭업지 않다면 그만입니다. … 목소리가 좋다고 하면 그것은 성악(예술)이 아니라 성대기술이 좋다고 할 것입니다. 그 노래의 내용 모든 문제는 생각할 필요도 없이 자기의 목소리만 아름답게 내고자 한다면 그 노래는 생명을 잃어버린 노래가 되고 마는 동시에 생명 없는 노래를 하는 성악가도 생명이 없는 것입니다.

노래를 부르는 데는 명석한 머리, 풍부한 지식, 예민한 감정과 감각 그리고 열렬한 열정과 투명한 통찰력을 가지고 그 노래가 가지고 있는 모든 내용을 잘 표현하는 데 노래의 온 생명을 다시 재현시키는 것입니다.

다시 말하면 목소리의 아름다움은 최초 한 두 개의 노래이요 얼마 안 가서 곧 실증이 나는 것이니 참다운 노래는 그 노래를 어떻게 노래하느냐 하는 창법의 고심과 노력과 그 곡조의 충분한 이해가 있어야 된다는 것을 말해 둡니다. …

(『어린이』, 제11권 제2호, 1933.)

동요 지으시려는 분께

유지영

동요, 동요는 참 좋은 것이올시다. 재미있고 이로운 것이올시다. 어린이 세상에는 이것이 있기 때문에 쓸쓸치 않습니다. 그리고 어린이들의 기쁘고 노여웁고 슬프고 즐거움에 느끼는 정을 가르치고 키워 주는 큰 힘이올시다.

그러나 지금 우리 조선 어린이 세상에는 동요라고는 참한 것이 별로 나타나지 않습니다. … (그것은) 어린이 세상에서는 용납하지 못할 어른들의 꾀와 뜻이 붙게 되어서 망쳐진 것입니다. 이제 나는 망쳐진 옛적 동요는 돌아보지 말고 새 동요가 많이 생겨서 어린이 여러분의 복스러운 세상을 한층 더 꽃다웁게 꾸미게 하고 싶은 뜻으로 동요 짓는 데 알아 두실 것을 몇 가지 말씀하려고 합니다.

쓸 것, 못 쓸 것

참동요를 짓는 데는 아래에 써 놓은 여러 가지 조목에 맞도록 해야 합니다.

1. 동요는 순전한 속어(입으로 하는 보통말)로 지어야 합니다. … 글 투로 짓거나 문자를 넣어 지은 것은 못 씁니다.
2. 노래로 부를 수가 있으며 그에 맞춰서 춤을 출 수 있게 지어야 합니다. 격조가 맞아야 합니다. … 노래로 부를 수 없고 또 춤도 출 수 없게 지은 것은 못 씁니다.
3. 노래사설이 어린이든지 어른이든지 잘 알도록 해서 조금도 풀기 어렵지 않게 지어야 합니다. … 사설이 어린이만 알고 어른

들은 모르게라든지 어른만 알고 어린이들은 모르게 지으면 못 쏩니다.

4. 어린이의 마음과 어린이의 행동과 어린이의 성품을 그대로 가지고 지어야 합니다. 어린이의 세상에서 벗어나거나 무슨 뜻을 나타내려고 쓸데없는 말을 쓰거나 억지의 말을 쓰거나 어쩔 수 없는 경우가 아닌데 음상사가 좋지 못 한 글자를 써서 지은 것은 못 쏩니다.

5. 영절스럽고(*그럴듯하고) 간특하지 않게 맑고 순진하고 신신하고 건실한 감정을 생긴 그대로 지어야 합니다. 어린이의 감정을 꾀로 꾀여서 호기심을 충동여내게 지은 것은 못 쏩니다.

6. 사람의 꾀나 과학을 가지고야 풀어 알 수 있게 짓지 말고 감정으로 저절로 알게 지어야 합니다. 꾀나 과학으로 설명해야 알게 지은 것은 못 쏩니다.

7. 이야기처럼 어찌어찌 되었다는 내력을 설명하는 것을 대두리로 삼지 말고 심기(心氣)를 노래한 것이라야 합니다. 설명만 쫙 해 놓은 것은 못 쏩니다.

8. 어린이들의 예술교육 자료가 되게 지어야 합니다. 어린이들에게 이로웁기는커녕 해를 끼치게 지은 것은 못 쏩니다. 악착스러웁거나 잔인한 것이나 허영심을 심어 주게 될 것이나 또 사실에 버스러지게 잘못 지은 것은 못 쏩니다. …

(『어린이』, 제2권 제2호, 1923.)

동요 짓는 법

유지영

동요는 글이 아니요 부르는 노래입니다. 동요는 본대 작문 짓듯이 짓는 것이 아니요. 노래로 부른 것을 써 놓은 것입니다. … 입으로 노래만 하면 그만입니다. 그렇기에 동요는… 자기가 부른 노래를 글자로 써 놓으면 누가 보든지 이야기책 읽듯이 왱왱 읽어 버리게 되지 않고 저절로 노래로 부르게 되어야만 값 있는 동요라고 칭찬하게 되는 것이올시다.

동요는 우연히 저절로 지어지는 것입니다. 심기(心氣)가 스스로 낳아 놓는 것입니다. 심기가 동요를 낳아 놓을 수 없는 때는 공연히 애를 써 짓는 것이 아닙니다.

그렇지만은 그렇다고 가만히 있어서 어느 때든지 동요가 우러나 오겠지 하고 때가 오기만 기다리려면 한 평생에 하나도 못 짓는 분도 있을 것입니다. 그러니까 동요가 우러나오도록 자기의 심기를 무엇에다든지 끌어다 붙여서 우러나올 기회를 만들어 주어야 합니다. 가령 따뜻한 봄날에 엄 돋아나는 꽃나무 가지에 있는 것을 볼 때에 지저귀는 새의 기쁨은 어떠하며 꽃의 마음은 어떠하리라는 것을 생각해 본다든지 늦은 가을 서리 아침의 울을 생각해 본다든지 고흔 꽃이 되어 사람의 감정을 즐겁게 할 때에 그 꽃 속에는 무슨 신비가 들어 있을까? 하는 것이라든지 생각해 봅니다. 그리하면 동요가 저절로 우러나오게 될 것입니다.

(『어린이』, 제2권 제4호, 1923.)

2) 문예교육 비평

세계아동예술전람회를 열면서

방정환

 밥을 먹어야 산다 하여 반찬도 간장도 없이 그냥 맨밥만 꾸역꾸역 먹고 살 수 있느냐 하면 그렇게는 안 되는 것입니다. 좋은 반찬을 많이 먹지는 못 한다 하더라도 좋지 못한 반찬이라도 밥에 섞어 먹어야 밥을 먹을 수도 있고 또 먹은 밥이 소화도 되어서 비로소 몸에 유익한 것입니다.

 그와 마찬가지로 우리에게 유익한 지식이라 하여 수신(악을 물리치고 선을 북돋아서 마음과 행식을 바르게 닦아 수양함)과 산술만 꾸역꾸역 먹고 좋은 사람이 될 수 있느냐 하면, 그것만 가지고는 좋은 사람-빠진 구석 없이 완전한 좋은 사람-이 될 수 없는 것이요. 예술이라 하는 좋은 반찬을 부지런히 잘 구해 먹어야 비로소 빠진 구석 없이 완전한 좋은 사람이 되는 것입니다.

 예술이라는 것을 자세히 설명하자면 여러분에게는 대단히 알아듣기 어려운 말입니다만 듣기 쉽게 말하면 여러분이 동요를 짓는다든지 그림을 그린다든지 좋은 소설을 짓거나 읽는다든지 좋은 동화나 동화극을 생각한다든지 그런 것들이 모두 '예술'이라는 세상의 것입니다. 모두 여러분의 예술입니다.

그런데 이때까지 조선에서는 그것을 전혀 모르고 또는 알 만한 사람도 잊어버리고 지내왔습니다. 그래서 딱딱하고 뻣뻣한 글을 한평생 배워도 글은 글대로 있을 뿐이지 사람의 생활에 이렇게 저렇게 응용해 쓰지 못 해 왔습니다. … 이래서는 안 되겠다고 일찍부터 조선의 교육에도 새로운 과정이 자꾸 늘어서 도학(미술)도 가르치고 창가도 가르치고 하게 되었습니다. 그러나 그것만 가지고도 안 되겠어서 이마 적에는 동화다, 동요다, 무어다 무어다 하고 예술 방면의 교육에 힘을 더 써오게 된 것입니다.

… 벌써 남의 나라에서는 이렇게 굉장히 하고 있습니다 하는 것을 실지로 보여드리기 위해서 '세계아동예술전람회'를 계획한 것입니다.

남다른 정성으로 계획은 하였으나 이 일은 세계적으로 큰 일인 만큼 너무도 돈과 힘과 날짜가 많이 드는 일이어서 우리들의 쪼꼬만 힘에는 너무도 벅차는 일이었습니다. 3년 전부터 시작한 일이 1년이 걸리고 2년이 걸려도 다 들어서지를 않아서 중간에 그만두자는 의논까지 났었으나 그래도 그래도 하고 억지의 힘을 들여서 햇수로 4년이 걸려서 이번에 간신히 20여 나라의 출품을 모아 가지고 전람회를 열게 된 것입니다.

우리는 이제 우리의 조꼬만 힘임에 불구하고 세계 각국에서 좋은 출품을 많이 보내 준 호의를 감사하고 또 기뻐하면서 이번 전람회가 한 분에게라도 더 많은 참고와 자극을 드리어 우리 조선의 아동예술이 한층 뛰어남이 있게 되기를 간절히 간절히 바라고 있을 뿐입니다.

(『어린이』, 제6권 제10호, 1928.)

소년문학과 현실성

빈강어부(김기전)

조선에 소년문예운동이 일어난 지 여기에 10년이라는 세월을 지냈다. 대게는 초기의 그 운동이 막연한 관념주의에서 출발하야 동심 그대로 발전시키자는 주장 밑에서 그의 작품이라는 것은 거의 전부가 번역작품이요 또는 조선 아동의 처지나 환경을 무시하고 겨우 말한 대자 사천 년간 억눌리고 껴눌리어 불쌍하게 살아오던 그들을 부모의 학대 밑에서, 어른의 푸대접 밑에서 해방시키자는 소리가 나왔을 뿐이고 그나마도 그렇다하야 거기에 대한 무슨 구체안이나 암시조차 별로 볼 수가 없었던 것이다.

그러나 시대는 날로 변하야 머무르지 않는 것이라 작금 23년 내의 소년문학에 대한 발전은 실로 비상한 진보적 현상으로서 과거 6,7년간의 발전보다도 오히려 월등한 수확을 얻게 된 것은 조선 소년문예운동에 있어서 특필할 만한 것이요 거기에 많은 공헌을 한 이는 재작년 『신소년』과 『별나라』를 통하야 이주홍 양창순, 엄흥섭, 이구월, 신고송 등 여러분의 힘이 사실로 적지 아니하였으며 그 후를 이어서 일반 소년문예가가 지방에서 도회에서 많이 일어나게 되고 그 운동의 경향도 훨씬 새로워져서 지금껏 소년문예의 영역이 극히 좁았던 고개를 넘어서 엄연히 한 자리를 잡은 동시에 지금껏 문제 밖에 붙이고 자만을 피우며 눈을 거들떠보지도 않던 소위 기성문단에서도 하여간 우리들의 운동을 십상이 보지는 못 하였다. 그만큼 특수한 경우에 있는 우리의 운동이지만 그의 발전은 실로 놀라우리만큼 그러게 큰 것은 속일 수 없는 사실이었다.

그러면 그동안 소년문예운동에 어떠한 변천이 있었는가. 전기에 있어서는 관념주의 후기에 있어서는 사실주의, 그 두 가지의 차이가 확실히 있을 것이다. 그러나 소위 뿌르관념주의의 경향이 방금 조선 소년문예계에서 거의 형적을 감추고 조가(弔歌)를 부르게 되야 그 형적을 찾을 수 없이 되야 가는 것도 부인할 수 없는 사실이다.

'어린애야말로 사랑과 순진한 화원이다.', '어린애는 보석이다.' 그리하야 마침내 '어린애는 천사라' 하야 떠받친 그러한 묵은 어린애의 개념은 프로소년문학에 대하야는 한 새까만 때가 되었다. 그러나 뿌르소년문학에서는 그와 같이 어린애들을 취급하야 어린애들의 현실과 성인의 현실과를 딴 것으로 해가지고 주켜 올려 세워서 아름다운 관념을 구름 위에다가 얹어 놓았다.

그러나 어린애라고 해서 그들의 모든 생활이 현실을 떠나가지고는 생각할 수 없는 것이니 공장과 농촌에서 아이들은 연한 뼈가 휘고 얼굴에 옳은 핏빛이 돌 새가 없이 힘을 짜내게 되며 학교에서는 너무도 실제생활과 거리가 먼 소리를 들을 뿐 아니라 툭하면 한 달에 1원 이내의 돈이 없어서 퇴학을 당하기가 일수요 자양분이라고는 털끝만치도 없는 호미조밥이나마 먹을 수 없는 점심시간에 어린애들이라고 푸른 하늘을 바라보고 밥알을 그리는 볼지언정 엉뚱하게 천사의 그림을 그리고 앉았을 어린애는 한 사람도 없을 것이다.

부잣집 자질이 세상의 아무런 풍파 모르고 커 나는 귀동자라면 그는 별문제이지만 프로계급의 소년의 당면한 현실 그것은 어른이니 꼭 마찬가지일 것이니 꿈을 안고 있는 어린애는 소위 뿌르계급의 생활환경에서나 있을 것일까. 노동자나 농민의 아이들로는 꿈을 안아 볼래야 그러한 여유가 도저히 그 이들께는 허락되지 않는 것이다.

그럼으로 어린애들의 생활을 꿈 같은 현실로 해석하고 천국에다 올려놓고 생각하는 것은 뿌르문학가와 뿌르인사들의 추억이나 착각에 지나지 못 할 것이다.

어떤 분은 이러한 말을 한다. 즉 조선소년은 모두가 무산자의 자질이요 그의 생활환경이 모두 비참한 지경에 빠졌다. 그런데 아무 철 모르는 천진스러운 아이들에게 그러지 아니해도 악착한 생활을 하고 있는 데다가 더 한층 그러한 현실성을 띠운 문예작품을 보여주는 것은 차마 할 수 없는 일이요 너무도 악착한 노릇이니 다소라도 그들에게 위안되고 심령을 구원해 줄 글자를 읽혀야 될 것이고 주장하는 이가 있으나 그야말로 뿌르형식적 관념에 중독이 되야 잠 깨일 줄을 모르는 말인가 한다. 그들의 현실이 극히 비참한데 그들로 하야금 그것을 덮어주어서 눈앞에 보이지 않도록 하고 아름다운 천당이나 낙원을 보여주고자 한들 될 것이냐. 그야말로 눈을 가리고 아웅하는 셈 밖에는 되지 못 할 것이다. 그리고 또 그들은 아무 철모르고 순진한 어린 사람들을 억지로 끌어가지고 계급적 의식을 불어넣도록 강제하는 것은 결코 좋지 못 한 영향이 미치리라고도 말한다.

그러나 그 역시 극히 어리석은 견해인가 한다. 사실 오늘의 청년들이 비상한 고민을 하고 갈 길을 몰라서 헤매는 것이야말로 과거의 소년시대에 받은 바 뿌르관념적 교육이나 환경의 감화가 그들로 하야금 그러한 구렁에서 헤매게 하는 참상을 이루어 준 것이 아니고 무엇이랴. 만일 그들이 일즉이 소년시대부터 자기의 현실적 처지가 어느 곳에 놓여 있다는 것을 확실히 인식하였다면 결코 나중에 가서 방황하거나 비관낙망하는 일은 없을 것이다. 실상 오늘 조선의 소년들이 보통학교를 간신히 마치고도 갈 길을 몰라서 헤매이는 것은 역시 막연한 관념주의에서 커 난 까닭이다. 그러면 오늘 사실로 악착한 생활을 맛보고 있는 그들에게 그들의 현실을 노래하고 의논한다고 결코 나쁜 영향이 그들의 전도에 미칠 리는 만무할 것이오. 도리어 '술은 눈물이냐 한숨이냐' 하는 요새 중학생 전문학생들의 주둥이에서 흘러나오는 소리보다 공장에서 농촌에서 '나는 괭이와 망치를 동무 삼아 일하는 소년이라오. 그러나 우리들에게는 앞날이 있소. 광명이 있소.' 하고 노래하는 그 편이 얼마나 힘차고 씩씩하고 장래로 믿음성이 있는지 알 수 없는 일이다. 그로 보면 소년문예에 얼토당치 않은 공상을 불어넣는 천만 마디의 작품보다 오늘날 힘차게 일어나는 푸로소년들의 현실성을 담은 그 작품이 얼마나 가치 있는 것이랴.

그러나 여기에 또 한가지 재미스럽지 못 한 현상이 생기는 것은 소위 푸로소년 작품이라 하야 그 중에도 제가 더 할 수 없는 푸로작가로 자처하는 작가들의 작품에서 아무 실감도 체험도 없이 억지로 푸로작품을 만들기 위하야 써 놓은 작품을 발표해가지고 가장 우수한 작가인듯이 모든 푸로작가를 지도하는 듯이 거만을 피우고 있는 그 꼴이야말로 오늘 소년문단에 가장 보기 싫은 추태이다. 밤낮 청산 청산하면서 자기들부터 자기를 청산치 못 하고 걸핏하면 '반동, '인식착오'하고 남을 꼬집고 물어뜯는 것으로 제일 능한 줄로 아는 푸로소년문사가 가끔 나오는 것은 그렇게 고마운 현상이라고 볼 수는 없다.

그러면 진정한 소년문예 특별히 우리 소년대중이 요구하고 있는 문예는 누구의 손으로 되야 나올 것인가. 우리는 기성문단의 점잖은 신사 작가들에게는 바라지도 않거니와 바랏쟈 허사요 또는 야심 많은 신흥작가들에게도 역시 바라던 바 보다는 실망치 아니할 수 없으니 우리는 차라리 노동소년이나 농촌소년 속에서 총명 있는 이들이 자기의 생활과 환경에서 심각하게 체험한 것을 작품에 표현시키어 가지고 그것이 노래가 되고 시가 되고 동화가 되고 소설이 되는 그곳에 비로소 진정한 소년작품이 나올 것이고 소년문단이 형성될 것이라고 믿는다.

이상에 말하야 온 바와 같이 2, 3년 내 조선소년문단에 비상한 발전과 발달한 경향이 뵈여진 것은 무엇보다도 기쁜 일이나 아직까지 완전한 성격을 거두지 못 하고 지금도 오히려 성장발전 하는 도중에 있는 터인데 근일에 가장 좋은 현상으로 나타나는 것은 지방이나 도시에 있는 무명 소년작가들이 많이 머리를 들고 나오는 그것이다. 그들은 자기의 생활환경을 잘 알고 있으나 그 의식의 수준이 어느 곳만큼 놓여 있는지는 의문인 즉 그들을 옳게 이끌고 같이 나가주는 사람이나 기관이 있어야만 할 일이로되 망자존대만 하고 제 발에 물을 끌어 가랴고만 하는 인물이나 기관에게는 너무도 신뢰하기에 마음부족한 느낌이 난다.

그러면 앞으로의 소년문단은 어떻게 하여야 완전한 발전을 할 것인가. 아직은 자연성장에 맡겨 두고 차차 그가 발전하야 나가는 중에 그 속으로부터 뜻 있는 소년작가 자신들이 유기적 기관을 만들어서 통일과 체계 있는 영구발전의 큰 계획을 세워주기를 기다릴 수밖에 없는가 한다.

만천하의 소년 대중아! 그대들은 하루바삐 그러한 기관이 만들어지기를 촉진하라.

(『어린이』, 제10권 제6호, 1932.)

기성문단의 명사들에게

서갑출

여기에 특히 기성문단의 여러 명사에게 한 말씀을 하고져 하는 것은 무엇보다도 방금 기성문단에 대립하야 엄연히 소년문단이라는 것이 형성되어 있기 때문입니다.

그런데 소위 기성문단의 작가되는 분들은 자기의 명예나 지위를 보존하기에 다른 생각이 없으며 자기가 있는 밖에는 남이 있는 줄을 알지 못 하고 몇 편의 시나 몇 편의 단편소설을 써서 소위 문단의 사람이 되면 다시 진보의 길이 없으며 구복을 채우기 위하야는 아무런 체면이나 절조도 불구하고 되지도 않는 글을 팔아먹기에 급급하며 민중에게는 아무 흥감도 관련도 없는 횡설수설을 늘어 놓고도 자기 홀로 문사인 척 논객인 척하는 것은 어린 사람의 눈으로 볼 때에도 얼마나 비루하고 천박한지를 역력히 지적할 수가 있습니다. 그리고 한 번 문단에 이름을 판 이후에는 대개가 죽은 듯이 얼굴과 그림자가 일시에 사라져서 거의 이름을 잊게 되는 것은 무슨 까닭입니까.

그리고도 소년문단이나 소년문예가 자기들의 알지도 생각지도 않은 사이에 비상한 발전을 하야 엄연이 존재해 있는 줄도 모르고 눈 아래로 깔보며 얼토당치 않은 망평을 던지는 것은 우리로 볼 때에는 존경의 뜻을 표하기보다도 도리어 구토의 느낌을 갖게 하고 맙니다. 앞으로의 문단 명사는 적어도 사회의 넓은 낯(顔)과 민중에게 움직임을 주고 울림이 있는 작가가 아니고는 도저히 행세를 할 수가 없으리라고 믿습니다. 그리고 사실 소년문단의 경향을 옳게 살리지 못하고는 새 세상의 새로운 문예를 써보지 못 하고 영구이 케케묵어 썩어 떨어지고 말 골동품 같은 문예품밖에는 남는 것이 없을 것을 단언합니다.

(『어린이』, 제10권 제9호, 1932.)

2부
『어린이』지의 어린이생태시민교육

III 사회교육

01 | 사회철학

어린이의 협동적 사회 주체화

　사회교육은 소년해방운동이 가장 중요시한 부분이었습니다. 당시 어린이들이 가정과 기성세대로부터 인권을 존중받지 못 했고 그들의 인권을 보호하는 사회장치도 없었으며 나라가 어린이 교육을 책임질 수도 없던 상황에서 어린이들이 사회적으로 거의 방치되어 있었기 때문입니다.

　그런 가운데 3.1의거와 진주소년회의 만세사건을 계기로 어린이들이 항일독립투쟁의 한 주체세력으로 나섰고 전국적으로 종교단체나 야학 등 여러 형태의 어린이 모임이 생겨났습니다. 이는 어린이들이 스스로 사회주체로서 자기 정체성을 자각하고 사회행동을 하기 시작했던 것인데 바로 이 점은 세계에서 유래를 찾아볼 수 없는 한국 어린이교육사의 혁혁한 부분입니다.

　그리고 천도교의 소년해방운동 어린이들의 이런 자발적인 사회행동을 받아 안아서 전국단위의 체계적인 소년운동으로 전개한 점도 서구에서 어른들이 주도하던 교육운동과 달리 어른들이 어린이를 교육운동의 주체로 존중했다는 점에서 세계 교육운동사에 독보적인 자랑거리라 하지 않을 수 없습니다. 이에 우리가 세계 최초의 어린이해방운동으로 어린이날을 이야기할 때 그 시기보다는 바로 이 점을 자찬해야 하는 것입니다.

아울러, 소년해방운동은 일 년에 한 번 여는 어린이날 행사를 너머, 『어린이』지를 통해서 사회교육을 체계적으로 가르칠 뿐 아니라 가정과 일상에서부터 어린이들의 주체적이면서도 공동체적인 사회의식을 기르려 했는데, 그 교육전략과 내용이 현대 사회교육과 비교할 때 매우 실천적이고 혁신적이라 현대사회교육의 패러다임 전환에도 시사하는 바가 크다고 볼 수 있습니다.

『어린이』지에 나타난 생태적 사회교육의 목적과 내용
『어린이』지에 나타난 사회교육을 분석해 보면, 그 내용이 크게 세 가지로 구분되는데 첫째, 사회교육의 근간이 되는 사회철학에 대한 설명 둘째, 어른과 어린이들 모두에게 어린이들이 사회주체임을 각성하도록 고양하는 이야기 셋째, 어린이들 스스로 공동체적인 사회학습과 사회활동을 하게 하기 위한 것으로서 소년회 조직과 어린이날 운동, 생활협동과 공동체 단위의 학습 등에 대한 이야기입니다. 『어린이』지의 사회교육에 대해 더 분명하게 알기 위해서는 이 각각에 대해 자세히 살펴볼 필요가 있기에 그 내용을 소개하면 다음과 같습니다.

첫째, 어머니 사회론 교육, 『어린이』지의 사회철학은 앞서 서술한 대로 김기전의 유기체 사회론에 근거했습니다. 일제강점기 당시 가족과 민족사회, 국가가 해체되고 해외에서 유입된 여러 사회이론들이 혼재하던 상황에서 김기전은 조선과 전 세계를 잠식한 침략주의의 근간이 다원주의 사회진화론이라는 것을 간파하고 동학의 근대식 사회이론을 제시했던 것입니다. 『어린이』지에 직접 소개되지는 않았지만 김기전과 함께 동학을 근대이론으로 정립한 이돈화의 표현을 빌면 동학이 추구하는 '어머니 사회'라고 할 수 있습니다.

　어머니 사회는 지배와 경쟁, 도태와 소외가 아니라 상호 헌신과 살림, 공진화를 원칙으로 하고 사회구성원은 사회를 어머니로 공경하는 사회입니다. 소년해방운동이 추구했던 사회교육은 쉽게 말해 이 어머니 사회를 만들 새로운 사회주체로 어린이들을 기르기 위한 것이었다고 볼 수 있습니다. 그런데 안타깝게도 『어린이』지에서는 김기전이 쓴 사회론이나 이돈화의 어머니 사회에 대한 글이 실려 있지 않습니다. 김기전의 사회론은 대부분 『개벽』지에 논문 형식으로 실렸고 『어린이』지에서는 어린이의 눈높이에 맞추어 주로 문학작품에 반영되었기 때문입니다.

　둘째, 사랑과 협동의 사회윤리 교육, 사랑과 협동은 소년해방운동과 『어린이』지의 표어인 만큼, 『어린이』지 내용 전반에 분명하게 드러나 있습니다. 그러나 사랑과 협동의 사회철학을 직접적으로 서술한 글은 이응진의 '사회란 무엇인가'라는 글이 유일합니다. 이는 개벽사에서 김기전의 사상에 따라 소년해방운동가들이 그의 글을 공유하거나 어린이의 눈높이에 맞추어 각자 다시 써서 잡지에 게재했기 때문에 유기체 사회관과 사랑과 협동의 사회윤리를 강조했던 김기전의 사회론과 큰 차이가 없다고 보여집니다. 그러나 이응진의 글에는 끝부분에 어린이들에게 사회의 계급구조를 각인시키는 문장이 제시되었는데, 그 의도가 명확히 제시되어 있지 않고 사실 자체만을 제시한 것이라 하더라도 계급을 너머 선 인류애와 협동을 강조하던 김기전의 논조와는 다소 차이가 있는 것으로 보입니다. 당시 『어린이』지에 여러 정치견해를 지닌 작가들이 참여한 상황에서 사회주의의 관점이 더 반영된 것으로 보여지는데 따라서 이 점을 유념해서 읽을 필요가 있겠습니다.

셋째, 어린이의 사회 주체화,『어린이』지에는 어린이의 사회주체화를 위한 글들이 어른들의 의식개선을 촉구하는 것과 어린이들의 자각을 고양시키는 두 가지로 제시되어 있습니다. 먼저, 부모들에게는 봉건주의 시각에서 어린이들을 소유물이나 노동수단으로 여기는 것을 반성할 것과 어린이를 어른과 동등하게 사회구성원으로 인정할 것, 그리고 가정에서 책임감을 가르치는 것과 더불어 자녀교육의 목적을 세속적인 출세가 아니라 우주 전체의 진화에 동참하게 하는 데 둘 것을 강조했습니다. 아울러 어린이들에게는 스스로 사회주체임을 깨닫고 사회생활을 열어 나가야 한다고 가르쳤습니다. 특히, 상급학교를 졸업하는 것만이 좋은 사회인이 되는 유일한 길이라 생각하지 말고 자신이 처한 자리에서 자신과 사회를 향상시키는 일을 해 나갈 것을 강조했는데, 이는 당시 대부분의 어린이들이 형편상 학교에 못 가거나 중퇴하거나 상급학교에 진학하지 못 하거나 또는 실력과 형편이 되어도 일제가 조선 어린이들을 상급학교에 진학하지 못 하게 한 상황에서 자구책이 되었던 것입니다.

그러나 그렇다고 해서 소년해방운동가들은 그런 어린이들에게 좌절감을 위로하거나 농촌과 공장에서 노동자로 살아가는 것을 어쩔 수 없이 받아들이게 하는 차원의 이야기를 하지 않았습니다. 어차피 일제가 세운 학교는 식민지교육을 하는 곳이었고 우리 민족의 글과 얼은 야학이나 소년단체, 민족사립학교에서 가르쳤기 때문에 이런 교육기관들을 늘이는 데 힘쓰면서 어린이들에게는 야학이나 소년단체에서 열심히 공부할 것을 당부했습니다. 『어린이』지에 어린이들이 직접 기고한 글들을 보면, 당시 조선 어린이들이 온종일 고된 노동을 하고도 성실하게 야학에 다녔다는 것을 알 수 있는데, 그 의지도 대단하지만 그 배움으로 인해서 자신의 노동현실과 사회문제를 긍정적으로 해석하고 주체적으로 해결해 나갔다는 데 크게 감동하게 됩니다. 특히, 『어린이』지 중에서 『어린이』지를 금하는 일제 교사에게 대차게 반항하는 어린이 이야기와 어린이들이 스스로의 힘으로 조혼을 타파한 사례는 조선 어린이들의 주체의식과 기세가 얼마나 당당했는지 알 수 있게 해 줍니다.

넷째, 생태적 사회 주체화, 당시 스스로 삶을 개척했던 조선 어린이들의 글을 보면, 학교만 다닌 어린이들이나 천사동심만 운운하던 아동문학가들의 글 사이에 큰 차이가 있다는 것을 알게 됩니다. 특히 농촌어린이들에게서는 자연에게서 배우고 자연을 창조적으로 극복하기도 하고 협동노동을 하면서 공동체사회윤리를 몸소 체득했기 때문에 그 속에서 형성된 생태적 사회성이 엿보이기도 합니다. 물론 긍정적으로 의도된 것도 아니었고 어린이들의 삶에서 노동의 비중이 너무 높기는 했지만, 삶 자체를 토대로 했기에 노동과 생활과 학습이 종합된 교육형태의 결과를 얻을 수 있었던 것이라 할 수 있습니다. 물론 여기에는 야학과 천도교 소년단체를 중심으로 한 여러 형태의 소년단체가 어린이들을 공동체로 엮어내고 『어린이』지가 그 소년단체들을 정신적으로 지속시키는 역할을 한 공이 큽니다. 이는 한국 최초의 근대 사회교육이 서구 자유주의 교육에서처럼 사적 재산권을 보장하는 정치경제적 개인을 시민으로 기르는 사회교육과는 달리, 그 토대부터 본질적으로 다른 차원에서 형성되었음을 입증하는 것입니다.

『어린이』지는 가족, 친구, 이웃, 사회 등 삶을 구성하는 모든 관계를 애정공동체로 구성하고 그 안에서 협동하는 실현하는 사회주체를 양성하기 위한 한국의 독자적인 사회교육을 펼쳤던 것입니다. 그래서 소년해방운동과 더불어 삶과 학습과 사회개조활동을 아우르는 어린이 공동체로서 소년회 조직을 만들려 했고 1925년에 들어서는 천도교 소년회 단체를 포함해서 500여 개의 다양한 소년단체들까지 규합한 전국단위의 소년운동단체를 만들어 내는 데 크게 기여했습니다.

그 많은 소년단체의 성향과 목적이 제 각각 다르기는 했어도 거의 전 조선 어린이들이 『어린이』지를 구독하는 속에서 『어린이』지를 각 소년단체에서 토론과 사회화 프로젝트에 활용한 점 그리고 『어린이』지에서 소년해방운동 정신을 꾸준히 알려내고 소년회 조직을 독려한 점, 어린이들의 사회행사로 어린이날 운동을 확산시킨 점 등을 고려할 때 전국의 소년단체가 성장하는 데 『어린이』지가 지대한 영향을 미쳤다고 할 수 있습니다.

『어린이』지의 생태적 사회교육에 대한 현대적 계승

현대사회는 그 어느 때보다 총체적인 위기에 놓여 있고 그만큼 급격한 전환을 필요로 하고 있습니다. 일제강점기에 신문화운동과 소년해방운동의 사회교육이 제기되었듯이 현재의 우리에게도 그와 같이 새로운 사회운동과 사회교육이 필요합니다.

따라서 소년해방운동이 펼쳤던 세 가지 사회교육 전략대로 이를 모색하자면, 첫째, 일제강점기에 기성세대들이 어린이에 대한 봉건주의와 출세지향주의의 시각을 반성했듯이 현대의 어른들은 자녀양육에 대한 이기적인 태도와 출세지향주의, 과잉교육열을 반성해야 합니다. 둘째, 당시 어린이들이 스스로 항일독립과 사회개조의 주체로 등장했듯이 현대에도 민족의 평화 구축과 생태사회 건설을 위한 새로운 사회주체로 나타나야 하는데 그러기 위해서는 근본적으로 이제까지의 사회교육의 내용과 목적, 방법이 생태적인 패러다임으로 바뀌어야 합니다. 셋째, 소년해방운동이 전국 어린이들의 문제의식과 사회주체화에 대한 의지를 공유하고 연대하도록 했기 때문에 좋은 결과를 낳을 수 있었듯이 현대도 당시의 소년단체처럼 어린이들이 주체인 사회단체를 확산시키고 그 단체들이 우리나라뿐 아니라 전 세계 어린이들과 소통하고 연대하는 운동이 될 수 있도록 뒷받침해야 합니다.

그리고 가장 중요한 것은 어린이들에게 자신이 처한 사회문제에 스스로 대응할 수 있는 힘이 있다는 것을 믿도록 도와주는 것입니다. 기본적으로 어른들이 본을 보이는 것도 중요하겠으나 현재보다 더 힘든 시대에 실제로 그런 삶을 살아낸 어린이들의 이야기를 확인하는 것도 큰 도움이 되리라 봅니다. 이어지는 『어린이』지의 원문들이 그 이야깃거리가 되어 줄 것입니다.

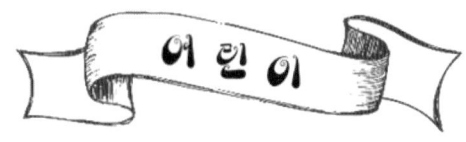

1) 유기체적 사회관

사회란 무엇인가?

이응진

사회란 무엇인가

어린 동무 여러분, 우리는 다 같이 서로 도와주고 이끌어주지 않으면 안 됩니다. 제아무리 재주가 많고 돈이 많다고 할지라도 자기 혼자 외따로 떨어져서는 살지 못 합니다. 옛날시대에도 사람은 서로 도와주고 서로 밀접한 관계를 지어가지고 살아왔지만 특히 오늘날 우리가 살고 있는 세상과 같이 복잡한 세상에서 살아가려면 더욱이 많은 사람들과 관계를 하지 않으면 살아갈 수가 없습니다. 우리가 하루 동안 살아가는 것을 생각해보아도 집에서는 아버지 어머니 언니 오빠들한테 좋은 말씀을 듣고 사랑을 받고 또는 밥을 먹고 옷을 입게 되며 학교에 가서는 선생에게 글을 배우고 동무들과 유쾌하게 놀게 되지 않습니까? 그 밖에 밥을 농사하는 사람이 있기 때문에 먹게 되고 옷과 책은 공장에서 비지땀을 흘리면서 일하는 노동자가 있기 때문에 입게 되는 것이 아닙니까? 우리 어린 사람들만 여러 사람의 도움을 받게 되어 서로서로 관계를 하게 되느냐 하면 그런 것은 아닙니다. 어른들일수록 서로서로 널리 관계를 하게 됩니다. 수 천리 밖에 있는 사람과 관계를 하게 되며 동네 사람들끼리 서로 도와주게 됩니다. 집 하나를 지어도 동네 사람들의 힘을 빌리게 되며 길 하나를 닦아도 서로 협력하지 않으면 안 되니까 자연히 서로 관계를 안 할 수 없게 되며 또는 협력하지 않으면 살아갈 수가 없지 않습니까?

사람은 이렇게 서로 협력하여 갈 수밖에 없는 동시에 관계를 벗어나서 살 수는 없습니다. 더욱이 문화가 발달되고 살림살이가 복잡하여 갈수록 사람의 생활은 복잡해지면서 서로 협력하는 범위(範圍)가 넓어지고 관계하는 일이 많아집니다. 우리 인간이 원시 야만시대(原始野蠻時代)에는 혼자 외따로 떨어져 살았는지 모르나 그 야만시대를 지나서부터는 사람은 서로 협력하며 갑과 을, 을과 병이 관계를 하지 않을 수 없이 되는 동시에 자연히 협력은 어떻게 해야 하며 관계는 어떻게 해야 한다 하는 습관, 풍속, 도덕(道德) 등이 생기게 되었습니다. 제아무리 고집(固執)이 센 사람이라도 이 관계에서 벗어날 수도 없는 동시에 벗어나서는 생활을 할 수가 없게 되었습니다. 이렇게 사람 사람이 서로 협력하게 되고 관계를 갖고서 살아가게 될 때에 그렇게 살아가는 세상을 사회라고 합니다.

그러므로 사람은 사회를 떠나서 살 수가 없고 사회를 떠나서 혼자서 살 수가 없습니다. 우리는 잘 살아가려면 서로서로 협력하여 밀접한 관계를 가져야 합니다. 즉 사회 생활을 잘하여야 합니다. 세상 사람은 알지 못 하는 가운데 또는 무형한 가운데 서로 협력하며 관계를 갖고 있습니다. 간단한 예를 들어도 곧 알 수 있습니다. 우리는 지금 수천 리 밖에서 생산된 쌀로 밥을 지어먹고 수만 리 밖에 있는 영국이나 미국에 노동자들이 힘들여서 만들어낸 양약(洋藥)을 먹지 않습니까? 그 뿐이겠습니까? 우리 조선 농민이 애써 만든 쌀은 일본 민중의 양식이 되고 어린 동무들이 죽을 힘을 다하여 제조한 종이(白紙)는 영국이나 불란서 어린 동무들의 습자지가 되지 않습니까.

자- 얼마나 사람은 관계를 널리 하게 되었으며 자기 혼자 외따로 이는 떨어져 살 수가 없이 되었습니까. 그러나 사회는 단지 서로 협력하며 널리 관계만 갖게 되어 있지를 않습니다. 우리들의 생각만 같아서는 그랬으면 좋겠으나 실제 사회는 그렇지 못 합니다.

사회에는 계급이 있습니다.

이렇게 사람은 살아 나아가려면 서로 협력하며 친밀하게 지낼 수밖에 없으며 위에 말한 바와 같이 전 인류 또는 전 민족이 서로 관계를 갖게 되어 사회적 생활을 하게 되었으니 사회는 그렇게 꼭 같이 일하고 협력하여 주게만 되지는 못 하였습니다. 잠깐 말씀을 들어보시오. 인간사회가 앞으로 앞으로 발달하여 가는 데는 반드시 여러 가지 고개를 넘어가지 않으면 안 되게 되어 있습니다. 왜? 그런 가 하면 사회 안에 있는 사람은 다 같이 협력하며 관계를 갖지 않을 수 없게 되어있으나 아직까지의 사회는 같은 사회 안에서도 세력, 즉 권리와 이해를 달리하는 사람들이 있어서 한 사회 안에 다시 사회가 생기게 되었습니다. 옛날 사회 안에는 놀고먹으면서 세력만 부린 귀족들의 편과 일을 죽도록 하면서도 먹지는 잘 못하고 멸시만 받는 노예 편 사람들이 있었고, 그 다음 시대에는 역시(즉 封建時代) 세력만 부리는 편 사람과 농사만 죽도록 하면서 갖은 학대(虐待)만 받는 농노라는 사람 편이 있어 이 두 편 사람은 언제나 사이가 좋지 못 했고 협력을 잘 하게 되지 못 해서 자연히 이 두 편 사람은 제각기 자기편(自己便) 사람끼리 합해가지고 사회를 만들게 되었습니다. 현대 사회에도 역시 마찬가지로 일을 안 하고 호화로운 생활을 하며 마음대로 권세를 부리는 자본가층이 위에 있고 일을 해도 먹을 것이 안 생기고 일을 할래야 할 일이 없으며 아무 세력도 없고 오직 놀림만 받는 농민, 빈민, 노동자층이 있습니다. 그래서 이 두 편 사람은 서로 협력해 지내지를 못 하고 서로 다투게 되어 있습니다. 이렇게 한 사회 안에서 사람이 두 패로 갈리어 있기 때문에 사회에 모든 일은 잘 되어 가지를 못 합니다. 이렇게 말할 때에 어린 동무 여러분은 그러면 서로 갈리어 있는 두 편 사람이 그 싸움을 끝내게 하기 위해 놀고먹는 사람은 없이 다 같이 일하고 꼭 같은 권리를 갖게 하면 그만이 아니냐 할 것입니다. 물론 옳은 말입니다. 사회가 잘 발달되고 인간이 인간답게 살려면 같은 인간끼리 서로 있어서야 되겠습니까?

… 이 밖에도 친족관계, 미신관계 등으로서 적은 사회적 집단이 있습니다. 그러나 이와 같은 것은 사회에 별로 큰 관계를 갖지 못 합니다. 특히 민족적 이해관계로 이루어진 민족집단은 아직까지 사회가 발달해 가는 데 숭대한 관계가 있습니다.

사회는 이상에 말한 것과 같이 계급적, 민족적을 아직 갈리어 있으며 계급이 있습니다.

(『어린이』, 제10권 제7호, 1932.)

2) 어린이의 사회주체화

앞선 사람들에게 활 쏘는 한 말씀

서갑출

아버지 어머님께

아버지, 어머님! 저를 낳아 주시고 길러 주시니 그의 은혜는 산보다도 높고 바다보다도 깊습니다. 아버지와 어머니가 아니셨으면 내가 이 세상에 어떻게 생겨났으며 어떻게 이만큼 자라났을 것인고 하고 생각할 때 참으로 뼈가 저리게 감사합니다.

아버지, 어머님! 사람이 이 세상에 생겨났다는 것만이 얼마나 귀엽고 소중한 일입니까. 세상만사가 자기라는 한 몸이 있는 뒤에 자기를 중심 삼아가지고 생기는 것이니 자기 일신이 없다고 하면 세상의 모든 물건과 온갖 존재는 문제가 될 것 없이 모두 사라지고 말 것입니다. 세상이 좋으니 나쁘니 하는 것도 자기 일신이 있기 때문이요 살기가 기쁘니 슬프니 하여도 결국은 자기 자신이 있고서 말이 아니겠습니까.

이 천지가 아무리 넓다 하고 사물이 아무리 많다 하되 결국은 자기 자신 하나를 중심 삼아가지고 있는 것입니다.

그러면 이 몸이 생겨나서 이 세상 이 사물을 알아보고 지난다는 것은 여간 행복이 아닙니다. 이 행복스러운 저를 한 인생으로 하여

이 세상에 떨어뜨려 주시고 길러 주신 것이 얼마나 저에게 더할 수 없는 은인입니까. 참으로 고맙습니다.

그러나 아버지, 어머님! 자식은 내가 낳아서 내가 키운 것이니 그것은 영구히 내 것이거니 하고 논밭과 집 같은 것을 돈 주고 샀으니까 영구히 내 물건이라고 믿고 있는 것처럼 자식도 내 소유이거니 그렇게 생각해서는 안 됩니다.

아버지도 한 분 사람이며 어머니도 한 분 사람이라면 저도 이 세상에 떨어져 따로 한 몸이 생긴 이상에는 역시 아버지나 어머니와 마찬가지로 한낱 인간입니다.

저로 말하여도 십팔 년 동안이나 부모님 앞에서 젖 먹고 밥 먹고 옷 얻어 입고 했으니까 그렇지 만일 제가 낳던 날로 아버지 어머니께서 딴 곳에다가 맡겨 기르시고 지금껏 상관을 안 하셨다면 저와 부모님과는 아무런 관계가 없이 이 세상에 딴 인간 하나씩으로 대립하여 서 있을 따름일 것입니다.

그러면 아버지 어머님! 그리고 세상의 모든 아버지와 어머니시여! 저희들 자식을 지금부터는 한 사회의 한 인간으로 인정해 주시고 무슨 물품이나 지닌 것처럼 자식 둔 것을 믿지 마소서. 따라서 자식에게 독점적으로 자기에게 대한 효성을 바랐다가는 오늘의 당신 자식들에게는 큰 실패와 낙망을 당하고 말 것입니다.

그러므로 아버지나 어머니께서는 자식을 낳은 것이 이 사회 이 세상에 한 개 인간을 내어보낸 것이 아니고 이 사회에 여러 자식들이 여러 부모에게 효도를 할 수 있는 날에야 아버지와 어머니께도 같이 효도의 차례가 돌아갈 줄을 깊이 깨달아 주셔야 할 것입니다. 거기에 자식을 둔 기쁨이 있을 것입니다.

선생님과 어른께

선생님과 어른들이여! 어린 사람에게는 수신(修身)만 가르치고 지식만 넣어준다고 반드시 얌전하고 착한 사람 되는 것이 아니며 호령만 하고 거만만 피운다고 반드시 자기의 지위가 높아가는 것도 아닙니다. 나는 선생이거니 어른이거니만 하고 앉아 있다고 제자나 아이들에게 위신이 있고 보람이 있는 것은 아닙니다. 만일 그렇다고 말하면 왜 선생님들이 친히 가리키시던 제자들이 도리어 선생님 앞에 반기를 들게 되며 어른들이 거느리고 있던 아이들이 왜 어른들에게 활을 쏘게 됩니까. 그것은 확실히 자기가 가리킨 수신만이 반드시 옳은 것이 아니며 자기가 부리는 위신만이 반드시 남을 정복하는 것만이 아니라는 증거입니다.

그러면 지금껏 가리켜 내려오던 수신을 가리키는 외에도 다시 제자들의 배우고 행하는 수신이 있는 줄을 알아야 되며 책에 실려 있는 지식 외에도 또한 제자들의 새로 알려고 하며 요구하는 지식이 있는 것도 알아야 됩니다. 그리고 어린 사람도 역시 어른 이상으로 숭배할 점이 있으며 존귀한 인간의 가치도 있는 것을 알아야 될 것입니다.

그리하여 어린 사람의 마음을 이해하고 인격을 존중히 하는 데에서 선생과 제자, 어른과 아이들 사이에 간격 없는 정의나 각자의 지위가 보존될 것입니다. 더구나 오늘의 제자나 아이들에게는 오히려 선생과 어른을 앞서서 나아가는 소년들이 얼마나 많으며 뒤떨어진 선생이나 어른보다 더 훌륭한 지식을 갖고 있으며 더 좋은 일들을 하고 있는 줄을 알아야 할 것입니다.

(『어린이』, 제10권 제9호, 1932.)

원컨대 자녀에게 책임감을 길러 주소서

김재순

우리 조선 가정에서는 부모님들이 우리를 교육시키시는 데 많은 결함이 있습니다. 아이들의 교육이란 글자를 가르치고 글씨를 쓰는 것의 교육인 줄만 알고 아이를 보고는 '글 읽어라.', '글씨 써라.' 하고 그저 호령만 하여 아이는 조금도 자기를 펴지 못 하게 합니다. 이런 것이 어린이를 잘 자라게 하며 그리고 장래 사회에 나가서 자유로운 활동을 할 만한 인격을 만드는 데는 잘못인 줄 압니다.

그러므로 우리 부모님이 자녀로 하여금 위대한 인물을 만드는 데 여러 가지 주의가 많겠지마는 그 중에도 책임감에 대하여 가르치심을 바랍니다. 이런 것을 내가 어렸을 적에는 아무것도 몰랐지만 지금 와서 철을 좀 알게 되니까 부모님들이 아이를 가르치는 데 좋지 못한 일이 있는 것을 느끼게 됩니다.

우리 가정에서 흔히 보는 것은 아이들이 열두어 살 되어 제 손으로 무엇이든지 해보려고 할 때에 어른들은 '네까짓 것이 무얼 하겠니. 저리로 가거라.' 하며 또는 아이들이 무엇을 알고자 할 때에 어른들은 '너는 모를 것이다. 그만 둬라.' 하고 도로히 핀잔을 주는 일이 많습니다. 그러니 이것이 어찌 장래 큰 희망을 가진 어린이를 교육하는 데 대단한 잘못이 아니겠습니까? 이 같은 가정이 조선에 전부라고는 할 수 없으나 내가 사는 곳 촌을 살펴보면 사십 분의 삼십 구는 되니 이런 가정이 많은 것을 가히 알게 되는 동시에 부모님들의 잘못이라고 꾸중하고 싶습니다.

어린이에게 많은 기대를 가진 여러 부모님이여! 아이들을 기르시는 데 더욱이 주의하여 주시며 더구나 책임감을 함양시키는 데 많이 연구하십시오. 그리하여 그 아이가 할 수 있는 일이면 무엇이든지 시켜보는 것이 좋습니다.

그러다가 자기가 맡은 일에 대해서 만일 게을리하든가 그만두든가 하면 이것만은 알기 쉽게 일러주며 책(責)하여 책임이라는 것이 어떻게 중대한 것인 것을 알게 하십시오. 또 아이가 무엇을 연구해 보려고 할 적에는 거기에 대한 이론을 가지고 이해하도록 가르치며 중도에 패하지 않도록 해야 됩니다.

이리하여 아이로 하여금 어려서부터 제가 맡은 일이면 끝까지 완성할 때까지 해야 하며 이것을 맞히지 못 하면 다음에 안정을 얻지 못 하게 되어야 합니다. 그렇게 좋은 교육을 받은 아이는 자라서 사회에 나가 무슨 일을 할 때에 진심으로 전력을 다해서 하게 되며 그러므로 사회에 유용한 사람이 될 수 있지 않겠습니까?

(『어린이』. 제10권 제7호, 1932.)

아들에게 들려주고 싶은 이야기

김경재

영숙아! 새해도 또 왔다. 내가 너를 보지 못 한 지도 벌써 삼 년이 넘었구나. 집을 뫼로 알고 너희들을 잊고 이렇게 나와 돌아다니는 나이지만 새해가 되니 새삼스럽게 너희들의 생각이 간절하구나. 그리고 보고싶구나!

나는 이제 너를 위하여 축복한다. 너는 장래 훌륭한 사람이 되어라. 그리고 착한 사람이 되어라. 너는 남을 의지하는 사람이 되지 말고 남의 땀과 남의 피를 빨아먹는 사람이 되지 말고 너의 힘으로 너를 키우고 자연과 사회의 진화에 순응하는 사람이 되어라.

훌륭한 사람이 되라는 것은 나폴레옹과 같은 그런 영웅이 되라는 것이 아니오 카네기와 같은 그런 부자가 되라는 것도 아니다. 네가 아무리 부자가 되려 한들 그가 될 수 있을 것이냐. 네가 아무리 나폴레옹이 되고 싶은 들 그가 될 수 있을 것이냐. 그는 시대가 그를 용인하지 않는 것이다.

따라서 앞으로 앞으로 굴러가는 사회에 그를 역행하는 사람이 되지 않아야 한다. 앞으로 굴러가는 사회에로 그와 역행하여 뒤에로 걸으려는 것은 그가 되지 못 할 일이다. 그렇다 하면 세상은 한 시라도 쉬이지 않고 진화하고 있는 것이다. 그 시대를 따라 너도 앞으로 전진하는 사람이 되어야 한다. 굴러가는 사회와 함께 너는 그에 순응하여 굴러가거라. 다시 말한다. 시대와 역행하는 사람이 되지 말아라.

영숙아! 이제는 네 나이도 십여 세가 되었구나. 금년 봄이면 보통학교를 졸업하지 않느냐. 아직 네게 무슨 철이 있으랴 만은 그래도 이제는 열세 살이다. 세상의 풍상을 겪어왔으니 다소 너에게도 깨달음이 있지 않을 것이냐. 삼사 년 동안에 우리집이 어떻게 되었는가 제 땅 가지고 그리 남에게 구차한 소리 아니하고 살아오던 우리가 이제는 남의 땅도 없어서 못 붙이지 않느냐. 내가 왜 철없는 너에게 이런 소리를 하겠니. 더욱이 집을 버리고 이렇게 무엇 하나 이루지도 못 하면서 십여 년을 유랑하는 내가 왜 이런 소리를 너에게 하겠느냐.

그러나 영숙아, 아무리 너는 나이가 어리고 아직 철이 없다 할지라도 우리집만 못살게 된 것이 아니고 갑복이네 집도 을순이네 집도 다 같이 못살게 되지 않았느냐. 아무리 바드득 바드득 애를 써도 결국은 논도 팔고 밭도 팔고 조상의 무덤 있는 그 산림까지도 팔아먹지 않았니. 이렇게 팔아먹는 땅은 XX회사의 땅이 되고 김문수라는 사람네 집 소유가 되고 말았구나. 일 년 내 땀을 흘리고 뼈가 아프게 일하고도 먹을 것이 없어서 죽네 사네 하는 판이니 세상이 이렇게 변하고 있는 것을 너는 잘 아느냐 너는 아직 그런 것을 모를 것이다.

그러나 세상을 아는 첫걸음이 그것을 하는 데 있는 것이다. 네가 이제 보통학교를 졸업하면 갈 곳이 어디냐. 돈 없으니 중학교는 못 가고 집에서 놀고먹을 형편은 못 되고 공장에 가자니 그도 일자리가 없구나. 이 세상이 어떤 세상인지 그것을 알아야 할 그때가 마침내 너에게도 오고 말았구나. 영숙아.

(『어린이』, 제10권 제1호, 1932.)

보교(普校) 중도퇴학생에게

김경재

　보통학교라면 그는 소학교입니다. 조선에서는 보통학교가 가장 초등 정도의 학교이니 보통학교에도 못 다닌다는 것은 언문도 모르는 아주 문맹이 되는 것입니다. … 그런데 이제 조선에는 보통학교에도 못 다니는 사람이 얼마나 됩니까. … 또 단 한 푼 벌이라도 벌지 않으면 아니 될 처지에서 보통학교를 중도에 퇴학하는 학생이 그 수가 또한 막대한 수효입니다.

　보통학교에서 중도에 퇴학하는 여러분! … 나는 왜 학교를 못 다니게 되었는가 그 까닭을 아소서. … 부자와 가난뱅이는 어떻게 있게 되는가를 알아야 합니다. 이것을 알고 나면 세상은 어떠한 관계 하에서 어떻게 되었다는 것을 알게 됩니다. … 여러분이 아무리 돈을 모아볼까 누구의 도움을 입어서 학교에 다녀볼까 하고 생각한다 할지라도 그는 공상입니다. 실현의 가능성이 없습니다.

　공장이나 농촌에 가서 다른 동무들과 같이 노동을 하여 가면서 그들과 힘을 합하고 그리하야 스스로 사회지식을 얻는 것입니다. 밤이나 그 밖에 시간이 있는 대로 책을 보시요, 책 살 돈이 없으니 여러 사람이 공동하여 사시오. 그리하야 책을 읽고 실지로 세상에 부닥치며 사회지식을 구하시오.

　그리하야 낡은 도덕, 낡은 윤리, 낡은 지식, 낡은 습속 이 모든 것이 여러분을 얽매는 쇠사슬이라고 생각되거든 단연히 그에서 벗어나도록 하시요. 문제는 아는 것과 그를 실행하는 것뿐입니다.

(『어린이』, 제10권 제3호, 1932.)

상급학교에 못 가는 농촌 동무들에게

전식

 이 달에 소학교를 졸업하고 집이 가난하야 상급학교에 못 갈 농촌의 동무들! 동무들은 지금 졸업에 임하야 '졸업하면 무엇하나?' 하는 생각에 많이 애태울 줄로 압니다. … 그러나 동무들! … 동무들의 앞날은 멀고 멉니다. 동무들은 앞날을 바라고 지금의 모든 괴로움을 꾹 참고 나가십시오. … 그까짓 상급학교에 못 간다고 지금부터 낙망하고 가난한 신세를 탄식하며 울부짖는 것은 못난 사람의 짓입니다.

 그러면 어떻게 하나? … 동네 사람들이 학교 졸업하고 일한다고 비웃거나 말거나 동무들은 그저 참고 아버지와 형님을 따라 흙을 뒤지고 씨를 뿌리고 김을 매십시오. 직업에 귀천이 없습니다. … 힘들면 쉬어 하고 모르면 배워 하고 그리하야 많은 농사를 짓도록 하십시오.

 짬짬이 동무들에게 필요한 자비와 신문을 보아 세상일을 알고 특히 경루에는 동무들과 같은 나이에도 글자 모르는 아이들을 한 데 모아 놓고 동무들이 아는 데까지 배워주십시오. 다 같이 알면 얼마나 기쁜 일이겠습니까? … 그리고 동무들이 사는 마을에 소년회 같은 단체를 하나 만드십시오. 무슨 일이나 필요한 것은 다 그 단체에서 하기로 하십시오. 가령 풍속을 바로 잡는다든지 동네를 개조한다든지 수양을 한다든지 공동경작을 한다든지 그 외 여러가지가 많습니다. … 우선 동무들은 학교를 졸업하고 나와선 상급학교 상점 점원, 관청 고쓰까이(*앞잡이) 이 모든 것을 단념하고 용기를 내어 이상의 몇 가지를 실행하십시오.

(『어린이』, 제10권 제3호, 1932.)

어느 길로?
- 공보(公普)를 나오며 -

조남영

… 우리 조선 사람으로 7세부터 18세까지의 어린 사람이 541만여 명이라 합니다. 그리고 외국에 흩어져 있는 동무들까지 계산하야 보면 6백만여 명으로 칠 수가 있다는데 그 중에서 보통학교에 다니는 학생이 38만 5천여 명이오 서당에 다니는 도령님들이 23만 1천여 명이라 합니다. 그러니 나머지 38만 4천여 명이 전부 눈 뜬 장님이 되고 말았습니다.

여러분! … 지금 우리 조선의 초등교육기관이 얼마나 미약합니까. 여러분은 38만 4천여 명이란 대다수를 가진 문맹아동을 위하야 장래의 조선을 위하야 참된 일꾼이 되어 주기를 바랍니다.

… 또 한 편으로 생각하면 '나'라는 개인의 삶을 무시하고 먼저 대중을 위하야 싸운다는 것이 나의 일생에 대한 '프로그램'에 어그러지지 않는가 생각됩니다.

아! … 목전에 다다른 기사(飢 死)를 면하기 위하야 어머니 말씀을 따라갈까요? 아니면 나의 포부를 실현키 위하야 동무의 말을 따라갈까? 또 그렇지 못 하면 미래의 조선을 위하여 글에 눈 멀은 동무들의 손목을 잡고 행진곡을 부르며 광명의 천지로 나아가는 것이 우리의 만 년 역사가 나에게 끼쳐 준 중대한 사명이라 할까요?

아, 어느 길을 어떻게 걸어가야 옳은 길을 바로 걷겠습니까?

(『어린이』, 제10권 제4호, 1932.)

통쾌! 통쾌!
어린이들의 힘으로 조혼을 타파한 이야기

최병화

내가 어느 해 여름 경상남도 어느 시골에서 한 여름을 지낼 때 일이었습니다.

이곳은 동해바다가 가까운 곳이라 농사 짓는 사람도 있고 고기 잡는 사람도 있어 모두 부지런히 일하고 있습니다. 이곳 보통학교에 다니고 있는 소년들도 그때가 여름방학 동안이라 아버지를 따라 들에 나가서 김도 매고 또는 바다에 떠서 그물질도 돕고 하여 열심히 노동을 계속하여 구차한 살림을 도와가고 있는 갸륵한 소년들이 많이 눈에 띄는 곳입니다. 이러한 곳에 참말로 있던 유쾌한 이야기를 하나 하겠습니다.

그때가 팔월의 한창 무더운 때라 나는 밤이 되자 옷을 다 벗고 평상 위에 가 누워서 부채질을 하며 모기를 날리고 있었던 때입니다. 내가 잠이 들냐 말냐 할 때 나는 여러 소년들이 사랑마루에서 떠드는 통에 눈이 떠졌습니다. 나는 무심코 귀를 기울였습니다. 고요한 시골의 밤 그 위에 사이가 머지않은 곳에서 하는 이야기라 손에 잡힐 듯이 또렷또렷하게 들려왔습니다.

"오늘밤 우리가 이렇게 급히 모인 뜻은 여러분도 대개는 짐작하시리라고 믿습니다." 하는 정중한 말소리가 먼저 들려왔습니다. 나는 남이 회의하는데 엿듣는다는 것이 죄인 줄을 알면서도 잠을 물리쳐버리고 귀를 기울였습니다.

"우리가 가장 사랑하는 동무 XX가 한 주일 후면 장가를 간다고 합니다. 여러분도 자세히 아시겠지만 XX는 금년 열 네 살 밖에 안 됐습니다. 이제 완고한 부모님네들의 무리한 명령을 쫓아 장가 가는 XX는 참 불쌍합니다. 여러분 신부는 앞마을 사는 김선달의 맏딸인데 나이가 열 여덟 살이라 합니다. 열네 살과 열여덟 살, 여러분 우리는 동무를 위하여 또는 조선의 악습을 깨치기 위하여 이 부당한 결혼을 방해놓지 않으면 안 되겠습니다. 듣는 바에 의하면 XX는 밥도 잘 안 먹고 굳은 결심을 한 듯하다 하니 우리는 그의 신상이 염려됩니다. 우리는 이때 힘을 합하야 분연히 일어나서 우리 소년들의 굽히지 않는 힘을 보여줍시다."

불같이 덥고 강철같이 단단한 그 말이 끝나자 여러 소년의 찬성하는 박수소리가 잠깐 밤공기를 뒤흔들어 놓았습니다.

나는 이 중대한 회의를 듣고 그냥 자리에 드러누워 있기가 죄송스러워서 옷을 입고 일어났습니다. 그리고 될 수 있으면 그 소년들을 도와서 목적을 달성시키도록 하여 주고 싶었습니다.

부모들과 아들들의 싸움, 여간한 열성과 김을 가지고는 대항할 수 없는 일입니다. 면밀주도한 작전계획을 세우지 않으면 우선 제일선상에서 여지없이 패하고 말 것입니다. 그러니까 이 소년들의 지혜가 영리하고 사물의 보는 힘이 총명하다 하더라도 여간 어려운 일이 아니겠습니다.

나는 가만히 지게문 앞까지 가서 마루를 내다보았습니다. 모인 소년은 일곱 명, 그리고 나이로 말하면 제일 많은 소년이 열다섯 살쯤 되어 보이고 모두 열둘, 열하나밖에 안 되어 보였습니다. 그러나 서울 같은 도회지에 사는 소년과 달리 약하거나 경망하지 않습니다.

햇빛에 거른 그 시커먼 얼굴과 반팔 적삼과 자른 바지 밖으로 나타난 육체는 가히 이만치 큰 일을 해볼 만한 의기를 찾아낼 수가 있었습니다.

자, 우리는 먼저 우리 부모님께 이 조혼에 대해 부당하다는 것을 잘 설명하야 동의를 얻어야 합니다. 그러한 후에 부모님의 후원을 얻어가지고 우리는 신랑신부 당자 부모님과 친척을 찾아본 후에 이 혼인을 몇 해만 연기하시라고 여쭈어 보다가 사불여의 하면 우리는 우리들의 굳은 단결을 보이며 최후로 XX군을 끌어 내여 당분간 어디다가 숨겨 두기로 합시다. 그리하야 XX군의 부모님께서 찾으러 올 때 우리들 중의 한 사람이라도 XX군의 있는 곳을 절대로 알리지 말고 혼인을 하지 않겠다는 약속을 받은 후에야 군을 돌려보내도록 합시다. 제 일 회의는 그것으로 끝을 마치고 헤어졌습니다.

나는 그 이튿날 이곳에서 이백 리쯤 떨어진 곳으로 동무를 보러 갔습니다. 바로 그 뒤 일은 몰랐다가 열흘 지나서 다시 그곳으로 돌아와서야 알았습니다.

XX군이 장가를 들었는가 그렇지 않으면 여러 소년들의 방해로 장가를 안 갔는가 하는 것이 몹시 궁금하였습니다. 그리하야 그때 모였던 소년 한 사람을 찾아보고 그동안 지난 이야기를 물었더니 혼인날을 열흘 후로 물렸다고 합니다. 그동안 신랑 신부의 부모님을 찾아 뵙고서 "혼인을 일찍 하면 공부도 안 되고 사람꼴이 안 된다고 저이들 아는 데까지 여러 가지로 말씀드렸으나… 인륜대사를 한번 정하야 놓은 이상 물리칠 수가 없다고 완강히 거절하시며 저희들을 배우지 못 한 놈이라고 도리어 욕을 하시였습니다. 모레가 혼인날인데 큰 일 났습니다. 이제는 마지막으로 신랑을 끌어내다가 어디다가 숨겨놓을 수밖에 없습니다." 하고 비장한 결심을 보여주었습니다. 나는 안심을 하면서 장차 앞날에 일어날 어른 대 어린이의 통쾌한 싸움이 열릴 것을 혼자 기다리고 있었습니다.

아닌 게 아니라 혼인날이 닥쳐오자 신랑신부집은 발칵 뒤집혔습니다. 신랑이 어젯밤에 도망을 갔다는 소리가 온 동네에 뺑-돌더니 신랑집 사람들은 열네 살 먹은 신랑을 찾아다니기에 눈코 뜰 새가 없었습니다. 그러나 오전이 지나고 새로 한 점 두 점이 지나도록 행방을 몰랐습니다. 신랑집에서는 낙심천만 하고 신부집에서는 왼 영문인 줄도 모르고 있었습니다. 신부를 신랑집으로 보낼 시간이 벌써 넘었으나 신랑이 없어 보내지 못 하고 쩔쩔매는 꼴은 우스웠습니다.

신랑신부집에는 이제는 그 소년들을 붙잡으려고 찾아 다니였으나 한 사람도 붙들지 못 하였습니다. 그리하야 혼인날은 흐지부지 모였던 사람들도 흩어지고 말았습니다. 그 혼인날로부터 사흘 되는 날 소년 일곱 명은 약속이나 한 듯이 나타났습니다. 그리하야 신랑 부모님을 찾아 뵙고 '만일 이 혼인을 몇 해만 연기하신다면 신랑을 데리고 오겠습니다.'고 말하였습니다. 그리고 그 사흘 뒤에는 이곳 보통학교 선생님이 계셔서 조혼에 대한 부당한 말을 알아들으시도록 여쭈었습니다. 그리하야 이 혼인은 XX군이 보통학교를 졸업한 후에 하도록 되었습니다. 그리하야 XX군은 선생님 집에서 숨어 있다가 돌아왔습니다.

나는 그 후에 그 소년들과 친하야 그때 이야기를 하며 통쾌하게 느끼었습니다. 그런 일이 있은 후로는 이 마을에는 보통학교학생으로 장가가는 학생이 아주 없어졌다고 합니다.

(『어린이』, 제8권 제3호, 1930.)

3) 조선소년해방운동

소년운동의 뜻을 알자

이기룡

희망이 많은 앞길에 끝이 없이 자라 나아갈 우리 소년동무들이여! 우리는 장차 조선의 일꾼이 될 사람들이외다. 그러나 그 조선의 사회는 몹시도 빈약하야 남에게 떨어지기도 너무 떨어지고 좋은 생활을 하려도 할 수 없는 처지에 있습니다. 그 까닭은 조선 사람은 예전부터 길리우기를 잘못 길리워서 사람노릇할 만한 사람이 몹시 적었던 까닭입니다. 만일 우리가 어느 때까지든지 이대로만 있다 하면 새 사람이 또 나오고 또 새 사람이 또 나오고 하여도 영구히 이 구차한 살림을 면하지 못 할 것입니다. 그럼으로 이제부터 남과 같이 생활다운 생활하려면 사람 먼저 사람다운 사람이 생겨야겠다 하고 여러 선생의 손으로 일어난 것이 소년운동입니다.

조선 십삼 도 시골마다 일어나는 소년회가 그것이요 처처에 생기는 소년문제강연회가 그것이요 『어린이』와 같은 소년잡지가 그것이요 더군다나 이번에 각 소년지도자대회에 각 시골서 뜻 있는 선생님들이 모여 오신 것이 그것입니다.

빈약한 우리 조선에 이제야 이 소년운동으로써 새벽빛이 비추어 왔나니 이렇게 힘 있게 일어나는 소년운동과 함께 그 중에서 소년들이 잘 키워 나아가면 그야말로 우리는 여러 가지의 의미에서 다시 사는 사람이요. 다시 살되 잘 사는 사람이 될 것입니다.

이 기껍고 즐거운 때를 당하야 우리 소년들은 어찌하여야 하겠습니까. 모든 사람이 오직 우리에게 희망을 붙이고 정력을 쏘아 우리를 길러주는 때 우리 소년들은 아무것보다도 먼저 이 소년운동의 큰 뜻을 잘 깨달아야 할 것입니다. 잘 했으나 못 했으나 늙으신 어른들은 벌써 지나간 때의 어른이시요 잘 하나 못 하나 새 조선이 잘 되고 못 되는 것은 오직 우리 소년들에게 있습니다.

때는 와서 사람들이 깨었고 깨인 사람들은 손목을 맞잡고 우리를 위하야 전력을 쏘아 주시니 우리 소년들이 또한 이 일을 깨닫고 그 뜻과 그 정성을 받아 다 같이 힘 있게 씩씩하게 자라나야 할 것입니다. 그리하야 장래에 조선사회를 위하야 허염이 있는 사람이 되어야 할 것입니다.

조선소년들이여 우리의 소년운동의 뜻을 알자. 우리의 운동을 살리자. 그리하야 굳게 힘있게 자라서 씩씩한 일꾼이 되자.

나는 크게 힘 있게 이렇게 외칩니다.

(『어린이』, 제1권 제8호, 1923.)

◇少年聯合會創立大會光景 (기사참조)

소년회 이야기

이성환

소년: 선생님! 소년회라는 것은 이 세상에 꼭 있어야 되는 것입니까?

지도자: 그렇지 않습니다. 꼭 있어야 된다거나 또는 안 된다는 것을 무슨 법률과 같은 것이 있어서 명령하는 것은 결코 아닙니다. 단지 소년 된 당신네 스스로가 '우리는 모여져야 되겠다.'는 필요를 느끼네 되는 그때에 비로소 꼭 있어야 될 것이 됩니다.

소년: 그러면 모여져야 될 그 필요는 무엇일까요?

지도자: 허허, 그것입니다. 그것이 당신네의 세계에 앉아서 당신네들로서 느껴야 될 일이라 합니다.

소년: 아 그렇습니까 그러면 우리 소년이라는 사람을 뚝 떼어내서 따로이 소년의 세계를 지어 놓고 볼 때에 소년이 소년 자신을 위하야 외따로 못 할 일을 모여서 한다는 것이겠습니다.

지도자: 암 그렇지요 옳게 생각하셨습니다.

소년: 그러면 그와 같은 느낌 아래에 모여져서 한 단체가 되었다 합시다 하고 보면 단체가 없던 때와는 얼마나 다름이 있을까요?

지도자: 그야 그 단체의 할 목적과 또 그 목적을 행하야 일해 나가는 성격에 따라서 다르지요만 대체적으로 말할 것 같으면 '그때 또 그때보다 더 또 더욱 잘 살았다.'는 것으로써 퍽 다른 점을 발견할 수 있다 합니다.

소년: 선생님! '보다 더 잘산다.'는 말씀은 좀 더 자세하게 설명해 줄 수는 없습니까?

지도자: 옳지, 옳아! 그럴 듯합니다. 내가 너무도 막연한 말을 하였습니다. 즉 말하자면 이 세상에는 어른이라는 것과 어린이라는 크다만 한 두 갈림이 있습니다그려.

소년: 네 있습지요.

지도자: 그런데 이 둘 가운데 이른바 어른이라는 그네들은 나이가 많으니 만치 오늘날 사회의 윤리, 도덕, 법률, 종교, 문학 등에 많이 물들었고 또 그마마치 오늘날까지의 사회문화에 대한 지식, 경험, 전통 등의 힘을 많이 가지고 있습니다.

소년: 네, 그렇겠습니다. 그런 데는 뭘 합니까요?

지도자: 다 같은 사람이라면서 하나는 내리 누르는 사람들 또 하나는 눌리우는 사람들이 갈라서게 되는 데 올시다.

소년: 어떻게 누르며 어떻게 눌리운다는 말씀이십니까?

지도자: 이 세상을 가만히 두고 생각해 보시오. 성(性)의 차별로는 사내자식들이 여자사람을 계집년들이라고 내려 누르고 빈부의 차별로는 돈 가진 놈들이 없는 사람을 가난뱅이 녀석들이라고 맘대로 부려먹고 있습니다. 이와 똑같이 연령의 차별로는 어른이란 것들이 또한 어린 사람을 '요 조고만한 어린 아이놈들아' 하고 자기네가 가진 힘으로 약한 어린이들의 늠름히 자라감을 맘대로 쥐락펴락 하고 있습니다. 이것이 누르는 어른, 눌리우는 어린이로 갈라서는 버릇이라 합니다.

소년: 그러면 소년회와 같은 단체는 모아진 힘으로 이 누름에 눌리우지 않기를 힘쓰는 데서 '보다 더 잘 살수 있다.'는 것이겠습니다.

지도자: 그렇지요. 소년도 사람인 이상 사람이 사람의 권리를 못가지니만치 슬픈 일이 또 있겠습니까. 이때까지는 온 세계의 소년은

이 슬픈 구렁에서 헤매는 살림이었습니다. 그러나 한 번 이것이 잘못된 일인 것을 당신네 자신이 깨닫고 '야, 이것 안 되었다.'하고 우렁차게 부르짖어 일어나서 '우리의 인권을 존중하라.'하는 날 확실히 부르짖지 못 하던 때보다는 잘 살 수 있게 될 것을 알 수 있습니다.

소년: 당신은 이 세상이 어떻게 되었으면 좋겠다 합니까?

소년: 이제야 알겠습니다마는 제 맘에는 늘 이렇게 생각됩니다. 즉 '이 세상 사람이 다 자유롭고 평화롭고 그리하야 다 같이 잘 살아지이다.'라고.

지도자: 아 거룩한 맘이시여!! 이 맘이 진실로 인류들이 가장 높이 요구하는 맘이라 합니다.

소년: ······

지도자: 요사이 여러 군데서 소년단체가 많이 일어나는 것은 퍽 기쁜 일은 되나 항상 그 일어나는 동기가 진실되고 또 아픈 느낌을 붙잡지 못 한 것과 같은 염려도 없이 아니한 듯하니 이 점은 대단히 주의하여야 할 일인가 합니다.

소년: 어떠한 차례로 붙잡어야 그릇됨이 없이 나갈까요?

지도자: 우선 오늘날 '사람'으로서의 요구는 참된 문명에 있고 이 문명은 '사람'이 자연적 인위적 압박에서 벗어나오는 것을 이르는 것인데, 즉 남자 사람, 여자 사람은 그 권리를 같이 하고 돈 있는 사람, 돈 없는 사람은 그 대립을 없이 하고 어른 사람, 어린이 사람 사이의 위압을 일절 업게 하지 아니하면 안 된다는 데서 거름을 옮기기 시작하되 이러한 모든 성틀에서 벗어나려는 약한 무리들은 여러 사람의 피를 모아서 횃불을 만들어가지고 꾸준히 싸우는 일만이 성공의 길이라 합니다. 하물며 오랫동안 아름답지 못 한 모든 것에 더

럽게 물든 어른들의 안목을 가지고 자기네가 입은 탈이 좋은 탈이니 이것을 그대로 이어 입고 춤추라고 강제함을 당하는 조선의 소년에게 있어서 또 한 층 싸움의 준비가 필요하지 아니할까 합니다.

　소년: 잘 알았습니다.

　지도자: 더 물을 말씀이 있으면 후일 또 다시 대하기로 합시다. 오늘은 시간이 없으니까.

(『어린이』, 제3권 제5호, 1925.)

어린이데- 선물

조재호

생생한 기운과 따뜻한 마음으로 꽃다운 앞길을 한층 더 새롭게 치장하는 어린이데-가 왔습니다.

뜻도 깊거니와 때도 좋은 5월 1일은 우리가 대하는 모든 것이 다 우리만을 위하야 웃음 웃고 소리하고 춤추는 것 같습니다. 그렇습니다! 오늘은 적어도 오늘은 이 세상에 모든 것이 다 우리 어린이를 위하야 아침부터 저녁까지 일하며 기뻐하는 날입니다.

우리 어린이에게 기쁘지 않은 날이 있겠습니까만은 그 중에서도 특별히 우리 어린이만을 위하야 일하고 즐거워하는 5월 1일이야말로 참으로 설보다도 추석보다도 생일보다도 더 좋고 기쁜 날입니다. 나뭇잎이 다 떨어지고 화초가 다 시들어져서 도무지 의지할 곳 없이 이리저리 눈 바람을 피하여 다니다가 톡톡한 볕살과 슬슬 뿌리는 가는 빗방울과 솔솔 부는 눈바람에 다시 소생하야 펄펄 하는 생기로 나뭇가지 사이나 꽃밭 이랑으로 봄을 노래하면서 단스(무도)하듯이 날아다니는 모든 새와 모든 나비들이야 오작히 기쁘겠습니까마는 그것보다도 더 즐겁고 기쁜 이는 어린이 때를 맞는 어린이들일 것입니다.

이 온 세계의 운명을 작고도 약한 듯하나 크고도 힘 센 두 주먹에 단단히 잡고 몸과 마음이 때와 날로 커 가고 높아 가는 우리 어린이들의 씩씩한 기상과 고운 심정과 쾌활하고도 부지런한 마음을 한층 더 새롭게 하기 위하야 이 세상은 사람과 같이 어린이의 앞길을 축복하는 어린이데-를 맞는 어린이들보다 더 기쁜 이가 이 세상에 또 있겠습니까.

여러분, 어린이 여러분! 장차 새 조선의 일꾼이 되고 새 세상의 주인공이 될 어린이 여러분! 꽃다운 앞길을 한층 더 새롭게 하기 위하야 생생한 기운과 따뜻한 마음으로 아래에 쓰는 네 가지를 항상 생각하고 실행합시다.

1. 어린이라고 하는 말은 그 뜻이 이 세계의 장래 주인공이라는 말이다. 그럼으로 우리 어린이들은 씩씩한 기상과 고은 심정과 쾌할하고도 부지런한 마음을 항상 새롭게 하야 이 세계의 지금 주인공이신 아버님, 어머님, 선생님보다 더 나은 사람이 되어야 하겠다.

2. 우리가 지금 먹는 밥과 입은 옷과 사는 집은 모두가 내(어린이) 것이 아니다. 그럼으로 우리는 항상 따뜻한 마음으로 밥 먹을 때나 옷 입을 때나 잠 잘 때에나 배울 때에 감사히 여겨야 한다.

3. 우리 어린이에게는 부자도 없고 가난뱅이도 없다. 그리고 어린이는 여자만도 아니고 남자만도 아니다. 그럼으로 어린이들은 서로 대할 때에 항상 나와 같은 사람이라는 마음으로 서로 사랑하고 즐거운 마음으로 대할 것이다.

4. 손이나 발을 쓰지도 아니하고 눈이나 마음도 쓰지 아니하고 가만히 있는 사람은 죽은 사람이다. 죽은 사람은 산사람과 같이 먹지도 못 하고 입지도 못 하고 잠자지도 못 하는 것이다. 그럼으로 눈만 뜨고 살아 있다 하더라도 공부도 아니하고 일도 아니하고 게으르게 비슬비슬 노는 사람은 먹지도 못 하고 입지도 못 하고 잠자지도 못 할 것이다.

여러분 장차 이 세계를 주장할 어린이 여러분, 이 네 가지를 항상 명심하면 후일에 무슨 일을 하든지 마음대로 다 될 뿐더러 마음이 늘 기쁘고 재미가 진진하야 생활이 유쾌할 것입니다.

(『어린이』, 제3권 제5호, 1925.)

어린이날! 우리의 약속

우리들의 명절!

어린이날! 우리의 약속!

= 반드시 지키기를 맹세합시다 =

오월(五月) 첫째 일요일은 우리들의 명절 어린이날입니다.

눈부신 첫 여름 햇볕 아래에는 온갖 만물이 기쁨과 희망과 기운을 가지고 뻗어 나갑니다.

보십시오. 나뭇가지마다 돋아나는 새 이파리에도-그리고 흙 냄새 맡으며 자라나는 곡식들도- 모두 희망과 기쁨과 기운을 갖고 있습니다. 이때 이 기쁘고 희망에 가득 찬 좋은 때에 우리들의 명절이 왔습니다. 희망과 기운과 기쁨을 갖고-

더 영리한 사람이 되리라.

더 새로운 사람이 되리라.

더 튼튼한 사람이 되리라.

더 용감한 사람이 되리라.

더 참다운 사람이 되리라.

맹세하고 약속하며 기쁘게 뛰어 노는 어린이날이 왔습니다.

어린 사람만이 기뻐하고 즐거워할 영광스러운 어린이날이 왔습니다. 당신도 조선 어린이- 이 기쁜 날을 무엇으로 맞이하시렵니까?

부지런하게- 부지런하게

견딤성을 갖고- 견딤성을 갖고

마음에 새겨서- 마음에 새겨서

잊지 말고- 잊지 말고

우리의 명절날 우리들의 약속을 지킬 것입니다. 수천 명 군중이 모여서 맹세하고 약속한다고 정한 것이 아닙니다. 단 한 사람 단 두 사람이 모여서라도 우리들의 약속을 주먹을 부르쥐고 약속하는 데 참다운 힘과 기쁨과 희망을 가진 어린이날의 약속이 있는 것입니다.

다시 한 번 우리들의 약속을 입으로 외옵시다. 그리고 생각합시다.

더 새롭고 영리하고 씩씩하고 튼튼하고 용감하고 참되고 부지런한 사람. 우리는 이러한 사람 되기를 약속하는 것입니다.

남에게 지지 않을 사람

남에게 굽히지 않을 사람

울 줄 알고 분해할 줄 아는 사람

의리 있고 도와줄 줄 아는 사람

우리는 이러한 사람 되기를 약속하는 것입니다.

마음에 새겨서- 잊지 말고

부지런하게- 그리고 참을성을 가지고

오늘- 기쁜 어린이날의 약속을 지키고 실행합시다.

(『어린이』. 제11권 제5호, 1933.)

02 | 농업교육

땅, 생태적 인격 형성의 장

 사람이 삶을 살아가기 위해 가장 기본적으로 배워야 할 것은 스스로 먹고 입고 생활하는 데 필요한 것들을 만들고 꾸려 나가는 자급자족 능력입니다. 그런데 자급자족의 원천지는 바로 흙, 땅입니다. 땅이 없으면 사람은 존재할 수 없습니다. 그래서 사람은 평생 동안 땅을 자기 삶의 근본으로 알고 배워야 합니다. 땅 자체와 땅에서 나는 것들을 잘 알고 기를 줄 아는 사람이 자급자족도 잘 할 수 있고 삶의 이모저모를 또한 잘 경영해 나갈 수 있게 됩니다.
 또 땅을 잘 돌보는 사람은 순수한 자연의 마음을 전이받아 숭고한 인격과 사회의식을 갖게 됩니다. 땅을 돌보고 땅에서 자라는 생명 저마다의 특성을 알고 잘 자라도록 돌보면서 자연의 시간을 따라 살 줄 알게 되고 만물의 풍요를 지켜내는 거룩한 욕망과 조율심을 갖게 되기 때문입니다. 그리고 더 나아가 범지구적인 가족의식을 갖게 됩니다. 같은 땅에서 자란 만물이 모두 한 형제자매라는 것도 알게 되고 책임을 질 줄도 알게 되면서 자연 전체를 집 삼아 가족으로 대하고 더불어 행복하게 살 줄 아는 사람이 되는 것입니다. 무엇보다 이런 사람은 모든 생명의 근원인 땅에 인격의 뿌리를 딛고 있기 때문에 절대 멸절하지 않는 자연처럼 어떤 풍파에도 건강하게 자기 자신을 되찾고 생을 회복하는 힘을 갖게 됩니다. 그리고 그 힘으로 어떤 시대의 끝자락에서도 새 시대를 창조해 냅니다.

그런데 이런 땅의 사람을 길러낼 수 있는 기초행위이자 교육방법은 바로 농사입니다. 직업이 무엇이든 사람은 누구나 기본적으로 농사를 지을 줄 알아야 합니다. 더욱이 요즘 같은 기후위기로 인해 식량위기가 전 세계적으로 고조되는 상황에서는 농사야말로 그 어느 시대보다 반드시 가르쳐야 할 교육의 필수 항목이 되어야 합니다. 갈수록 심각해질 기후위기 속에서 앞으로는 자기 나라 땅에서 씨앗에 대한 주권을 가지고 그 나라 국민들이 직접 농사를 지어 자급자족하는 농업강국이 선진국으로 자리매김하게 될 텐데 곡물자급률 20.9%, 식량자급률 44.9%, 농가 인구 4.2% 밖에 되지 않는 한국의 상황과 농업과 농민을 홀대하는 정부정책이나 교육을 보면 안타까운 마음이 듭니다.

농사, 생태적 자생력 개발의 장

그런데 모든 학교는 아니지만, 다행히 요즘 많은 어린이집과 유치원, 일부 중등학교에서 반려식물을 기르거나 학교텃밭 일구기 같은 교육을 적극적으로 하고 있는 것을 볼 수 있습니다. 학교 공터, 운동장 한 켠, 옥상, 베란다에서 아이들이 농약을 치지 않고 제 손으로 키운 상추, 토마토, 옥수수를 수확하고 그것으로 생태적인 먹거리교육으로 이어가는 경우도 많은데 이는 학교교육 생태적인 기초생활교육의 일환으로나마 농사교육을 할 수 있는 좋은 계기라고 봅니다.

그러나 이것만으로는 부족한 면이 있습니다. 농사를 공교육에서 의무화해야 하고 땅과 인간의 관계, 땅에서 나는 모든 생명들을 깊이 있게 이해하는 농사철학도 함께 교육해야 합니다. 그래야 현재의 텃밭교육이 유행처럼 끝나지 않을 수 있고 아이들 스스로 평생 동안 몸과 마음의 건강한 양식을 생산하게 할 수 있습니다. 이는 어린이들이 생태적 자생력을 갖추게 하는 기초교육으로서 현대 생태교육과 미래교육 모두에서 매우 중요시되어야 할 부분입니다.

생태농업, 생태경제교육의 기초

이뿐 아니라 농사교육은 기초교육으로서 뿐 아니라 생태경제교육의 일환으로서도 중요한 가치를 지니고 있습니다. 생태경제교육은 생태시민교육의 가장 실질적인 분야로서 근대 주류경제와 달리, 자본이 아닌 태양과 생물경제, 축적이 아닌 공유와 순환체계, 화폐만이 아닌 도덕성이나 모두의 행복과 같은 비가시적인 생산가치를 핵심으로 합니다. 이는 대량생산과 과소비주의로 유지되는 기존의 자본주의경제체가 초래한 생태위기를 극복할 대안경제체제라는 점에서 현 인류가 반드시 실현해야 할 경제체제인데, 여기에는 농사라는 생명노동이 가장 적합합니다. 농사야 말로 태양 에너지를 근본적인 경제가치로 여기고 자연의 시간과 순환체계를 따라 생산하는 체계를 갖추고 있고 농작물이 계절을 따라 생기소멸(生氣消滅)을 반복하는 모습을 보면서 인간이 자신의 삶과 사회도 그런 자연의 순리에 따라 이루어져야 한다는 것을 체득하게 되기 때문입니다. 뿐만 아니라 욕망도 과소비문화에 의해 조장되는 욕망이 아니라 생태적인 욕망을 갖게 되고 협동노동을 해야 하는 농사의 특성상 공동체의식과 공유의 문화도 자연스럽게 추구하게 되기 때문입니다.

생태농업교육, 생태지능 개발의 근간

그리고 또 하나, 이러한 농사교육이 현대인류에게 가져다주는 가장 큰 교육적 효과는 이 시대에 절실하게 필요한 '생태지능(Daniel Goleman, Ecological Intelligence)'을 계발시킨다는 것입니다. 생태지능은 집단간의 융합적 인지력과 상호행동력을 뜻하는 말인데, 기본적으로 세계가 열린 복잡계로 구성되어 있다는 것과 만물의 상호유기적 호혜관계를 이해해야 발휘될 수 있는 능력입니다. 그런데 농사는 전 자연생물이 협동노동을 하는 체계 속에서 이루어지고 인간도 인간끼리의 협동노동을 통해 그에 동참하기 때문에 유기적인 복잡계와 상호호혜 관계를 이해하지 않을 수 없고 일의 순차도 생겨나고 자라고 번창하다가 사라지고 다시 생겨나는 생기소멸의 무한궤도를 따르기 때문에 지속적인 선순환 체계를 이해할 수밖에 없게 됩니다.

이는 기존의 분업체계나 전문직 노동으로는 계발되기 어려운 것인데, 이렇게 농사를 통해 길러진 생태적 인지력은 그런 근대의 인지수준을 너머 농사자체나 경제만이 아니라 모든 분야의 지식과 활동을 선순환체계로 이해하게 하고 폐쇄된 부분을 개조할 수 있는 능력을 갖추게 합니다. 나아가 여러 다양한 분야들을 선순환체계로 연결하는 융합적인 사고를 발달시키는데 이는 다른 노동분야의 연결망과 사회체계를 유기적인 선순환체계로 만드는 생태적 사회개조의 원동력으로 발휘됩니다. 이에 농사는 생태적 지능의 근간을 구축하는 데 가장 적합한 교육이라고 할 수 있습니다.

이런 여러 가지 이유로 보아, 농사교육은 현대 생태교육의 근간이자 중핵으로서 매우 중요한 의미를 지닌다고 할 수 있습니다. 따라서 농사교육의 의미와 가치를 되새겨보고 현대 교육과정에 적극적으로 반영하는 것이 필요한데, 작게는 기존의 교육활동에 자연의 질서를 따라 농사짓는 법, 땅과 농작물을 신성하게 여기는 법, 땅을 살리고 공경하는 법을 더하는 것도 좋은 시작이 되리라 봅니다.

이제 소개하는 『어린이』지의 글들에는 우리 선조들이 먼저 펼쳤던 농사철학과 농사교육에 대한 이야기가 담겨 있습니다. 일제 강점기 어린이들의 고된 농사 현실도 나타나 있지만 농사 짓는 기쁨과 진취적인 태도가 훨씬 더 크게 부각되어 있습니다. 그리고 무엇보다 땅과 사람의 관계, 땅의 이로움, 농민과 농업국가의 중요성 등이 설명되어 있고 이와 더불어 땅에 대한 공경과 과학적인 농사가 함께 강조되어 있습니다. 이는 농사를 인간의 경물(敬物)과 경천(敬天)행위로 인식한 동학사상과 근대과학의 실용성을 잘 융합해 낸 소년해방운동 고유의 생태적인 농사교육입니다.

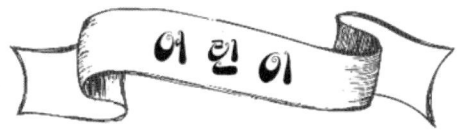

흙과 사람

신영철

　… 여러분! 나는 이렇게 생각합니다. '사람은 흙을 사랑해야 쓰겠다고'. 왜 그럴까요. 사람은 살아도 흙 위에 발을 딛고 살며 죽어도 역시 흙 속으로 몸이 들어갑니다. 그리고 흙 위에 강이 있고 산이 있으며 풀이 나고 나무가 크며 꽃이 피고 물이 흐르고 새가 노래하고 눈이 쌓이고 돌이 둥글지 않습니까. 또는 우리가 먹는 것도 마시는 것도 여기서 나고 입는 것도 쓰는 것도 결국은 여기서 나는 것입니다. 그러니 우리가 흙을 사랑하지 않고 되겠습니까. 우리는 누구나 물론하고 이 흙을 떠나서는 살 수가 없지만 죽어도 역시 흙이 없으면 시체조차 돌아갈 곳이 없는 것입니다. 그러므로 우리가 이 세상 사람을 굽어보면 모두 흙을 친해가며 살고 있습니다.

어리고 어리어 아무 철모르는 어린 아기도 놀려면 반드시 손발에 흙투성이를 해가지고 희득거리고 너댓 살 된 어린이도 흙으로 그릇이나 음식을 만들어 가지고 장난을 하며 농부가 밤낮으로 일을 하기도 구스름한 흙냄새를 맡아가며 논밭에서 일을 하고 제 아무리 신사양반이라도 흙을 밟지 않고는 누울 수도 앉을 수도 없으며 설 수도 걸을 수도 없을 것입니다. 그러면 우리 사람과 흙이 얼마나 친하고 정다운 관계를 갖고 있는지는 여러분으로도 넉넉히 아실 수 있을 것입니다.

그뿐 아니라 이 땅덩이에 강도 없고 산도 없고 나무도 풀도 새도 짐승도 없고 다만 이 끝에서 저 끝까지 멀쩡한 맨 들판만 있다면 우리가 이 세상에 살 때 얼마나 심심하고 쓸쓸하겠습니까. 우리는 흙에 발을 붙이고 살면서도 그 사방에 모든 산천초목이나 꽃, 새, 바람, 달 이런 것이 흙 위에 있기 때문에 재미스럽고도 아름답게 살 수가 있는 것입니다.

여러분! 우리는 과연 흙이 없고는 살 수가 없을 것이며 흙을 떠나고도 살 수가 없을 것입니다. 그러므로 우리는 손에 흙을 묻혀야 살고 발로 흙을 밟고 있어야 삽니다.

… 그리고 흙은 다 같은 흙이요 땅도 다 같은 땅이건만 그래도 사람은 자기의 발 딛고 있는 흙이 더 정다우며 자기의 사는 그 땅을 더 그리워하는 것입니다. … 우리가 가까이는 이웃동네만 가고 멀리는 만리 타국에 가 있어도 역시 자기의 낯 익고 정든 자기 마을과 자기 고향이 그리운 것입니다. … 하룻밤만 자고 나면 그만 자기 집이 생각나고 그리워서 한걸음에 돌아서고 싶은 것입니다. 그로 보더라도 사람은 자연히 자기 사는 땅을 사랑하는 성질이 확실히 있다고 안

할 수가 없습니다. 또는 죽는 사람까지 화장을 해도 재와 뼈는 흙 속을 찾아가고 매장을 해도 살과 뼈는 흙 보탬이 되고 마는 것입니다. 그러고 보니 사람이 흙과 떨어질래야 떨어질 수 없는 관계를 맺고 있는 것이 누구나 알 수 있는 것이라고 거듭거듭 말하지 않을 수 없습니다.

그러나 여러분! 이 세상 사람은 응당 친해야 할 이 흙을 멀리하는 이도 많고 또는 응당 사랑하여야 할 자기 사는 땅을 아는 척, 모르는 척해버리는 이도 많습니다. 그렇기에 우리가 시골을 와보면 보통학교를 졸업하였다는 소년들이 자기 처지나 재분도 돌아보지 않고 공연히 딴 생각, 뜬 생각만 갖고 사치를 해보려고 하이카라 머리를 기른다, 구쓰를 산다, 시계를 찬다, 양복을 맞춘다 하기나 그렇지 않으면 부모의 어렵게 번 돈냥이나 훔쳐 가지고 서울이나 일본으로 유학 간다고 뛰어갔다가는 일 년도 못 되어서 실패를 하고 빈 주먹으로 자기 시골에 돌아와서는 역시 흥청거리며 놀기만 위주로 하고 별로 손을 걷어 부치거나 발을 벗어 던지고 흙을 주무르고 흙을 파가며 모를 심고 콩을 패고 나무를 옮기고 채소를 갈구는 이는 썩 보기가 드뭅니다. 다시 말하면 자기 사는 땅에서 흙을 사랑하며 흙을 친해보려는 이가 아주 적다는 말씀입니다.

여러분! 그러나 그 뿐이면 오히려 관계치 않을는지 모르겠습니다만은 우리 땅에 천연적으로 생긴 경치 좋은 곳이 있어도 그것을 남에게 소개하지 못 하고 파묻어 두며 옛날부터 우리 조상이 그 땅 위에서 모든 활동을 하여 찬란한 역사와 문명을 만들어 놓고, 적이 있어도 그것을 알지 못 하고 그런 것이 도리어 남의 연구나 남의 손을 거쳐서 우리가 알게 되는 것이 한두 가지가 아니니 얼마나 우리가 우리 사는 이 땅에 정성스럽지 못 하고 우리 사는 이 흙을 사랑하지 않고 범연히 생각해버리는 증거가 아니겠습니까.

… 그러면 우리는 다 각기 자기의 시골이나 자기의 사는 곳을 잘 소개하여 가기 때문에 그 땅 이름이 높아지고 그곳 고적이 드날리게 해야 할 것입니다. 우리가 아무리 궁벽한 농촌 시골에 살더라도 자기 동네 앞뒤를 아침 저녁으로 쳐다보면 기특한 산, 깨끗한 물, 이상한 바위 야릇한 골목, 새파란 나무, 빨간 꽃, 이렇게 경치 좋은 것이 많을 것이오. 또는 자기가 무엇이든지 힘을 좀 써서 성공을 하면 자기 이름이 나는 동시에 자기 사는 땅에 빛이 날 것이 아니며 묻힌 고적을 찾아내 세상에 소개하면 자기의 문명이 남에게 자랑할 수 있게 될 것이 아닙니까.

… 말은 좀 곁 길을 돌아서 쓸데없는 잡담 같지만 여러분으로는 한번 생각해 보실 필요가 있는가 합니다.

(『어린이』, 제4권 제2호, 1926.)

농민

최청곡

몸에나 정신에나 이상스런 사람은 5~6년 동안 농부가 되어 볼 것이다. 사람이 타락한다는 것은 썩은 물건이 되었다는 것과 마찬가지다. 그러나 썩은 물건이라고 하여도 땅 위에다 뿌리면 그것이 정한 물건이 되어가지고 식물들의 양분이 되는 것이다. 사람도 이와 같다. 타락한 사람이라고 할지라도 땅과 친하여지면 근전하고 정결한 사람이 된다.

땅과 친한 농부처럼 근강한 사람은 없다. 의학박사 같은 사람이 수십 만 명 있다 해도 국민들은 근전할 수 없다. 농민은 의학박사보다도 더 훌륭한 근강의 비밀을 알고 있다. … 튼튼한 자작농민(自作農民)이 사는 그 나라! 그 나라가 가장 힘이 튼튼한 나라다.

가장 아름다운 사람이란 이런 사람을 두고 말하는 것이다. 맨발로 땅을 밟고 얼굴이 타고 땅을 파서 씨를 뿌리고 푸른 잎사귀를 지나쳐 오는 바람을 마시며 사는 농민! 가장 더러운 사람은 이런 사람을 두고 말하는 것이다. 날마다 시퍼런 얼골빛을 하고 저자에 앉아 돈이 돌아오기를 기다리고 있는 골보!

시골땅 위에는 장래를 인도해 나아갈 철인(哲人)과 시인을 기른다. 건강한 농부와 한 가지로 아름다운 덕이 생기여진다. …

땅은 모든 것을 길러 주는 어머니다.

사람에게서 있어 가장 좋은 약은 강렬한 흙의 냄새다. 그리고 잎의 향기와 수풀의 향기다. 퍼런 벌판도 푸른 하늘처럼 눈을 밝게 하여 주는 것은 없다. 퍼런 벌판 위와 하늘 밑에서 살아나가는 사람의 눈이 가장 밝다. 눈밝은 사람만이 영원하는 것을 바라보고 살 수 있다.

사랑하는 아들아! 너의 생일을 축복하는 것과 같이 땅을 축복하라.

두 팔로써 먹고 살아가는 사람은 농민들이다. 농민처럼 강한 사람이 어디 있을 것이냐. 농민은 인간사회의 힘이고 모든 인류의 조선의 마음을 그대로 가진 사람이다. 모든 것은 땅으로부터 나고 또 땅으로 돌아가는 것이다. 예술도 도덕도 철학도 돈도 먹는 것도, 옷도 땅으로부터 나오고 또 땅으로 돌아가지 않으면 안 된다.

태양빛은 농민의 머리 위에 제일 먼저 비친다. 그리고 해가 떨어지는 웃음도 농민의 귀에 들린다. 이슬의 진주는 농부의 발 밑서 웃는다. 하늘은 농부를 위하여 만들어 놓은 목욕탕이다. 새의 노래, 벌레의 노래는 농부를 위하여 만들어 놓은 음악이다.

농부는 시집을 읽지 못 해도 제일 귀한 시인의 생활을 하고 있다. 길 옆과 나무 그늘에서 아무 생각 없이 앉아 쉬는 농부의 마음은 훌륭한 시인의 마음이다. 자연은 그때마다 농부의 마음 속에서 숨쉬고 있다.

(『어린이』, 제10권 제7호, 1932.)

농업나라인 자랑

이성환

"우리 조선의 가장 큰 자랑… 내가 힘껏 말하고 싶은 것은 '농업나라인 자랑' 그것이올시다. 농업나라가 상업이나 공업나라보다 자랑이 되느냐 하면 그는 농업이 상업이나 공업을 낳아서 기른 어미와 마찬가지이기 때문이올시다. …

상공업의 원료는… 농민의 힘을 더하여 땅 속으로 나오는 농업생산물이 있을 따름이올시다. … 전부가 농업을 업고야 생기는 것이외다. … 이렇게 생각하고 보면 이 세상에서 공업이 망하고 상업은 망하여도 인류는 살 수 있지만 농업이 망하는 날은 공업도 상업도 전 인류도 다 같이 망할 것이올시다.

그러니까 농업은 전 인류의 생명을 그 속 안에 잡고 있는 것인 동시에 농업이 성왕하고 농민이 많은 나라라야 전 세계 가운데에 가장 으뜸이 될 수 있는 것이외다."

(『어린이』, 제4권 제5호, 1926.)

쌀을 심어 밥을 먹을 때까지

최동은

우리가 하루라도 없지 못 할 것은 밥이라 하겠습니다. 그러므로 누구든지 한 때라도 밥을 먹지 못 하면 눈이 들어가고 기운이 없어서 기동(起動)을 할 수가 없습니다. 이와 같이 우리가 살아가는 데 긴요하고 또 없지 못 할 것은 밥이라 하겠습니다.

그런데 이 밥을 쌀로 짓는 것은 여러분도 잘 아시겠지요. 그러나 이 쌀이 어떠한 순서와 경로를 밟아서 밥이 되는지 그것을 아직도 모르는 이가 있습니다. 물론 시골에 있는 어린이는 대강 아실지도 모르나 도회지에 있는 어린이는 그야말로 나무에서 따는지 땅에서 캐는지 모르는 이도 많겠습니다. 그러므로 대게 아래와 같이 그 이야기를 적었으니 한 번 읽어 보십시오.

쌀은 벼를 두 껍질이나 베낀 것입니다. 이 벼를 신력(新曆, 새 달력)으로 사월 이십 일경쯤 되어 좋은 씨를 골라서 한 일주일간 물에 담갔다가 논에 못자리(벼 씨를 뿌린 논판 장)에 뿌리면 싹이 터져서 자라기 시작합니다. 이것이 사십일가량 되면 칠팔 촌(七八寸)가량이 되고 몸이 견실(堅實)화 되면 이것을 뽑아서 다른 여러 논에다 옮깁니다. 이것은 유월 초순부터 시작하는데 이 모를 옮긴 이후 한 이십 일 지나서 김(풀)을 두서너 차례 맨 후 칠월이 지나 팔월에는 꽃이 되어 열매가 열립니다. 이것이 구월 이십 일경에는 누―렇게 익으면 베어서 추수를 합니다. 이것을 기계에 넣어서 정미(精米) 한 것이 쌀이올시다.

후에 말을 다시 한 마디 되도록 가서 볼에 볍씨를 칠일쯤 물에 담 갔다가 못자리에 모를 푼 후 사십 일쯤 지내면 곧 먹게 됩니다. 벼가 땅에 떨어진 지 백십 일가량이면 먹습니다.

그러나 기후의 관계와 땅의 좋고 좋지 못 한 것과 비가 잘 오고 못 옴을 따라 날씨의 관계가 한 이십 일 늦기도 하고 이르기도 합니다.

(『어린이』, 제7권 제7호, 1929.)

과학적 생활

노양근

　참말 농촌소년들은 실제의 사람이오 과학을 직접 연구하며 과학을 배우는 데 제일 인연이 깊고 가까운 과학적 생활을 하는 참다운 사람이며 무게 있고 실질 있는, 값 있는 소년들이 아닐 수 없다.

　그렇거늘 누가 이 조선의 수많은 농촌소년들을 경히 보랴? 우습게 알랴?

　아니다. 조금이라도 뜻이 있고 생각이 있는 이라면 오직 우리의 앞날의 기대를 오늘의 똥통을 메고 거름짐을 지고 호미와 낫을 잡고 이 땅을 개척하는 저 귀하고 힘 세인 농촌의 수백만 소년들에게만 갖는 것이다.

　그럼으로 우리는 항상 농촌소년들의 생활과 그들의 행동과 생각에 대하여 끊임없는 관심을 가지는 것이며 그들의 참다운 과학적 생활에 대하여 조금이라도 생각을 게을리하지 않는 것이다.

　책보를 끼고 학교에 가 앉아서 이과를 배우며 모든 학과를 아무리 많이 배울지라도 실지로 자기가 그대로 하여 보려고 하지 않고 또는 하지 않는 사람들이 모두 공리공론의 사람들이오 헛개비 공부를 한 한갓 허영과 공상의 쓸데없는 사람이라면 논밭에 나가 똥오줌을 주무르며 호미와 괭이를 잡고 땀을 흘려 이 땅을 파 뒤지는 씩씩한 농촌의 소년 그들은 과연 실지의 사람들이오 이과를 배우지 않았어도 학교문에 발을 한 번도 못 들여 놓아 보았어도 과학적 생활을 하는 그들이오 과학적인 인물들이라고 하지 않을 수 없다.

… 다행히 과학적 생활을 하는 귀하고 값 있고 무게 있는 저 농촌 소년들이 수 백만! … 과연 오늘날의 우리 조선의 소년소녀들은 과학적 생활을 하여야만 살아갈 수 있을 것이다. 땅을 파 뒤져 이 땅의 향기를 맡아야 하고 똥오줌과 기계기름냄새를 향수냄새 같이 알아야 되고 우리의 농촌, 우리의 흙을 붙들고 늘어져야 한다.

그리하야 직접 과학을 연구하고 과학을 배우는 데 인연이 가까운 것을 알라! 학교에서 이과나 비료학이나 지질학이나 토양학을 배우지 않았을시라노 논밭 곡식에 거름을 주는 것도 직접 과학적이고 땅을 파고 갈 때 어느 땅이 좋고 나쁜 것을 아는 것도 과학적이오 오늘날 우리 농촌이 말할 수 없이 피폐하고 다 쓰러져 가는 것을 어떻게 하면 모든 것을 좀 더 개혁하고 잘 되도록 좋은 방법을 생각하는 것도 직접 과학을 연구케 되는 것이다.

참말 살 수 없다고 한갓 울고만 있다든지 한탄 비판만 하고 있으면 무엇하랴! 직접 과학적 생활을 하는 그들이 연구하며 힘써서 이 난관을 뚫고 나서도록 하여야만 할 일이다. … 이때에 있어서 이 국면을 타개하고 나가려면 오직 과학에서 찾아낼 수 있는 것이오 과학에서야만 희망을 가질 수 있는 것이다.

(『어린이』, 제10권 제3호, 1932.)

논둑에서 보내는 소리

문열기

　나는 농촌에 사는 여러분의 동무이외다. … 조선 안에도 기후 관계로 씨 뿌리고 거두는 시절이 좀 다르지만 지금 우리 중부지방에는 모내기가 한창입니다. 새벽부터 농부들은 일어나서 삽을 쥐고 논두덕을 돌며 물을 대이기도 합니다. 산허리에 둘러진 연막 위로 아침밥을 짓는 연기들이 이곳 저곳서 하늘을 향하여 꼿꼿이 내뻗는 모양은 농촌이 아니고는 보기 드문 경치입니다. 아침밥을 먹고 아버지를 따라 소를 몰고 논벌로 나갑니다.

　… 나는 힘이 없어서 어른들이 하시는 일을 할 수 없음으로 소에게 모춤을 실어 주면 소를 몰아 쓰레질 마친 논으로 옮깁니다. 돈 많은 집 아이들은 늦잠이나 자다가 낚시질이나 하러 개울로 나오지만 나는 일하여야 살 줄 알고 어려운 일은 못 하나마 쉬운 일부터 한 가지씩 배우는 재미는 노는 재미보다 더 좋은 줄 압니다. 모판에서 쪄 내인 모춤을 다 옮기면 모를 심기 시작합니다. 작년까지도 막 모를 해 왔지만 지난 겨울에 우리 야학 이 선생님의 농촌강연을 듣고 금년부터는 줄모를 시작하는데 처음이 되어서 잘 되지 않으나 퍽 재미가 있습니다.

　… 저녁이 되어서 서늘한 바람이 불면… 우리들은 선생님들 앞에 거죽자리를 펴고 램프 등에 둘러앉아서 새로운 글도 배우고 주먹 쥐어지는 이야기도 들으며 잘 배우고 잘 자랍니다. …

(『어린이』, 제10권 제6호, 1932.)

가뭄(소설)

이동우

볕! 불타는 볕! 지구의 모든 것을 졸여 말리랴는 듯이 이글이글 타는 태양도 이제 서산에 걸리어 더위와 싸우며 일하는 농부들의 시커멓게 그을린 얼굴을 보고 무안하다는 듯이 새빨간 노을을 서쪽하늘에 물들이고 차차 자취를 감추랴는 여름의 저녁때다.

삼쇠는 어깨가 떨어지는 것 같이 아픈 것을 참으며 점점 힘이 빠져가는 두 손 끝에다 억지로 힘을 주어가며 두레박 끈을 잡아다니자 툭 끊어지며 띄었던 물이 쏴 하고 쏟아져 버렸다. 나머지 힘에 삼쇠는 토막 난 두레박 끈을 쥔 채 뒤로 벌떡 자빠지고 말았다.

"앗! 그러기에 찬찬히 잡아당기라니까!"

마저 끈을 잡고 있는 삼쇠 아버지는 퉁명스럽게 탁 쏴 부치고는 끊어진 두레박을 가지고 논뚝 위로 올라가서 털썩 주저 앉으며 "후유! 아이고 허리야!" 하고 괴로운 듯이 비명을 내었다.

삼쇠는 일어나랴고도 안 했다. 아니 일어날 기운조차 없었다. 열일곱 살밖에 안 되는 삼쇠에게는 너무도 힘에 겨울 노동이었다. 변변히 먹지도 못 하는 몸이 새벽부터 논에 나와서 물을 푸기 시작하면 사정없이 내리 쪼이는 볕 아래에 온 몸은 짬주머니가 되어서 한 시도 쉬지 못 하고 두레박직을 하다가 해가 져서 땅거미 질 때에야 겨우 집을 찾아 들어오게 되니 그 피곤이야 말할 수 있었으랴……

잠깐 동안일 망정 이러한 기회라도 있어서 쉬게 되는 것이 퍽 시원한 생각도 났다.

그러나 심어만 놓고 물구경을 못 하야 노-렇게 말아가는 모포기를 볼 때 '아니다. 괴롭다고 이렇게 누워 있으면 어떻게 하느냐? 육체는 피곤할지라도 정신까지 약해져서는 안 된다!' 속으로 이렇게 외치며 억지로 몸을 일으키어 아버지가 이어 놓으신 두레박 끈을 힘 있게 잡고 또다시 푸기 시작했다.

신대촌의 새벽!
한 껍질 벗어진 새빨간 산이 구비구비 꺾어진 한 구석에 삼십 호의 소작농민이 헐벗고 굶주린 그 위에 설상가상으로 가뭄이 들어 불안한 속에서 살고 있는 신대촌에도 새벽의 신선한 바람만은 한없이 자비롭게 불었다. 피곤한 잠에 코 곯던 사람들은 무엇에나 쫓긴 것 같이 괭이와 종가래(*작은 가래)를 메고 논으로 논으로 나가기 시작했다. 삼쇠도 이들의 틈에 섞여 걸었다.
샘물을 끼고 조그만 언덕길로 올라서면 저 편으로 울타리도 없는 쓸쓸한 한 채의 빈집이 보인다. 삼쇠는 이곳까지 왔을 때 무슨 보지 못 할 것을 본 것 같이 몸서리치며 시선을 피하여 버리고 말았으나 그 머릿속에는 무서운 기억이 떠올라 왔다. 바로 석 달 전 새 생명의 움트는 봄!
싸늘한 세상에서 모든 난관과 싸우며 살아온 것도 눈물겨웁거든 귀중한 파종기를 앞에 놓고도 심을 종자가 없다는 것보다도 당장에 주린 배를 채울 길이 없어 세상을 저주하는 뜨거운 눈물을 뿌리며 쓰러져 가는 오막살이나마 버리고 정처 없이 걸식의 길을 떠나지 않으면 안 될 사람이 나왔었다. 그 중에는 삼쇠와 가장 친한 동무인 만수의 집도 들었다.

보통학교 사 년 급에서 똑같이 가난으로 중도 퇴학을 하여 집에서 아버지의 하시는 농사를 조력하게 되면서 남달리 동네를 사랑하는 그들은 둘이서 의논해서 야학을 실시하여 눈 못 뜬 동무를 불러다 놓고 가리키며 또 몇 푼씩의 돈을 거두어 가지고 서울서 발행되는 월간잡지를 사다가 보아서 세상일을 자세히 알기에 힘썼으며 알면 그것을 곧 동네사람들에게 들리어 주곤 하였다.

그리하여 가난한 농민으로 하여금 새로운 삶의 길을 열어주기 위하여 두 소년의 머리 속은 항상 수고로웠다.

그러나 걷잡을 수 없이 밀리는 대세는 시각으로 더욱 곤란하게 되어 농민들은 무거운 부채에 눌리어 다시 일어설 힘조차 없이 허덕이게 됨에야 어찌하랴?

만수 아버지가 어쩌다가 못자리할 때쯤 되어 그것밖에 없는 건답 다섯 마지기가 뚝 떨어져 버린 것이다. 만수 아버지는 분함을 억지로 참고 사음에게 가서 제발 떼지 말아달라고 애걸하였으나 그는 사정을 듣지 아니하므로 영영 논은 떨어지고 말았다. 그리고 만수 아버지는 무슨 일을 하다가 마침내 자유롭지 못 한 몸이 되고 말았다.

이런 일이 있은 뒤에 만수는 한 분의 어머니를 모시고 한 많은 이 동네에서 떠나가게 되었다. 떠날 때 최후로 만수와 삼쇠는 굳게 굳게 손길을 마주잡았다. 그리고 그들은 무엇인지 할 말이 퍽 많았으나 한 마디도 입 밖에 나오지 못 한 채 마음 속으로 할 일을 굳게 약속하며 묵묵히 헤어지고 만 것이다! 삼쇠가 추억에서 해방되었을 때는 벌써 여러 동네 사람들은 멀리 사라지고 근처에서는 물 푸는 소리가 요란하게 들렸다. '아버지가 기다리실 텐데! 어서 가서 물을 퍼야지'하며 빨리 걷기 시작했다.

녹음을 자랑하는 숲도 시들은 빛을 내고 마른 논 구역에는 송사리 떼의 죽음이 널렸으며 농부들은 더위에 시달리어 풀끼 없이 움직이는 무서운 가뭄의 날이 또 며칠 지나갔다.

그 어느 날! 오십의 고개를 넘은 아버지가 과학노동으로부터 얻은 병으로 신음하시게 되었다. 약 한 첩 대접할 돈보다도 미음 한 그릇 들이기가 곤란한 처지요 더군다나 일을 못 하시게 되어 물을 푸지 못 하면 고생에 고생을 거듭하여 가며 기른 벼는 당장 말라 죽을 테니 어린 삼쇠의 가슴은 가뭄에 타는 논바닥 같이 바직바직 조이는 것이었다.

병에 누우신 아버지를 찌는 듯한 토방에 혼자 누이고 할 수 없이 삼쇠와 어머니는 들로 나갔다.

'아! 하누님이시여! 제발 비 좀 내리시요.' 어머니는 비참한 얼굴로 몇 번이나 공중을 쳐다보았으며 그리고 야속한 세상을 몇 번이나 원망했을 것인가?

그 날 밤! 하늘이 좀 흐리고 동만풍이 솔솔 불었다. 오막살이 삼쇠의 집에는 세 사람의 신음소리가 났다.

(『어린이』, 제10권 제6호, 1932.)

산기슬

박승진

"이 세상에서 농사를 짓는 사람은
사람에게 없어서는 살 수 없는 밥과 같다.
고기반찬이 없더라도 밥만 있으면 사람은 살 수가 있다.

나는 농군이 될 터이다.
땅을 파는 농군뿐이 아니라 사람의 농군이 될 터이다
그리고 세상의 밥이 되겠다.
밭을 갈면서 마음도 갈겠다."

(『어린이』, 제7권 제8호, 1929.)

03 | 노동교육

일제 강점기 어린이들의 고된 노동현실과 건강한노동관

앞서 설명했듯이 일제 강점기 우리 어린이들은 대부분 노동자로서 가난하고 굶주리는 삶을 살았습니다. 학교 대신 논과 밭에서 일년 내내 농사일을 해야 했고 집을 멀리 떠나 공장에 취직해서 고달픈 타향살이도 해야 했습니다. 어린이라고 해서 어른들과 노동조건이 다르지 않았고 해가 떠서 질 때까지 고된 노동에 시달리다 빈민촌 같은 숙소에서 쓰러져 잠드는 생활을 해야 했습니다.

그런데 생계노동보다 더 힘든 것은 일제에 의한 강제노동이었습니다. 일제는 14세 이하의 어린이 노동금지법을 어겨가면서 국민학교 학생들을 매일같이 농삿일에 동원하는 등 조선의 많은 어린이들을 강제노동으로 혹사시켰습니다. 당시 공주 장기 국민학교 6학년 학생이 쓴 '노동조서'를 보면, 학교가 학생들에게 5월에 덜 여문 보리를 1만 5천 뿌리나 뽑도록 했고 한 달 동안 파종과 추수로 스무 번이나 일을 시켰다고 합니다. 일제는 그렇게 혹사시킨 우리 어린이들을 '소년공', '산업전사'라고 하면서 부추겼고 그 중에서도 일 잘하는 어린이들은 군인으로 징집해 갔습니다.

그리고 학교에 다니지 못 하던 어린이들 중에는 일본, 중국, 러시아 등지에 강제로 끌려간 경우가 많았습니다. 남자 어린이들은 대부분 탄광촌으로 끌려갔는데 거의 현장에서 병들거나 사망했고 살아 돌아오는 것은 기적이었습니다. 그리고 여자 어린이들의 경우, '대일항쟁기 강제동원 피해조사 위원회의 보고서'(2016)를 보면, 당시 조선인 여성노무자의 평균 동원 연령이 16.46세였고 공장 동원 평균 연령은 13.2세였는데, 9세 여자 어린이들까지 탄광촌으로 끌려갔고 10세 안팎의 무수한 여자 어린이들은 소녀공이나 재한 일본인 가정에서 식모살이를 했습니다. 뿐만 아니라 위안부로 끌려가 인간 이하의 삶을 살았던 소녀들의 삶은 말할 것도 없습니다.

그렇다 보니 『어린이』지에는 집 떠난 누나와 형을 그리워하는 동시들과 공장에서 일하는 언니 오빠들이 고향의 동생에게 보내는 편지글들이 꽤나 많습니다. 그 글들을 보면 당시 일제가 우리 조선의 가족을 얼마나 비정하게 해체시키고 가슴 아프게 했는지, 무엇보다 우리 어린이들을 노동력으로만 여기고 얼마나 잔혹하게 착취했는지를 확인할 수 있습니다.

그런데 『어린이』지의 글들을 보면, 그럼에도 불구하고 조선 어린이들의 정신이 그런 현실에 억눌려 있지만은 않았다는 것을 알 수 있습니다. 물론 야학 교육이나 『어린이』지의 글들이 어린이들의 노동관 형성에 영향을 미친 까닭도 있지만 어린이 투고작품들을 보면 당시 어린이들이 고된 노동현실 속에서도 노동에 대한 숭고한 의미를 생각하기도 농사일을 하다가 생태노동의 원리를 발견하기도 하면서 노동을 통해 더 나은 미래를 꿈꾸었던 것들을 확인할 수 있습니다. 이는 노동을 통해 형성된 대아(大我)의식이 드러난 것이라고 볼 수 있습니다.

현대교육에 부재된 노동철학과 노동교육

그런데 이에 비하면 현대교육은 의도적으로 기피한다 해도 과언이 아닐 정도로 노동교육을 교육과정에서 아예 배재하고 있고 학교교육 현장에서도 가르치지 않고 있습니다. 노동철학이나 노동에 대한 인문학 교육도 찾아보기 힘들고 직업선택을 위한 진로교육이 전부인 실정입니다. 어린이교육에서도 노동을 어린이들에게 절대로 시켜서는 안 되는 것으로 여기면서 서구의 놀이 중심의 어린이교육을 고수하고 있습니다. 그 속에서 유년기를 보낸 청소년들은 놀이가 과잉학습으로 대체된 삶을 살게 되는데, 이때부터 놀지 못 하는 불만을 소비와 향유로 보상받으려 하게 되고 노동은 그저 생계수단이자 소비를 위해 어쩔 수 없이 견뎌야 하는 것으로 여기게 됩니다. 즉 노동 없는 향유만을 추구하게 되는 것입니다.

한국교육이 이런 결과를 초래할 만큼 노동교육의 맹아가 되어버린 데에는 우리 조부모 세대가 일제 강점기에 자신이 겪었던 고된 노동을 자녀에게 대물림하고 싶어하지 않았던 까닭도 있고 근대의 정치사 속에서 노동론 자체가 반공주의의 상징처럼 금기시된 탓도 있습니다. 그리고 교육이 그러한 정권들의 압력과 시대착오적인 이데올로기로부터 자유롭지 못 했던 이유도 있습니다.

그러나 우리 사회는 근대의 노동이데올로기 논쟁을 초월해서 어느덧 인공지능이 인간의 노동을 대체하는 시대로 접어들었고 인간만이 할 수 있는 희소한 직업분야를 찾아 나서야 하는 시점을 맞이하게 되었습니다. 그러나 기계에 밀려 생존의 위협을 받고 있는 것도 사실이지만 인간중심적이고 자연을 파괴하는 노동이라면 그 패러다임을 벗어나지 않는 한 인공지능의 노동이든 인간의 노동이든

공멸을 맞기는 마찬가지입니다. 때문에, 그럴수록 인간은 노동의 본질을 성찰하는 자리로 돌아가야 합니다.

『어린이』지의 신성노동을 통한 생태노동교육 추구

그리고 이제껏 해 오던 노동방식을 벗어나서 자연을 회복하는 생태노동으로 노동 패러다임의 바꾸어야 합니다. 생태노동은 생태적 재건 분야에서 사람이 하는 노동을 창출하고 화폐 축적 시스템을 벗어나 자연이 산업재료가 아니라 생명 대 생명으로 그 가치를 교환하고 순환하는 대안경제체제를 구축해야 합니다.

그런데 김기전은 이런 의미의 생태노동을 일제강점기에 이미 제시했습니다. 김기전은 스스로 하는 자치노동과 생명을 살리는 살림노동, 인격 완성을 위한 수단으로서의 노동, 사회적 평등을 보장하는 노동, 한울님의 마음을 담은 사랑의 노동을 '신성노동'의 핵심으로 제시하고 이를 현실화하는 요소로 인간 내면의 '창조충동'과 협동조합을 제시했습니다.

먼저 '창조 충동'은 러셀의 사회개조론에서 영향을 받은 것으로 김기전이 자본주의 사회의 노동이 인간의 '소유 충동'에 의해서 이루어지고 고립적인 개인과 사회 파멸을 이끈다는 러셀의 논리에 동의하면서 그가 대안으로 제시한 행복과 같은 비가시적인 가치를 향한 창조충동을 노동의 동기가 되도록 교육해야 한다고 주장했습니다. 또 자본주의식 노동의 폐단을 극복하고 창조노동을 촉진하는 노동체계로서 협동조합을 제시하고 농업의 중요성에 기반해서 농민협동조합운동을 펼쳤습니다.

창조충동은 자연파괴를 수반할 수밖에 없는 소비충동을 절제시키고 협동조합은 독점과 양극화, 지배적인 노동사회구조를 극복할 수 있는 대안이 되는데, 협동노동은 이미 생태노동의 한 유형으로 현대에 확산되고 있는 추세입니다.

그런데 김기전의 이 같은 신성노동론은 『어린이』지에서는 찾아볼 수 없습니다. 직접적인 설명문보다는 어린이의 눈높이에 맞추어서 생명살림이나 농업, 근면성실을 주제로 한 글들에 간접적으로 반영되어 있고 다음에 제시된 『어린이』지의 원문들에서 노동철학을 엿볼 수 있습니다. 노동자로서의 자긍심도 있고 소비주의에 빠진 누이들에 대한 비판도 있고 노동을 통해 얻고자 하는 미래에 대한 희망도 담겨 있습니다. 특히, 자연의 노동을 보며 노동에 대한 긍정적인 신념과 태도를 다지는 글은 생태노동의 길을 어디에서 찾아야 할지 깨닫게 해 줍니다. 노동철학을 전혀 가르치지 않은 우리 교육 현실에서 어린이들이 다소 생소하게 느낄 수도 있는 내용이지만 노동에 대한 부정적인 인식을 개선하고 신성노동의 개념을 이해하게 하는 데 좋은 자료가 되리라 봅니다.

공장 간 딸에게

송계월

사랑하는 애순아!

동지섣달 설 한풍에 한 겹 옷에 너의 외로운 넋을 동구려서 일직이 듣지도 보지도 못 하던 곳으로 너를 떠나보낸 지도 벌써 보름이 되는구나. 높다랗게 맑게 개인 하늘에는 창백한 달님이 추운 듯이 이 엄마 앉은 들판을 밝게 비춰주는구나. 닭 밝고 날 추우면 이 엄마는 네가 그리워 눈물로 날을 밝힌 단다. 너도 고향에 홀로 남아 있는 이 어미를 그리워 눈물짓고 있겠지?

오늘밤에 너와 같이 우는 처녀애들이 얼마나 많겠느냐. 피도 눈물도 없는 이 세상에서는 서로 없는 사람 사이에 돕고 위로하고 사랑하고 신뢰하고 마음을 같이 하여야 하는 것이다. … 암만 너의 공장이 대가족제도를 부르짖고 현모양처를 부르짖고 있다 하여도 그것은 겉층 덮음에서 지내지 않느니라, 그저 어미 떨어져 종일 고생하는 너희는 너희들이 손을 잡고 너희들이 마음을 서로 합해야 그렇지 않으면 너희는 평생 고생이 되느니라. …

너도 차차로 나이 먹어 이제 며칠만 지내면 열다섯 살이니 틈틈이 글자 한 자라도 배워서 세상 사람에게 도움이 되어라. 그래야만 사람이 사는 보람이 있고 사는 가치가 있단다.

… 날이 차면 이 엄마는 의례히 이 창문에 기대어 너 그리워 눈물을 짓고 있단다. 너도 오늘밤엔 이 엄마를 그리워 얼마나 울고 있느냐. 울지 말고 몸 조심하고 잘 있어라. 앞날의 희망을 믿고서 잘 자거라. 감기 들지 않게 잘 덥고 문도 잘 닫고 자거라.

(『어린이』, 제10권 제2호, 1932.)

누이들은 왜?(소년시)
-소녀직공들에게-

이동규

누이들은 왜?
분을 바르고 눈썹을 그리고
비단옷을 입고 뾰죽구두를 신고
부잣집 색씨들의 뒤를 따르려 애씁니까.
손가방을 들고 양산을 휘두르고
유행을 따라가고 몸치장을 힘쓰고
모던 걸 영양들을 흉내내려 애씁니까.

누이들은 왜?
건방지고 주책없는 그 마음을 버리고
아니꼽고 더러운 그 태도를 고치고
노동자의 참된 길을 찾으려 애쓰지 않습니까.
수많은 직장의 동무들을 이끌고
새로운 앞날의 사명을 깨닫고
당신들의 참된 행복을 위하야 애쓰지 않습니까.

(『어린이』, 제9권 제11호, 1931.)

제비 한 쌍 (동요)

허문일

처마끝에집지은 제비한쌍은
옷한벌도없는 가난뱅이죠.
옷한벌도없어도 걱정안하고
들락날락즐겁게 노래합니다.

처마끝에집지은 제비한쌍은
쌀한톨도없는 가난뱅이죠.
쌀한톨도없어도 걱정안하고
아들딸곱게곱게 길러냅니다.

처마끝에집지은 제비한쌍은
동전한푼없는 가난뱅이죠.
동전한푼없어도 걱정안하고
제가벌어저먹고 잘도살지요.

아버지어머니 걱정마세요.
우리도제비처럼 살아봅시다.
높은하늘넓은땅 맘대로날며
우리일해우리먹고 살아봅시다.

최서윤, Midjourney. 제비처럼. 2024.
https://discord.com/

(『어린이』, 제10권 제6호, 1932.)

땅 파는 노래(소년시)

정대위

어기어차 땅파기 힘이난다.
아침노을 등지고 노래맞춰서
한꺼번에 들리운 괭이를 봐라.
새터닦는 일꾼들의 팔뚝을 봐라.

어기어차 땅파기 힘이 난다.
검은 이마 땀방울 이악물고서
사나웁게 벌어진 임들을 봐라.
힘있게 반짝이는 눈들을봐라.

어기엉차 땅파기 힘이난다.
내려찍는 괭이의 크나큰 힘에
기운차게 흔들리는 땅덩이 봐라.
산마루에 힛쭉 웃는 태양을 봐라.

(『어린이』, 제10권 제9호, 1932.)

가시같은 따가운 태양과 싸우는 동생에게

최청곡

사랑하는 동생아! 다섯 달만 다니면 졸업할 수 있는 학교를 두 달 치 월사금 때문에 중도에서 퇴학했다는 소식을 듣고 나는 소리쳐 울었다.

날마다 소식을 전해주는 신문을 통해서 벼 값이 떨어지고 소작하는 이의 고통은 말할 수 없다는 소식을 들었을 때 너의 염려를 하였는데 드디어 학교에서 나오게 되었다는 틀림없는 소식을 들은 지 몇 달이 지난 오늘에 힘없는 붓을 들게 되었다. 물론 소식을 안 지 몇 달 후에 붓을 들어 글을 씀에 나 역시 부끄러우나 이 부끄러운 반면에 숨어 있는 나의 피로움을 너는 모르리라.

그러나 겨우 겨우 몇 달 만에 붓을 들었으나 무슨 말을 하였으면 좋을지 도무지 마음을 가다듬을 수가 없구나.

지주에게 들을 소리 못 들을 소리를 들어가면서 농사라고 지어 너를 학교에 보내주시던 아버지 어머니를 생각하니 들었던 붓대를 내어 던지고 한없이 울고 싶다. 그러나 얼른 울음도 안 나오는구나.

사랑하는 동생아!

아직껏 너는 이 세상의 일을 모른다. 아버지 어머니가 너에게 월사금을 안 주어 학교에서 나오게 했다고 철없는 생각을 가지고 있을 것이지만은 이것은 여간 큰 잘못이 아니라 잘못이라고만 할 것이 아니라 무서운 죄악이라고 나는 말하겠다.

너를 위하여 집안을 위하여 더 없는 고초를 입어 가시면서도 일터로 가시는 것을 생각할 수 있다면 오히려 네가 학교에 못 가서 마음을 썩이시는 아버지와 어머니의 마음을 위로하여 드려야 한다.

그것만으로 만족하게 생각하면 또한 안 된다. 기왕 노는 놈이 되었으니 아버지의 하시는 일을 대신하여 드리겠다고 생각하고 아버지가 들으신 낫을 줍시사 하며 일을 하여야 한다.

아버지를 대신하여 일을 한다고 즐겨만 해도 이역 잘못이다. 정갱이까지 빠지는 논에서 가시나무로 때리는 듯한 태양 아래서 허리를 치며 일을 하여 얻는 것이 무엇인가를 생각해야 한다.

네가 아버지가 하실 일을 할 사이 희미하나마 바로 생각되는 것이 있다면 곧 다른 사람에게 물어보고 '무엇을 위하여 가시 같은 태양과 싸우는가?', "소작하는 이는 고생에서 고생으로만 헤매어야 옳은가?"하며 소리쳐라.

그리고 진정한 행복을 외치며 태양과 같이 싸우는 사람을 위하여 너의 조그마한 몸을 쉬지 말고 그를 위하여 부지런히 일하는 몸이 되어야 한다.

몇 자 적어 부탁하고 그치나니 부디부디 잊지 말기를 바라며 그친다.

(『어린이』, 제9권 제5호, 1931.)

3부
『어린이』지의 어린이생태시민교육

10가지 참된 어린이상

『어린이』지가 제시하는 이상적인 어린이상은 한마디로 '참된 어린이'입니다. 이는 '참되고 씩씩한 어린이가 됩시다. 그리고 늘 서로 사랑하며 도와가며 삽시다.'라는 소년해방운동의 표어처럼 살아가는 어린이를 뜻합니다.

그리고 다시 한번 정리하면, 이 참된 어린이는 앞서 『어린이』지의 철학배경에서 설명한 대로 수운주의(水雲主義)와 각천론(覺天論), 기화생태론(氣化生態論)과 크로포트킨의 상호부조의 생태론, 사회유기체론과 사회개조주의, 사회봉공(奉貢)론과 세계일가(一家)주의를 표방하는 김기전의 철학에 기반해 성립되었고 그 철학에 따라 성립된 지정덕체(知情德體)의 교육이념이 반영된 것입니다.

1921년에 천도교 소년회에서 처음으로 참된 어린이라는 말을 사용하고 위의 표어를 제시했는데 『어린이』지가 천도교 소년회의 계간지였던 만큼 창간호부터 참된 어린이를 강조하면서 위의 표어를 매호마다 싣고 어린이 독자들의 사진을 모집해서 '이 달의 참된 어린이'로 수록하기도 했습니다.

『어린이』지는 이렇듯 생태적인 인간교육론과 지정덕체의 교육이념을 실현하기 위해 참된 어린이상을 다면적으로 구체화했습니다. 따라서 『어린이』지를 전체를 분석해 보면, 참된 어린이가 다음과 같은 열 가지 어린이상-첫째, 대우주적 어린이, 둘째, 건강하고 명랑한 어린이, 셋째, 스스로 하는 어린이, 넷째, 성실하고 부지런한 어린이, 다섯째, 함께 사랑하며 사는 어린이, 여섯째, 의협한 어린이, 일곱째, 사회봉공하는 어린이, 여덟째, 만물을 공경하는 어린이, 아홉째, 씩씩하고 진취적인 어린이, 열째, 큰 뜻을 품은 어린이-으로 구분된다는 것을 알 수 있습니다.

이 열 가지 어린이상은 소년해방운동가들이 제시하거나 『어린이』 지에 직접 명시되지는 않았으나 저자가 연구를 통해 분류한 것입니다. 참된 어린이상을 구체적으로 제시해 주고 있는 만큼 이는 현대의 놀이중심 어린이교육의 한계를 극복하고 한국형 어린이교육의 정체성을 회복함과 동시에 기후위기 극복과 생태사회 건설이라는 시대요청에 부응하는 새 어린이교육을 정립하는 데 중요한 지표가 되어 줄 거라 봅니다.

01 | 대우주적 어린이

우주적 대아(大我)

소년해방운동은 동학에 입각해서 인간존재를 우주 최고의 신성인 한울님을 모신 우주의 최고령자(最高靈者)로 보았습니다. 즉 인간은 우주 전 존재의 결합으로 생성되고 그 안에 우주심(宇宙心), 즉 한울님의 마음을 지니고 있다고 본 것입니다. 그래서 교육은 인간이 자신이 그런 우주적 존재라는 것을 깨닫는 것에서부터 시작되고 다른 존재들과 상호작용하고 살아가면서 만물 속에 존재하는 한울님을 모신 존재로 진화하는 과정을 거친다고 보았습니다. 그 속에서 인간의 의식은 자기 자신과 모든 만물의 근본이 한 한울님이라는 것을 깨닫고 우주 전체의 관점에서 자기 자신과 만물의 성장을 돕는 의식으로 진화되는데 이를 대우주적 자아, 즉 '대아(大我)'라고 합니다.

대아는 우주 만물이 자기 자신과 같이 우주적 신성체라는 것을 알기 때문에 자연과 타인을 자기 자신과 동일하게 여기고 자기 자신을 위하는 것과 똑같이 위합니다. 그런데 이것은 하나의 존재가 스스로 여러 개로 분열되고 다시 그 여러 개의 존재들이 충돌과 결합을 거쳐 더 크고 새로운 하나의 존재가 된다는 과학논리로 설명됩니다. 이는 양자역학이 규명한 대로, 물질세계는 질량으로 계산할 수 없는 무한한 어떤 하나의 비물질상태, 즉 그 충만한 가능성의 상태에서 생겨난다고 한 것과, 천체학에서 모든 질량과 정보를 압축하고 있는 하나의 초신성이 폭발해서 무수한 성운이 출현된다고 한 것과 같은 이치라 할 수 있습니다. 그리고 생물학에서 하나의 세포가 둘로 분열하기 시작한 후 분열과 재결합을 지속해서 조직과 장기를 거쳐 개체로 생성되는 것, 또 모든 생물과 인간이 2세를 생성하고 가족이나 집단을 만들어 낸다고 하는 것과도 같은 이치로 설명됩니다.

대우주적 정신, '지극한 사랑'

그런데 이 대아(大我)를 이해하기 위해 이 과학논의들에서 특히 주목해야 할 것은 생명의 기원이 물질이 아닌 비물질이라는 것입니다. 비물질은 가치판단이 배제된 과학용어인데 그나마 이 비물질을 의식으로 규정한 양자물리학에서는 이를 두고 끊임없이 존재하려는 '의지경향성'이라고 표현합니다. 바로 이 지점에서 현대과학의 존재론이 생태철학과 연결이 되는데, 철학에서는 이 존재의 근원을 여러 가지 다른 말로 표현했습니다. 힌두교의 '브라만(ब्राह्मण)', 불교의, '공(空)', 유교의 '허령(虛靈)', 북미원주민의 '와칸탕카(Wakȟáŋ Tȟáŋka)', 독일 철학자 헤겔의 '정신(Gaist)' 등이 있는데 그 중에서 인간적 가치간 담긴 말로 표현할 수 있는 것이 바로 노자의 '도(道)'와 동학의 '지기(至氣)'입니다. 노자는 만물을 낳고 돌보고 자라게 하는 우주의 신묘한 이치를 '도(道)'라고 하면서 이를 굳이 다른 말로 하자면 '어머니'라는 말 외에 달리 표현할 수 없다고 했습니다.

또 동학은 지극한 기운을 '도(道)'와 같은 이치로 제시했지만 인격적 존재를 뜻하는 '한울님'으로 표현했고 이 한울님이 물질세계에서 부모의 역할을 한다고 보았기 때문에 이보다 더 친근한 말로는 '천지부모(天地父母)'라고 합니다. 이는 한국 고대신화의 '마고 할머니'나 남미에서 대지의 여신으로 숭배되어 온 '빠차마마(Pachamama)' 그리고 북미원주민들의 '어머니 자연'이라는 표현과도 일맥상통하는 것입니다. 이렇게 보면, 대우주적 정신이라고 하면 너무 추상적이고 어렵게 느껴지는 경우가 많지만 이는 동학이 제시한 천지부모의 지극한 사랑(至氣)이라고 쉽게 이해할 수 있습니다.

'지극한 사랑'이 드러난 역사적 사건들

그런데 이 대우주적 정신은 우주적 부모의 마음이기 때문에 경계와 구분이 없이 생명세계 전체의 발현을 목적으로 합니다. 이에 자신과 타인을 구분하지 않고 국가나 민족, 인종의 경계를 초월해서 사랑으로 대합니다. 특히, 자신의 생각을 기준으로 다른 존재의 가치를 판단하거나 다른 존재를 지배하거나 해하려 하지 않습니다. 본능적으로든 의식적으로든 다른 존재들이 한 어머니에게서 나온 형제라는 것을 알고 있기 때문에 당연히 그렇게 할 수가 없는 것입니다. 이것이 대우주적 정신의 유무를 판단하는 지표입니다.

흔히 이 대우주적 정신은 극소수의 성인들만 지니는 것으로 여겨지는데, 실은 역사 속에서 대다수의 평범한 사람들에게서도 발현됩니다. 인도의 간디가 '세상에서 가장 강력한 무기는 적의 눈을 바라보고 그로 하여금 우리가 한 형제라는 것을 깨닫게 하는 것'이라고 하면서 영국의 폭압에 비폭력 투쟁으로 맞선 것이나, 북미 원주민들이 자신들을 대량학살한 유럽 침략자들에게 '우리는 한 형제이기 때문에 당신들과 싸울 수 없다'고 하면서 그들의 땅을 내어준 경우가 그런 경우입니다. 또 관군과 외국군인들을 같은 이유에서 죽이지 않은 동학혁명의 화나 직접적인 항일무력투쟁보다 간접적인 문화투쟁을 선택한 천도교의 신문화운동도 마찬가지입니다.

아울러 이 네 가지 경우는 사람만이 아니라 동식물도 같은 차원으로 대했습니다. 간디는 동물권을 존중하는 것을 인간성과 문명국의 지표로 보았고 북미원주민은 동식물뿐 아니라 해와 달 별들까지도 형제와 조상으로 여겼습니다. 또 동학은 '물물천(物物天)' 개념을 통해 물질세계 전체를 한울님을 모신 존재로 공경할 것을 가르쳤고 이어서 소년해방운동은 그것을 이어받아 생명살림활동과 자연을 가족처럼 친애하는 교육운동을 펼쳤습니다.

이런 사례들은 인간이 실현할 수 있는 가장 크고 높은 단위의 인간성인 대아의 정신이 누구에게나 내재되어 있다는 것을 증명해 줍니다. 단, 인간의 몸이 아주 작게 태어나서 점점 크게 자라나듯이 대아의 정신도 마치 씨앗처럼 인간의 마음밭에서 점점 자라나야 하는데, 그러기 위해서는 이 대아의 정신을 자극하는 환경과 좋은 사람들 사이에서 자라는 것이 중요합니다. 고차원적인 정신세계를 반복해서 듣고 읽고 말하고 생각하면 대아의 씨앗이 일관된 지향성을 가지로 점점 더 높은 단계를 향해 잘 자라납니다. 대아를 추구하는 정신적 습관이 잘 자리매김하게 되는 것입니다.

소년해방운동의 우주적 대아 각성과 양성론

동학의 2대 교주인 최시형은 이렇게 대아를 기르는 일을 두고 한울님을 기른다는 뜻의 '양천주(養天主)'라고 표현했습니다. 이 양천주는 1대 교주 최제우가 제시한 한울님을 모신다는 뜻의 '시천주(侍天主)'를 현실적인 교육행위의 개념으로 이어받은 것인데, 자기 안의 한울님을 모시는 것은 자기 자신밖에 할 수 없듯이 천주를 잘 기르는 일도 주변환경이나 교사에 의존하기보다는 자기 스스로 해 나가야 하는 일입니다. 그 누구보다도 자기 스스로 자기 안의 대아를 열망하지 않으면 밖에서 아무리 좋은 가르침을 주어도 소용이 없고 스스로 깨닫지 않은 것은 진정으로 안다고 할 수 없기 때문입니다. 그래서 3대 교주인 손병희는 이 양천주에 천주를 깨닫는다는 뜻의 '각천주(覺天主)' 개념을 더해 동학의 교육론을 보완했습니다.

그리고 소년해방운동은 이 양천주와 각천주가 어우러진 교육을 통해 어린이들을 대아로 기르려 했던 것입니다. 그런데 아쉽게도 이 우주적 대아에 대한 직접적인 표현은 김기전이 매일신보에 기고한 '교육의 근본관념'과 어른들을 대상으로 한 어린이날 선전문과 『어린이』 창간사'에서만 부분적으로 나타나 있고 『어린이』에서는 여타의 글을 찾아보기 어렵습니다. 아마 어린이들이 이해하기 어려운 개념인 데다 실질적인 사회개조를 주목적으로 했기 때문에 관념적인 내용을 어느 정도 지양하려 했던 것이 원인 중 하나라고 봅니다.

어린이 안에 있는 여린 한울님을 일깨우고 키우는 이야기들이 어린이들의 눈높이에 맞추어 더 많이 만들어지기를 바라면서, 단 두 개의 짧은 글이지만 소년해방운동이 대우주적 어린이를 기르려 했던 증거를 아래와 같이 소개합니다.

『어린이』 창간사

작자 미상

　새와 같이 꽃과 같이 앵두 같은 어린 입술로, 천진난만하게 부르는 노래, 그것은 그대로 자연의 소리이며, 그대로 한울의 소리입니다. 비둘기와 같이, 토끼와 같이 부드러운 머리를 바람에 날리면서 뛰노는 모양 그대로가 자연의 자태이고 그대로가 하늘의 그림자입니다. 거기에는 어른들과 같은 욕심도 있지 아니하고 욕심스런 계획도 있지 아니합니다.

　죄 없고 허물없는 평화롭고 자유로운 하늘나라 그것은 우리의 어린이의 나라입니다. 우리는 어느 때까지든지 이 한울나라를 더럽히지 말아야 할 것이며 이 세상에 사는 사람 사람이 모두 이 깨끗한 데서 살게 되도록 우리의 나라를 넓혀 나가야 할 것입니다

(『어린이』. 창간호. 1923.)

1923년 어린이날 선전문

대우주(大宇宙)의 뇌신경(腦神經)의 말초(末梢)는 늙은이에게도 잇지 아니하고 젊은이에게도 잇지 아니하고 오즉 어린이 그들에게뿐 있는 것을 늘 생각해 주시오.

〈어린이날 선전문〉

해방의 큰 복음

- 어린이를 내려다보시고 쳐다보아 주시오.
- 어린이를 늘 갓가이 하사 자조 이약이하여 주시오.
- 어린이에게 경어(敬語)를 쓰시되 늘 보들업게 하여 주시오.
- 발이나 목욕, 의복 가튼 것을 때마쳐 하도록 하여 주시오.
- 잠자는 것과 운동하는 것을 충분히 하게 하여 주시오.
- 산보(散步)와 원족(遠足) 갓흔 것을 각금각금 시켜주시오.
- 어린이를 책망하실 때에는 쉽게 성만 내지 마시고 자세 자세히 타닐러 주시오.
- 어린이들이 셔로 모이어 질겁게 놀 노리터나 기관갓흔 것을 지어 주시오.
- 대우주(大宇宙)의 뇌신경(腦神經)의 말초(末梢)는 늙은 이에게도 잇지 아니하고 졂은이에게도 잇지 아니하고 오즉 어린이 그들에게뿐 잇는 것을 늘 생각해 주시오.

의미가 최다(最多)한 오월 일일. 『조선일보』 1923년 5월 1일자.

02 | 건강하고 명랑한 어린이

명랑함, 생태적 지정덕체의 정서적 표현

소년해방운동은 정신과 육체를 둘로 인식하는 서구 이분법적 교육을 비판하면서 전인적인 교육이념으로 지정덕체(知情德體)를 추구했습니다. 따라서 이를 실현하기 위해 기본적으로 건강한 정신과 몸의 조화로운 성장을 강조했고 건강하고 명랑한 어린이를 참된 어린이상으로 제시했습니다.

그러면서도 소년해방운동가들은 육체와 정신 중에서 정신이 본질임을 부각시키면서 건강한 정신과 덕성을 우선시했습니다. 특히, 당시 우울한 시대상황에 처해 있던 조선 어린이들의 정신을 건강하게 지키는 것이 중요했기 때문에 어린이들에게 다른 어떤 정서보다도 쾌활과 명랑을 강조했습니다. 그런데 당시 상황에서는 마냥 천진난만한 것만으로는 시대의 암울함을 이겨내기에 부족했고 또 그렇게 시대와 무관하게 명랑하게만 키우는 것이 교육적으로도 바람직하지 않았기에 그보다는 더 큰 의미의 쾌활함과 명랑함을 제시했습니다.

소년해방운동은 단순 발현되는 '기분'이 아니라 대자연의 기운을 받아 형성된 정서로서 쾌활과 명랑의 개념을 제시했습니다. 즉 대자연을 원천으로 하는 정서를 제시한 것인데 특히 쾌활과 명랑의 원천은 매일 새롭게 떠오르는 태양의 기운입니다. 태양은 지구에 생명을 출현시켰고 지금까지 지구 모든 생명을 환하게 비추어 존재하게 해왔습니다. 모든 생명을 땅 위에 품은 지구를 어머니라고 한다면 태양은 지구 모든 생명체들의 아버지라고 할 수 있습니다. 이는 인지과학의 관점으로도 설명되는데, 태양빛이 지구에 와 닿고, 모든 생명체들이 그 빛을 공평하게 받아 각각의 생명에너지로 전환하고, 또 그렇게 생명을 얻은 개체들이 서로 먹고 먹히면서 생태계 전체를 순환시키는 것은 다름 아닌 태양이 발사하는 생명정신의 활동입니다. 그래서 우리가 음식을 먹으면 그 음식의 성질대로 기운이 나듯이 지구어머니의 품인 산과 들에 올라 땅을 딛고 찬란한 태양빛을 받으면 음양의 조화를 갖춘 건강한 정신력과 밝은 정서가 생겨나게 되는 것입니다. 이런 햇빛과 정신건강의 상관성은 이미 현대의학계에서도 밝혀진 바 있습니다.

소년해방운동은 인식하고 조선 어린이들을 명랑하고 쾌활하게 자라게 하기 위해 천도교 소년회의 활동방향으로 '유소년의 생리적 발육과 심리적 발육을 구속하는 모든 폐해의 교정에 힘쓸 것'과 '재래의 봉건윤리의 압박과 군자식 교양의 전형을 버리고 유소년으로서의 소박한 정서와 쾌활한 기상의 함양을 힘쓸 것.'(조기간, 1935)을 제시하고 『어린이』지와 어린이날 선전문(1923)에서도 '매일 매일 돋는 해와 지는 해는 반드시 보기로 합시다.'라는 실천지침을 제시했습니다.

현대의 인공환경과 어린이들의 우울한 정서

그런데 이에 비추어 현대 어린이들과 청소년들의 생활을 보면. 아침부터 학교와 학원, 독서실에서 주로 실내생활을 하기 때문에 햇빛을 충분히 받지 못 하는 경우가 많고 잔혹하고 음울한 게임이나 중독성 있는 놀이문화로 대부분의 여가시간을 보내면서 물리적으로나 정신적으로나 밝지 않은 환경에 처하는 경우가 많습니다. 그런데 이렇게 밝음에서 멀어진 아이들은 생명에너지 자체를 약하게 지니고 있기 때문에 나약하고 우울한 정서를 지닐 수밖에 없게 됩니다. 그리고 그런 자신에 대한 불안을 극도의 예민함과 공격성으로 나타냅니다. 게다가 자신을 불안하게 하는 것들에 대한 경계심과 원망, 그에 힘 있게 대응하지 못 한 자신에 대한 좌절감까지 눈덩이처럼 커져서 그 삶이 결코 쾌활하고 명랑할 수 없게 되는 것입니다.

그러나 태양빛을 충분히 쬐고 정신적으로도 밝은 것들을 경험하면 할수록 쾌활과 명랑함은 그에 비례해서 자라납니다. 그리고 그 정서의 힘으로 생의 시기마다 겪는 새로운 차원의 어려움도 이겨내고 사회적인 압박이나 시대의 우울도 밝게 이겨낼 수 있게 됩니다.

생태적 지정덕체 함양을 위한 공경과 정의의 심신활동

지정덕체의 교육관이 강조하듯이 정신은 신체와 연결되어 있기 때문에 정신건강은 신체건강과 병행되어야 합니다. 그래서 소년해방운동에서는 어린이들에게 몸을 깨끗하게 돌볼 것과 생활환경을 위생적으로 잘 관리할 것, 그리고 무엇보다 계절마다 자연활동을 활발하게 할 것을 가르쳤던 것입니다.

그런데 여기에서 주목할 것은, 소년해방운동이 제시한 이 신체건강은 단순히 육체단련만을 의미하지 않았다는 것입니다. 여기에는 한울님을 모신 신성체로서 몸을 공경하는 의미가 담겨 있고 신체를 건강하게 하는 과정과 결과 모두 쾌활하고 명랑해야 한다는 것이 전제되어 있습니다. 그래서 몸을 구성하는 가장 직접적인 요소인 먹는 것도 건강한 것으로 택하고 한울님을 모신다는 마음으로 먹어야 한다고 가르쳤고 체육활동이나 놀이들도 서구처럼 승패를 가르는 경쟁놀이가 아니라 모두에게 기회가 돌아가고 즐거울 수 있는 방식의 것들을 제시했습니다.

어린이들을 피폐하게 만드는 사회적 위협요인들

그러나 당시 일제는 이와 정반대로 조선 어린이들의 정신과 몸을 악용하려는 건강논리를 제시했습니다. 일제는 인종주의의 시각에서 조선 어린이들을 나약한 존재로 규정하고 신체를 튼튼하게 키워야 한다고 선전했습니다. 그런데 그 목적은 조선 어린이들에게 군사훈련을 시키기 위한 것이었습니다. 그래서 학교운동장을 군사훈련에 적합하게 만들고 체육시간과 운동회까지 체력단련 자체를 위한 내용이나 군사훈련으로 바꾸어 버렸습니다. 그리고 그런 속내를 감추기 위한 속임수로, 우리가 아무런 의심 없이 사용해 온 '어린이는 나라의 보배', '체력 튼튼, 국력 튼튼'이라는 등의 표어를 만들어 선전했던 것입니다.

지배주의는 어리석은 국민을 필요로 합니다. 나약하고 우울하고 불안해야 자기 한 몸의 안위를 쫓는 데만 온 정신을 쏟고 지배계층에 저항할 여력을 발휘하지 못 하기 때문입니다. 그리고 그들의 그런 불안심리를 이용해서 수많은 의약보조상품과 온갖 퇴폐적인 향유상업들을 통해 부를 취하고 그들을 계속해서 나약하게 만듭니다.

'억센 어린이'를 내세운 일제의 거짓선동처럼 노골적이지는 않지만 현재에도 어린이들의 건강을 해치는 잘못된 건강상식이나 식품업계의 상업전략, 그리고 중독적인 미디어 게임 등이 어린이들의 삶 곳곳에 스며 있습니다. 게다가 부모들의 과잉보호와 공부만 강요하는 잘못된 교육관도 거기에 한 몫을 더하고 있고 더 심각하게는 현대의 보이지 않는 하이브리드 전쟁 속에서 약소국의 다음세대들을 우매화 하려는 공작들도 지속되고 있습니다. 특히, 최근 들어 전 세계적으로 마약이 더 부각되고 있는데 역사가 증명하듯, 한 국가의 국민을 정신적으로 피폐하게 만드는 데 가장 효율적이면서 부패한 지배층에게 부를 가져다주는 것이 마약이었고 현대에도 전 세계적으로 극우세력이나 부정부패한 정권들이 마약산업과 결탁되어 어린이와 청소년들을 마약에 물들게 하는 경우들이 존재합니다. 현재 한국의 기성세대들은 마약에 큰 영향을 받지 않았지만 다음 세대는 훨씬 더 쉽게 더 많이 마약에 노출될 가능성이 큽니다. 따라서 어른들이 어린이들에게 개인적으로 건강한 생활을 유지하게 하는 것도 중요하지만 현대에서는 다음 세대 전체를 위협하는 정치경제적 차원의 사악한 위협요소들을 간파하고 막아내는 것도 어른들의 못지 않은 중요한 과제라고 봅니다.

또한 이러한 과제와 연관하여 기후위기를 아울러 이야기하지 않을 수 없습니다. 개인과 사회가 아무리 건강을 지킨다 해도 기후위기 앞에서는 생존 자체를 보장받을 수 없기 때문입니다. 기후위기로 인한 부정적인 심리증상을 일컬어 '기후 우울', '생태 불안' 등으로 말하는데 어린이들이 기후위기로 인해 가장 많은 피해를 받는 세대이기도 하고 곧 도래할 통제 불가능한 기후재난 시대의 당사자이기도 하기 때문에 어린이들 사이에서는 이미 기후우울증이 빠르게 확산되고 있습니다.

현대의 이런 상황에서는 어느 부모도 내 아이만 건강하게 기를 수 없습니다. 그것은 지구가 건강하게 회복되어야만 가능한 것입니다. 그런데 소년해방운동은 이를 미리 간파하고 『어린이』지에서 '이대로 가다가는 아무것도 남지 않게 될 것'이라고 경고하면서 어린이들에게 자연을 사랑으로 돌볼 것을 강조했습니다. 일찍이 범지구적 건강에 경종을 울릴 것인데 현대교육이 주목하지 않을 수 없는 부분입니다.

이어지는 『어린이』지의 글들은 건강한 정신이란 무엇인지, 건강한 몸과 마음으로 어떤 삶을 살아가야 하는지, 건강하고 명랑한 삶에 대한 철학과 방법을 전하고 있습니다. 이 중에서도 손병희 선생이 전했다는 '산 떡국과 죽은 떡국' 이야기는 정신적 가치를 실현하는 삶에 대해 흥미롭게 접근하게 하는데, 우리 어린이들이 이처럼 일상 속에서 건강한 삶의 의미를 되새기는 경험들을 많이 하게 되기 바랍니다.

해를 보내면서 동무로부터 동무에게

김 철

친애하는 제군! 역경에 우는 어린 동무들!

거듭 말하거니와 제군은 모름지기 그 피로한 현실의 위에다 인생으로서의 가장 거룩한 뜻을 세우고 위대한 희망을 가져 그대의 끔뻑이는 혼을 다시금 깨끗하게 살려라.

그리고 개성의 한낱 완전한 인격을 조성하여라. 우리 사회는 여러 가지로 난관이 많다. 그와 동시에 제군의 포부가 남달리 크지 않은가? 심히 간단하고 불충분하나마 이 글이 단 한 번만이라도 역경에 우는 친애하는 동무들의 손에 쥐여지기를 바란다.

(『어린이』, 제9권 제11호, 1931.)

산 떡국과 죽은 떡국

민영순

여러분! 새해에 산 떡국을 잡수셨습니까? '산 떡국을 잡수시요!' 이 말씀은 어느 해 정월에 천도교 의암 손병희 선생님께 세배 갔다가 들은 말씀입니다.

여러분 소년소녀! 조선의 싹이 당신네요 조선의 꽃이 당신네입니다. 무섭게 차가운 서리와 눈 속에 파묻힌 조선의 싹 조선의 꽃이 어떻게 피어나며 어떻게 커서 좋은 열매를 맺겠습니까. 별 수 없지요, 산 떡국을 먹어야 됩니다. 새해는 바로 배달 할아버지 단군께서 우리 조선의 임금이 되시던 무진년의 사천이백육십일 회째 되는 무진년입니다. 사천이백육십 년 동안에 해마다 떡국이야 다 먹었지요.

그러나 산 떡국을 먹은 이는 얼마나 되며 죽은 떡국을 먹은 이는 얼마나 됩니까. 첨성대 같은 천문기계, 훈민정음 같은 조선 글 발명, 동제활자 같은 인쇄술 발명, 임진왜란 때에 비격진천뢰 비행기, 경신년에 사람이 한울이란 진리를 발명하신 이들은 다 산 떡국을 잡수신 분들입니다. … 그러니 여러분은 산 떡국을 드십시오. 조선의 장래는 당신네가 떡국을 잘 먹고 못 먹고 하는 판에 달렸습니다.

발가벗은 산에 산림의 옷을 입히고 바짝 마른 강에 기름과 젖을 주고 움막살이를 헐어버리고 번쩍한 벽돌집, 화강석집, 대리석집을 짓고 양친부모 모시고 여러 동무가 모두 꽃같이 웃고 새같이 날뛸 만한 세상을 만들 책임이 꼭! 당신네 손에 있는 줄을 잊어서는 안 됩니다.

(『어린이』, 제6권 제1호, 1928.)

사람의 몸 하나 33전씩

정호

만물 중에 제일 높다고 자랑하는 사람들의 몸뚱이 한 개를 값으로 따지면 얼마치나 될는지 궁금한 일이라 하야 미국 어느 유명한 화학자 한 분이 연구해서 발표한 것이 있습니다.

사람의 몸 속에 있는 모든 것을 현대 다른 물건 시세대로 값을 치면 탄소 24원, 뼈 2원 30전, 기름 3원 20전, 알 1원 50전, 사탕 1원, 유황 50전, 소금 30전 이런데 이외에 철분, 털과 기타 자지레한 것까지 합하면 모두 쳐서 33원의 치밖에 안 된답니다. 어떻습니까. 값으로 치니까 소 한 마리나 말 한 마리 값도 못 되지 아니합니까?

그러나 이것은 죽은 후에 몸뚱이만 가지고 하는 말이고 사람에게는 몸뚱이 속에 귀중한 정신이 있어서 그것은 이로 값을 따지지 못할 만큼 비싼 것입니다. 그래 사람을 제일 귀중하다 하는 것입니다. 만일 정신이 좋지 못 하거나 정신활동을 잘 하지 못 하는 사람은 결국 33원치의 고기와 뼈 값 밖에 못 됩니다 그래 정신이 옳지 못 한 사람, 정신(생각, 마음)이 좋지 못 한 사람을 33원짜리라고 부릅니다.

여러분! 아무쪼록 우리는 좋은 마음, 좋은 생각, 좋은 정신을 갖는 사람이 되야 33원짜리가 되지 않도록 하십시다.

(『어린이』, 제3권 제7호, 1925.)

웃어라!

조재호

여러분! 여러분 가운데 젖 먹는 어린이이와 꼬부러진 늙은이를 보시지 아니하신 분은 아마 없을 듯합니다. 그 어여쁘고 귀여운 어린아이를 볼 때에 여러분 마음은 어떠하얐으며 머리털은 눈빛 같고 얼굴에는 주름이 잡힌 늙은이를 볼 때에 마음은 어떠하얐습니까.

뻗어 나가랴고 하는 크고 큰 힘은 이 무거운 땅을 뚫고 나와서 이삼 월 따뜻한 햇살을 받아 아지랑이 속에서 눈이 돋아오르는 초목의 싹들과 같이 살고져 하는 귀한 목숨이 사람의 형제를 타고 무섭고 겁나는 이 세상에 용감스러이도 나와서 재미스럽고 즐거운 사람의 세상을 맨들고 뭉게뭉게 커 가는 씩씩한 어린 아이를 볼 때에 여러분의 마음은 어떠 하얐으며 한울이 주는 세월의 힘에 이기지 못 하야 구시월 쓸쓸한 바람에 무르녹는 듯하던 생생한 빛깔도 다 잊어버리고 미구의 낙엽을 말하는 듯한 홍엽으로 변하는 나뭇잎들과 같이 재미스럽고 즐거운 사람의 세상을 맨들기 위하야 무섭고 겁나는 세상과 꾸준하게도 싸워 온 흔적이 얼굴에 역력히 보이는 꼬불진 늙은이를 볼 때에 여러분 마음을 어떻하얐습니까?

여러분! 이 글을 보시는 여러분, 이 글을 보고 생각할 수 있는 여러분, 마음을 고요히 하야 깊이깊이 생각하야 봅시다. 젖 먹는 어린아이, 꼬부러지는 늙은이, 커 가는 어린이, 죽어가는 늙은이, 아- 슬프다. 어린이도 늙은이 될 때가 있을 것이며 늙은이도 어린이였던 때가 있었을 것이다. 나서 커서 늙어서 죽는 것이 사람의 한 평생이요 우리 목숨이 지내 가는 할 수 없는 길이다. 더구나 한 번밖에는 다시 지내지 못 하는 귀한 길이다.

한 번 가면 다시 못 오는, 나서 커서 늙어서 죽는 이 길에서 어떻게 하여야 우리의 귀한 목숨을 잘 키워갈 수가 있으며 나서 커서 늙어서 죽는 그것을 재미스럽고 즐겁게 할 수가 있을까 여러분 생각하야 보십시오.

저는 이렇게 생각합니다. 귀한 목숨인 줄 알면서 재미스럽게 잘 살기 위하야 마음껏 웃어 봅시다. 마음껏 웃어 봅시다! 자나 깨나 집에서나 학교에서나 들에서나 늘 서러운 눈물을 남모르게 흘리는 우리는 항상 용기를 잊지 맙시다. 저는 이런 이야기를 들었습니다. 저 서양 영국이라는 나라에 소년원이 있답니다. 그 소년원에서는 항상 상쾌한 마음으로 휘파람을 불자고 약속을 하였다 합니다.

여러분! 남의 앞에서 휘파람을 불거나 쓸데없이 웃지는 마십시요마는 우리는 늘 마음을 쾌활하게 가지고 웃기를 잊어버리지 맙시다. 항상 싱글싱글 웃는 사람만이 늘 커가는 사람이요 그날 그날을 재미있게 지내는 사람입니다.

(『어린이』, 제4권 제10호, 1926.)

최서윤, Midjourney.희망.2024.
https://discord.com/

건강하고 명랑하게

공 탁

"우리가 행복하려면 무엇보다도 먼저 건강하고 명랑하게 살아야 합니다. 첫째, 건강하고 보아야 합니다. 사람이 건강하려면 매일매일 적당한 운동을 해야 할 것은 물론입니다.

그러나 도시에 사는 사람으로서 크게 필요한 것은 신선한 공기입니다. … 신선한 공기를 가끔 마시는 것이 건강에 가장 중요한 일입니다. 다음에는… 우리가 사는 주위를 깨끗이 하며 아름답게 함으로써 건강하고 명랑하게 됩니다.

내일은 오늘보다 나으리라는 희망을 가지고 나아갈 때 우리는 힘차집니다. 인류는 어둠에서 광명으로 진보해 왔고 사람은 동물에서 한울님으로 진화해 가는 중입니다. 모든 것은 잘 되고 좋아지게 마련입니다. 만약 우리가 가난하고 불행하다면 그것은 우리의 마음이 가난하고 불행한 때문입니다.

우리의 모든 운수는 우리의 마음에 달렸습니다. 질병과 우울을 박차버리고 건강과 희망 가운데 움직이도록 배웁시다."

(『어린이』, 제130호, 1948.)

최서윤. Canva.명랑하게.2024.https://www.canva.com/

녀름이 왔다

김호월

녀름! 록음이 우거지고 찌는 듯이 뜨거운 녀름이 왔다. 곱게 피었던 꽃이 다 떨어진 대신 고흔 열매가 가지마다 맺혀 있고 파란 하늘에는 봉오리 흰 구름이 뭉게뭉게 떠오른다.

종달새는 하늘 높이 떠서 재잘재잘 노래 부르고 들에는 김매는 농부의 소리, 저 수풀 속에는 분명히 여름은 왔다.

이렇듯 여름이 오면 바다로 강으로 우리들은 헤엄을 치며 노는 것이 유일한 재미다. 유유히 흐르는 밝은 강물 그 강물을 들여다보면 흰 모래가 왼 바닥을 깔아 있다. 그 정한 백사 위에서 한껏 마음껏 자유스럽게 뛰노는 시원한 물결! 그 속에 뛰어들자! 뛰어 들어서 같이 놀자. 물결과 같이 자유스럽게 놀자. 활발한 성질을 기르자. 날개 긴 갈매기는 물결 푸른 바다를 떠갈 제 아아 그 바다에 둥덩실 뛰어들어가 한껏 마음껏 헤엄치며 뛰놀자!

그리하야 우리 조선소년들도 다 같이 무엇에게도 지지 않는 건강한 몸이 되기를 힘쓰자! 씩씩하고 활발한 남자의 성질 같은 여름은 왔다.

(『어린이』, 제5권 제6호, 1927.)

어린이들의 운동

이호성

사람 치고 누구나 완전한 사람이 되려면 지식이 부유하고 정육(情育)이 발달되고 덕의(德義)가 깊고 또 이 세 가지를 간직하고 잘 쓰기 위해 그 신체가 튼튼해야 합니다. 이 중에 하나만 부족하여도 그 사람을 완전하다고는 할 수 없는 것이니 지식만 많고 덕이나 정이 없으면 못된 여우와 같을 것이고 그렇다고 덕이나 정만 있고 지식이 없으면 한낱 어리석은 자에 지나지 못할 것이고 또 지(知), 정(情), 덕(德)을 능히 담아 쓰지 못 할 것이요. 그렇다고 신체만 쇠몽둥이 같이 튼튼할 뿐이고 아무 지(知)나 정(情)이나 덕(德)이 없으면 그는 사나운 말이나 나쁜 승량이와 같이 될 것이니 우리가 어찌 그렇게 나쁘게 되기를 힘쓸 수 있겠습니까. 지정덕체(知情德體)가 여러 가지가 골고루 균일하게 공부를 쌓아 나가도록 힘 써야 할 것입니다.

그런데 우리 조선 사람, 조선 어린이들에게는… 이른 새벽부터 깊은 밤중까지 허리가 꼬부러지고 다리가 으스러지게까지 좁다랗고 더러운 방 속에서 책이나 소리쳐 읽으며 공부 잘 한다 하던 어리석던 때에 비교하여 지금 어린이들이 처처의 골목이나 넓은 마당마다 모여서 여러 가지 씩씩한 운동에 열심하는 것을 보면 크게 반가운 일이라고 생각합니다.

(『어린이』, 제1권 제10호, 1923.)

03 | 스스로 하는 어린이

'자립(自立)', '자성(自誠)', '자경(自敬)', '자신(自信)'의 자치성

참된 어린이의 면모 중에서 가장 생태적이고 역사적이면서 정치적으로도 두드러지는 것이 있다면 바로 스스로 하는 자치성입니다. 자치성이란 내면적으로는 자기 자신의 정신과 몸, 모든 삶을 스스로 인식하고 스스로 판단, 결정하면서 스스로 자기 삶을 다스리는 힘을 뜻하고 외부적으로는 그 힘으로 그 누구에게도 지배당하거나 파괴당하지 않고 자신을 지키고 실현하는 능력을 말합니다.

이는 현대생물학이 제시한 '오토포이에시스(Autopoiesis)' 즉, 모든 생명은 스스로 자기를 생성한다는 생명의 제1원리와 일치하기 때문에 생태적 인간상의 제1본성이라고 할 수 있습니다. 소년해방운동도 자치성의 생태학적 근거를 이와 같은 맥락에서 이해했기에 자치성을 참된 어린이의 가장 기본적인 정체성으로 제시했던 것입니다. 또한 소년해방운동의 자치성은 이 같은 생물학적 근거에서뿐 아니라 역사적으로도 그 타당성이 뒷받침됩니다. 일제강점기에 봉건적인 어른들의 억압으로부터 어린이들을 해방할 가장 큰 힘이 바로 어린이들 자신에게 있었고 일본 제국주의로부터 자신들을 지켜내는 데에도 어린이들이 스스로 나섰기 때문에 그 속에서 자치성이 강조되는 것은 당연한 일이었습니다.

이에 소년해방운동은 『어린이』지를 통해서 자치성을 교육했는데 왜 자기의 일을 스스로 해야 하는지 그 이유를 설명하고 스스로 해야 하는 일의 내용을 구체적으로 일러주었습니다. 특히, 이용학이 '큰 뜻을 품고 공부하자'에서 제시한 '자립(自立)', '자성(自誠)', '자경(自敬)', '자신(自信)'은 자치성의 내용을 명확하게 표현했는데, 자립(自立)은 스스로 뜻을 세우고 정신과 몸과 생활을 지켜 나가는 것이고 '자성(自誠)' 스스로 자기의 뜻을 현실에서 이루는 것이고, '자경(自敬)'은 자기 자신과 만물을 스스로 공경하는 것이며 '자신(自信)'은 스스로 자신 안의 한울님과 그 한울님의 우주섭리를 믿는 것을 뜻합니다. 뿐만 아니라 소년해방운동은 자치성이 생활습관이 되게 하는 방법으로 『어린이』지에서 자기의 할 일을 '벽에 써 붙여 놓고 실천'할 것을 여러 번 제시했습니다. 그 결과 이 자치교육은 본래 주체의식이 강했던 조선 어린이들의 성향과 맞물려 어린이 개인뿐 아니라 당시 어린이세대 전반의 의식을 주체적으로 고양하시키는 데 크게 기여했습니다.

자치성을 약화시키는 현대교육

그런데 현대 어린이교육에서는 이 자치성이 약화되는 듯한 경향이 있습니다. 현대 어린이들의 생활을 보면, 대부분 과도한 학습부담과 그에 따라 짜여진 일상을 살면서 스스로 자기 생활을 기획하고 꾸려나갈 여건을 부여받지 못 하는 경우가 많습니다. 아무리 부담이 되거나 애매한 상황이라 해도 자기 기준이 분명하고 자기 스스로를 다스릴 줄 알면 길을 열어 나가기 마련인데 현대 어린이들 중에는 결정장애나 선택장애를 앓는 어린이들이 적지 않습니다. 물론 현대 사회와 교육체계 속에서 자기 자신을 성찰할 기회도 많지 않고 가치관을 혼미하게 하는 것들을 너무 많이 접하는 등 어른들이 만들어 놓은 사회 전반의 제도와 문화가 주요인이라고 봅니다.

그러나 그럴수록 하루하루 먹고 입고 자는 기초생활에서부터 어린이들 스스로 자신과 삶을 다스릴 줄 아는 자치심을 길러주는 것이 교육의 기본임을 상기하는 것이 중요합니다. 어려서부터 생활 속에서 자치심을 기르지 못 한 어린이들은 어른이 되어서도 줏대 없이 살아가게 되기 때문입니다. 이에 대해 아래『어린이』지에서 신영철은 자치심이 없는 어린이를 두고 '제가 옳다고 생각하는 일에도 실행을 못 하고 흐미적 미적 하는 못난 사람, 바보'라고 표현했습니다. 또 그 밖의 이야기들을 표현 그대로 빌자면, 자기 일을 스스로 한다는 것은 '한울님이 나에게 준 재주'를 '시대에 발맞추어서 스스로 책임을 지고 즐겁게 하는 것'로 정의되는데 이 정의에 따라 신영철이 말한 '바보'를 확대해석 하면 '바보'는 한울님이 나에게 준 재주를 알려 하지도 않고 방치하는 사람, 자기 자신과 자신의 일을 책임질 줄 모르는 사람, 자신의 일이 아니라 남의 일을 하기 때문에 즐겁지 않은 사람, 그리고 시대에 맞추어 살 줄 모르는 사람이라고 할 수 있습니다.

자치심-자치노동-민주사회-민족자치

그런데 여기에서 주목해야 할 것은 자신이 책임져야 하는 일이 다름 아닌 노동이라는 것입니다. 노동은 인간의 생존을 위해 반드시 해야 하는 일이고 자아실현을 위한 절대적인 방편이기에 소년해방운동은 노동을 스스로 해야 할 일 중에서도 가장 핵심적인 것으로 강조했다고 볼 수 있습니다.

소년해방운동이 간파한 이 자치노동의 교육적인 의미는 독일 비판이론 학자들에 의해서도 제기되었습니다. 그것은 신영철의 '바보'와 일맥상통하는 표현들을 보면 알 수 있는데, 마르크스(Karl Heinrich Marx)는 자립적인 노동을 할 수 없는 산업자본주의의 노동자를 일컬어 '불구'라고 했고 에리히 프롬(Erich Seligmann Fromm)은 자기 기준과 판단 없이 외부 자극에 의해 기계처럼 소비하거나 정치행동을 하는 현대인을 일컬어 '자동인형'이라고 했습니다. 또 맑스 셸러(Max Scheler)는 무아(無我)에 가까울 정도로 자기의식이 없어져 자기 생존을 주관한다고 믿는 외부존재에게 의존하거나 집착하는 사람을 들어 '기생충적 영혼'이라고 표현했습니다. 이 말들은 모두, 동학이든 서학이든 인간성의 가장 중요한 본질을 주체성과 자율성으로 본다는 것과 이를 잃고 자기 노동을 스스로 하지 못 할 때 인간은 인간 아닌 다른 존재로 변질된다는 것을 공통으로 강조하는 것입니다. 자치심과 자치노동이 모든 일하는 인간을 '바보'로 만들지 않고 건강한 노동사회를 구축하는 원동력이 된다는 것을 가르쳐 주고 있는 것입니다.

뿐만 아니라 자치노동은 민주주의 사회를 안전하게 지키고 성숙하게 하는 데에도 큰 역할을 합니다. 민주주의 사회에서 개인의 자치심은 시민의 주권의식으로 확장되고 그 주권행사는 곧 시민의 자치적인 정치활동이 되기 때문입니다.

자치심과 자치노동의 이런 면면한 타당성에 근거해서 소년해방운동은 스스로 하는 어린이를 참된 어린이상으로 제시한 것입니다. 이어지는 『어린이』지의 글들에서는 어린이들이 보고 배워야 할 자연의 자치성, 생활의 자치성과 노동의 자치성 그리고 민족의 자치성까지 자치성의 개념을 순차적으로 넓혀가면서 전하고 있습니다.

현대 학교교육에서는 철학을 가르치지 않기 때문에 어린이들이 이 주제에 대해 생각할 기회가 많지 않다고 봅니다. 그러나 이 자치성은 인간의 제1본성이고 현대교육에서 가장 약화된 부분 중 하나이기 때문에 앞으로 교육현장에서 더 많이 이야기될 필요가 있습니다. 아래 『어린이』지의 글들이 그런 이야기를 펼쳐 나가는 데 좋은 자료가 될 거라 봅니다.

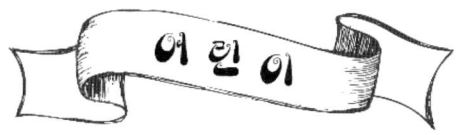

제 발로 제 길을 걷다

김석송

어린이 여러분! 벌써 봄이 되었습니다. 미구에(*얼마되지 않아) 꽃도 피고 온누리가 곱게곱게 단장하여지려 합니다. 이때를 당하야 여러분은 봄날과 같이 화창한 마음으로 봄풀과 같이 성한 몸으로 자라고 커 나시기를 바랍니다. 그리하야 가을이 되면 나무마다 좋은 열매가 익는 것과 같이 여러분도 장성하신 뒤에는 훌륭한 인물이 되기를 비나이다.

그러나 여러분! 아무리 바탕이 좋은 나무라도 시시로 가꾸고 때맞춰 북돋지 아니하면 좋은 꽃이 피기는커녕 좋은 열매가 열기는커녕 그 나무의 목숨까지 보전하기가 어려운 것과 같이 사람도 어리었을 때부터 슬기로운 어른이 있어서 늘 보살피고 인도하고 가르치지 아니하면 장래에 좋은 인물이 되기가 어려운 것은 나무의 이치와 똑같은 것이외다.

어린이 여러분! 여러분은 싹 돋는 풀이 오입피라는 나무요 아구트라는 씨가 아니오니까. 더욱이 여러분은 마른 잡풀이 엉켜진 속에 들어있지 아니합니까. 더욱이 여러분을 북돋고 김매고 거름 주고 할 농부, 다시 말하면 여러분을 위하야 정성을 다 할 만한 슬기로운 어른까지 없지 아니합니까.

어린이 여러분! 나는 여러분 앞에 구태여 이와 같은 가슴 아픈 말을 보내고자 생각한 것은 아니올시다. 그러나 모든 것이 사실인 데야 어찌하겠습니까. 여러분을 위하야 이따금 애쓰는 이가 한두 사람쯤이야 없는 것도 아니지만은 우리내의 집안 집안에서는 아직도 여러분이 집안의 꽃이오 나라의 사상기둥 될 재목으로 알고 여러분을 위하야 마음을 쓰는 이가 없는 것은 사실이올시다. 되나 못 되나 어른이라는 사람의 하나인 나로서 이러한 말을 여러분께 드리기는 오히려 속 아픈 군소리에 지나지 못 할는지도 모르지만은 여러분이야말로 물 한 방울 구경할 수 없고 맨 모래만 동서로 날리는 모래밭에 던지어진 씨가 아니고 무엇입니까.

여러분! 어린이 여러분! 나는 이러한 쓸데없는 말을 적어서 여러분의 비단결같이 고흔 마음과 봄물같이 평화한 가슴을 놀래키고자 함은 아니올시다. 오직 여러분께 바라는 것은 여러분이나 우리나 다 같이 한 뜻으로 성하게 자라나기를 힘쓰자 하는 것이외다. 뿌리박은 땅이 아무리 억셀지라도 살겠다는 마음, 자라겠다는 기운은 빼앗지 못 할 것이 아닙니까.

어린이 여러분! 나는 끝으로 다시한번 여러분의 성히 자라나기를 빌며 아울러 '제 힘으로 제가 자라며 제 발로 제 길을 걷자.'하는 한 마디를 드리랴 합니다.

(『어린이』, 제3권 제3호, 1925.)

졸업생에게

공 탁

"교육의 근본은 인격 양성에 있습니다. …
모든 공부의 목적은
사람을 만드는 데 있으며
사람을 만드는 방법은
'저'를 알게 하는 데 있습니다.

그런데 '저'를 아는 가장 가까운 길은
모든 일을 자기 스스로 하며
결코 남에게 의존치 않으며
남에게 책임을 돌려보내거나
또는 남을 원망치 않는 데 있습니다."

(『어린이』, 제133호, 1949.)

모든 일은 내 스스로

공 탁

"하늘은 스스로 돕는 사람을 돕는다."라는 말씀이 있습니다. 우리는 남을 의뢰 말고 내 스스로 하는 버릇을 배웁시다.

우리들의 지도자 안창호 선생께서는 언제나 말씀하기를 자기가 사는 곳을 깨끗하고 아름답게 할 줄 아는 백성이라야 훌륭한 국민이 될 수 있다고 하셨습니다.

세 살 버릇 평생을 간다는 말이 있거니와 어려서부터 좋은 버릇을 배웁시다. 한 줄의 글을 배우기 전에 먼저 한 가지 좋은 습관을 배우는 것이 훌륭한 사람이 되는 길입니다.

한울님께서는 사람마다 한 가지 재주를 주셨습니다. … 한 가지 일, 여러분이 좋아하는 일을 스스로 열심으로 하는 버릇을 어려서부터 키워야 장래에 쓸 만한 인물이 됩니다.

이 세상은 모든 사람이 자기가 맡은 한 가지 일을 잘 함으로써 의무와 책임을 다 합니다. …

모든 일은 내 스스로 잘 하는 사람이 됩시다.

'하늘은 스스로 돕는 사람을 돕는다.'라는 말씀을 잊지 맙시다."

(『어린이』, 제125호, 1948.)

어린이날을 맞이하여

공탁

"어린이는 장차 자라서 어른이 되며 나라의 일꾼이 되는 것이므로 사회개조의 모든 운동은 어린이 때부터 시작함이 근본이 됩니다.

그런데 이 운동을 잘하기 위하여는 두 가지 일을 하여야 할 줄 압니다.

첫째는 어른들이 어린이에 대한 태도를 고칠 일이요.

둘째는 어린이 자신이 자기 스스로에 대한 자존심을 가지는 일이외다.

… 이와 동시에 어린이로서 지켜야 할 점이 있습니다. 그것은 자치적 정신입니다. 모든 일을 내 스스로 다스리는 버릇을 키울 일입니다. …

의존심은 자라서 스스로 다스릴 줄 모르는 백성을 만듭니다. … 나의 의무를 내가 지키며 일하며 생산하는 가운데 내 스스로를 다스릴 줄 아는 사람이 되는 일이 곧 모든 사람이 공부하여야 할 점인가 합니다."

(『어린이』. 제133호, 1949.)

똑똑한 사람

신영철

세상에 잘난 사람을 똑똑한 사람이라 합니다.

그러나 잘났다는 것은 얼굴이 잘 생겼거나 풍신이 좋은 것을 가르치는 말은 아닙니다. 그리고 또는 돈이 많거나 지위가 높은 것을 가르치는 말도 아닙니다.

똑똑한 사람은 자기 주장이 선 사람이요 자기 뜻이 굳은 사람이요 자기 믿는 바를 날쌔게 실행하는 사람입니다. 그것은 잘난 사람입니다. 즉 똑똑한 사람입니다. 직공이라도 농부라도 그런 사람이면 그 사람은 역시 잘난 사람이요 똑똑한 사람입니다.

제가 제 주장을 세우지 못 하고 제가 제 뜻을 굳게 갖지 못 하고 제가 옳다고 생각하는 일에도 실행을 못 하고 흘미적 흘미적 하는 사람은 못난 사람입니다. 그것이 바보입니다.

그리고 썩 잘난 사람은 항상 시대를 훨씬 앞서서 나가고 어지간히 잘난 사람은 시대와 같이 나가고 아주 못난 사람은 시대에 뒤떨어져서 터벅터벅 하는 것입니다.

우리는 시대를 훨씬 앞서서 나가지 못 할 터이면 차라리 시대와 같이는 나가야 할 것입니다.

(『어린이』, 제9권 제11호, 1931.)

04 | 성실하고 부지런한 어린이

자연성과 인간성을 산업화 하는 성실근면

 성실과 근면이라는 말은 누구나 긍정적으로 인정하는 가치입니다. 말 그대로만 보면, 서구 근대교육과 소년해방운동에서도 모두 이 성실과 근면을 추구하고 있습니다. 그러나 근대 서구의 사회체제와 경제이념을 고려하면, 『어린이』지가 추구하는 성실과 근면은 서구 근대교육의 것과 반대의 의미를 담고 있는 것을 알 수 있습니다.
 서구에서 말하는 성실과 근면은 기본적으로 서구가 산업자본주의 노동체계를 기반으로 하기 때문에 개인의 생계유지 수단이라는 일반적인 의미도 있지만 그 속성에 근거하면, 인간성과 인간의 노동력을 화폐로 환산하고 자연을 산업재료로 탈바꿈시키는 노동에 충실한 것을 의미합니다. 성실과 근면의 대가 또한 사적인 재산으로 보상받도록 되어 있어서, 이 속에서 일하는 인간으로 하여금 더 많은 재화를 얻기 위해 자기를 혹사시키고 그 속에서 생태적으로 살 권리와 삶의 방식을 스스로 포기하게 하는 문제를 발생시킵니다. 경쟁력 있는 산업노동자가 되기 위해서 자연인으로서의 삶을 포기하는 것인데, 바로 이 점에서 서구의 근대 산업자본주의 체제의 근면성실이 인간성과 생명을 왜곡하고 피폐하게 한다는 것을 알 수 있습니다.

우주 전체의 진화에 기여하는 성실근면

그러나 『어린이』지가 제시한 성실과 근면의 의미는 서구의 그것과 반대됩니다. 물론 소년해방가들이 조선사회의 근대 산업화를 수용하려고는 했으나 『어린이』지에서 근대 산업자본주의 노동을 직접적으로 찬동하거나 소개하지는 않았습니다. 오히려 자본주의와 사회주의 양 측의 노동을 모두 비판하면서 동학의 노동철학을 부각시켰습니다. 동학에서 노동은 한울님을 모시는 행위로, 모든 존재가 자기 스스로 온전한 생명을 발현함과 동시에 다른 존재의 실현을 돕는 생명활동 전체를 뜻합니다. 따라서 이런 관점에서 보면 한울님도 만물을 돌보고 자라게 하는 노동을 하고 자연계의 모든 생명체들도 그와 같은 노동을 하는 것입니다. 그런데 모든 생명체들 각각의 노동이 하나로 연결되어 있기 때문에 누군가 게으르거나 불성실하거나 이 노동체계에 반하는 행위를 하면 자신뿐 아니라 전체에 부정적인 영향을 미치게 됩니다. 그래서 자연생태계의 생명노동은 쉬는 법이 없고 항상 부지런하게 이어지는 것입니다.

소년해방운동가들은 어린이들에게 이 생태학적인 노동의 목적과 우주적 차원의 근면성실함을 가르치려 했습니다. 성경신(誠敬信)의 윤리론에 따라 신성한 노동, 만물을 공경하는 노동, 그런 노동이 자기 자신과 우주 전체를 진화시킨다는 것을 믿는 노동을 게을리해서는 안 된다고 하면서 말입니다.

그러면서 이 근면성실함을 기르는 데에 필요한 것으로 근기와 절

제, 습관, 공동체에 대한 책임의식, 미래에 대한 희망과 믿음을 제시했습니다. 이어지는 『어린이』지의 글들을 보면 뚜렷한 목적의식과 인내심을 가지고 '반드시 해내고야 말겠다.'는 의지력을 발휘하라고 하는데 이 의지력은 바로 '근기(根氣)'를 뜻합니다. 그리고 이 근기를 길러서 자기가 세운 뜻을 실현하는 데 방해가 되는 감정이나 충동을 절제하라고 가르쳤습니다. 또 이를 제2의 성품이 되도록 하기 위해 어릴 때부터 부지런한 생활습관과 공부습관을 들일 것과 더불어 매일매일 일기를 쓸 것을 당부했습니다. 그리고 가장 눈에 띄는 것으로 '모여 사는 데 힘쓸 것', '조선 사람 사랑하기를 부지런히 하라.' '부지런한 민족이 강한 민족이 된다.'고 하면서 민족애와 민족공동체에 대한 책임 수행에 성실근면할 것을 강조했습니다. 아울러 근면성실의 또 다른 원동력이자 목적의식으로 소년해방운동은 미래에 대한 희망을 제시했습니다. 어른들에게는 '십 년 후의 조선을 생각하라.'고 하고 어린이들에게는 '십 년 후의 자기 모습을 꿈꾸라.'고 하면서 더 나은 미래를 희망하고 그 목적을 향해 성실근면할 것을 가르쳤던 것입니다. 바로 이런 점들에서 소년해방운동이 제시한 근면성실이 개인의 목적달성을 목적으로 하는 근대 서구교육의 것과 전혀 다른 차원이자 정반대의 것임을 확인하게 됩니다.

현대 과로사회에서의 성실근면에 대한 성찰과 전환

그런데 자기 자신뿐 아니라 이웃과 공동체 전체를 사랑하고 책임지는 일에 근면성실할 수 있는 것은 자신의 이익이 보장되지 않는 한 쉽게 할 수 있는 일이 아닙니다. 따라서 저절로 우러나오는 내면의 동기가 있어야 하는데 소년해방운동은 그것을 자기 자신과 다른 모든 존재가 한울님이라는 것을 깨닫는 것이라고 보았습니다. 이 깨달음 없이 그저, 혹은 억지로 부지런하기만 하면 결국엔 생명력이 고갈되고 한없는 공허함에 빠져들어 자기 쉽게 자신을 잃고 맙니다. 현대사회에서 많은 아이들과 직장인들이 번아웃을 경험하는 현상이 이를 증명하는 것이라 할 수 있습니다. 대학 입학 하나만 바라고 부지런히 공부할 것을 강요당하는 아이들이나 월급날 하루를 기대하면서 한 달 동안 부지런히 일하는 어른들이나, 해내고야 말겠다는 근기는 있을지 몰라도 그 속에서 자연과 사람을 부지런히 사랑하고 사회를 건강하게 지키는 일에 근면성실한 것에서 오는 신성한 성취감과 기쁨을 누리는 경우는 많지 않기 때문입니다. 사회가 근면성실을 잘못된 방향으로 강요하고 있는 탓도 있습니다만 이는 그만큼 우리사회와 교육이 근면성실에 대해 성찰하는 것을 게을리해 왔다는 것을 증명하는 것이기도 합니다. 엄밀히 말하면 우리 사회는 근면성실을 너머 과로사회를 힘겹게 이끌어 온 지 이미 오래 되었습니다. 특히 자식교육에 총력을 기울여 온 부모세대들의 피로감은 세계 최고 수준이고 교사와 아이들 모두 과도한 경쟁주의 입시제도가 아이들에게 행복을 보장하지 않는다는 것을 암묵적으로 인정하면서 학교생활을 버텨 온 지도 오래 되었습니다.

이제는 어른 세대부터 자신들이 부지런히 하고 있는 일들에 대해 반성(反省)하고 다음세대들이 어떤 일에 근면성실하게 해야 할지 다시 생각해야 할 때라고 봅니다. 다음에 이어지는 『어린이』지의 글들이 우리의 그런 생각에 작은 물꼬를 터줄 수 있을 거라 기대합니다.

부지런히자

공 탁

"부지런함은 만사 성공의 근본이 됩니다.

모든 복은 부지런한 사람에게 옵니다. 여러분은 몸이 아파도 또는 마음이 끌리지 않아도 꼭 하고야 마는 부지런한 습관을 어려서부터 배워야 합니다. 여러분이 무슨 일을 하든지 그 일에 대하여 부지런하고 꾸준히 하면 성공 못 하는 법이 없습니다. 사람은 규칙적이어야 하며 기분적이어서는 훌륭한 인물이 못 됩니다. …

모든 좋은 습관이 자라서 제2의 천성이 됩니다. 우리는 공부나 일에만 부지런할 것이 아니라 생활에도 부지런해야 할 줄 압니다. 일찍 자고 일찍 일어남은 물론이요 모든 것을 규칙적으로 좋은 습관을 배우도록 공부함이 성공과 행복의 근본이 됩니다.

무엇보다도 먼저 부지런 합시다.

조그마한 재주를 믿지 마시오. 부지런한 사람과 부지런한 민족이 강한 사람, 강한 민족 노릇을 합니다."

(『어린이』, 제134호. 1949.)

벽에 써 붙이고 실행할 것

송진우

一. 조선과 및 조선사람을 사랑할 것
一. 항상 부지런하고 수고스러운 습관을 지을 것.
一. 항상 신체를 깨끗이 할 것.

(『어린이』, 제7권 제1호, 1929.)

벽에 써 붙이고 실행할 것

김기전

가. 새해 첫날부터 일기를 쓰기로 합시다.
　　두고두고 생각하는 기쁨이 될 것입니다.
나. 하나 하나 좋은 습관을 지어 가기로 합시다.
　　되기만 하면 일생에 큰 보배입니다.
다. 크게나 적게나 모여서 사는 공부를 합시다. 멀지 않은 장래에 만인지상(滿人止上) 됩니다.
라. 매양 십년 후의 자기를 생각하기로 합시다. 오는 세상은 당신들의 것입니다.

(『어린이』, 제7권 제1호, 1929.)

05 | 함께 사랑하며 사는 어린이

거짓사랑의 이데올로기들을 너머 선 인류애

'씩씩하고 참된 어린이가 됩시다. 그리고 늘 서로 사랑하며 도와가며 삽시다.'라는 표어에 나타났듯이 소년해방운동의 정신을 가장 대표하는 말은 '사랑과 협동'입니다.

먼저, 사랑은 누구도 부정할 수 없는 인간의 언어 중 가장 성스럽고 숭고한 말로, 시대를 초월해 모든 인류가 추구해 온 최고의 보편 가치입니다. 그런데, 그렇기 때문에 한 편으로 사랑은 다분히 주관적이고 관점에서 따라 다르게 정의되기 쉽습니다. 때로, 개인적으로는 이기적인 자기애나 다른 사람에 대한 소유나 지배를 사랑이라고 착각하기도 하고 특정 종교나 인종, 민족에 대한 헌신을 사랑으로 착각하기도 합니다. 또 정치적으로는 특정 지도자나 정치이념에 대한 충성을 사랑으로 착각하기도 합니다. 그런데 이런 이기적인 자기애나 다른 이에 대한 집착, 종교에 대한 맹신, 자민족우월주의와 인종주의, 인권을 무시하는 정치 이데올로기는 모두 인간의 비뚤어진 욕망을 정체로 하는 거짓 사랑입니다. 이 거짓사랑이 위험한 것은 자기 자신과 상대를 파멸시키는 결과를 낳는다는 것입니다. 이런 거짓 사랑들은 하나같이 사랑을 절대명분으로 내세우면서 타인이나 세계를 지배하려 드는데 그 중 1, 2차 세계 대전을 가장 큰 사례로 들 수 있습니다. 이는 우등한 인종이 열등한 인종을 지배하는 것이 인류를 진화시킨다는 잘못된 신념이 빚어낸 결과였는데, 이로 인해 당시 전 세계 인류는 잔혹한 살상과 죽음의 세계를 경험했습니다. 그리고 나서야 그런 전쟁주의가 진리에 대한 인류의 왜곡된 열망이라는 것을 깨달았고 그 반동의 결과로 공동체와 사랑과 협동의 가치를 추구하게 되었습니다. 그래서 현재 한국 사회나 자본주의 사회에서는 사랑이라고 하면 대부분 남녀간의 애정이나 가족애만 생각하는 경향이 크지만 1, 2차 세계대전이 끝난 직후에는 전 세계적으로 인류애가 크게 부각되었습니다.

『어린이』지의 대안적 사회윤리, 범지구적 가족애

그리고 그런 시대 분위기 속에서 한국의 소년해방운동도 '사랑과 협동'을 대안적인 사회윤리로 제시하게 되었습니다. 그런데 소년해방운동은 당시 전 세계에 확산되던 인류주의를 그대로 표방하지 않았고 어린이들에게 막연하게 전달하지도 않았습니다. 소년해방운동은 동학의 '지기론(至氣論)'에 입각해서 민족과 인류, 전 생명세계를 하나의 가족으로 보는 범지구적 가족애를 제시했습니다.

따라서 사랑할 대상에 대해서도 자기 자신부터 식물과 동물, 대자연과 사회에 이르기까지 차근차근 확장하면서 이야기를 전했습니다. 특히, 자연과 인간의 형제관계를 제시한 것은 시대를 탁월하게 앞서는 것인데, 다음에 소개되는 『어린이』지의 '씨동무'라는 글은 삽화와 더불어서 어린이들이 그런 생태적 형제애를 쉽고 재미있게 이해할 수 있도록 표현했습니다. 이어 김기전의 '다 같이 생각해봅시다.'는 혼자가 아니라 어떻게든 '엉키어 살고 함께 공부할 것'을 강조하면서 애정공동체가 모두의 성장을 담보하는 전제조건이라는 것을 알려 주고 있고 북미동화, '이리가 된 동생-북아메리카의 이야기'는 자기만의 행복을 쫓아 돌봄과 책임을 저버릴 때 그 결과로 모두 인간성을 잃고 불행해진다는 가르침을 전하고 있습니다. 이는 모두 소년해방운동가들이 『어린이』지를 통해 펼치고자 했던 '지기(至氣)'의 사랑교육이 무엇인지 쉽게 알게 해 주는 것들로서 현대교육이 생태학적인 사랑의 관계와 구체적인 행위를 정립하는 데 이정표 역할을 해 줍니다.

사랑이 메마른 현대교육의 현실을 너머

그런데 현대 어린이들 사이에서 경쟁과 관계 단절, 고립적인 생활, 다른 이에 대한 무관심과 폭력적인 문화가 점점 더 확산되고 있는 것을 볼 수 있습니다. 이 속에서 어린이들이 다른 이의 고통에 전혀 공감하지 못 하거나 적개심과 혐오감을 표출하는 경우도 적지 않게 볼 수 있습니다. 게다가 교사들마저 용서와 화해보다는 기계적으로 학칙에 따라 처벌하는 것을 당연시하고 아이들과 학부모를 두려워하는 현실을 접하는 것도 일상이 되어 가고 있습니다. 사랑 없는 경쟁적인 교육환경이 만들어낼 수밖에 없는 현상이라고 봅니다.

이런 현실을 살아가고 있는 현대의 우리에게 『어린이』지는 힘든 상황일수록 사랑으로 함께 살아가야 한다는 가르침을 되새기게 해 줍니다. 특히 일제의 무지막지한 폭압에도 꺾이지 않고 사랑과 협동의 삶을 살아낸 조선 어린이들의 이야기는 거짓사랑이 만연하고 진정한 사랑을 하는 데 용기를 필요로 하는 현대의 어린이들에게 서로 보듬고 사랑할 수 있는 용기를 북돋아 줄 거라고 봅니다.

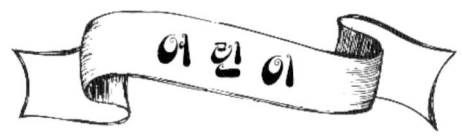

다같이 생각해 봅시다

김기전

이제는 벌써 12월, 올해도 다 저물었습니다. 떡국을 먹으면서 그리운 동무가 보낸 연하장을 뒤적거리던 일이 어제와 같은데 또 한 해가 저물었습니다. 오늘 우리 소년들이 청년 되고 노인 되는 일도 이렇게 쉬운 일이 아닐까 할 때에 스스로 생각되는 바가 많습니다.

동무들이여, 세월은 빠르고 준비할 것은 많습니다. 어릴 때 미리 힘쓰지 않고 늙어서 후회한들 무슨 소용이 있겠습니까. 재작년 10월 그믐 현재의 통계수를 보면 우리 조선민족으로 7세로부터 19세까지의 어린 사람이 541만여 명입니다. 여러 외국에 나가 있는 우리의 어린 사람까지를 아울러 계산하면 거의 6백만 명으로 칠 수 있습니다. 이 6백만 명 동무가 금년 일 년은 어떻게 지냈으며 또 명년은 어떻게 지낼 것입니까.

여러 어른들의 하는 말씀을 들으면 사람은 한 뜻 한 마음으로 엉켜야 한다 하고 강하지 못 하고 약한 사람이면 더욱 그리해야 한다고 합니다. 그러면 어느 편으로 보아도 그렇게 강하다 할 수 없는 우리 유소년은 어찌하여야 하겠습니까. 무엇보다도 먼저 엉켜 살아갈 공부를 하여야 하겠습니다.

또 같은 재작년(1925년) 5월 현재에 통계수를 보면 보통학교에 다니는 학생이 38만 5천여 명, 서당에 다니는 이가 23만 1천 명이라 합니다. 이로써 보면 3년 전에 있어 우리 유소년으로 공부하는 동무가 61만여 명이며 그동안 학생 수효가 훨씬 늘었다 할지라도 70만 명이 넘지 못 할 것입니다. 그러면 6백만 명 동무 중에 530만 명이나 되는 우리 동무는 모두 눈 뜬 장님이 되고 있는 셈입니다.

아, 사랑하는 동무들이여, 이것을 어떻게 생각하여야 하겠습니까. "혼자 떨어져 있지 말고 엉켜 사는 소년이 됩시다. 그리고 이웃에 사는 여러 동무와 한 가지로 배워 나가는 사람이 됩시다. 그래서 이런 것을 늘 생각해 보는 사람이 됩시다."

(『어린이』, 제5권 제8호, 1927.)

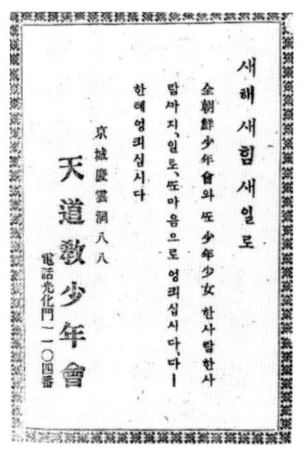

씨동무

김소운

"농사집에서 무엇보다도 귀중히 여기는 것은 곡식의 종자입니다. 농사를 짓자면 좋은 종자를 구하려고 애를 쓰는 것이오 값 많은 보배나 숨겨두듯이 썩지 않도록, 좀 먹지 않도록 조심조심 하는 것이 올시다.

그렇게 귀한 씨인 줄을 잘 알고 있기에 여러분은 동무에 대한 순박한 사랑을 설명하는 자리에 서슴지 않고 씨를 갖다 놓은 것이올시다.

동무 씨동무, 과연 동무는 귀하고 소중한 보배입니다. 머리칼에 얽히고 엉키어 십만으로 백만으로 한 뿌리에 달린 감자같이 한 가지에 맺힌 열매와 같이 연결되어 있는 것이 동무입니다."

(『어린이』, 제11권 제1호, 1933.)

이리가 된 동생-북아메리카의 이야기(북미동화)

영희(역)

한 인도인 나무꾼이 자기의 동족을 떠나 멀리 우거진 수림 속 한 가운데다가 자기가 친히 작은 집 하나를 지었습니다. 그는 원래부터 마음이 착하고 온순함으로 그의 친구들의 악하고 옳지 않은 행동이 싫었던 고로 그렇게 멀리 떠났습니다. 그럼으로 그는 모든 친구와 떠나 그의 아내와 아이들만 데리고 깨끗한 시내 가까이 한 장소를 찾게 될 때까지 여행하였습니다. 그리하야 그곳에서 그들은 나무를 잘라 내리기 시작하여서 한 작은 집을 지었습니다.

여러 해 동안을 이 감추인 집 속에서 그들은 즐겁고 행복스러이 살아왔습니다. 그리고 그들의 음식을 만들고 옷을 만들기 위해서 사나운 짐승을 잡으며 나가는 때 외에는 이 작은 집에서 밖에 나가지 아니하였습니다.

그러다가 고만 그 힘센 나무꾼은 병이 나게 되었습니다. 그래서 그는 오래지 않으면 자기가 죽을 것을 알았습니다. `찾지 말며 어린 동생을 잊어버리려는 안 되지 않습니까?"

그러나 그 젊은 오빠는 말을 듣지 아니하고 대답도 없이 활과 화살을 가지고 그 작은 집에서 떠나버렸습니다.

눈은 왔다가 또다시 녹아버렸습니다마는 오빠는 돌아오지 아니하였습니다. 그리하야 나중에는 누이의 마음조차 냉정하게 되어짐으로 그 어린 동생이 성가신 짐과 같이 보였습니다.

"자, 여기 여러 날 먹을 음식이 있으니 이 집안에 남아 있거라. 나는 오빠를 찾으러 나간다. 만일 오빠를 찾게 되면 다시 돌아오마." 하고 마저 이 집을 떠나버렸습니다.

그리해서 얼마 동안 어려운 여행을 한 후에 그는 오빠가 살고 있는 동내에 도착하였습니다. 그때에 오빠는 아내를 얻어가지고 재미롭게 살고 있는 것을 보았습니다. 그때에 누이도 어떠한 용감한 젊은 사나이와 같이 그곳에서 살게 되었습니다. 깊은 수림 속에 올로 남겨둔 어린 동생은 잊어버렸습니다.

홀로 남아 있던 어린 동생은 누이가 주고 간 음식도 다 먹어버리고 수림 속으로 나갔습니다. 그래서 그곳에서 나무열매와 나무뿌리를 파 모아가지고 낮에는 그것으로 배를 불리었습니다. 그러나 눈이 또다시 오기 시작하고 바람이 소리치며 불 때 그는 배가 고프며 사지가 얼어 들어옴으로 그는 밤새도록 나무 속에 감추었다가 억지로 기어 나와서 이리들이 먹다가 남긴 것을 주워 먹었습니다.

차차 그는 동무가 없는 고로 동무를 찾게 되었습니다. 그리해서 음식을 먹고 있는 이리 옆에 가 앉았습니다. 그리하여서 이리들도 그 애를 알게 되었습니다. 그럼으로 이리들은 먹을 것을 그 애에게도 주었습니다. 만일 이리가 아니었다면 그 애는 눈 속에서 죽었을 것입니다.

눈이 또다시 녹아버리고 큰 호수 위에 얼음이 떠 있을 때에 이리의 떼는 강가로 내려갔습니다. 그 애도 따라갔습니다.

그래서 그곳에서 우연히 강가 가까이서 배를 타고 낚시질하는 자기의 형을 보았습니다.

그 형은 이와 같이 어린 동생의 인도인의 목소리로 부르는 노래소리를 들었습니다.

"형님! 형님! 나는 이리가 되어갑니다. 나는 이리가 되어갑니다."

그 애가 그렇게 노래할 때에 그 소리는 이리의 부르짖는 소리 같았습니다. 그때에 그 형의 마음은 무서웠습니다. 그리해서 그 소리 나는 곳을 향하고 "어린 동생아! 이리 오너라!" 하고 불렀습니다만은 반이나 이리가 되어 있는 동생은 그의 노래만 부르고 있었습니다. 형은 더 큰 소리로 "어린 동생아! 내게로 오너라!" 하였지만 그 애는 이리의 형들을 따라 빠르게 달아나면서 두꺼워지는 그의 살과 이리의 소리로 부르짖으면서 깊은 수림 속으로 사라졌습니다.

그리하야 그 형은 부끄러움과 걱정으로 동내에 돌아가서 누이와 한 가지로 그들의 한 평생을 두고 아버지의 유언을 저버린 그 어린 동생을 생각하고 슬퍼하였습니다.

(『어린이』, 제3권 제8호, 1925.)

최서윤, Midjourney.이리가 된 아이. 2024.https://discord.com/

06 | 의협한 어린이

모든 생명의 존재방식, 협동

협동은 '씩씩하고 참된 어린이가 됩시다. 그리고 늘 서로 사랑하며 도와가며 삽시다.'라는 표어에서 씩씩함에 이어 두 번째로 제시된 소년해방운동의 대표적인 교육사상입니다.

협동은 '지극한 사랑(至氣)'의 구체적인 행위로서, 가장 근본적으로는 김기전이 수용한 기화(氣化)생태론과 크로포트킨의 상호부조의 생태론에 근거해서 도출되었습니다. 이 두 이론은 상보공생(相補共生)의 생태론을 제시했는데 현대생물학이 생명의 제2원리로 규명한 '공생(共生, symbiosis)'과도 같은 맥락으로 연결됩니다. 생물학에서는 둘 이상의 개체나 종이 서로 유기적 관계 속에서 영향을 주고받으면서 생존한다고 보았습니다. 이를 공생이라고 하는데 협동은 생명체들이 공생하는 방식입니다. 그런데 이 지구상에 홀로 독립적으로 존재할 수 있는 생명은 그 어떤 것도 존재하지 않기에 이에 따르면 협동공생은 자연생태계에서 뿐 아니라 인간사회에서도 절대적인 생존법칙이 됩니다. 따라서 인간의 정체성도 이 협동과 공생의 관점에서 명확히 할 필요가 있는데 최근 국내 생물학자 최재천은 이 공생의 생태론에 근거해서 '호모심비우스(Homo symbious)', 즉 공생하는 인간을 이 시대에 필요한 인간상으로 제시하기도 했습니다. 소년해방운동도 이와 같은 생태학에 근거해서 '협동하는 어린이'를 이상적인 인간상으로 제시했던 것입니다.

생태사회의 협동의 기준, 범지구적 공생과 정의로움

그런데 소년해방운동이 제시한 협동하는 인간상은 생물학 차원의 협동 개념에 '정의(正義)'라는 협동의 사회적 기준과 가치를 더해서 '의협한 인간상'을 제시했습니다. 이는 자연은 저절로 협동이 개체와 전체 모두의 풍요로움을 보장하게 하는 시스템을 갖추고 있지만 인간사회는 그것이 자율적으로 보장되지 않기 때문에 사회구성원 개개인과 사회 전체의 안녕을 보장하는 협동의 기준을 '정의'로 제시한 것입니다. 그래서 이 협동은 생존을 위한 생물학적인 협동을 너머 사회정의를 실현하는 '생태학적 협동'이라고 할 수 있습니다. 또 이에 따라 제시된 '의협한 인간상'도 단순한 '생태적 인간' 개념이 아니기보다 더 정확히 '생태시민상'이라고 할 수 있습니다. 소년해방운동은 이런 의미의 의협심을 길러 줌으로써 조선 어린이들을 생태시민으로 키우려 했습니다. 그 결과, 실제로 일제강점기 때 많은 조선 어린이들이 힘을 합쳐 서로 돕고 불의에 저항하기도 했는데 이는 『어린이』지에 실린 많은 사례와 글을 통해 확인할 수 있습니다.

그런데 소년해방운동가들이 제시한 이 의로운 협동을 현대교육이 잘 계승하기 위해서는 근대 서구교육이 제시하는 협동과 우리의 의로운 협동이 본질상 의미가 다르다는 것을 살펴볼 필요가 있습니다. 근대 서구주의 교육은 협동을 중심가치로 여겨지지 않습니다. 교육의 궁극적인 목적이 개인의 자아실현에 있기 때문입니다. 특히 차별화와 경쟁으로 소수 엘리트를 선발하는 전통주의 교육체계에서는 협동이 오히려 교육과 사회의 진화를 방해하는 요소로 여겨집니다. 물론 팀워크나 공동프로젝트 등이 있지만 그 본질은 일과 학습성과를 도출하는 효율성을 높이기 위한 경우가 많습니다. 그리고 공생의 가치를 표방하면서 공동체나 협동교육을 하는 경우도 있으나 아직은 몇몇 대안학교나 혁신학교 등에서 주로 이루어지고 있을 뿐 일반 교육 분야에서는 협동이 크게 부각되지 않고 있는 실정입니다. 협동학습이 경쟁적 선발교육체계에서는 비효율적이고 교과성적으로 수치화하기도 어려울 뿐 아니라 지식교육보다는 생활교육에 적합한 이유 등 여러 면에서 걸림돌이 많기 때문이라고 봅니다.

그러나 소년해방운동에서는 근대 서구처럼 생산효율성이나 경제적 이익 기준에서 하는 협동이 아니라, 범지구적인 가족애에 기반한 차별 없는 협동을 제시했습니다.

소년해방운동과 『어린이』의 의협한 어린이교육

그리고 그런 협동을 실천하는 어린이를 기르기 위해 생활 속 협동과 사회적 협동을 가르치는 데 많은 비중을 두었습니다. 그 사례로 가장 주목할 만한 것이 천도교 소년회의 위열부(慰悅部) 활동인데, 위열부에서는 천도교 소년회 '회원과 비회원을 불문하고 때와 경우에 상응하는 위문'을 행하게 했습니다. 현대에 우리가 경조사를 챙기듯이 어린이들에게 기쁜 일이 있으면 함께 축하하고 모르는 사이라도 슬프고 힘든 일을 겪을 때는 함께 찾아가 위로하는 것을 생활강령으로 제시한 것인데, 천도교인이 아니거나 심지어 외국인이어도 상관없이 소년회 회원들이 찾아가 돕도록 했습니다. 당시 2천만 인구 중 300만 명에 달하던 천도교인들이 전국의 천도교 교회 조직을 통해서 이를 철저하게 교육했던 것과 국내외 600만 명에 달하던 『어린이』지 구독자가 이에 영향을 받았을 것을 고려하면 협동과 상부상조를 추구하는 한국의 전통문화가 일제에 의해 파괴되지 않고 근대에 더 공고히 뿌리내리는 데 소년해방운동과 『어린이』지가 큰 역할을 했다는 것을 확신할 수 있게 됩니다.

그리고 우리가 또 한 가지 주목할 것은 이 협동교육이 이해타산을 초월한 사랑을 실천하는 데 목적을 둔 것이었기에 협동을 단순히 돕는 행위로만 가르치지 않았다는 것입니다. 소년해방운동은, 협동은 사랑의 행동양식이고 그 선한 결과의 유무는 존재 자체를 믿는 순수한 의지 즉, 신의와 정의감에 달려 있다고 보았습니다. 진정한 협동은 상대를 믿거나 또는 상대를 돕는 것이 옳은 것이라는 자기 신념을 지킬 때 또는 보상받지 못 하더라도 그 일 자체로 정의로운 것임을 확신할 때 저절로 우러나오는 것이라고 본 것입니다.

그래서 『어린이』지에서는 협동을 위한 구체적인 정신으로 '신의'와 '정의'를 강조하고 이를 실천하는 참된 어린이상으로 '의협한 어린이'를 제시했던 것입니다. 『어린이』지에는 친구간의 신의와 더불어, 약자를 자비심으로 끝까지 돌보고 책임지는 것, 양심에 따라 자기 이익을 포기하는 것, 이기적인 개인주의를 지양하고 사회에 대한 따뜻한 마음을 갖는 것, 받은 사랑을 되돌려주는 것 등 의협의 행위가 구체적으로 제시되어 있습니다. 그리고 유치부 어린이들의 눈높이에 맞추어 동물을 의인화해서 그들끼리 또는 그들과 사람 사이에 신의를 지키는 흥미로운 이야기들이 담겨 있습니다. 특히 그러한 기질을 우리 민족성과 연결해서 호랑이를 주인공으로 한 동화가 많은

데, 이어지는 『어린이』지의 원문 중, '호랑이의 신의'와 '의협한 호랑이'에서는 호랑이가 약한 동물과의 신의를 지키고 사람을 돕는 데 존경스러울 만큼의 지혜와 헌신을 보여주고 있어 재미있으면서도 매우 감동적입니다. 그 밖에 '바위의 슬픔'과 독일동화 '별 돈'은 남에게 자기의 모든 것을 내어주거나 죽음을 불사할 만큼 다른 존재를 위해 헌신하는 어린이의 이야기가 나옵니다. 이 이야기들의 주인공들이 하는 행위는 우리가 흔히 생각하는 협동의 차원을 넘어서는 것으로, 다른 존재를 완성시켜 주기 위해 자기 자신을 완전히 헌신하는 대의와 대범한 희생정신이 드러나는데, 이것이 바로 '지기(至氣)'의 차원에서 발현되는 정의로운 협동이라는 것을 알 수 있습니다.

이 장에서뿐 아니라 민족을 주제로 한 글들을 보면, 무수히 외적의 침입을 막아낸 이야기와 헌신적인 위인들이 많이 나오는데 그 이야기들 역시 우리민족이 이 의협함을 남달리 빼어나게 지니고 있다는 것을 확인시켜 줍니다. 그리고 이보다 더 명백한 증거는 무엇보다 항일독립투쟁사와 소년해방운동이라는 역사적 사실입니다. 항일독립만세운동에 스스로 나서고 소년해방운동에 적극 참여한 조선의 어린이들만큼 우리 민족의 의협함을 증명하는 산 증거는 없습니다.

이 의협함은 서구 개인주의 교육과는 근본적으로 차원이 다를 뿐 아니라 개인주의라는 그 협소한 의식의 성장판을 깨고 어린이들로 하여금 어릴 때부터 정의와 협동으로 연결된 인류공동체라는 대의식의 장에서 성장할 수 있게 하는 핵심요소입니다. 이에 현대교육은 소년해방운동이 제시한 이 의협한 어린이상을 우리 민족 고유의 어린이상으로 인정하면서 인류사회와 자연생태계의 정의 실현에 이바지할 미래의 어린이상으로 계승해 나가야 하겠습니다.

옳은 것을 위하여

박영희

나이 어린 사람에게는 꼿꼿한 양심이 있습니다.

그리고 또 정의에 대한 의협심이 많이 있습니다.

그러나 늘 어른들의 자기들 생각만 하는 개인주의에서 어린이들의 동무에 대한, 사회에 대한 정의심이나 따뜻하고 어여쁜 마음성을 꺾어버리고 맙니다.

그러나 우리 어린 사람들은 늘 이 옳다고 생각하는 것을 위해서 싸워 봅시다.

(『어린이』, 제5권 제1호, 1927.)

내가 좋아하는 소년

조만식

나는 그 마음에 있어서 착하면서 의협심을 가진 소년을 좋아한다. 남의 어려운 것을 보고 돕는 생각을 가진 소년, 어른의 일이나 어린이의 일이나 개인의 일이나 단체의 일이나 나를 물론하고 불행한 처지에 있는 것을 보고 동정과 자비의 마음을 갖지 않는 사람은 사람으로서든지 또는 우리의 현상으로서든지 재미없는 사람이다.

참되고 굳센 사람. 좋은 일을 하루 하였으면 끝까지 씩씩하게 뻗치는 소년, 그런 소년이 그대로 자라난다면 반드시 나중에 위대한 큰 사람이 될 것이라고 믿는다. …

(『어린이』, 제11권 제3호, 1933.)

바위의 슬픔 (동화)

고한승

어떤 산 아래 커다란 바위가 하나 섰었습니다. 그런데 그 바위 속에는 세상에도 제일 귀하고 중한 금강석이 한 개 배겨 있었습니다. 그러나 바위 속에 숨어 있는 이 금강석을 아는 사람은 하나도 없었습니다.

그래서 그 바위는 어떻게 하든지 자기의 가슴 속에 숨어 있는 금강석을 꺼내어서 세상 사람에게 유익하게 쓰게 하려고 애를 쓰다 못해서 하루는 자기의 몸을 쪼개려고 하였습니다. 그렇지만은 원래 단단한 몸이라 웬만한 힘을 가지고는 쪼개 낼 수가 없었습니다. 공연히 힘은 힘대로 들이고 몸은 쪼개지도 못 하고 몸뚱이의 한 모퉁이만 우수수 부서졌습니다.

큰 바위의 한 모퉁이가 부서져서 그 아래에서 살던 어린 나무가지만 부러지고 개미와 벌레의 집만 헐어졌습니다. 원래 이 바위는 몸이 우둘두둘 험하게 생긴 데다가 공연히 한 모퉁이가 부서져서 나무와 개미들을 못 살게 하였기 때문에 이제는 아주 마음이 고약한 바위라고 소문이 나게 되었습니다.

그래서 그 바위 아래에는 풀이나 나무도 나지 아니하고 새들이나 나비들도 놀러 오지 아니하였습니다. '흥, 내 가슴 속에 금강석이 있는 줄 모르고…' 바위는 혼자 분해했습니다. 바위는 있는 힘을 다 내서 몸을 다시 쪼개려고 했습니다. 그러나 바위는 겨우 조금 갈라져 금이 나고는 영영 쪼개지지 않았습니다. 바위는 혼자 긴 한숨을 쉬고는 아무 말없이 섰었습니다.

"야! 저 못된 바위 보아라. 또 갈라지려고 하는구나. 그 앞에 가지 마라, 무섭다." 하고 저 편 나무 위에서 노래를 부르고 있던 꾀꼬리가 말했습니다. 바위는 '아, 내 가슴 속을 아는 이가 하나도 없구나' 하고 눈물을 흘리었습니다.

그런데 하루는 어디서인지 어여쁜 꾀꼬리 한 마리가 황금 날개를 펼치고 훨훨 날아와서는 그 바위 위에 앉아서 가장 고흔 목소리로 노래를 부르고 있었습니다. '이제 저 꾀꼬리도 얼마 있다가는 저 편 버드나무로 가겠지.'하고 바위는 생각했습니다. 그러나 웬일인지 꾀꼬리는 날아갈 생각도 아니하고 참말 고은 소리로 노래를 부르고 있었습니다. 그 목소리는 다른 여러 꾀꼬리들보다 맑고 아름다웠습니다. 그리고 그 몸은 내려 쪼이는 햇빛을 받아 황금빛이 찬란히 돌았습니다.

얼마 만에 바위는 거신 목소리로 물었습니다.

"여보시오, 어찌해서 당신은 저 동물들이 모여 있는 부드러운 버드나무로 가지 아니하고 이곳에 혼자 와서 있습니까?"

그러니까 꾀꼬리는 또렷또렷하고 별같이 반짝이는 눈으로 내려다보면서 "나는 당신에게 와서 노래를 부르는 것이 좋아요. 아무리 다른 새들은 당신을 욕하고 미워하여도 나는 당신이 좋아요. 당산은 쓸쓸하게 혼자 지내지요? 나도 혼자 지내요. 이제부터는 내가 당신을 위해서 노래를 부르겠습니다." 하고 꾀꼬리는 다시 고은 노래를 부르기 시작했습니다.

바위는 참으로 기뻤습니다. 참으로 고마웠습니다. 아무도 자기를 돌아보지 아니하며 자기를 알아주지 아니하고 욕하고 비웃는데 다만 아름다운 한 마리 꾀꼬리가 자기를 알아주고 자기를 위해서 노래를 불러줍니다그려. 바위는 어찌나 고맙든지 눈물조차 흘렸습니다.

그래서 바위는 눈물을 거두고 자기의 기막힌 사정을 하소연하였습니다.

"여보시오, 어여쁜 꾀꼬리! 내 가슴 속에는 세상에도 귀중한 금강석이라는 보배가 있습니다. 언제든지 이 보석은 세상 사람을 위해 유익하게 쓰일 것이지만은 이것을 알아주는 사람이 하나도 없습니다. 그래서 나는 이것을 알리우려고 내 몸을 쪼개 내려고 애썼지마는 보시는 바와 같이 이렇게 금이 갈라질 뿐이요 쪼개지지는 아니합니다그려… 아! 어느 때나 내 가슴 속을 세상이 알아주려는 지요!"

이 말을 들은 어여쁜 꾀꼬리는 두 눈에 눈물이 그렁그렁해서 "너무 슬퍼히지 마세요, 그래도 이제 당신 마음을 알아줄 때가 있겠지요." 하고 다시 바위를 위하려는 듯이 노래를 불렀습니다.

저 편 버드나무에서 노래를 부르던 다른 꾀꼬리들이 "아, 저것 보아라", "그 고약한 바위 위에서 노래를 부르는구나" 하고 웃고 놀리였습니다. 그러나 꾀꼬리는 들은 척만 척하고 노래만 부르고 있었습니다.

며칠이 지났습니다. 하루는 마음 사나운 시골사람들이 총을 가지고 꾀꼬리 사냥을 나왔습니다. 이곳 저곳 다니다가 이곳에 왔습니다. "야 큰 일 났다, 우리를 잡으러 온다." 고 저 편 버드나무에 있던 꾀꼬리들이 푸르륵 날아갔습니다.

그러나 바위 위에 홀로 노래 부르던 꾀꼬리는 여전히 앉았습니다. 사냥꾼이 오거나 무엇이 오거나 그대로 노래를 부르고 있었습니다. "여보시오, 당신을 잡으려 오니 빨리 달아나세요." 하고 바위가 소리쳤으나 "아니요, 나는 잠시라도 쓸쓸히 지낼 당신을 버리고 가기가 싫어요." 하고 꾀꼬리는 꼼짝도 아니했습니다. "그러나 당신은 여기 있으면 죽을 테니 제발 달아나시오." 하고 바위는 목멘 소리로 권하였습니다. "아니! 죽어도 좋아요. 당신을 위해서는 아무 데도 가지 않습니다." 하고 꾀꼬리는 조금도 두려워하지 않고 노래만 불렀습니다.

"야, 저기 한 마리 있다." 하고 사냥꾼은 총을 들어 한 방 탕! 놓았습니다. 불쌍한 일이올시다. 어여쁜 꾀꼬리의 부드러운 가슴을 총알이 뚫고 들어갔습니다. 꾀꼬리는 새빨간 피를 줄~줄 흘리면서 날개를 퍼덕퍼덕 하다가 쓰러졌습니다. 쓰러져서는 바위의 갈라진 틈 속으로 들어갔습니다. 바위는 자기 가슴으로 어여쁜 꾀꼬리를 안고 슬피 울었습니다.

사냥꾼들은 달려왔습니다. 보니까 꾀꼬리는 반쯤 갈라진 바위틈에 끼여 있었습니다. 어찌 잔뜩 끼어 있는지 도저히 꺼내지지 않았습니다. 그래서 드디어 바위를 쪼개 내기로 하였습니다. 오랫동안 쪼개지지 못 했던 바위도 사냥꾼의 손으로 반에 갈라졌습니다. 그러니까 그 속에서는 눈이 부시게 뻔쩍이는 금강석이 뛰어나왔습니다. "아! 이것 봐라. 그 험하고 못난 바위가" 하고 그들은 입을 딱! 벌렸습니다.

바위 가슴 속에 깊이 깊이 파묻혀 있던 귀하고 중한 보석도 이제는 아름다운 꾀꼬리의 죽음으로 말미암아 세상에 유익하게 쓰이게 되었습니다. 이제는 사람이나 꾀꼬리나 벌레들이나 험하고 못났다고 그 바위를 비웃지 않게 되었습니다. 그리고 비웃고 욕하던 것이 잘못인 줄을 깨달았습니다.

최서윤, Midjourney. 꾀꼬리의 우정. 2024.https://discord.com/

(『어린이』, 제11권 제9호, 1933.)

씨 심는 까마귀 (동화)

최경화

산에 사는 가마귀가 젊었을 때는 높은 령도 날아 넘어갔고 숲과 촌과 골짜기를 굽어보며 머나먼 바닷가에 날아가기도 했고 아무리 바람 센 날도 나뭇잎 같이 번득이며 날기도 하고 어두운 밤별 밑으로 날아다니기도 하여 그 울음소리는 산과 들과 촌을 온통 울려 사람들은 '힘찬 까마귀 기운 센 까마귀'들 하고 칭찬하였습니다만 지금은 늙어서 지서걸 힘도 약해지고 눈도 잘 보이지 아니하였습니다.

어느 눈 많이 오고 몹시 추운 날, 그래도 사람들은 벌이 하려 거리로 나갔을 때 까마귀는 나뭇가지에 쭈그러뜨리고 앉아 졸고 있는데 먹을 것을 못 찾아 쩔쩔매던 독수리가 까마귀를 발견하고 잡아먹을 양으로 덤비려 하자 까마귀는 죽을 힘을 다 하여 허덕지덕 겨우 마을로 도망해 내려왔습니다.

까마귀의 슬픈 소리가 사람 사는 마을을 울려 놓으매 독수리는 어쩌는 수 없이 단념하고 도로 산으로 발길을 돌이켰습니다. 까마귀는 겨우 목숨을 부지하였으나 날개가 온통 상하고 주림과 추위로 말미암아 몸이 그만 녹으라져서 나뭇가지에 나가떨어졌습니다.

마을에 사는 한 아이가 불 땔 나뭇가지를 주으러 이리저리 돌아다니다가 눈 위에 나뒹그러진 까마귀를 발견하고 안고 집에 돌아가 따스한 솜으로 싸 주고 모이를 먹이여 까마귀가 다시 기운을 회복하는 것을 본 아이는 안심하고 아까 그리로 되 가서 나뭇가지를 주워가지고 돌아와보니 벌써 까마귀는 어디로인지 날아가 버리고 있지 않았습니다.

이듬 해 봄에 아이가 보니까 마당가에 까마귀 세 마리가 와서 두 마리는 나무 위에 앉았고 한 마리는 무엔지 땅에 심는 모양이었습니다. 몇 날이 지나서 비가 내리고 햇볕이 쪼이매 감나무 싹이 돋아나왔습니다. 아이는 그 싹을 고이고이 길러서 가을에는 한 꺾자가량 자라났습니다.

그러나 겨울이 되어 눈이 오고 찬 바람이 불매 그 나무는 그만 똑 꺾어져 죽고 말았습니다. 아이는 대단히 슬퍼하였습니다.

이듬해 봄에 아이는 작년과 마찬가지로 까마귀 세 마리가 마당가에서 두 마리는 나무 위에 앉아 있고 한 마리는 땅에 무언지 심는 것을 보았습니다. 며칠이 지나매 땅으로부터 싹이 돋아나왔는데 이번에도 감나무였습니다. 아이는 생각에 씨를 심은 까마귀는 언젠가 자기가 구해 준 늙은 까마귀일 것이고 나무 위에 앉았던 두 까마귀는 그의 동무이거나 새끼일 것이라고 짐작되었습니다.

아이는 감나무를 잘 가꾸고 고이고이 손질하여 겨울이면 꺾어지지 않도록 막대로 버티어 주니 이삼 년 후에 감나무는 제법 크게 자라났습니다.

아이도 지금은 어른이 되었습니다. 그는 어른이 되었으나 조금도 아이 적과 변함이 없이 인자하고 사랑 많은 사람이었음으로 사람들은 모두 경모하였으며 그에게도 귀여운 자녀가 생겨났습니다. 감나무는 점점 굵어지며 높게 자라 해마다 많은 열매를 맺었습니다.

옛날에 까마귀를 구해 준 아이요 지금은 여러 아이의 아버지인 그는 아이들에게 이야기해 주었습니다.

"이 감나무는 까마귀가 심어주었단다."

아이들은 물었습니다.

"왜 까마귀가 심었을까요?"

아버지는 옛날 일을 이야기해 들려주고서 "그 까마귀는 벌써 죽었단다."하고 말해 주었습니다.

가을이 되면 감나무 열매가 주렁주렁 매달립니다. 마을의 여러 아이들은 감나무 아래 모여서 감을 따 먹습니다.

아이들이 먹고 남긴 감은 늙은 까마귀의 아들과 손자들이 산으로부터 내려와서 감나무가지에 앉아 맛있게 쪼아먹습니다.

(『어린이』, 제9권 제10호, 1931)

최서윤, Midjourney. 씨 심는 까마귀. 2024. https://discord.com/

의협한 호랑이 (동화)

고한승

새해는 호랑이 해랍니다. 호랑이에 대한 이야기는 우리나라에 많이 있는데 이것은 여러분이 아직 듣지 못 했던 새 이야기올시다. 특별히 약한 사람은 도와주고 가난한 사람은 살리우고 어린이를 이뻐하는 훌륭한 호랑이입니다.

아마 올 새해를 맡은 호랑이는 이와 같은 좋은 호랑이라고 하니 여러분도 두 손을 들어 환영합시다.

섣달 그믐께! 산과 들에 눈이 하얗게 쌓였을 때입니다. 아주 점잖고 풍채 좋은 호랑이 한 마리가 있었는데 눈도 너무 많이 오고 해서 온종일 토끼 한 마리 구경도 못 하고 배가 고파서 죽을 지경이었습니다.

아까부터 높직한 언덕 위에 앉아서 어느 곳에 짐승이 지나가지 아니하나 하고 눈을 두리번두리번 하였으나 저녁 때가 되도록 한 마리 만나지를 못 해서 풍채 좋은 호랑이 얼굴에도 기운이 하나도 없어 보였습니다.

벌써 해는 지고 밤이 되어 날은 점점 추워 오고 이제는 산짐승들도 다 각기 제 집으로 들어갈 때라 오늘은 벌써 굶고 말게 생겼으므로 호랑이는 참말 큰 일 났습니다.

뛰어다니는 노루, 사슴, 여우, 토끼 같은 날쌘 짐승을 기운 있게 쫓아서 잡아먹는 것이 풍채 좋은 호랑이의 자랑거리요 또 특별한 재주인데 아무리 배가 고프기로 사람 사는 마을에 내려가서 울 안에 갇힌 굼뜬 돼지 같은 것이야 잡아먹기를 좋아하겠습니까.

그러나 이제는 참말 견디기 어렵게 배가 고파 할 수 없이 밤 이슥하니까 남이 볼까 겁을 내면서 으슬렁으슬렁 마을로 내려갔습니다.

눈은 하얗게 쌓여서 사람의 집마다 모두 문을 굳게 닫고 잠을 자는 모양이요 쥐 죽은 듯이 고요하였습니다. 호랑이는 어느 조그마한 집 담을 훌쩍 넘어 안으로 사뿐 내렸습니다. 그래서 돼지울을 들여다보니까 조그마한 돼지 단 한 마리가 드러누워 자는 모양임으로 이것이라도 먹을 밖에 없다 하고 잡으려고 하는데 벌써 자는 줄 알았던 방 안에서 무엇이라고 이야기하는 소리가 들립니다.

'이키, 아직 잠을 자지 않는 모양이다.'하고 멈칫하고 섰습니다. 방 안에서는 나이는 사십이 넘은 듯한 여인의 목소리로

"이 애야, 아가! 이번에는 저 돼지를 잘 길러서 오는 설에는 팔아서 네 설옷을 해 줄 테다. 해 준다, 해 준다 하고는 못 해 주었구나… 저번에 그 큰 돼지는 팔면 꼭 해 준다고 했더니 그만 집세가 밀려서 못 해 주고 그 저번에도 그 어미 돼지를 팔아서는 쌀을 사 오지 않았니? 이번에는 꼭 네 옷으로 한 벌 지어야겠다."

"아니야요, 어머니, 나는 설옷을 안 해도 괜찮으니 이번에 저 돼지를 팔면은 어머니 옷이나 한 벌 지어 오셔요. 어머니는 다 헤진 옷 한 벌밖에 더 있습니까."

울 듯한 목소리로 말하는 이는 열 두어 살쯤 된 소녀였습니다.

"아니다. 나는 걱정마라. 너야말로 벌써 삼 년째 설옷을 못 입었구나. 오죽이나 입고 싶겠니. 동무들은 설이 되면 모두 새 옷을 입고 노는데 너 혼자 못 입으니…. 그런데 웬일인지 그 돼지가 요새는 잘 먹지도 않고 자지도 않고 비칠비칠하니 아마 병이 났나보더라."

"아이고, 병이 났으면 어쩌나 어머니"

"글쎄 말이다. 그러니 무엇을 좀 잘 먹여야 할 터인데, 어디 먹일 것이나 변변하냐."

다시 가난한 두 모녀는 무엇을 생각하는지 고요히 말이 끊어졌습니다.

이 이야기를 엿듣고 있는 호랑이는 문득 온 몸에 불 같은 의협심이 떠올라 왔습니다. '아! 내가 잘못이다. 이 같은 불쌍한 모녀를 도와주지는 못 할지언정 이것을 먹을 수가 있느냐.' 하고 그대로 훌쩍 담을 넘어 나왔습니다.

그래서 그 다음에는 어느 큼직한 집 담을 넘어 들어가서 물어내려고 보니 이상하지요. 여기도 돼지우리를 들여다보니까 큼직한 돼지 단 한 마리가 있지 않습니까?

이 집에서는 아직 방에 불을 켜 놓고 어머니와 아들 소년과 마주 앉아 이야기를 하는 중이었습니다.

"글쎄, 이 얘야! 그 돼지는 어떻게 하든지 내일 팔아버려야 겠다. 비단 빨래 넣어 놓은 위로 그 더러운 발로 걸어 다녀서 아주 못 쓰게 해 놓았으니 그것은 길러 무엇 하니. 저번에는 다 기른 배추밭에 들어가서 지랄을 쳐서 못 먹게 만들었지?"

이것은 어머니 소리였습니다. "그렇지만 어머니! 돼지가 불쌍해요. 내가 매일 쌀겨와 밥찌꺼기를 주어서 길러 놓은 것을 그만 팔아버려서 가서 죽을 생각을 하니까 참 불쌍하지 않습니까? 그러니 제발 팔아버리지는 마셔요. 네?" 하고 애원하는 것은 어여쁜 소년의 소리였습니다. "쓸데없는 소리 말아라. 내일은 어떻게 하든지 팔아버린다. 그까짓 것을 길러서 밤낮 데리고 놀면 무얼 하니, 더럽게!" 하고 어머니는 소리를 질렀습니다.

그러니까 소년은 울 듯한 목소리로 '아이고 돼지가 병이나 났으면 좋겠다 아무도 사가지도 않고 내가 병이나 잘 치료해 주고 놀았으면'하였습니다.

이 소리를 들은 호랑이는 다시 참을 수 없는 의협심이 떠올라 왔습니다. 동물을 사랑하는 가여운 소년의 마음! 설옷을 지어 주려는 빈한한 어머니와 깨끗하고 사랑스러운 그 소녀의 마음, 이것을 이뻐하는 호랑이는 자기의 배고픈 것을 잊어버렸습니다.

호랑이는 참으로 빨리, 화살같이 빨리 그 돼지를 등에 둘러메고 한번에 열 간이나 뛰어서 그 가난한 모녀의 사는 집으로 뛰어갔습니다. 그리하여 그 크고 튼튼한 돼지를 그 집 우리에다가 놓고 그 집 돼지를 업고 이것도 참으로 빨리 뛰어나와서 소년의 집 우리에다 놓고 나왔습니다. 이것이 어떻게 빨랐던지 돼지가 소리지를 틈도 없이 순식간에 한 것입니다.

원래 기운 있고 풍채 좋은 이 호랑이가 훌륭한 의기가 났던 고로 참말 놀랄 만한 기운이 새로 생기었던 것이올시다.

늦은 달이 하늘에 떠 올랐습니다. 호랑이는 '아! 날뛰는 짐승을 잡아먹는 나로서 우리 속에 돼지를 먹으려 함이 애초에 잘못이다.'하고 배고픔을 참으며 다시 산을 향하여 올라갔습니다.

그러나 자기의 배고픔보다 더욱 마음에 상쾌함을 느꼈습니다. 깊은 골짜기를 지나다 보니까 달빛 아래 여우 한 마리가 앉아 닭을 뜯어먹고 있었습니다. 호랑이는 열이 벌컥 났습니다. '요놈! 먹을 게 없어서 하필 불쌍한 농사꾼의 집 닭을 훔쳐 왔니'하고는 날쌔게 뛰어가서 여우의 멱두시를 잡아 물어 죽이고 맛있게 먹었습니다.

날이 밝았습니다. 불쌍한 어머니와 사랑스러운 소녀는 돼지우리를 들여다보고는 "아이고 돼지가 하룻밤 새에 저렇게 커졌네. 이제는 이것을 팔면 네 설옷과 내 옷까지 짓게 되겠다. 아이고 좋아." 하고 기뻐하다가 눈 위에 호랑이 발자국을 보더니 "어머니. 호랑이가 내려왔었나 보오. 아마 호랑이가 돼지를 저렇게 크게 맨들었나 보아! 올 해는 호랑이 해라더니 참 호랑이가 이렇게 좋은 일을 하는구나." 하면서 소녀는 손뼉을 치고 웃었습니다.

이 편 가여운 소년도 돼지우리를 들여다보고 "아이고, 돼지가 병났나 보다. 아무도 사가지 않겠지. 이제 너하고 나하고 잘 놀자. 호랑이가 너를 그렇게 해 주었구나. 너와 나를 위해서" 하고는 두 손을 높이 들어 '호랑이 만세'를 불렀습니다.

(『어린이』, 제4권 제1호, 1926.)

호랑이의 신의(信義)(동화)

박재청

어떤 깊숙한 산골에 토끼 한 마리가 새끼 두 마리를 데리고 구차하게 과부살림을 해 갑니다. 아침 벌어 저녁 먹고 저녁 벌어 아침 먹는 아주 구차한 살림이외다. 어린 것이 둘이나 되고 남편조차 없으니 그 형편이 말이 아닙니다. 문밖만 나서도 반드시 어린 것들을 안고 업고 나서게 되고 밥벌이를 나선다 해도 또한 어린 것들을 안고 벌고 하게 되어 참말 괴롭고도 불쌍한 살림이외다.

어린 것들은 배고프다고 자꾸 보채고 먹을 것이라고는 도토리 한 알이 없으니 어미의 마음이 어떻겠습니까. 어디 가서 무엇이든지 먹을 것을 좀 얻어 와야 되겠는데 어린 것들 때문에 감히 떠나지를 못하고 근심과 걱정만 하고 있습니다. 데리고 떠나자니 안고 업고는 도저히 벌이를 못 하겠고 두고 가자 하니 어미 없는 사이에 그들의 생명이 어떻게 될지를 몰라서 이러지도 못 하고 저리지도 못 하야 생각하다 못하여 이웃집 호랑이 아저씨를 찾아가 슬픈 사정을 말하게 되었습니다.

어린 것들을 잠깐 잠재워 놓고 깡충깡충 호랑이한테 뛰어 갔습니다. "아저씨 안녕하십니까?" 하고 인사를 하고 나서는 홀쩍홀쩍 울어 가면서 "아저씨, 제 신세를 불쌍히 보셔서 잠깐 동안만 제 어린 것들을 맡아서 보호해 주십시오. 제가 어디든 가서 먹을 것을 좀 얻어 가지고 올 게요. 어린 것들을 데리고 가서는 힘이 들어 도저히 못 벌겠고 두고 가자 하니 다른 짐생들이 물어갈까봐 무섭습디다그려. 아저씨 제발 잠깐만 좀 보호해 주십시오." 하고 간절히 애원을 했습니다. 호랑이는 토끼의 슬픈 사정에 동정을 하여 "그러지!" 하고 단바람에 흔쾌히 승낙을 했습니다.

"어린 것들을 이리 데려오게!"

토끼는 좋아라고 당장에 깡충깡충 뛰어가서 어린 것들을 업어다가 호랑이 앞에다 놓으며 "아가, 이 아저씨하고 여기서 놀아라. 응, 울지 말고… 내 어디 가서 먹을 것을 좀 얻어 가지고 올 게. 응, 만난 것 고소한 것 갖다 줄 것이니… 응" 하고 입을 짝 맞추고 깡충깡충 떠났습니다.

호랑이는 이 토끼의 새끼를 맡아 놓고는 어디까지든지 신의를 져버리지 않으려고 어디까지든지 잘 보호해 주려고 자기 것을 떠나지 못 하게 하였습니다. 그러나 호랑이는 지난 밤에 개고기 추렴을 잔뜩 했던 터이라 식곤증이 나서 그만 잠이 들어버렸습니다.

한참 동안 쿨쿨 잠을 자다가 일어나보니까 웬 걸요 큰 일 났습니다. 토끼 새끼들이 어디로 갔습니다. 잘 보호해 준다고 약속한 토기 새끼들을 그만 잃어버렸습니다. 눈이 풍글해지더니 '야~ 큰 일 났다. 토끼를 무슨 면목으로 만나보랴. 나같은 신의 없는 놈이 또 있으랴… 어디든지 가서 찾아봐야겠다. 에잉, 내가 왜 잠을 잤던고!' 하면서 벌떡 일어나셨습니다.

문밖에도 나아가 한참 찾아보고 집 뒤에도 돌아가 한참 찾아보았습니다. 그러나 토끼 새끼는 뵈지 않았습니다. 호랑이는 화가 나서 이리로 저리로 왔다 갔다 하며 자꾸 찾았습니다. 그러는 즘에 집 뒤 크다란 소나무 위에서 푸드득 푸드득 하는 소리가 났습니다. 무언가 하고 쳐다보니까 거기 커다란 독수리가 하얀 토끼새끼를 집어다 놓고 당장 먹으려고 주둥이질을 하려고 합니다. 이를 본 호랑이는 '어~ 이 놈 봐라. 큰 일 났구나.'하고 나무 밑으로 바싹 다가서면서 "여보게, 독수리네 조카, 이게 무슨 짓인가. 그 토끼 새끼는 내가 맡아 보호하는 것일세. 이리 주게. 글쎄, 그게 무슨 염치없는 장난인가. 이리 주게. 내 낯을 보아서…." 하고 애원하다가 심히 간곡히 청을 했습니다.

독수리는 잔뜩 시장한 판에 한바탕 잘 먹으리라고 잔뜩 침을 삼키려던 판에 호랑이에게 이 말을 듣고는 골이 나서 하는 말이 "여보게, 자네 신용도 신용이려니와 내 배고픈 것은 어쩔 텐가. 자네 신용을 위하여 내 배는 말라붙으란 말인가? 안 되네 안 돼. 먹어야 살겠네 먹어야 살겠어…." 하고 당장 먹으려고 토끼 새끼 볼기짝에 주둥이를 내려박습니다. 이를 본 호랑이는 "아차차, 아아, 여보게, 잠깐만 참게. 잠깐만. 아아, 여보게, 자네 배는 다른 것으로 채워 줌세. 자~ 다른 것으로…." 하고 두 번째 애원을 했습니다.

"그럼 다른 것을 주게나그려. 뭐든 먹어야겠네. 목젖이 넘어가네." 하고 몹시 시장한 듯이 힘하게 수작을 부칩니다. 호랑이는 아무리 생각해도 무슨 묘책이 없었습니다. 다른 것으로 대신 줄 것이 아무 것도 없었습니다. 토끼 새끼를 살리기는 하여야겠고 독수리에게 먹을 것을 주기는 하여야겠고 생각하다 못 하여 '에라, 신의를 위하여는 죽기도 하는데 볼기짝 한 귀퉁이 떼내기로 죽기까지야 하겠느냐. 에라, 그래라, 볼기짝을 한 귀퉁이 뜯어주자'하고 "여보게, 이것과 바꾸세. 내 볼기짝 맛이 어떤가. 좀 먹어보게." 하고 자기 앞발로 자기 볼기짝을 와드득 잡아뜯어 나뭇가지 위로 휙 추켜 주었습니다. 독수리는 그것을 받고 토끼 새끼를 도로 주며 '미친 놈, 신의 얻기 위하야 제 살을 베어내어, 어쨌든 쾌한 놈이다.'하며 호랑이 볼기짝을 목이 메도록 잘도 집어 삼킵니다. 호랑이는 볼기짝을 어루만지며, "아야, 아구……" 하면서 토끼새끼들을 업고 집으로 와서 드러누워 낑낑 앓고 있었습니다.

 저녁 때쯤 되어 어미 토끼는 먹을 것을 얻어 가지고 돌아왔습니다. 와서 보니까 어린 것들은 곤한 듯이 콜콜 자고 있고 호랑이는 누워서 낑낑 앓고 있습니다. 토끼는 놀라면서 "여보, 아저씨, 이게 웬일입니까" 하고 물었습니다. 호랑이는 으흐흐 앓는 소리로 일장 이야기를 했습니다. 이야기를 듣던 토끼는 "아! 그렇습니까. 참말 미안합니다. 어쨌든 내 부탁이 꽤 무섭든가 봅니다그려" 하고 경솔히 말을 내니까 호랑이는 아픈 중에도 낄낄 웃으며 "자네 말이 무서운 것이 아니라 내 신용이 무서운 것일세." 하고 천연스럽게 이야기 하더랍니다.

(『어린이』, 제4권 제2호, 1926.)

최서윤, Canva. 연민과 신의. 2024.https://www.canva.com/

별 돈(독일동화)

박영희 역

옛날에 어머니도 없고 아버지도 없는 한 작은 계집애가 있었습니다. 그 애는 어찌도 가난한지 조그만 헌 방 한 간도 없었고 또한 깔고 잘 자리도 없었습니다. 그애에게는 그 애가 입고 있는 옷 한 벌과 누가 불쌍해서 준 떡 한 덩이밖에는 아무것도 없었습니다. 이와 같이 세상에서 버림을 받은 고로 그 계집애는 밖으로 걸어 다니면서 생각하기를 '하나님이 나를 버리지 않으실 터이지' 하였습니다.

길을 가다가 그 애는 어떤 가난한 사람을 만났습니다 그 사람은 말하기를 "아이고, 배가 고파서 죽겠습니다. 먹을 것을 좀 주세요." 하고 부르짖습니다. 그래서 그 계집애는 자기가 가졌던 그 떡 한 덩어리를 그 사람에게 주면서 "하나님이 당신을 구원하십니다." 하였습니다. 그리고 또 길을 걸어서 갔습니다. 또 한 어린 아이가 울고 오면서 말하기를 "내 머리가 이렇게도 추워서 견딜 수 없으니 무슨 쓸 것을 좀 주세요." 하였습니다. 그때에 그 계집애는 자기가 썼던 모자를 벗어서 그 애에게 주었습니다. 그리고 가다가 또 치마 없는 애를 만나서 또 그애에게 치마를 벗어 주었습니다. 나중에 그 계집애는 한 나무 밑까지 왔습니다. 해가 거산에 떨어질 때쯤 해서 또 다른 계집애가 와서 저고리를 '지금은 더운 밤이니깐 아무도 보는 사람이 없을 것이다.' 하고는 곧 저고리를 벗어서 주었습니다.

이러고 보니 그 계집애에게 남은 것은 자기 몸뿐이었습니다. 그러나 그 애가 섰을 때에 하늘로부터는 밝은 별들이 떨어졌습니다. 그 별들은 번쩍거리는 은돈(銀錢)이었습니다. 그래서 그 애는 저고리 대신으로 좋은 비단 옷을 사 입게 되었습니다. 또한 그 애는 그의 치마에 그 별돈을 긁어모아 가지고 한 평생 부자로 살았다 합니다.

(『어린이』, 제3권 제3호, 1925.)

07 | 사회봉공하는 어린이

동학의 섬김의 자연생태론과 사회적 행동양식

사회를 봉공한다는 것은 말그대로 사회를 받들고 사회에 이바지한다는 것입니다. 사랑과 협동의 맥락에서 보면 사회 구성원들을 사랑하고 사회적 협동을 실천하는 것을 뜻인데, 이 사회봉공은 개인과 사회가 유기적으로 연결된 하나의 공동체이기 때문에 선택적 덕목이 아니라 개인이 자신과 사회 전체의 운명을 책임지기 위해 수행해야 하는 필연적인 생존전략이자 절대 의무입니다. 또 이는 6장에서 설명한 '협동'과 같은 맥락의 개념이나 단순한 사회적 협동의 의미를 너머 사회를 한울님으로 공경한다는 뜻을 지니고 있습니다. 그래서 이것은 19세기 유럽의 다원주의 사회진화론을 너머 새로운 인류가 실천해야 할 생태적 사회진화의 행위를 뜻하기도 합니다.

그런데 이 사회봉공에서 '받든다'는 것은 동학의 종교적 개념과 연결된 것이기 때문에 과학논리보다는 동학의 생태론으로 먼저 해석해야 그 의미가 더 정확하게 이해됩니다. 동학은 '이천식천(以天食天), 이천봉천(以天奉天), 이천화천(以天化天)'의 생태논리를 제시했는데, 이는 '한울로써 한울을 먹이고 한울로써 한울을 받들고, 한울로써 한울을 변화시킨다.'는 뜻입니다. 즉 자연생태계에서 한 생명개체가 다른 생명개체를 먹는 것은 먹는 생명개체 안의 한울님이 먹히는 개체 안의 한울님을 자기 몸 안에 모시는 것이고, 먹히는 생명체는 자기 희생을 통해 자기를 먹는 생명 안의 한울님을 받들어 모시고 또 그럼으로써 동시에 한 단계 더 높은 생명의 차원으로 진화해 가는 것입니다. 그리고 그렇게 다른 생명을 먹은 생명체 역시 또 다른 생명체에게 먹힘으로써 다른 생명을 진화시키고 자신도 진화해 갑니다. 이런 먹이사슬 구조에서는 최상위 포식자인 인간도 다시 흙으로 돌아가서 미생물과 식물의 양분이 되기 때문에 다른 생명을 먹기만 하고 자신은 먹히지 않는 생명체는 그 무엇도 존재하지 않습니다. 또 그로 인해 모든 생명이 하나로 연결되는 원환(圓環)구조를 형성하게 됩니다. 피라미드 구조에서는 약자와 강자, 최적자의 위계질서가 형성되지만 이 무한히 순환하는 원환구조에서는 어떤 가해자나 피해자가 성립되지 않고 지배자나 피지배자도 성립되지 않습니다. 오직 그 속에서 그 누구도 소외되지 않고 개체와 전체, 그리고 한울님, 이 모두가 함께 진화해 갑니다. 이것이 다윈의 적자생존론과 다원주의 사회진화론을 극복한 동학의 생태론인데 소년해방운동의 사회봉공론은 바로 이에 근거해서 만들어진 것입니다.

그리고 이를 사회활동에 대입하면, '이천식천(以天食天)'은 사회구성원들이 각자의 노동과 사회활동이 유기적으로 연결해서 서로 삶을 이어가게 하는 것이고, '이천봉천(以天奉天)'은 그 모든 행위가 자연과 이웃, 사회 전체를 한울님으로 받드는 것이라는 뜻이 됩니다. 또 '이천화천(以天化天)'은 그 속에서 자연과 인간, 개인과 개인, 개인과 사회가 하나의 유기적인 신성한 생명공동체가 되어 함께 진화해 간다는 것으로 설명할 수 있습니다. 이 모두의 공진화를 실현하는 인간의 모든 사회활동이 바로 사회봉공입니다. 그리고 이러한 사회봉공이 이루어지는 사회에서는 개인의 순수한 사회봉공과 사회가 그것을 다시 개인에게 되돌려주는 개인과 사회의 변증적인 선순환체계로 구성되는데 이는 생태계 먹이사슬의 원환관계와 같은 사회구조입니다.

사회봉공, 개인과 사회간 선순환 보장 고리

이 원환구조의 사회는 생태계와 사회구조를 피라미드 구조로 인식하고 그 속에서의 생존투쟁을 진화의 원리로 믿었던 서구의 사회론과 반대되는 것입니다. 또한 그에 따라 인간중심주의와 자연지배주의, 그리고 독재와 같은 최적자 1인의 지배를 정당화하는 정치논리를 타파하는 것이기도 합니다. 특히 인간의 의식을 이기적 개인주의에서 도덕적인 공동체의식으로 확장시키는 역할을 한다는 덤에서 인류의 의식을 진화시키는 교육장치라고 할 수 있습니다.

서구 개인주의 사회에서는 사회구성의 기본단위도 개인이고 사회의 목적도 개인의 자아실현이기 때문에 사회활동이 개인의식의 단위로 이루어질 수밖에 없고 타인과의 관계도 개인의식을 침해하지 않는 한에서 합의와 계약을 통해 해결하기 때문에 사회활동을 통한 의식의 진화도 개인의식의 범주를 초월하기 어렵습니다. 그러나 이에 비해 사회봉공은 타인을 향한 열린 태도와 결합행위를 통해 이루어지기 때문에 유기적이고 개방적인 사회연결망이 잘 뒷받침될수록 개인이 사회봉공의 대가로 사회 전체의 공경을 돌려받게 됩니다. 그리고 그 되돌림은 개인으로 하여금 폐쇄적인 개인의식에서 더 큰 사회의식으로 진화하도록 자기갱신을 증폭시키는데 이는 또다시 사회 전체를 더 효율적으로 진화시키는 사회봉공의 행위로 발산됩니다.

이러한 사회봉공의 선순환원리와 구조는 현대과학이 제시한 '복잡계(Complex systems)'로도 설명되는데, 복잡계는 물질계와 생태계 조직의 특성을 나타내는 말로, 세계가 개체들의 독립활동으로 구성되는 것이 아니라 복잡하게 연결된 개체들간의 상호작용과 끊임없는 공생창발로 구성된다는 것, 그리고 개체와 전체가 통전하는 하나의 거대의식 작용에 의해 존재한다고 봅니다. 따라서 이 세계는 늘 혼돈과 무질서가 존재하고 기계적인 법칙으로는 설명될 수 없습니다. 그러나 이 복잡계에는 전체를 안정적으로 유지하는 자율조절체계로 '피드백 고리(feedback loop)'라는 것이 작동합니다. 이것은 개체활동의 결과로 그 원인을 촉신시키는 순환작용인데, 원인을 촉진하는 '양성 피드백(positive feedback)'과 반대로 원인을 억제하는 '음성 피드백(negative feedback)'의 두 현상으로 나타납니다. 사회구성원들의 사회봉공이 사회로 하여금 다시 사회구성원 개개인의 진화를 촉진한다는 것은 이 중 '양성 피드백' 현상으로 설명될 수 있습니다.

그런데 이는 원론적인 해석이고 문제는 인간사회에서는 양성이든 음성이든 자연에서처럼 전체를 안정화시키는 완벽한 인위적인 자율조절체계가 존재하지 않는다는 것입니다. 전체를 위해 개인의 희생을 무조건 강요하거나 악용한 수많은 역사 속 사례들이 이를 증명합니다. 따라서 이를 방지하기 위해서는 개인의 자발적인 봉공과 더불어 그것을 다시 개인에게 정의롭고 투명하게 환원시키는 순수정치와 사회체제가 함께 강조되어야 합니다.

『어린이』지에 나타난 사회봉공교육의 현대적 계승

이는 사회봉공 교육에서 가장 중요한 부분인데, 소년해방운동은 이를 균형 있게 잘 풀어냈습니다. 기본적으로 어린이들에게 무조건 사회봉공을 해야 한다고 강요하지 않았습니다. 먼저 어른들에게 어린이들을 사회적으로 봉공할 것과 기성세대로서 사회를 정의롭게 개조하는 일에 충실할 것을 강조했습니다. 그리고 어린이들에게는 사회봉공 의식을 고취시킴과 동시에 『어린이』지에 불평등과 차별, 독재와 군림을 비판하는 정치의식이 담긴 동화를 제시하면서 개인의 사회봉공을 악용하는 사회에 대해 경계의식과 저항의지를 지니도록 했습니다.

　소년해방운동이 가르친 이러한 사회봉공은 『어린이』지의 여러 이야기들 속에서 구체적으로 그 내용을 확인할 수 있는데, 그것은 모두, 어린이들이 자기 희생으로 어려운 이웃을 돕거나 사회재난을 극복하는 데 헌신하는 것을 공통된 줄거리로 삼고 있습니다. 그 중 가장 많이 알려진 것으로 방정환의 번안동시, '불 켜는 이'와 '만년샤쓰'가 있고 이와 더불어, 침몰하는 배에서 여러 사람을 구하고 자신은 목숨을 잃은 어린이 이야기를 다룬 고한승의 동화, '네 힘껏 했다'가 있습니다. 그런데 더 의미 있는 것은 『어린이』지에 이 주제에 대해서는 동화나 소설 못지 않게 실화가 많이 실렸다는 것입니다. 방정환이 쓴 실화 이야기, '눈물의 모자값'에서는 자기 형제보다 더 큰 위험에 처한 재난민을 먼저 도운 가난한 어린이의 이야기가 나오고, 소설이지만 '이 빠진 낫'은 주인공처럼 사회문맹률을 낮추는 데 스스로 앞장섰던 수많은 조선 어린이들의 사례를 대변합니다.

　이 이야기들을 통해서 소년해방운동의 사회봉공 교육 가장 핵심적인 내용을 알 수 있는데 그것은 소년해방운동이 사회체제나 이념, 특정 지도자나 정권이 아니라 바로 사회구성원들 중 약자를 봉공하는 것을 사회봉공으로 가르쳤다는 것입니다. 체제나 이념이 아닌 생명봉공 자체, 그리고 약자봉공에 대한 우선성을 그 내용으로 제시한 것인데, 바로 이 점에서 소년해방운동의 사회봉공론이 전체주의에 빠질 위험이 없는 유기체 사회론이라는 것과 이로써 나아가 전체주의를 극복한다는 것을 확인하게 됩니다.

그런데 이런 의미의 사회봉공이 사회에서 온전하게 실현되려면 근본적으로 개인의 높은 도덕성과 견고한 사회의식, 그리고 자발성이 근간이 되어야 합니다. 물론 신뢰사회가 뒷받침될 때 개인의 사회봉공도 자발적으로 이루어지기 때문에 신뢰사회가 전제되는 것도 중요하지만 사회도 생물처럼 계속 변화하고 완전한 신뢰사회라는 것은 존재하지 않기 때문에 신뢰사회 자체보다는 신뢰사회를 만들기 위한 개인의 노력이 그 근간으로 더 중요하게 인식되어야 하는 것입니다.

그런데 이것은 결국 교육의 몫입니다. 물론 다음세대들이 유달리 불공정과 기회균등에 예민하고 분노를 표출하는 것을 보면 현재의 한국사회를 다음세대에게 떳떳할 만큼의 신뢰사회라고 말하기 어려운 게 사실입니다. 그러나, 그럼에도 불구하고, 주어지는 사회는 존재하지 않고 사회를 변화시키는 개인들의 공동행위 자체가 바로 사회라는 것을 분명하게 가르쳐 주어야 합니다. 그리고 우리 선조들이 나라를 빼앗겼어도 어린이들에게 사회봉공을 가르치고 몸소 항일독립투쟁에 헌신하는 본을 보였듯이, 이전 사회의 부조리와 한계들을 헌신적으로 극복한 많은 어른들의 이야기를 자부심을 가지고 전해 주어야 합니다. 어떤 문제가 있는 사회이든 어린이 또한 그 사회의 주인이고 그들에게 더 나은 사회를 창조할 권리와 능력을 부여해 주는 것이 어른세대의 가장 중요한 책무이기 때문입니다.

더욱이 국가가 각자도생을 제시할 수밖에 없을 만큼 심각한 기후재난과 전 세계적 경제위기에 처한 현대사회에서는 『어린이』지에 제시된 것과 같이 사회적 약자 봉공을 더 중요하게 가르쳐야 합니다. 특히, 기후재난 시대에 가장 큰 약자는 어린이기 때문에 어린이들에게 여러 재난 상황 속에서 자신을 구할 수 있게 하는 교육과 어린이들끼리 서로 봉공하게 하는 교육을 강화해야 합니다. 물론 다행히도 우리 사회 곳곳에서 사회봉공 교육을 이미 모범적으로 하고 있는 경우를 많이 볼 수 있습니다. 유치원 어린이들이 손수 기른 텃밭 농작물로 지역의 독거노인이나 기아국의 어린이들을 돕기도 하고 중고등학생들이 어른들보다 더 적극적으로 환경운동을 펼치기도 합니다. 또 그런 아이들이 청년이 되어 협동조합이나 사회적기업으로 지역과 농촌경제 활성화에 기여하는 경우도 적지 않게 생겨나고 있습니다. 이를 통해 우리는 어릴 때부터 사회봉공을 가르치는 것이 개인과 사회 전체에 얼마나 긍정적인 영향을 미치는지 알 수 있습니다. 그리고 무엇보다 그런 교육을 시도하는 교육자들이 많아져야 한다는 것에 대한 중요성도 다시한번 깨닫게 됩니다. 아이들이 이웃과 사회에 대한 사랑을 실천하는 깜량은 그것을 지지하는 교사의 신념과 용기에 비례하기 때문입니다.

이어지는 『어린이』지의 글들은 어린이들뿐 아니라 그렇게 소신 있게 사회봉공 교육을 실천해 온 현대의 교육자들에게 소년해방운동가들이 지지와 찬사를 담아 보내는 선물이 될 거라 봅니다. 그리고 현대교육이 소년해방운동의 사회봉공 교육을 어떻게 계승하고 확산시킬 수 있을지에 대해서도 생각의 문을 열어주는 좋은 계기가 되어 줄 거라 생각합니다.

어린이의 노래

불 켜는 이 (The Lamplighter, 번안동시)

로버트 루이스 스티븐슨/방정환 역

기나 긴 낮 동안에 사무를 보던
사람들이 벤또 끼고 집에 돌아와
저녁 먹고 대문 닫힐 때가 되며는
사다리 짊어지고 성냥을 들고
집집의 장명등에 불을 켜 놓고
달음질해 가는 사람이 있소.

은행가로 이름 난 우리 아버지는
재주껏 마음대로 돈을 모으겠지
언니는 바라는 대신이 되고

누나는 문학가로 성공하겠지.
아, 나는 이 다음에 크게 자라서
이 몸이 무엇을 해야 좋을지

나 홀로 선택할 수 있게 되거든
그렇다 이 몸은 이와 같이
거리에서 거리로 돌아다니며
집집의 장명등에 불을 켜리라.
그리고 아무리 구차한 집도
밝도록 훤하게 불 켜 주리라.
그리하면 거리가 더 밝아져서
모두가 다 같이 행복 되리라.

거리에서 거리로 끝을 이어서
점점점 산 속으로 들어가면서
적막한 빈촌에도 불 켜 주리라.
그리하여 세상이 더욱 밝겠지.
여보시오, 게 가는 불 켜는 이여
고달픈 그 길을 외로워 마시오.
외로이 가는 불 켜는 이의
이 몸은 당신의 동무입니다.

(『어린이』, 제6권 제1호, 1928.)

만년샤쓰

방정환

박물(생물)시간이었다.
"이 없는 동물이 무엇인지 아는가?"
선생이 두 번씩 연거푸 물어도 손 드는 학생이 없더니 별안간
"넷!"
소리를 지르면서 기운 좋게 손을 든 사람이 있었다.
"음, 창남인가, 어디 말해 보아."
"이 없는 동물은 늙은 영감입니다!"
"예이끼!" 하고 선생은 소리질렀다. 온 반 학생이 깔깔거리고 웃어도 창남이는 태평으로 자리에 앉았다.

수신(도덕)시간이었다.
"성냥 한 개비의 불을 잘못하여 한 동리 삼십여 집이 불에 타 버렸으니, 단 한 개의 성냥이라도 무섭게 알고 주의해 써야 되는 것이니라." 하고 열심으로 설명해 준 선생님이 채 교실 문 밖에도 나가기 전에 "한 방울씩 떨어진 빗물이 모이고 모여 큰 홍수가 난 것이니 누구든지 콧물 한 방울이라도 무섭게 알고 주의해 흘려야 하느니라." 하고 크게 소리친 학생이 있었다.

선생님은 그것을 듣고 터져 나오는 웃음을 억지로 참고 돌아서서
"그게 누구냐, 아마 창남이가 또 그랬지?" 하고 억지로 눈을 크게 떴다. 모든 학생들은 킬킬거리고 웃다가 조용해졌다.
"네, 선생님 안 계신 줄 알고 제가 그랬습니다. 이 담엔 안 그러지요."
병정같이 우뚝 일어서서 말은 것은 창남이었다.

억지로 골 낸 얼굴을 지은 선생님은 기어코 다시 웃고 말았다. 그래 아무 말없이 빙그레 웃고는 그냥 나가 버렸다.

"아하하하하"

학생들은 일시에 손뼉을 치면서 웃어 댔다.

00고등 보통 학교(초등학교) 1년급(1학년)의 을조(2조) 창남이는 반 중에 제일 인기 좋은 쾌활한 소년이었다.

성이 한가요 이름이 창남이었는데 안창남(우리나라 최초의 비행사 이름)씨와 같다고 학생들은 모두 그를 보고 비행가 비행가 하고 부르는데 사실상 그는 비행기같이 시원스럽고 유쾌한 성질을 가진 소년이었다.

모자가 헤졌어도 새 것을 사 쓰지 않고, 양복바지가 헤어져서 궁둥이에 조각조각을 붙이고 다니는 것을 보면 집안이 구차한 것도 같지만 그렇다고 단 한 번이라도 근심하는 빛이 있거나 남의 것을 부러워하는 눈치가 없었다.

남이 걱정이 있어 얼굴을 찡그릴 때에는 우스운 말을 잘 지어 내고 동무들이 곤란한 일이 있을 때에는 좋은 의견도 잘 꺼내 놓으므로 비행가의 이름은 더욱 높아졌다.

연설을 잘 하고 토론을 잘 하므로 갑조하고 내기를 할 때에는 언제든지 창남이 혼자 나가 이기는 셈이었다.

그러나 그의 집이 정말 가난한지 넉넉한지 아무도 아는 사람이 없었고 또 그의 집이 어디인지도 아는 사람이 없었다.

아무도 그 가는 쪽으로 가는 학생이 없었고 가끔 그 뒤를 쫓아가 보려고도 하였으나 모두 중간에서 실패하고 말았다. 왜 그런고 하니 그는 날마다 이십 리 밖에서 학교를 다니는 까닭이었다.

그는 가끔가끔 우스운 말은 하여도 자기 집안일이나 자기 신상에 관한 이야기는 말하는 법이 없었다. 그것을 보면 입이 무거운 편이었다.

그는 입과 같이 궁둥이가 무거워서 운동틀(철봉)에서는 잘 넘어가지 못 하여 늘 체조 선생께 흉을 잡혔다.

하학한 후 학생들이 다 돌아간 후에도 혼자 남아 있어서 운동틀에 매달려 땀을 흘리면서 혼자 연습을 하고 있는 것을 동무들은 가끔 보았다.

"얘, 비행가가 하학 후에 혼자 남아서 철봉 연습을 하고 있더라."

"땀을 뻘뻘 흘리면서 혼자 애를 쓰더라."

"그래, 인제는 좀 넘어가대?"

"웬걸, 한 이백번이나 넘어 연습을 하면서 그래도 혼자 못 넘어가더라."

"그래 맨 나중에는 자기가 자기 손으로 그 누덕누덕 기운 궁둥이를 자꾸 때리면서 '궁둥이가 무거워.' 하면서 가더라!"

"자기가 자기 궁둥이를 때려?"

"그러게 괴짜지……."

"아하하하하하하"

모두 웃었다.

어느 모로든지 창남이는 반 중의 이야깃거리가 되는 몸이었다.

겨울도 한겨울, 몹시도 추운 날이었다.

호호 부는 이른 아침에 상학종은 치고 공부는 시작되었는데, 한 번도 결석한 일이 없는 창남이만 이 날은 오지 않았다.

"호외일세, 호외야! 비행가가 결석을 하다니."

"엊저녁 그 무서운 바람에 어디로 날아간 게지."

"아마 병이 났나 보다. 감기가 든 게지."

"이 놈아, 능청스럽게 아는 체 말아라."

1학년 을조는 창남이 소문으로 수군수군 야단이었다.

첫째 시간이 반이나 넘었을 때에 교실 문이 덜컥 열리고 창남이가 얼굴이 새빨게 가지고 들어섰다.

학생과 선생은 반가워하면서 웃었다. 그리고 그들은 창남이의 신고 섰는 구두를 보고 더욱 크게 웃었다.

그의 오른편 구두는 헝겊으로 싸매고 또 새끼로 감아 매고 또 그 위에 손수건으로 싸매고 하여 퉁퉁하기 짝이 없었다.

"창남아, 오늘은 웬일로 늦었느냐?"

"네." 하고 창남이는 그 괴상한 퉁퉁한 구두 신은 발을 번쩍 들고

"오다가 길에서 구두가 다 떨어져 너털거리기에 새끼를 얻어서 고쳐 신었더니 또 너털거리고 해서 여섯 번이나 제 손으로 고쳐 신고 오느라고 늦었습니다."

그러고도 창남이는 태평이었다.

그 시간이 끝나고 쉬는 동안에 창남이는 그 구두를 벗어 들고 다 헤어져서 너털거리는 주둥이를 손수건과 대님으로 얌전스럽게 싸매어 신었다. 그러고도 태평이었다.

따뜻한 날도 귀찮아 하는 체조시간이 이렇게 살이 터지도록 추운 날이었다.

"어떻게 이렇게 추운 날 체조를 한담."

"또 그 무섭고 딱딱한 선생이 웃통을 벗으라 하겠지……. 아이그, 아찔이야." 하고 싫어하는 체조 시간이 되었다.

원래 군인 다니던 성질이라 뚝뚝하고 용서성 없는 체조 선생이 호령을 하다가 그 괴상스런 창남이의 구두를 보았다.

"한창남! 그 구두를 신고도 활동할 수 있니? 뻔뻔하게."

"네, 얼마든지 할 수 있습니다. 이것 보십시오." 하고 창남이는 시키지도 않는 뜀도 뛰어 보이고 달음박질도 하여 보이고 답보(제자리걸음)도 부지런히 해 보였다.

체조 선생도 어이가 없다는 듯이

"음! 상당히 치료해 신었군!" 하고 말았다. 그리고 다시 호령을 계속하였다.

"전열만 3보 앞으로옷! 전후열 모두 웃옷 벗어!"

죽기보다 싫어도 체조 선생의 명령인지라 온 반 학생들이 일제히 검은 양복저고리를 벗고 셔츠만 입은 채로 섰고 선생까지 벗었는데 다만 한 사람 창남이만 벗지를 않고 있었다.

"한창남! 왜 웃을 안 벗니?"

창남이의 얼굴은 푹 수그러지면서 빨개졌다. 그가 이러기는 참말 처음이었다.

한참 동안 멈칫멈칫하다가 고개를 들고

"선생님, 만년 셔츠도 좋습니까?"

"무엇? 만년 셔츠? 만년셔츠란 무어야?"

"매, 매, 맨몸 말씀입니다."

성난 체조 선생은 당장에 후려갈길 듯이 그의 앞으로 뚜벅뚜벅 걸어가면서 "벗어랏!" 호령하였다.

창남이는 양복저고리를 벗었다.

그는 셔츠도 적삼도 아무것도 안 입은 벌거숭이 맨몸이었다. 선생은 깜짝 놀래고 학생들은 깔깔 웃었다.

"한창남! 왜 셔츠를 안 입었니?"

"없어서 못 입었습니다."

그때 선생의 무섭던 눈에 눈물이 돌았다. 그리고 학생들의 웃음도 갑자기 없어졌다. 가난! 고생! 아아, 창남이 집은 그렇게 몹시 구차하였던가…. 모두 생각하였다.

"창남아, 정말 셔츠가 없니?"

눈물을 씻고 다정히 묻는 소리에

"오늘하고 내일만 없습니다. 모래는 인천서 형님이 올라와서 사줍니다."

"음! 그럼 웃옷을 다시 입어라!"

체조 선생은 다시 물러서서 큰 소리로

"한창남은 오늘은 웃옷을 입고해도 용서한다. 그리고 학생 제군에게 특별히 할 말이 있으니 제군은 다 한창남 군같이 용감한 사람이 되란 말이다. 누구든지 셔츠가 없으면 추운 것은 둘째요, 첫째 부끄러워서 결석이 되더라도 학교에 오지 못 할 것이다. 그런데 오늘같이 제일 추운 날 한창남 군은 셔츠 없이 맨 몸으로, 즉 그 만년샤쓰로 학교에 왔단 말이다. 여기 섰는 제군 중에는 셔츠를 둘씩 포개 입은 사람도 있을 것이요, 재킷까지 외투까지 입고 온 사람이 있지 않은가……. 물론 맨몸으로 오는 것은 예의가 아니야. 그러나 그 용기와 의기가 좋단 말이다. 한창남 군의 의기는 일등이다. 제군도 다 그 의기를 배우란 말야."

만년 셔츠!

비행가란 말도 없어지고 그 날부터 만년샤쓰라는 말이 온 학교 안에 퍼져서 만년샤쓰라고만 부르게 되었다.

그 다음 날은 만년 셔츠 창남이가 늦게 오지 않았건마는 그가 교문 근처에까지 오자마자 온 학교 학생은 허리가 부러지게 웃기 시작하였다.

창남이가 오늘은 양복 웃저고리에 바지는 어쨌는지 얄다랗고 헤어져 뚫어진 조선 겹바지를 입고 버선도 안 신고 맨발에 짚신을 끌고 뚜벅뚜벅 걸어온 까닭이었다.

맨 가슴 양복저고리, 위는 양복저고리 아래는 조선바지(그나마 다 뚫어진 겹바지), 맨발에 짚신, 그 꼴을 하고 20리 길을 걸어왔으니 행길에서는 오죽 웃었으랴……. 그러나 당사자는 태평이었다.

"고아원 학생 같으니."

"밥 얻어먹으러 다니는 아이 같구나." 하고 떠드는 학생들을 헤치고 체조 선생이 무슨 일인가 하여 들여다보다가 창남이의 그 꼴을 보고 놀랬다.

"너는 양복바지를 어찌 했니?"

"없어서 못 입고 왔습니다."

"어째 그렇게 없어지느냐. 날마다 한 가지씩 없어진단 말이냐?"

"네, 그렇게 하나씩 둘씩 없어집니다."

"어째서?"

"네." 하고 창남이는 침을 삼키고서

"그저께 저녁에 바람이 몹시 불던 날, 저의 집 동리에 큰불이 나서 저의 집도 반이나 넘게 탔어요. 그래서 모두 없어졌습니다."

듣기에 하도 딱해서 모두 혀끝을 찼다.

"그렇지만 양복바지는 어저께도 입고 있지 않았니? 불은 그저께 나고……."

"네, 저의 집은 반만이라도 타다가 남아서 세간도 더러 건졌지만 이웃집이 십여 호나 모두 타 버려서 동리가 야단들이예요. 저는 어머니하고 단 두 식구만 있는데 집은 반이라도 남았으니까 먹고 잘 것은 넉넉해요. 그런데 동네 사람들이 먹지도 못 하고 자지도 못 하게 되어서 야단이에요. 그래, 저의 어머니께서는 '우리들은 먹고 잘 수 있으니까 벌거벗는 것만 면하면 살 수가 있으니 두 식구가 당장에 입을 것 한 벌씩만 남기고는 모두 길거리에 떨고 있는 동리 사람들에게 나눠 드리라.' 하셨으므로 어머니 옷, 제 옷을 모두 동리 어른들께 드렸답니다. 그리고 양복바지는 주지는 않고 제가 입고 있었는데 저의 집 옆에서 숯장사 하던 영감님이 병든 노인이신데 하도 춥다 하니까 보기가 딱해서 어제 저녁에 마저 벗어주고 저는 가을에 입던 해진 겹바지를 꺼내 입었습니다.

모든 학생들은 죽은 듯이 고요하고 고개들이 말없이 수그러졌다. 선생님도 고개를 숙였다.

"그래, 너는 네가 입을 샤쓰까지 버선까지 다 벗어 주었단 말이냐."

"아니요, 버선과 샤쓰만은 한 벌씩 남겼었는데 저의 어머니가 입었던 옷은 모두 남에게 주어 놓고 앉아 추워서 발발 떠시므로 제가 '어머니, 저의 샤쓰라도 입으실까요?' 하니까 '네 샤쓰도 모두 남 주었는데 웬 것이 두 벌씩 남아 있겠니?' 하시므로 저는 제가 입고 있는 것 한 벌뿐이면서도 '네, 두 벌 남았으니 하나는 어머님이 입으시지요.' 하고 입고 있던 것을 어저께 아침에 벗어 드렸습니다. 그러니까 '네가 먼 길에 학교 가기 추울 터인데 둘을 포개입을 것을 그랬구나.' 하시면서 받아 입으셨어요. 그리고 하도 발이 시려 하시면서 '얘야, 창남아, 너 버선도 두 켤레가 있느냐?' 하시기에 신고 있는 것 한 켤레뿐이건마는 '네, 두 켤레올시다. 하나는 어머니 신으시지요.' 하고 거짓말을 하고 신었던 것을 어제 저녁에 벗어 드렸습니다. 저는 그렇게 어머니께 거짓말을 하였습니다. 오늘도 아침에 나올 때에 '얘야, 오늘같이 추운 날 셔츠를 하나만 입어서 춥겠구나, 버선을 잘 신고 가거라.' 하시기에 맨몸 맨발이면서도 '네, 셔츠도 잘 입고 버선도 잘 신었으니까 춥지는 않습니다'하고 속이고 나왔어요. 거짓말쟁이가 되었습니다." 하고 창남이는 고개를 숙였다.

"그러나 네가 거짓말을 하더라도 어머니께서 너의 벌거벗은 가슴과 버선 없이 맨발로 신은 것을 보시고 아실 것이 아니냐?"

"아아, 선생님……." 하는 창남의 소리는 우는 소리같이 떨렸다. 그리고 그의 수그린 얼굴에서는 눈물방울이 뚝뚝 그의 짚신코에 떨어졌다.

"저의 어머니는 제가 여덟 살 되던 해에 눈이 머셔서 보지를 못 하고 사신답니다."

체조 선생의 얼굴에도 굵다란 눈물이 흘렀다. 와글와글하던 그 많은 학생들이 자는 것 같이 고요하고 훌쩍훌쩍 훌쩍거리며 우는 소리만 여기서 저기서 조용히 들렸다.

(『어린이』, 제5권 제3호, 1927.)

네 힘껏 했다 (창작동화)

고한승

옛날 어느 바닷가에 조그만 어촌이 있었습니다. 이곳에 사는 사람들은 어려서부터 바다에서 자라나서 배 젓기와 헤엄치기를 잘 하였습니다.

어떠한 첫 겨울날이었습니다. 바람이 몹시 불고 물결은 산더미같이 일어나고 더구나 채찍 같은 비까지 쏟아져 내리는 날이었습니다. 이때, 바다 저 쪽으로부터 조그마한 배 한 척이 사람을 가득 싣고 이리로 향하여 왔습니다. 아마도 그 배는 어느 항구를 가려 하다가 중간에 비와 바람을 만나서 사나운 물결과 싸우다 못 하여 이 시골로 피난을 들어오는 모양이었습니다.

뱃사공들은 있는 힘을 다하여 노를 저으며 사나운 물결을 이기려고 애를 썼습니다. 그러나 폭풍우는 점점 더하여 지고 물결은 더욱더욱 높아졌습니다. 배에 탔던 여러 사람들은 서로서로 얼싸안고 울었습니다. 어린 아가는 어머니 품으로 기어들고 형은 동생을 끌어안고 벌벌 떨고 있었습니다.

"사람 살리오, 사람 살리오."

구원을 청하는 처량한 소리가 바람에 싸이어 이 시골 사람의 귀에 들려왔습니다.

그래서 이 시골사람들은 모다 바닷가에 모였습니다. 그러나 저렇게 사나운 바람과 높은 물결 속에 구원할 배를 내어 놓을 수는 도저히 없었습니다. 오직 '저를 어떻게 하나'하고 걱정들만 하고 있었습니다.

그때! 저것 보십시오. 산과 같은 물결이 사나운 기세로 몰려오더니 기어코 그만 그 배를 뒤집어 엎어버리고 말았습니다.

배에 탔던 어른들과 어린이들 수십 명은 그대로 물 속에 덥석 들어가고 말았습니다.

"엄마, 엄마!"

부르는 어린이의 애달픈 소리!

"아가야, 아가야" 하는 어머니의 구슬픈 소리! 동생을 찾는 형님의 소리, 형을 부르는 동생의 울음! 비 소리 바람 소리에 섞여 더할 수 없이 비참하였습니다.

시골사람들은 두 발을 동동 구르면서 "누구든지 헤엄쳐 가서 저 사람들을 구해라. 아무도 없느냐?" 하고 소리쳤으나 이같이 무서운 바람과 물결을 무릅쓰고 이 추운 물 속에 헤엄쳐 갈 사람이 어디 있겠습니까? 서로서로 돌아다보고 한숨만 쉬고 있을 뿐이었습니다.

그때입니다. 여러 사람 속에서 "내가 들어가겠다." 하고 뛰어나온 소년이 하나 있었습니다. 나이는 16세, 용감하고 헤엄 잘 치기로 이름 있는 소년이었습니다.

"그러나 저렇게 물결이 센데 너 같은 어린이가 어떻게 들어가겠느냐." 고 여러 사람들은 걱정을 하였으나 소년은 "염려 마십시오. 내 힘껏 하여 보겠습니다." 하고 옷을 벗고 사나운 물결 속으로 뛰어들어갔습니다. 그리하여 재치 있게 헤엄을 쳐서 엎어진 배 옆으로 한 칸 한 칸 나갔습니다.

여러 시골사람들은 손에 땀을 내면서 소년의 행동을 살피고 있을 때 얼마 후에 소년은 귀여운 어린이 하나를 등에 업고 파도를 헤치면서 돌아왔습니다.

여러 사람들은 "와"하고 소리쳤습니다. "참! 용감하다." 하는 소리가 우뢰 같이 들렸습니다. 그러나 몹쓸 물결에 부딪친 소년은 기운이 빠져서 해변가에 쓰러졌습니다. 동네사람들은 우- 몰려와서 소년의 팔과 다리를 주물러 주었습니다.

그러나 바다 속에서는 아직도 구원을 청하는 처량한 소리가 들려옵니다. 그뿐 아니라 소년이 구해내 온 어린이의 "엄마"를 부르는 애끓는 소리도 들려옵니다. 기운이 없이 드러누웠던 용감한 소년은 다시 벌떡 일어났습니다. 깊은 호흡을 한 번 하고 나서는 다시 물 속으로 풍덩 들어갔습니다. 그리하여 얼마 만에 먼저 번에 구원해내 온 어린이의 어머니를 구해 가지고 돌아왔습니다. 그리고 그 어머니가 아기를 품에 꼭 껴안고 너무나 감격하여 울고 있는 것을 보고 소년은 또 다시 바다로 들어갔습니다.

그리하여 또 한 사람을 구하고 또 들어가서 또 한 사람을 구해 냈습니다. 이제는 소년도 사나운 물결에 부딪치고 바다 속 바위에 몸이 깨어져서 얼굴과 다리에 피가 철철 흘렀습니다. 추운 물 속에 오래 있어서 두 팔을 마음대로 움직일 수도 없었습니다. 기운은 다 빠져서 그대로 서 있을 수도 없어졌습니다. 그러나 바다 저쪽에서는 아직도 "사람 살리오. 사람 살려 주오." 하는 처량한 소리가 그치지 아니합니다.

소년은 다시 있는 힘을 다 하여 시골사람들이 붙잡는 것도 돌아보지 않고 또 뛰어 들어갔습니다. 또 들어가고 또 들어가서 결국 12명의 귀여운 동무들을 구해냈습니다. 오, 용감한 소년의 힘이여! 한 사람의 힘으로 열두 명의 귀여운 생명! 그 얼마나 위대한 일입니까?

그러나 불쌍한 일이올시다. 소년은 있는 힘을 다 쓰고 피를 너무 많이 흘리고 가슴은 찬 물결에 몹시 상하여 그만 기절하였습니다. 여러 사람과 여러 동무들이 소년의 몸을 얼싸안고 구호를 할 때 소년은 기운 없이 눈을 스르르 뜨면서 "여러분! 어떠하였습니까?" 하고 물었습니다.

"참 용감하다. 위대하다. 네 한 몸으로 열두 명이나 구하였다. 열두 명!"

그러나 소년은 적막히 고개를 흔들며

"아니요, 한 사람을 구했느냐 백 사람을 구했느냐 하는 것이 아니올시다. 내 힘껏 했습니까? 내 힘껏 했느냐 못 했느냐를 묻는 것입니다."

"그렇다 너는 네 힘껏 했다. 네 생명껏! 네 몸과 마음과 힘의 전부를 다했다."

이 말을 들은 소년은 "오, 대만족이올시다." 하고 용감한 얼굴에 미소를 띄우고 다시 돌아오지 못 하는 길을 떠났습니다.

(『어린이』, 제124호, 1948.)

눈물의 모자 값(수해 미담, 실화)

잔물

　상철이는 신세 불쌍한 소년이었습니다. 충청북도 청주에서 가난하게 살다가 아버지가 그의 열 두 살 되던 재작년에 병환으로 돌아가신 후로는 어머님과 어린 동생 수철이와 세 식구가 그냥 살아 갈 길을 도무지 없었습니다.
　그래 배를 주리라 주리다 못 하야 작년 가을에 다니던 학교도 못 다니고 어린 몸이 혼자서 서울로 올라와 구리개에 있는 철물 파는 일 인의 집에 하인 노릇을 하고 있게 되었습니다.
　아침이면 주인들이 아직 잠을 자는 때 밥 짓는 노파와 함께 일어나서 수통을 떠오고 마당을 쓸어야 하고 하루 왼 종일 나막신을 끌면서 무거운 물건짐을 짊어지고 이 집 저 집에 심부름을 다녀야 되고 밤이면 밤이 깊도록 가가에서 심부름을 하다 주인들이 잠을 잘 때에 가가문을 닫아주고 2층에 올라가는 층계 밑에서 쭈그리고 자는 것이 어린 상철이에게는 더할 수 없이 슬프고 고단한 일이었습니다. 그러나 그렇게 고생을 하고도 한 달에 받는 돈은 먹는 것 빼고 겨우 2원밖에 되지 못 하였습니다. …
　7월의 19일이었습니다. 무서운 비와 바람이 지구 덩이를 휩쓸어 갈 것처럼 무섭게 쏟아져서 한강 근처의 동네란 동네는 모두 떠내려 가고 한강철교가 끊어지고 사람이 얼마나 죽었는지 알 수도 없는데 간신히 기어 나온 사람이 몇 만 명인지도 모르게 강 언덕에서 배를 주리고 떨고 있을 때였습니다. 주인의 심부름으로 굵은 철줄을 한

짐 메이고 자전거를 타고 종로길로 가노라니까 아아! 큰 길 좌우 옆으로 자기보다도 더 어린 소학생들이 두 사람씩 세 사람씩 짝을 지어 다니면서 집집에 들어가 수재동포에 위문품을 애걸해 모으는 모양! 불쌍한 동포를 구원하기 위하야 고달프고 부끄러운 것도 모르는 그들의 정성을 볼 때에 '오-'하고 상철이의 가슴은 뻐개질 것 같이 뻐근하였습니다. 몇 만 명의 목숨이 길거리에 울고 있다! 이런 때에 나도 벗고 나서서 저들이 모아 얻은 물건과 음식을 자기는 자전거로 한강까지 옮겨만 주어도 마음이 기쁜 것 같고 자기의 할 일을 다 하는 것이 될 것 같았습니다.

그러나 아아 그러니 지금 자기의 등덜미에는 무거운 얼른 갖다 주지 않으면 안 될 철줄을 메이고 있지 아니합니까. 이것을 얼른 갖다 주고 돌아가지 않으면 주인에게 욕을 먹고 귀를 꺼들리고 할 것을 생각하니 다시 슬픈 생각이 나서 자전거 위에서 눈물이 흘러 나리는 것을 금하지 못 하였습니다.

자기 갈 길도 잊어버린 것처럼 한참이나 그 어린 일꾼들의 뒤를 따라가다가 상철이는 언뜻 생각한 것이 있어서 그 길로 다시 자전거를 몰아 자기의 주인집으로 돌아왔습니다. 가다 말고 도로 왔다고 주인이야 꾸짖거나 말거나 상철이는 자기 힘으로 쫓아다니면서 구원은 하지 못 할 망정 수철이의 모자를 사 보내주려고 한 푼 두 푼 저금해 모으는 돈 85전을 구원금에 보태어 내려고 급급히 돌아온 것이었습니다.

주인에게는 잊어버린 것이 있어서 도로 왔다 핑계하고 급급히 자기의 궤짝을 열고 꼭꼭 뭉쳐 모아 둔 85전을 꺼낼 때에는 그래도 시골서 모자를 기다리고 있을 수철이의 생각이 났습니다.

555

아아 벌써 지난간 4월부터 모자가 해여지다 못하야 꿰맸던 자국이 모두 찢어져서 머리에 쓰고 갈 수가 없으니 모자 하나만 사 보내 달라는 수철이의 편지를 처음 받았을 때는 수철이가 테만 남은 모자를 억지로 머리에 쓰고 학교에 가며 동무아이들이 흉보고 놀린다는 말을 듣고 울기까지 하였거니…… 그 후부터 2원씩 타서 어머님께 내려 보내 드리는 외에 전차를 안 타고 5전 혹은 10전씩 모자 하나 사 주려고 넉 달 동안을 모아서 간신히 85전을 해 놓고 이제 1원을 채우려고 기다리는 동안에도 '수철이에게서는 편지가 몇 번이나 왔던 것을! 이제 이것을 수해 구제금으로 내이면 또 다시 여러 달 동안을 저금을 해야 겠고나……' 생각하니 어린 수철이에게 미안한 생각이 일어났습니다. 어리고 약한 마음은 가슴이 뛰노는 중에도 이럴까 저럴 까 주저하지 않을 수 없었습니다. '에라, 그까짓 모자 하나쯤 동무에게 흉을 잡히거나 놀림을 받거나 넉 달만 더 참어라! 몇 명 조선사람이 모두 죽게 되는 판이다.'

마음 속에 부르짖으면서 상철이는 눈물의 저금 85전을 손에 단단히 쥐고 다시 자전거를 타고 급히 아까 그 어린 학생들을 쫓아가서 이 85전이라도 구제금에 넣어서 써 달라고 내어놓았습니다.

그때 그의 목소리가 떨리고 그의 눈에 눈물이 글썽글썽한 것을 보고 어린 학생들도 가슴이 아파지는 것을 느끼었습니다.

그러나 항상 슬프고 괴로운 일밖에 모르고 커 난 상철이에게 그 날같이 마음이 기쁜 날은 또 없었습니다.

(『어린이』, 제3권 제8호, 1925.)

일적천금(一適千金)(사실 미담)

박달성

이것은 옛말도 아니고 거짓말도 아닙니다. 바로… 평양이란 곳에서 바로 우리 조선의 꽃 같은 어린 학생 두 분의 눈물 한 방울씩이 돈이 천 원이었던 사실에 사실인 아름다운 이야기입니다.

여러분 학생님, 자세히 들으십시오. 20년 전인가 그때는 학교가 적었고 학생도 드물던 때입니다. 머리를 깎으면 죽는 줄로 알고 학교에 다니면 왜놈이 다 되는 줄 알던 그때입니다. 더군다나 그때쯤은 일로전쟁을 갓 치른 때인지라 머리 깎고 학교에만 다니면 의례히 총을 메고 전쟁장으로 나아가 죽는 줄만 알던 그때입니다. 그러니까 완고한 어른들은 학교라면 극력으로 반대하고 귀한 자식일수록 뒷방에 숨겨 놓고 학문만 가리키었습니다. 그래서 학교가 엉성하고 학교가 있대야 생도가 불과 일이 십 명 밖에 안 되얏습니다.

이러한 판인데 평양성 내 설수당 골목에는 조그마한 서당 비슷한 학교 하나가 있었습니다. 여러 완고축들이 반대를 해싸니까 기본금도 적고 학생들이 안 모이니까 생도도 적어서 아주 엉성한 학교였습니다. … 이 학교에는 금뎅이 같이 귀엽고 아름다운 어린이 두 분이 다녔습니다. 한 분은 열 살쯤 된 김원복이란 학생이고 그 보다도 더 어린 박태석이란 학생이었습니다.

두 학생은 앞뒷집에 살면서 날마다 날마다 아침저녁으로 손목을 마주잡고 오손도손 의좋게 학교를 다닙니다. 남문통을 지내 종로를 지내서 날마다 하루같이 다닙니다.

하루는 지금 이때와 같이 지붕 위에 서리가 나리고 바람결에 나뭇잎이 우수수 떨어지는 아침인데 두 학생은 역시 손목을 마주잡고 보르르 떨면서 그래도 원기 있게 학교로 향하였습니다.

'봄이 되면은 꽃이 피는데 가을이 되면은 왜 나뭇잎이 떨어지느냐' 이런 말을 주고받고 하면서 남문통을 지내 종로를 거진 오노라니까 어떤 집 대문 밖에서 '아이구 어머니 아이구 배고파!' 하고 몹시 처량하게 애원하는 소리가 들리었습니다.

두 학생은 학교 갈 일도 바쁘지만 하도 처량하고 불쌍한 소리에 마음이 찔려서 잠깐 보고가고 싶어서 그리로 가 보았습니다.

가서 보니까 어떤 팔구 세쯤 되어 보이는 어린 애가 이 산들산들한 아침에 헌 누더기로 그나마 간신히 볼기짝만 가리고 앉아서 배를 움켜쥐고 눈물을 방울방울 흘리면서 오고 가는 손님을 보고 옷이나 밥이나 달라고 가엽게도 애원하고 있었습니다.

그러나 아무리 마르고 가느다란 소리로 애원하여 아무도 돈 한 푼 주기는커녕 돌아다보고 가는 사람도 없었습니다.

'아― 불쌍하도 하다. 저런 애도 있구나! 저거 얼마나 춥겠니! 배는 얼마나 고프고… 저 애도 부모가 있나? 부모가 있으면 왜 저 모양일까. 아마 부모형제가 없는 게지. 아이구 속상해 우리는 이렇게 입고도 추운데… 만약에 우리가 저 경우면 어찌 될 고?' 하고 한참이나 서서 물끄러미 쳐다보며 이렇게 저렇게 생각하다가 그만 동정하는 마음이 북받쳐서 원복이가 먼저 태석이를 쳐다보며 '이 애, 태석아 저 애가 얼마나 불쌍하냐 우리가 만약 저 모양이면 어쩌겠니. 참 불상도 하다' 하면서 눈물을 흘렸습니다. 그러지 않아도 눈물이 비죽비죽 하던 태석이도 그만 눈물이 물 흐르듯 쏟아졌습니다.

이렇게 어린 소학생이 무어라고 위로라도 하여 줄 말은 모르고 그냥 거기 서서 눈물만 줄줄 흘리니 그 거지애는 더 한층 감격하야 엉엉 소리쳐 울었습니다. 어린이 셋이 어우러져 울기만 합니다.
　이때에 마침 그 이웃에 사는 한 칠십가량 난 노인 한 분이 지나다가 이 세 어린 애가 울고 있는 이상한 광경을 보고 있었습니다. 처음은 어떤 영문인지 모르다가 한참이나 서서 보다가 세 어린이들의 우는 곡절을 물어 그 까닭을 알고 나서는 그 노인 역시 감동이 되야 희끗희끗한 수염에 눈물을 떨어치고야 말았습니다. 그 노인은 당장에 탄복하얏습니다. 자식이 있으면 반드시 학교에 보내야겠다. 다른 애들 같으면 문턱에 붙어서 누른 밥 타령이나 할 나이에 불쌍한 동무를 보고 눈물을 흘리게 된 것은 이것이 교육의 힘이 아니고 무엇이겠느냐 하고 그 거지
　애보다도 두 어린 학생을 잘 위로해 보내고 그 거지애를 데리고 자기집으로 갔습니다.
　집에 들어가는 길로 그 노인은 자기의 부인 보고 오늘 보던 광경을 말하고 우리 두 늙은 것이 이제 재산을 두어 두면 무엇 하느냐고 학교에 기부하야 어린이들 공부나 잘 시키도록 하자고 간곡히 말한 후에 이어, 논이며 밭이며 심지어 밥바리(*밥그릇) 숟가락, 자기 마누라 가락지까지 팔아서 천 원이란 돈을 해가지고 노인 부부 두 분이 같이 그 학교를 찾아가 그때 그 두 학생의 이야기를 하고 적으나마 교육사업에 보태라고 학교에 내었습니다. 그러고 그 거지 애도 교장께 말하야 공부 잘 시키도록 했습니다. 그 노인은 죽었지만 지금껏 평양성내에는 명예가 자자합니다.

(『어린이』, 제4권 제10호, 1926.)

이 빠진 낫(소설)

이동우

 '이렇게 이가 빠졌으니 들 리가 있나…' 오남이는 질깃질깃하기만 하고 베어지지 않는 낫을 멈추며 금시에 팽개라도 칠 듯이 성을 버럭 내다가 다시 무슨 생각을 했는지 달코 달어서 뭉툭해진 데다가 이까지 빠져서 험하게 날을 어루만지며 또 중얼댔다.
 '대장간 구경을 한 번만 했으면 그대로 이렇지는 않으련만… 오전이 없어 이 고생인가…' 월사금이 없어서 학교에서 쫓겨나와 한 몫 소년 농군이 되었을 때 그 아버지에게 받은 가장 큰 선물인 이 낫은 오남이에게는 유일한 무기임으로 하루 한 시 손에서 놓아보지 못하였다. 달코 달코 또 달어서 뭉툭해진 낫! 그것은 어린 오남이의 뼈가 휘고 살이 닳도록 '삶', 그것을 얻으려고 얼마나 많은 피땀을 짜내인 흔적이냐! 오남이 눈에는 한 자루의 낫이 아니요. 피폐해 가는 농촌의 현실을 그려낸 한 장의 축도(縮圖)로밖에 보이지 않았다. '글쎄 말이지, 한 시도 못 쉬고 뼛골이 빠지게 일해도 못살게만 되는 이 세상이 웬 셈이란 말이야?' 오남이는 입버릇 같이 늘 하는 소리를 또 한 번 중얼대고는 고개를 숙이고 무엇을 깊이 생각하는 것 같았다.
 보통학교 5학년 2학기까지 치르고 원래 두뇌가 명백함으로 늘 우등의 자리를 차지하였음으로 한 줄 일기를 쓰기에 그리 서투르지 않았다. 그가 어느 소년잡지에 두어 편의 일기문을 내인 뒤로 몇 사람의 알지 못 하는 동무와 편지로써 친하게 되었다. 그리하여 현실고에 부대끼어 번민하는 오남이! 아니 이런 입장에서 의식이 박약함으로 자기의 처지도 생각지 못 하고 허영의 꿈을 꾸며 번뇌 속에서 허덕이는 소년이 한둘뿐이랴? 그러면 그들을 그러한 구덩이 속에서 끄집어내어 그들에게 새로운 총기를 부어줄 사람이라면 누구이랴? 오직 먼저 깨달은 사람인 그네들의 억세고 날카로운 붓때 그것일 것이다.

오남이 앞에는 여러 동무의 열렬한 글발이 던져진 것이다. 이에서 비로소 오남이는 잠에서 깨인 사람같이 정신이 번쩍 났다. 그리고 그 텅 비었던 가슴 속에는 묵직한 무엇이 온 것 같았다.

'글쎄 못 가는 학교가 그리 안타까울 게 무엇이오. 물론 많이 배웠으며 좋겠지요. 그러나 처지가 그런 것을 더 어떻게 한단 말입니까. 그래 그것으로 매일같이 눈물을 짜내신다고요. 왼 동무의 눈물은 그리 값없는 눈물이란 말이요? 동무는 그것만이라도 배우게 된 것이 얼마나 행복인 줄 알아야 합니다.

지금 우리 조선에는 동무의 그것만 한 배움조차 없어서 허덕이는 소년이 얼마나 그 수효가 많은 줄 아십니까? 동무는 그런 비겁한 생각을 하루 바삐 씻어내 버리고 나만 못하고 나보다 모르는 사람에게 대한 의무 그것을 이행하기 위하여 농촌 야학을 설립하고 아는 데까지라도 가르치기로 하십시오. 이것이 동무의 당면한 사명이외다.

동무여! 동무는 입신양명의 훌륭한 사람으로 출세하고 싶다고요… 내 동무여! 그런 어림도 없는 생각을 왜 하십니까! 명예 그것이 그리 부러웁습니까? 그런 영웅적 사상은 몇 백 년 뒤떨어진 낡은 망상이외다. 동무는 오직 굳세고 참된 길을 밟아 나가는 참다운 사람이 될 것이외다. 동무뿐만이 아니라 동무의 생각과 같은 이들이 퍽도 많은 것 같아서 한심한 일이외다. 다시 말하면 우리는 우리가 나가야 할 그 길을 굳세게 밟아 나갈 따름이외다.' 이것은 오남이의 하소연에 대답한 어느 동무의 글의 한 쪽이다.

전 날의 오남이와 지금의 오남이는 퍽도 다른 사람이 되었다. 학교 못 가서 오는 그런 어리석은 마음은 꼴도 찾아보지 못 하게 되었다. 그가 백난(百難)을 무릅쓰고 노동야학을 설치하여 동네사람을 모아 놓고 열심으로 가르치는 한 편으로 자기는 동무에게서 유익한 책을 빌어다가 틈틈이 읽어서 의식의 수준을 넓히기에 힘 쓰게 된 것이다.

오남이는 생각에 젖은 머리를 가만히 들고 저 멀리 뭉게뭉게 피어오르는 하얀 뭉게구름을 쳐다보았다. 자유스럽게 뭉게뭉게 피어오르는 구름 송이를 여름의 한낮! 뜨거운 바람이 확확 끼치어 오면 매암이 소리가 우와- 우와- 하고 울려온다. 그러나 오남이의 귀에는 들리지 않았다.

뚫어지게 보고 있는 두 눈동자에 새로운 광채가 나며 돌자 그는 벌떡 일어섰다. 그리고 큰 목소리로 외쳤다. '낫을 베릴 돈이 없다고 꺾이려던 내 마음- 아니다, 아니다. 나는 그런 약자가 아니다. 내게는 숫돌이 있다. 갈고 갈고 또 갈아 이 빠진 이 낫도 시퍼런 날이 번쩍거릴 그때까지 갈자! 거기에 우리들의 살림도 빛날 것이 아니냐'

오남이의 볕에 그을린 시커먼 주먹에는 이 빠진 낫이 단단하게 쥐여 있었다.

(『어린이』, 제10권 제8호, 1932.)

08 | 만물을 공경하는 어린이

소외를 유발하는 서구사회의 '존중' 개념

공경은 소년해방운동의 사상인 동학의 핵심개념입니다. 동학은 당시 전 세계를 제국주의 침략과 파멸로 몰아넣은 서구지배주의를 비판하면서 그것을 극복할 수 있는 대안윤리로 공경을 제시했습니다.

그렇기 때문에 이 공경은 서구의 존중 개념과 다른 의미를 지니는데, 사전의 의미를 보면, 존경은 개인이 자기 기준에서 무언가를 추구하고 인정하는 것, 또는 누구나 존경할 만한 어떤 것을 뜻합니다. 이는 주관적 판단이나 많은 사람들에게 인정받을 만한 가치 유무에 따라 이루어는 개념입니다. 따라서 이 존중은 그 기준이 어느 한 권력자의 기준이나 시대사상 또는 상황에 따라서 임의로 정해질 수 있고 언제든 변화할 수 있습니다. 그리고 그런 경우, 사회에서 성립된 존중의 기준이 사람들의 존재가치를 차별하고 불평등하게 대하는 문제를 야기합니다. 사회적 이상의 기준이 바로 지배이데올로기로 작용하게 되는 것인데, 생산효율성, 경제성장주의, 공리주의와 같이 실질적인 삶에 직결되는 주의들이 명분을 얻고 시대의 주류 사상이 되는 경우, 그에 어긋나는 대다수의 사람들이 가치를 부정당하거나 소외되는 경우를 들 수 있습니다. 동시에 반대로 그런 주의를 실현하는 데 공을 세운 사람들은 사회 전체가 존중해야 할 최적자의 모델로 대중에게 영웅시 되는데 전쟁영웅, 큰 부자, 고학력자, 우등생 등 물리적 성과를 낸 극소수자들을 예로 들 수 있습니다.

이것은 또, 교육에서 매우 위험한 문제를 유발하는데, 소외계층이 되어버린 사람들과 자아의식이 약한 사람들 그리고 아직 자아성장 단계에 있는 어린이들과 청소년들이 자기 자신이 아닌 사회적 영웅을 모방하려는 성향을 갖게 하고 그 결과 자기를 잃을 위험에 처하게 한다는 것입니다. 그러나 그 결과, 자기 자신도, 닮고 싶은 그 누구도 될 수 없는 현실을 확인하게 되면 걷잡을 수 없는 공허함과 분노에 쌓이게 되는데, 자기를 잃고 무아(無我)에 가까워질수록 사회 자체를 기피하고 사회에서 존중받고 살아가는 불특정 다수를 혐오하고 공격하는 양상을 보이게 됩니다. 자기 자신이 부정당한 방식 그대로 다른 사람들을 부정하면서 자기 존재를 확인하려는 심리에 의한 것인데, 이런 행위의 잔혹함은 자신이 존중받지 못 한 만큼에 비례하고 이를 통해 느끼는 자기 존재감과 희열도 상대가 느끼는 고통에 비례해서 커집니다. 이렇게 존중받지 못 한 대다수를 양산하는 사회는 파멸을 맞이할 수밖에 없습니다.

이런 위험성을 내포한 서구의 '존중'을 교육학에서는 '인정'이라는 말로 바꾸어 표현할 수 있습니다. 학교에서 성적이라는 단일한 인정체계로 학생들을 차별화하는데 이 속에서 인정받지 못 한 아이들은 자기 자신을 인정받기 위해 힘이나 부모의 재력 등, 성적을 제외한 나름의 인정체계를 만들어 냅니다. 그리고 그 속에서 자기 힘으로 다른 아이들의 열등감과 무능함을 확인하는 방식으로 다른 아이들보다 자신이 우월하다는 것을 증명하면서 자기 존재를 확인합니다. 그래서 과도한 입시경쟁과 성적지상주의 교육체계일수록 그 안에서는 학교폭력이 끊임없이 양산될 수밖에 없게 되는 것입니다.

만물을 신성시하는 동학의 '공경' 개념

이런 서구의 차별과 지배의 인정 기준을 극복하기 위해 개인이 갖추어야 할 가장 기본적인 태도는 자기 자신과 더불어 모든 존재들의 가치를 왜곡 없이 인식하고 존중하는 것입니다. 동학은 그 왜곡 없는 모든 존재의 본질을 한울님이라고 보았습니다. 한울님은 우주 최고의 신성한 정신이고 사람은 그 한울님이 물질의 차원으로 모습을 지니고 나타난 존재입니다. 그래서 사람의 격은 '우주적 신격'이 됩니다. 이런 논리에서 동학은 사람이라면 누구나 차별 없이 우주 최고의 신성한 존재로 존중받아야 한다고 주장한 것입니다. 바로 이 점이 원론상이나 결론상으로도 동학의 '공경'이 서구의 '존중'이 지니는 한계를 극복하는 것입니다.

소년해방운동의 동학의 이 공경을 가르치기 위한 방법으로 스스로 깨달아 저절로 공경하게 되는 '무위이화(無爲而化)'의 교육방법을 제시했습니다. 이는 억지로 하지 않으면서 저절로 습득되는 것을 뜻하는 것으로 언어와 습관이 가장 적합합니다. 따라서 소년해방운동가들은 '경어(敬語) 쓰기'와 예절습관을 중점적으로 펼쳤습니다. 경어쓰기는 소년해방운동을 창시한 김기전이 창안해서 모범을 보였고 예절습관은 천도교 소년회를 중심으로 어른과 어린이를 막론하고 공손하게 인사하는 문화를 확산시켰습니다.

그런데 경어 쓰기와 예절교육만으로 모든 어린이들이 공경사상을 내면화 할 수 있는 것은 아닙니다. 모두가 동등한 신격을 지닌 존재이기는 하나 아무리 경어를 쓰거나 교육을 받아도 그 의지와 능력에 따라 깨우치는 정도에 차이가 있기 때문입니다. 따라서 당연히 배움이 더딘 어린이들이 있기 마련인데, 이들을 대하는 데 있어서 서구는 이들을 열등한 존재로 인정하고 차별했습니다. 그러나 동학에서는 이들을 차별하지 않고 오히려 더 많은 정성으로 돕도록 했습니다. 동학의 2대 교주인 최시형은 제자들이 그런 사람들을 언제까지 가르쳐야 하냐고 묻자, '알 때까지 가르쳐라.'고 답하면서 끝까지 애정으로 책임지고 함께 진화해야 한다는 동학의 교육원칙과 교육자의 태도를 일러주었습니다. 신격은 동등하게 존중하되 그 부족함이 채워지도록 도움으로써 그들을 공경하라는 것이었습니다. 이렇게 볼 때, 동학의 '공경'은 상대의 존재가치를 향상시키고 현실화하도록 돕는 가장 고차원적인 교육방법이라고 할 수 있습니다. 소년해방운동은 바로 이러한 '공경'을 어린이들에게 교육하려 했고 『어린이』지를 통해 극진히 가르침으로써 글조차 모르던 수많은 조선 어린이들을 공경했던 것입니다.

서구교육을 앞선 『어린이』지의 '경물(敬物)' 교육

그리고 소년해방운동의 공경이 다른 어떤 교육론에서도 찾아볼 수 없이 시대를 가장 앞선 교육이라는 점을 증명하는 점이 한 가지 더 있습니다. 그것은 바로 '경물(敬物)'에 입각해서 사람뿐 아니라 모든 물질, 즉 식물과 동물, 무생물까지 포함한 자연 전체를 공경하라고 가르쳤다는 것입니다. 이것은 서구에서는 일반적으로 인정되기 어려운 이야기인데 아직까지 주류를 이루고 있는 서구 근대 인식체계에서는 자연을 인간과 다른 죽어 있는 물질 대상으로만 여기기 때문입니다. 동물과 식물, 심지어 광물들까지 인간과 같이 우주적 정신을 지닌 존재라고 인정하기에는 이제까지 고수해 왔던 인간 정체성에 대한 고정관념과 우월주의를 내려놓아야 하는데 이런 변화가 대중적인 차원에서 일어나기는 쉽지 않아 보입니다. 물론 최근 양자물리학계에서 모든 물질에 의식이 있다는 것을 밝히기도 하고 생물평등주의가 대두될 만큼 논의가 발전하기도 했지만 서구사회 전반의 의식은 아직까지 물질을 죽어 있는 이용 대상으로 인식하는 차원을 벗어나지 못 하고 있기 때문입니다. 이는 서구사회 뿐 아니라 근대서구문명을 살고 있는 모든 사회에서도 마찬가지입니다.

그러나 기후재난 시대 속에서 생문명을 일구려면 현 인류는 반드시 물질을 공경하는 차원으로 물질의식을 전환해야 합니다. 모든 물질을 생명 대 생명으로 대하고 신격 대 신격으로 상호공경할 때 자연과 사람을 소외시키는 지금까지의 반생태적인 문명이 극복될 수 있기 때문입니다. 소년해방운동의 '경물(敬物)'교육은 바로 이런 혁명적인 물질관을 제시해 주기 때문에 현대에서뿐 아니라 미래를 지향하는 데 있어서도 매우 중요한 의미를 집니다.

소년해방운동가들은 이 경물교육을 『어린이』지를 통해서 동화와 소설로 쉽게 풀어냈는데, 물론 범신론이나 미신처럼 낮은 의식 수준에서 자연을 신으로 섬기는 이야기가 아닙니다. 그 이야기들은 앞부분의 '생명살림교육'장에 실린 『어린이』지의 원문들에도 나타나 있듯이, 자연이 사람을 먹이고 살리는 방식으로 사람을 공경한다는 것과 사람 역시 동식물을 살리고 삶살이를 돌보는 방식으로 그들을 공경해야 한다는 것을 가르치는 이야기들입니다.

『어린이』지에서 공경을 직접적으로 다룬 글은 아래 두 가지입니다. 단 두개의 글이지만 이태준의 '유월의 하누님'에는 '경물(敬物)'과 '경천(敬天)'을 잇는 생태적인 물질관과 공경심이 잘 드러나 있고 공탁의 '사람을 공경합시다'에서는 '경인(敬人)'과 '경천(敬天)'을 이은 민족관과 인류사관이 잘 나타나 있기에 이만으로도 소년해방운동의 공경교육을 분명하게 이해할 수 있다고 봅니다.

'만물을 공경하는 어린이'는 인류 정신사와 문명 진화를 목적으로 하는 가장 진화된 어린이상입니다. 많은 아동문학가과 교육자들이 이에 대해 자부심을 갖기 바라고 아래와 같은 이야기들이 더 많이 만들어지기를 기대합니다.

유월의 하느님

이태준

　벌써 유월입니다. 앵두가 새빨갛게 익었고 오이가 벌써 났습니다. 몇 일만 더 있으면 제일 먼저 익는 배꼽참외가 우리의 눈을 놀래고 나올 것입니다.
　우리는 포동포동한 앵두를 입안에 굴릴 때 껄껄한 오이를 쓰다듬을 때 더구나 참외를 깎아 먹을 때 잊어서는 안 될 것을 흔히 잊어버립니다. 무엇일까요? 언니 생각일까요? 동생 생각일까요?
　아닙니다. 언니나 동생도 생각해야 하지만 꼭 생각해야 할 것이 있습니다. 앵두가 어디서 생기나 오이와 참외? 하고 생각해야 합니다. 앵두는 앵두나무에서 따고 오이는 오이 덩굴에서, 참외는 참외덩굴에서 따지 어디서 생기나 하겠지요.

그러나 앵두나무와 오이덩굴, 참외덩굴이 어디서 자랍니까? 그것은 땅에서 흙에서 자랍니다. 비를 맞고 햇볕을 보고 밤엔 이슬을 맞고 자라난 것이랍니다.

우리는 하느님의 은혜를 생각해야 합니다. 하느님이라니까 금옷을 입고 수염이 나고 증조할아버지처럼 위엄이 있어 보이는 귀신을 말하는 것이 아니라 자연을 가리키는 것입니다. 우리를 살게 하는 자연이 곧 우리가 공경할 하느님이니 흙도 하느님이요 비도 하느님이요 해도 이슬도 모두 하느님이올시다.

하느님은 앵두를 익혀줍니다. 오이를 열게 해 주시고 참외를 따먹게 하여 줍니다.

유월의 하느님은 참말 감사합니다.

(『어린이』, 제8권 제5호, 1930.)

최서윤, Midjourney.유월의 하느님. 2024.https://discord.com/

사람을 공경합시다

공 탁

"모든 짐승은 누구나 자기의 겨레를 사랑합니다. … 이것은 동물의 본능입니다. 이 본능을 지킴으로 말미암아 그들은 멸종되지 않아 왔습니다. 만물 가운데 가장 영물이라는 사람도 자기 종족을 사랑하며 공경하는 일을 가장 소중히 알았습니다. …

천도교에서는 사람을 섬기되 '한울님'같이 하라(事人如天)고 가리킵니다. … 사람은 누구나 자기 혼자의 힘에 의해서 사는 것이 아니라 여러 사람들의 협력과 은혜에 의해서 삽니다. … 따라서 우리는 언제나 나라와 백성 또는 나아가 인류에 대하여 감사하지 않으면 안 됩니다. … 이리 함에만 참된 자유와 평등이 있으리라 봅니다. …

그런데 우리나라는 크게 일어나야 하며 잘 살아야 겠습니다. 그리하자면 무엇보다도 먼저 사람을 공경하는 버릇을 배워야 합니다. 사람을 공경함은 결국 나를 위해서입니다. 내가 남을 공경하여야 남이 나를 공경하게 됩니다. 그러기 때문에 우리는 내가 나를 위하듯이 다른 이를 위하여야 합니다. …

더구나 우리 민족은 단군님의 한 피를 받은 깨끗한 겨레입니다. 이 나라의 강토에 사는 모든 사람이 다 형제요 자매입니다. … 따라서 생각을 넓게 가지어 서로 이해하고 안아주면 모든 것이 잘 될 수 있습니다. 모든 사람이 서로 공경하며 서로 협력하게 되면 일이 잘 되며 평화와 행복이 오게 됩니다. 모든 도덕 가운데 사람을 공경하는 것이 가장 높고 거룩합니다."

(『어린이』, 제129호. 1948.)

09 | 씩씩하고 진취적인 어린이

사회적 '씩씩함', 정의와 공의를 향한 굳건한 신념

씩씩함은 '씩씩하고 참된 어린이가 됩시다. 그리고 늘 서로 사랑하며 도와가며 삽시다'라는 표어에서 맨 앞에 제시될 만큼 참된 어린이를 대표하는 성품입니다.

씩씩하다는 것은 굳세고 힘차고 당당하다는 뜻입니다. 더 자세히는, 힘든 일이 닥쳤을 때 나약하게 회피하거나 포기하지 않고 끝까지 맞서는 용기와 인내, 실수나 잘못은 과감히 떨쳐버리고 더 나은 삶을 살아 가겠다는 단호하고 결연한 의지, 어떤 외압이나 유혹에도 흔들리지 않고 옳은 것을 지켜내겠다는 굳건한 신념, 정직과 성실함에서 우러나오는 자긍심과 당당함, 여럿이 힘을 합쳐 정의와 평화를 실현하는 데 주저 없이 뛰어드는 공의로움을 말합니다.

이 씩씩함은 기질로 타고나기도 하지만 역경을 통해 후천적인 성향으로 길러지기도 합니다. 따라서 타고난 경우는 그 기질이 올바른 방향으로 커 가도록 도와주어야 하고 살면서 역경을 겪을 때는 그 기질이 더욱 공고해질 뿐 아니라, 그 기질이 약한 어린이들일수록 역경에 지지 않고 씩씩해질 수 있도록 이끌어 주어야 합니다.

그런데 이 씩씩함은 삶을 긍정적으로 헤쳐 나가게도 하지만 반대로 불안하고 위태로운 사회일수록 그 사회구성원들이 씩씩하지 않을 때, 개인과 사회 모두 속수무책으로 무너지게 합니다. 이에 씩씩함은 자기와 공동체 모두를 건강하게 지켜내는 힘으로서도 중요한 의미가 있다는 것을 어린이들에게 잘 알려 주어야 합니다.

생태적 '씩씩함', 모든 생명의 '창조적 자기갱신' 의지

그리고 씩씩함은 이렇게 생존 자체만을 위해서 뿐 아니라 생명의 원리로 보아서도 마땅히 가르쳐 주어야 할 이유가 있습니다. 역경을 이기고 더 바르고 풍요로운 삶을 얻어내는 씩씩함은 사람에게만 있는 것이 아닙니다. 현대생물학에서는 생명의 원리로 앞서 설명한 '자기생성(Autopoiesis)'과 '공생(symbiosis)'과 더불어 '공생창발(co-emergence)'을 제시했습니다. 공생창발은 자기 스스로 생을 펼치는 생명개체가 그런 다른 생명개체와 대립하게 되거나 또는 자기 생을 펼칠 목적으로 결합해야 할 때, 또는 주변의 생존환경이 변화되어서 이전의 상태로는 더 이상 생을 지속하기 어려워질 때 등, 역경이라고 표현할 수 있는 삶의 제한상황을 만나게 되면 그에 적합한 최적의 생존상태로 창출해 내기 위해서 과감하게 새로운 탈바꿈을 시도하는 생명현상을 말합니다. 늘 변화하는 세계에서 과거의 안온한 상태에 집착하거나 미련을 두지 않고 더 복잡하고 넓은 차원으로 자기 자신을 갱신시키는 것입니다. 여기에서 그 생명체 이전에 없던 새로운 존재의 모습이나 삶의 방식을 나타나게 되는데 이를 창조적 자기갱신, 즉 '창발(emergence)'이라고 합니다. 이 창발성 때문에 지구상의 모든 생명체들이 태초부터 지금까지 계속 변화하면서 생을 이어 올 수 있었는데 이를 '진화'라고 합니다. 이 창발성이 진화를 추동해 온 생명의 본질인 것입니다.

따라서 사람이 생존하고 진화하는 데에도 이 창발성을 잘 계발하는 것이 매우 중요합니다. 어떻게 보면 역경은 창발성이라는 반작용을 자극하는 작용이라고 볼 수 있습니다. 그런데 좋은 자극이든 나쁜 자극이든 이 역경은 기존의 자기 자신을 분열시키는 불안과 두려움을 수반합니다. 이때 자기 자신에 대한 믿음이 약하고 정신세계가 닫혀 있고 또 풍요롭지도 않으면 역경을 이겨내지 못 하고 더 나약한 존재가 되기 쉽습니다. 그래서 어릴 때부터 어려운 일을 만났을 때 두려움에 휩싸이지 않고 차분히 그 상황을 이해하고 긍정적으로 대처하려는 심리적 경향성과 능력을 길러주어야 하는데, 이것이 바로 '씩씩함'입니다.

'씩씩함'을 기르는 사회

중요한 것은 이 씩씩함을 어떻게 기를 수 있느냐는 것인데, 씩씩함은 스스로 용기 내서 문제를 해결하고 더 나은 상황을 성취하는 경험들이 쌓일 때 길러집니다. 때문에 이것은 누구도 대신 길러 줄 수가 없습니다. 그래서 어린이를 그저 보호만 해야 되는 나약한 존재로 보거나 미숙하고 불완전하기 때문에 부모가 대신 판단해 주어야 한다고 착각하거나 안전하고 부족함 없는 조건을 미리 다 마련해 주어야 한다고 생각하는 것은 씩씩함을 기르는 데 별 도움이 되지 않습니다. 이런 것들은 그저 부모가 자신의 불신과 불안을 키우게 할 뿐입니다. 모든 생명과 더불어 사람은 이 씩씩함을 내면에 갖추고 있습니다. 특히 우리 민족은 이 씩씩한 기질을 유전적으로 강하게 타고 났을 뿐 아니라 역사 속에서 고강도로 훈련을 받아왔습니다. 그러니 감싸고 보호하기보다는 다음세대가 한껏 씩씩해도 될 안전하고 믿음직한 사회가 되도록 애쓰면서 그들을 믿고 실패하고 다시 도전할 기회를 충분히 주는 것이 더 바람직합니다.

그렇다고 해서 천둥벌거숭이처럼 아무 일에나, 아무렇게나 씩씩하게 해도 된다는 뜻은 아닙니다. 생명이 창발성을 발휘하는 목적은 자기 자신의 최적의 생존상태와 생명세계 전체의 풍요로움을 모두 지켜내기 위한 것입니다. 그렇기 때문에 자연은 창발을 조율하는 자율체계를 작동하면서 개체와 전체의 안녕이 모두 보장될 때만 창발현상을 드러내는 것입니다. 따라서 어린이들에게도 자기 자신을 위함과 동시에 인류공영과 생명세계의 공진화를 추구하도록 방향을 이끌어 주는 것이 바람직합니다. 공의(公義)를 담보한 새로운 도전, 그것을 우리는 진정한 의미의 '진취'라고 하는데 진취적 기상은 씩씩함과 쌍둥이 형제와 같은 개념입니다.

『어린이』지에 나타난 씩씩한 어린이 교육

소년해방운동가들은 이 '씩씩하고 진취적인 기상'을 길러주기 위해 어린이날마다 어린이가 새날의 주인임을 밝힌 어린이들과 함께 선전문을 배포하고 기를 들고 시가행진을 했습니다. 또 『어린이』지에 많은 이야기들을 담아 냈는데, 특히 일제강점기에 농촌과 공장에서 노동하는 어린이들, 가난해서 학교에 못 가는 어린이들, 해외에서 서러움 당하는 조선 어린이들을 위로하며 새 날에 대한 희망을 잃지 말고 늘 씩씩하게 앞으로 나아가라는 뜻을 절절하게 전했습니다. 또 매 신년호마다 새 날, 새 힘, 새 일꾼을 주제로 한 글들을 지속적으로 실어서 어린이들이 매해 새 희망을 다지도록 했습니다. 이 밖에도 이어지는 『어린이』지의 원문들에는 잠자는 아기를 보면서 세상의 빛으로 자라기를 기원하는 부모의 기원, 가난 속에서도 용기를 잃지 않고 씩씩하게 자라달라는 어른세대의 권면, 잘못된 습관은 단호히 끊고 미래를 힘차게 준비하라는 당부, 부정의에 대항하면서 광명세계를 향해 나아가라는 원대한 가르침이 담겨 있습니다.

 씩씩하고 진취적인 기상을 주제로 한 글들은 『어린이』지에서 가장 많은 비중을 차지하는데 이는 일제강점이라는 시대상황 속에서 당연히 그것이 가장 필요했기 때문이기도 하지만 우리 민족성 자체가 씩씩하고 진취적인 기상을 지니고 있기 때문이라고도 봅니다. 그 기상이 가득 담긴 아래의 글들이 총체적인 위기의 시대를 살아가는 어린이들에게 씩씩함을 더욱 북돋워주기를 바라는 마음으로 아래 글들을 소개합니다.

1) 씩씩한 어린이

씩씩한 소년이 되십시오

이용순

묘하고 귀엽고 사랑스러운 소년남녀 여러분들이여, 나는 여러분을 가장 사랑하며 또 지극히 공경합니다. 여러분은 지금 아무 죄 없이 깨끗하며 무한 평화롭고 자유로운 한울나라의 즐거움만 가진 천사들이십니다. 나는 여러분을 가장 사랑합니다.

여러분은 장래 우리 인류의 모든 괴로움 많고 험절(*몹시 험함) 많은 생활을 다시 깨끗하고 평화롭고 즐거움만으로 살게 되도록 개조할 희망과 힘을 가지신 새 인물들이십니다. 그럼으로 나는 여러분을 지극히 공경합니다.

아아! 여러분이여, 지금 이 세상이 아무리 썩고 망한대도 새 일꾼들인 여러분이 있으므로 세상은 다시 바로잡힐 수도 있고 다시 살아날 수도 있는 것입니다. 그럼으로 오늘의 모든 사람이 여러분을 바라고 믿고 위하고 기대하고 있는 것입니다.

여러분, 여러분 당신들은 이렇게 훌륭하고 큰 일을 어떻게 하면 능히 꼭 성공할까를 생각해 보신 일이 있습니까? 어떠한 소년이 있어서 나에게 묻는다 하면 나는 제일 먼저 극히 간단하게 한마디로 이렇게 대답하겠습니다.

'씩씩한 소년이 되십시오'. 이 씩씩하다는 말은 결코 활발한 것만이 아니라 여러 가지를 포함한 말입니다. 씩씩한 소년은 항상 활발하고 용기 있으며 매사에 겸손하고 민활하고 또 남을 사랑하고 도와줄 줄 압니다. 부지런히 공부하여 아는 것이 많으며 모든 행신을 잘하여 많은 사람의 도표가 됩니다. 결코 매사에 어물어물하거나 게으르게 하지는 않습니다.

이렇게 씩씩하게 자라난 소년이라야 장래에 반드시 훌륭하고 큰 일에 성공할 것입니다.

(『어린이』, 제1권 제8호, 1923.)

어린이들이 나에게 물으면

박달성

어떤 어린이가 있어 나에게 묻기를 '형님, 저는 어린이올시다. 그런데요. 어린이로서 어린이 답게 지내려면 어떻게 해야 어린이 답게 지내겠습니까? 마음은 어떤 마음을 먹고 몸은 어떻게 가져야 됩니까' 하고 물으면 나는 이렇게 간단히 대답을 하겠습니다.

'당신이 어린이라지요. 어린이시면 물론 어린이 답게 지내시지요. 공연히 헛꾀가 들어 늙은이인 체하지 말고 분수에 당치 않은 얌전을 피며 어른인 체하지도 말고 또 너무 갓난아이인 체하야 함부로 발버둥이를 치며 심술만 부리지 말고 봄철 달콤한 비를 갓 맞고 고흔 바람에 새로 나부끼는 어린 아기 풀같이 아무 악의도 없고 아무 거짓 없이 천연스럽게 활발하게 씩씩하게 정말 어린이 답게 문실 자라십시오.'라고요.

실상말이지 어린 사람으로서 꾀만 들어 야슥야슥 영감쟁이 짓을 하거나 얌전을 피여 어른 흉내를 내이는 장래 아무 희망이 없어 보이는 것은 고사하고 '뉘 집 자식인지 속에 영감이 몇이나 들어 앉었고나 너도 다- 되얏다'하고 욕부터 하게 됩니다. 그러니까 어른이 어른 노릇 하기가 어지간이 힘드는 것과 같이 어린이로서 어린이 노릇 하기도 꽤 힘이 듭니다. 아부지 어머니나 형님 아저씨에게 또는 선생님들에게 자꾸 물으십시오. 또 가르치시는 대로 잘 복종하십시오.

'씩씩하고 참된 소년이 됩시다. 그리고 늘 서로 사랑하며 도와갑시다.' 전 조선 소년이 다 같이 약속한 이 말을 한시도 잊지 마십시오.

(『어린이』, 제2권 제3호, 1924.)

오- 새해가 솟는다! 높은 소리로 노래하라!

편집인

우리는 가난한 사람들이다. 슬픔 많은 사람들이다.
그러나 우리는 소년들이다. 뻗어가는 사람이다.
새 해 새 아침 지금 솟아오는 찬란한 햇발과 같이
우리는 기쁨 많게 씩씩하게 뻗어가야 된다.
가난한 사람인 만큼 더 씩씩하게 더 굳세게 뻗어가야 한다.
새해 일 년 두고 찬란히 뻗어갈 씩씩한 걸음을
우리는 이 날 아침부터 걷기 시작하여야 한다.

(『어린이』, 제4권 제1호, 1928.)

새해 두 말씀

방정환

새해! 새해! 기꺼운 새해가 왔습니다. 고생한 많은 사람에게나 슬픔 많은 사람에게도 새해는 기꺼운 것이니 고생은 고생 없는 사람이 되려 하고 슬픔 없는 사람이 되려 하는 사람에게 그 날이 한 해 한 달 가까워 오는 까닭으로 새해는 우리에게도 기꺼운 것입니다. 슬퍼도 슬픈 대로 그냥 잊고 고생되는 대로 그냥 지내려 하며 더 잘 되어 나가려는 마음이 없으면 새해라고 특별히 기꺼울 것이 무엇이겠습니까.

… 한 해 한 해 굵어 가는 우리의 팔뚝을 볼 때, … 굳어지고 커지고 하는 우리의 정신을 생각할 때 '오오, 용맹이 활동할 날이 또한 지금 다가왔구나.' 하고 크게 크게 외치고 싶습니다. 우리의 생각같이 환하게 우리의 기운같이 씩씩하게 솟아오르는 새해 첫 날의 아침 해를 바라보고 우리는 키가 단번에 부쩍 늘어나도록 기운껏 외치고 또 뛰고 싶습니다.

우리의 힘이 십만입니다. 우리의 팔뚝이 이십만입니다. 이것이 모두 한 마음 한 뜻으로 뛰놀거니 어찌 기껍지 않습니까?

동무여 우리 십만의 동무여! 집에서나 산에서나 또는 바다에서나 일월 일일의 아침 해를 바라보면서 크게 크게 소리칩시다. 그러면 그때 그 시간에 일어나는 십만 동무의 소리가 한 때 어우러져서 삼천리 온 조선의 하늘을 울릴 것입니다.

그리하는 것이 우리의 세상을 어떻게 행복하게 하는 것일지 모릅니다. 꼭 그렇게 합시다. 다 같이 그렇게 하기로 합시다.

(『어린이』, 제7권 제1호, 1929.)

동생아 누나야

노양근

동생아! 누나야!
배가 고프냐? 허리띠를 졸라나 매거라. 그리고 한번 더 꾹 참어라.

사랑하는 동생아!
누나야! 슬픈 일이 있느냐? 실컷 울어라.
울고 울고 목을 놓아 실컷 울어서 다시는 더 나올 눈물이 없도록 마지막으로 한꺼번에 울어버려라.
그리고는 다시는 더 눈물을 흘리지 말아라.

동생아! 누나야! 분한 일이 있느냐? 주먹을 단단히 쥐어라.
이를 악물어라.
그리고 공연한 원망과 쓸데없는 탄식은 그만두어라.

사랑하는 동생들아! 누나들아!
눈을 들어 산을 보라. 들을 보라.
지금은 찬 눈이 저렇게 허옇게 덮여 있지만 저 쓰린 눈더미 속에서 장차 새싹이 자라서 거기에 아름답고 향기로운 고은 꽃이 다복다복 피어날 힘찬 생명이 숨어 있는 것을 생각하느냐?
우리들의 앞에도 꽃 피고 잎 돋는 듯 그 날이 오기까지 굳세게 참어라. …

동생아! 누나야!

(『어린이』, 제10권 제3호, 1932.)

상무적(尙武的) 소년이 되라

김동환

… 여러분! 조선의 소년소녀 여러분에게 특히 바라는 것은 이 패기를 가지라는 말씀이외다. 나는 잘났다! 나는 굳센 사람이다! 네가 한 개를 때리면 나는 두 개를 도로 때려 주리라! 하는 굳은 신념과 그 용기를 가져 주기를 바란다는 말씀입니다.

조선도 여러분을 치맛자락에 싸 안고 업어주고 자작자작 걸리어 주어 여러분을 극진히 사랑할 것은 물론이나 여러분도 좋은 행실과 좋은 마음을 써서 조선을 극진히 사랑하여 조선에게 영광을 돌리도록 하여야 합니다.

그 영광을 돌리는 방법은 여러분이 아무쪼록 굳센 사람이 되어 남에게 머리 숙이지 말고 남에게 머리칼 한 알이라도 잡히우는 사람이 되지 마십시오.

조선 사회라는 것이 별 것입니까. 여러분과 여러분의 형제가 모이어 조직된 것이니 여러분이 굳센 사람이 된다면 저절로 조선사회도 힘 있고 건전한 사회가 될 것입니다.

(『어린이』, 제6권 제1호, 1928.)

어려운 일 내가 합시다

최영주

용감한 사람!

오늘 우리 조선에는 용감한 사람이 필요합니다. 씩씩한 사람이 아주 필요합니다. 용감하고 씩씩한 사람이 너무 모자랍니다.

용감한 사람은 기운 세인 사람이 아닙니다. 씩씩한 사람은 운동을 잘하는 이가 아닙니다. 정말로 용감한 사람은 어려운 일을 자기가 하는 사람입니다. 남이 하기 싫어하고 하기 어렵게 아는 일을 자기가 나서서 하는 사람입니다.

누구나 편안하게 살기를 바라고 누구나 고생하기는 싫어합니다. 그러나 이 세상에서 보다 더 좋게, 보다 더 아름답게, 보다 더 새롭게 잘 살려고 하자면은 어려운 일을 해야 합니다.

그러나 어려운 일을 하기는 누구나 싫어합니다. 남들이 꾀만 내고 매미적거릴 때 나서서 어려운 일을 맡아 하는 사람! 그 일을 잘 되게 하기 위하여 자기 한 몸의 괴로운 것을 돌아보지 않고 어려운 일을 해내는 사람! 그 사람은 용감한 사람입니다. 그 사람은 씩씩한 일꾼입니다. … 여러 가지 작은 일, 큰 일, 어떠한 일에도 어려운 일을 자기가 하겠다고 나서는 사람! 그 사람은 누구나 분명히 용감한 사람입니다.

오늘 우리 조선에는 하기 어려운 일이 퍽 많습니다. 그러나 하겠다고 나서는 사람은 적습니다. 용감한 사람, 씩씩한 일꾼이 아주 엄청나게 모자랍니다. 그리하야 서로서로 용감한 사람이 없다고 탄식합니다.

여러분은 용감한 사람이 되시려 하지 않으십니까? 여러분은 어려운 일을 내가 하겠다는 용기를 가지고 계십니까?

어려운 일 내가 하자! 그렇습니다. 여러분이 모두 이렇게 하신다면 그 날에는 우리 조선과 여러분이 모두 더 잘 살고 더 아름답고 더 새로워지는 날이겠습니다.

(『어린이』, 제10권 제11호, 1932.)

최서윤, Midjourney. 씩씩한 일꾼. 2024.https://discord.com/

진달내(동요)

엄흥섭

진달내 진달내 빨간진달내
산기슭 안개속은 진달내나라

포근포근 파랑이불 고요히덥고
진달내는 조으다 진달래는 꿈꾼다.

진달내 진달내 빨간진달내
저녁해 너머간다. 무섭지않니.

별이반짝 밤이란다. 고요히쉬고
내일다시 웃어라. 내일다시 피여라.

(『어린이』, 제8권 제4호, 1930.)

최서윤, Canva. 내일 다시 피어라.
2024. https://www.canva.com/

없는 이의 행복, 용기

공 탁

"해가 솟는다. …
우리의 새 아침이다!!
어둠 속에 갇힌 만상을 구해 내어 새로운 광명 속에 소생케 하는 것이 아침 해이니 …

누구냐 젊은 가슴의 뛰놂을 금할 자이냐.
새해의 기쁨은 오직 아침 햇빛과 같이 씩씩한 용기를 가진 사람뿐만의 것이니…
천 가지의 설움 속에서도 오히려 앞을 향하여 내딛는 사람뿐만이 새 생활을 차지할 수 있는 까닭이다.

아침 햇발같이 내뻗을 줄만 아는 용기다.
없는 이의 행복은 여기에 있는 것이다. 용기다! 용기로 맞이할 우리의 새해다. 아침 햇발보다도 더 씩씩한 용기를 내자! 어두운 구름을 밀쳐 낼 용기를 가지자!
아아, 해가 솟는다.
우리의 새해가 솟는다."

(『어린이』, 제136호, 1949.)

2) 진취적인 어린이

어쩌면 좋을까

조기간

"사람이란 무궁한 이상향을 향하야 무한하게 진화하여 나아가는 자입니다. … 여러분이 만일에 생명이 있고 보람이 있는 길을 끝까지 잘 가려거든 제 각기 제 스스로 속에서 전 인류의 위대와 전 우주의 힘을 찾아 내는 그러한 주의요 그러한 그 줄을 붙잡기를 무엇보다도 더 간절히 빕니다.

… 전 조선의 어린이들이여! 다같이 하늘의 힘을 가지자!

그리하여 그 힘으로서 우리 마음대로의 세상을 만들자!"

(『어린이』, 제6권 제1호, 1928.)

최서윤, Canva. 하늘의 힘을 갖자. 2024.
https://www.canva.com/

어린 것에게

심 훈

고요한 밤
너의 자는 얼굴을
무심코 드려다 볼 때
새근새근 쉬는 네 숨소리에
조심스러이 귀를 기우릴 때
아비의 마음은 해면(海綿)처럼
사랑에 젓는다. 사랑에 붓는다.

사랑하는 나의 아들아
귀엽고 조그만 조선의 업둥아
그믐밤의 반딧불처럼
저 하늘의 별들처럼
반득여라. 눈부시게 빛나거라.
가는 곳마다 횃불을 들어라.

날마다 달마다
요 작은 주먹에 물이 오르며
무럭무럭 자라나는 너이들!
오오 우리의 강산은
왼통 꽃밭이 되겠구나
별투성이가 되겠구나!

(『어린이』, 제11권 제10호, 1933.)

꾸중을 듣고 (동요)

박영하

뚱뚱보 주인에게 꾸중을듣고
조고만 두주먹을 힘껏쥐었소.
물건이 조고만치 상했다고서
이웃이 다알도록 욕설을하네.

어린몸 오즉하면 열살안팎에
참못할 남의집에 머슴살겠소.
이몸이 이래뵈도 거친이땅에
이상을 새로세울 일꾼이란다.

(『어린이』, 제10권 제3호, 1932.)

최서윤, Midjourney. 새날의 어린이
2024. https://discord.com/

우리집(동요)

허문일

우리집은 가난뱅이 농사군의 집
여름내내 땀흘리며 기음매고도
겨울에는 쌀이없어 굶주리는집

우리집은 산골동네 작은초가집
긴긴낮엔 할머니가 혼자지키고
밤에는 다섯식구 모여자는집

우리집은 찌그러진 오막살이집
내가내가 얼른커서 어른이되여
커다랗게 훌륭하게 다시지을집

(『어린이』, 제9권 제5호, 1931.)

그대는 준비하는가

최영주

세상은 나날이 새로워집니다. 어저께보다 오늘이 새로워지고 오늘보다 내일이 새로워집니다. 그리하여 우리의 문화는 향상되는 것입니다.

새로운 것이 없는 나라! 새로운 것을 모르는 사회! 만일에 이러한 것이 있다 하면 그것은 죽은 나라입니다. 그들의 앞에 차차 오는 것은 멸망뿐입니다.

새로운 것은 보다 더 좋은 것입니다. 우리가 묵은 것을 버리고 새 것을 찾는 것은 묵은 것보다 더 좋은 때문입니다. 좋은 것 없는 새 것은 없습니다. …

오늘날의 조선에는 보다 좋은 일, 꼭 해야 할 일이 퍽 많습니다. 이러한 일이 퍽 많은 것은 앞날의 조선은 지금보다 더 좋아질 수 있고 더 살기 좋아질 수 있다는 표적입니다. 우리들이 지금에 하는 일보다 더 나은 일, 더 좋은 일, 더 새로운 일, 그것은 아주 조그마한 데부터 시작하여 큰 일에까지 헤일 수 없이 많습니다. …

그러면 어린 동무 여러분! 당신들은 새로운 것을 위하여 더 노력해야 하고 남보다 몇 곱 더 부지런해야 할 것입니다.

여러분!

여러분은 여러분의 노력할 준비를 지금 부지런히 하십니까?

(『어린이』, 제10권 제10호, 1932.)

맺고 끊는 사람

신영철

해가 저물어 갑니다. 그리고 얼마 아니 가서 새해가 다시 올 것입니다. 가고 오는 세월에는 조금도 다를 것이 없지만 다만 사람의 마음 하나로 구별이 생길 뿐입니다. 묵은 해를 천백 번 보내어도 사람의 생각이 고쳐지지 않고 사람의 지식이 열리지 않으면 세상은 새로워지거나 밝아지지 아니하는 것입니다. 세상이 밝아지지 않고 새로워지지 않는 이상에야 새해가 오겠다고 무엇을 기쁜 마음으로 기다리고 있겠습니까.

우리는 이 한 해를 보내는 데 당하야 가장 분명한 생각과 큰 용단을 가져야 할 것이다. 의례 해가 가니까 가는 것이지 해가 가면 나이 한 살 더 먹는 것이지 하고 흐리멍텅한 생각을 가져서는 안 될 것입니다. 어린 사람은 밤낮 어린 것이 아닙니다. 부모 앞에 고이 자라나는 사람이라고 내일 어찌 될지 모레 어찌될지 누가 알 것입니까. 어쨌든 나도 이 세상의 한 사람이거니 이 사회의 한 아들이거니 하는 책임감을 가져야 될 것입니다.

그리하야 잘못된 것이 있었다 하면 날카로운 칼로 싹둑 자르듯이 베어 버려야 할 것이요 말끔히 씻어 버려야 할 것입니다. 흐리멍텅한 생각으로 금년을 보내고 또 명년을 보내고 하면 천 년을 보낸들 무슨 소용이 있겠습니까. 지나간 해에 잘못된 있거든 단연이 씻어 버리소서, 그릇된 것이 있거든 전부 고쳐버리소서. 옳다고 믿는 것이어든 용기 있이 나가기로 하소서. 그리하야 의미 있는 새해를 맞기로 하자고 소리 높여 부르짖읍시다.

(『어린이』, 제9권 제11호, 1931.)

나의 부탁

조기간

"늘 잊지 않는 우리 조선 어린이에게 몇 가지 부탁을 적어드립니다.

첫째, 당신은 내일 날 조선의 새 주인공인 것을 잊지 마십시오.

둘째, 앞날의 모든 일이 당신을 통하여 향상하고 발전되어 갈 것을 잊지 마십시오.

셋째, 당신은 생각나는 일, 하고 싶은 일(자기나 남을 이롭게 하는 일이거든)이 있으면 정직하고 대담하게 하십시오.

넷째, 인간의 죄 가운데 제일 되는 죄는 게으름 그것인 줄을 깊이 기억하십시오.

다섯째, 좋은 일을 시작하기보다도 그 일을 끝까지 계속하는 것이 더 귀한 것을 알아주십시오."

여섯째, 당신이 천하에 훌륭한 사람이 되고 싶거든 생각을 바르게 갖고 몸을 튼튼하게 하십시오.

일곱째, 당신은 여러 가지 일을 모두 잘 할 생각을 말고 한 가지 일을 잘 할 생각을 가지십시오."

(『어린이』, 제11권 제3호, 1934.)

해와 싸우는 우리들(소년시)

정대위

　새빨갛게 성난 해가 눈살을 피면서 하늘 위로 달려들 때 우리들은 이글이글 타오르는 땅덩이를 맨발로 힘 있게 밟고 일을 시작한다.
　불끈불끈 튀어난 팔뚝들의 살 사이론 샛맑은 땀방울이 소리치며 손등으로 호미자루로 호미말로 밭고랑으로 흘러 나린다. 해는 밭고랑만 우리들의 잔등에 쉬지 않고 활을 쏘고 있다.
　소나기라도 내리면 우리들의 산등은 비의 총알마당이 된다. 아무리 해, 그 놈이 수 없는 화살을 쏜 대도 우리들의 잔등은 굳은 쇳덩이 끔적 못 한다.
　우리들의 불타는 눈알은 결코 결코 샘물 옆 버드나무 아래는 향하지도 않는다. '이 놈아, 얼마나 뛰었느냐' 우리들은 해를 주먹질하면서 해를 쫓는다.
　우리들의 맘 속에서 붓는 불은 해보다 더 뜨거웁고 더 붉다. 그러니까 해도 우리를 무서워한다.
　해는 뒷산에 숨어버리고 저녁놀이 붉게 곱게 타오를 때 우리들은 손목들을 힘 있게 잡고 노래하며 춤추며 하루의 일을 마친다.

(『어린이』, 제10권 제8호, 1932.)

여름밤(동요)

정순철

마당가에 모여앉아 집일하는밤
주고받는 이야기에 재미나는밤
별님들이 깜박이며 내려다보네.

동무하나 힘찬노래 시작하면은
마실아 떠나가라 소리높여서
희망에 찬 앞날을 노래하지요.

(『어린이』, 제10권 제8호, 1932.)

최서윤, Midjourney. 희망노래. 2024. https://discord.com/

사공의 노래(동요)

이종순

동편바다 물결속에 새밝안해가
이글이글 올랐다가 서으로지며
가도가도 끝도없는 푸른바다로
두루두루 퍼지는 광명을찾아
너머가자 우리우리 어린사공들
에헤야 데헤야 우리 힘으로
어기여차 노저어라 닷줄감어라.

헐벗은 많은동무 손에손잡고
새나라를 찾아서 노저어가자.
맘과힘을 함께모아 겁내지말고
험한파도 짓밟고 물결을건너
두리둥실 떠나간다. 작은조각배

깊은밤 갈매기도 잠자는이때
들리나니 무서운 파도의소리
하늘에는 많은별이 반짝거린다.
동무들아 어서어서 노를저어라.
바람불고 물결따라 흘러서가자.

우리들이 흘러가면 어디를갈까.
힘있게 주먹쥐고 이를악물고
돈을벌어 부자되어 편하게살까.
아니아니아니다. 그것아니다.
우리들의 할일은 따로있단다.

바위같은 푸른물결 망망한바다
조그만 고기잡이 한척의배는
우리들의 어린용사 사공을싣고
하루이틀 닷세열흘 가고또가면
우리들의 할일이 닥쳐온단다.
에헤야 데헤야 결심만하면
성공의 깃발이 휘날린단다.

(『어린이』, 제10권 제8호, 1932.)

최서윤, Midjourney. 광명을 찾아서. 2024. https://discord.com/

10 | 큰 뜻을 품은 어린이

내멸종 위기에 다다른 인류의 꿈

　큰 뜻은 다른 말로 하면 대이상(大理想)입니다. 그리고 이상은 현실을 초월한, 현재보다 더 나은 상상의 세계를 뜻합니다. 이상은 현실에 존재하지 않는 것이기에 머릿속에서 그려보고 마음 속으로 염원하는데, 인간은 생명세계에서 이 이상을 추구하는 성향과 능력을 가장 강하게 지닌 존재입니다. 루소는 이 이상을 두고 인간만이 지닌 '고유한 자연적 특질'이라고도 표현했는데 더 쉬운 말로는 바로 '꿈'입니다.

　인간이 살아가는 현실 세계는 유한한데 인간의 욕망은 무한해서 인간은 늘 현실세계의 여러 제한들로부터 자유롭게 해방되는 것을 꿈 꾸어 왔습니다. 그간 인류가 이어온 꿈의 역사를 살펴보면, 원시시대에는 다른 동물들처럼 먹고 자고 번식하는 동물적 본능을 더 잘 충족시키는 삶을 꿈 꾸었고, 정착해서 살기 시작한 농경시대에는 더 많은 농지와 노동력을 확보해서 더 안전하고 풍요롭게 집단생활을 이어가는 것을 꿈꾸었습니다. 그리고 고대국가시대에 들어서는 생산성과 군사력을 증대해서 안정적인 국가를 유지하는 것을 꿈꾸었는데 불행히도 그 꿈을 실현하는 데에는 가혹한 노예제가 뒷받침되었고 그 속에서 노예들은 주인들처럼 노동하지 않고 물질을 풍요롭게 향유하는 것을 꿈꾸었습니다. 이어 중세시대에는 많은 사람들이 왕과 교황에게 복종하며 그들이 담보해 준다는 죽음 너머의 천국을 꿈꾸게 되었는데, 현실에서는 그들에게 대한 철저한 복종과 혹독한 삶뿐이었기에 그야말로 말뿐인 이상 그 자체였습니다. 그러다가 상공업시대로 접어들어 화폐가 등장했는데 화폐는 단일교환수단으로써 시공과 계급을 초월해 모든 것을 교환하고 모든 것을 소유할 수 있게 해 주었습니다. 그래서 화폐는 현세구원을 담보하는 신과 같은 존재로 여겨졌고 사람들은 천국 대신 화폐를 꿈꾸기 시작했습니다. 그에 따라서 자기 자신이 돈을 많이 가진 사람이 되거나 돈을 많이 가질 수 있는 능력을 가진 사람이 되는 것을 꿈꾸기 시작했는데 그 꿈은 현대까지 변함없이 이어졌고 많은 사람들의 마음 속에서 점점 더 커져 가고 있습니다.

그런데 대부분의 사람들이 꿈을 실현하기 위해서는 어떤 식으로든 노동을 해야 했는데 상공업사회를 거쳐 산업자본주의에 이르기까지 그 노동은 생명을 산업재료로 바꾸고 인간성을 화폐가치로 환산해서 사고 팔고 착취하는 방식으로 이루어졌습니다. 물론 그런 노동을 통해서 인류는 원시시대부터 꾸어 온 물질적 풍요와 향유를 누리게 되었습니다. 매 시대마다 한 단계 한 단계 상상 속에서만 그리던 이상세계를 현실로 창조해 온 것입니다.

그러나 역설적이게도 인류가 창조한 그 꿈의 역사는 인류의 생존 자체를 제약하는 대멸종이라는 종착역을 눈 앞에 두게 되었습니다.

그럼에도 불구하고 자연착취와 과소비, 전쟁을 멈추지 못 하고 인류는 스스로 종말을 재촉하고 있습니다. 우주여행을 가고 날씨를 인위적으로 조절하고 영생을 가능하게 할 만큼 꿈의 과학기술들이 발달하고 인간의 인지능력을 앞지르는 인공지능을 개발할 만큼 지식이 발달했어도 이 문제는 오직 인간이 바라는 바, 이상과 욕망을 바꾸지 않는 한 해결되기 어려운 것입니다. 앞서 짧게 살펴본 꿈의 역사가 증명하듯이 인류가 무엇을 꿈꾸는가에 따라 인간과 자연의 역사가 결정되기 때문입니다

『어린이』지가 제시한 생태적 이상

소년해방운동가들은 이렇게 인간의 이상이 새로운 문명과 역사를 여는 열쇠라는 것을 알았기에 당시 시대상황을 극복할 가장 근본적인 대안으로 다름 아닌, 대이상(大理想)을 제시했던 것입니다. 따라서 그들이 제시한 대이상은 서구가 추구해 온 이상과 다른 것이었습니다. 자연과 이웃을 착취하는 방식도 아니고 죽음 너머에 있는 비현실세계도 아니었습니다. 그들의 대상은 동학의 '무극대도(無極大道)'에 기반한 것으로서, 이 현실세계의 개인과 사회, 국가, 민족을 사랑과 협동의 공동체로 건설하는 것이었습니다.

일제강점기 당시 조선의 상황에서 이 대도의 꿈을 실현할 주체는 과거 시대의 꿈에 사로잡힌 어른들이 아니라 바로 어린이들이었기에 소년해방운동은 어린이들에게 큰 희망을 품고 이 대도의 심어주는 데 많은 노력을 기울였습니다. 특히, 『어린이』지를 통해 범민족주의와 세계일가주의, 인류평화주의의 대의가 담긴 이야기를 전했고 어릴 때 대의를 품지 않으면 어른이 되어서 낮은 차원의 삶을 쫓

게 된다고 주의를 주면서 어릴 때부터 큰 꿈을 가질 것을 당부했습니다. 현대에서 부모들이 자녀에게 일단 대학 먼저 가고 보라고 강요하거나 대학에 와서도 꿈을 찾기는커녕 자신이 무엇을 좋아하는지도 모르겠다는 아이들이 적지 않은 상황을 생각하면 한없이 숙연해지는 가르침입니다.

스스로 하거나 씩씩하거나 사랑하고 협동하거나 만물을 공경하는 등 앞서 제시한 참된 어린이의 아홉 가지 상은 근본적으로 더 나은 사람과 더 나은 삶을 추구하는 내면의 힘이 있어야 실현할 수 있는 것입니다. 꿈꿀 줄 아는 힘 말입니다.

이어지는 『어린이』지의 글들에는 우리 민족이 꾸어 온 꿈과 또 우리가 앞으로 꾸어야 할 새로운 꿈에 대한 이야기가 담겨 있습니다. 그 어느 민족, 그 어느 시대의 꿈보다 고매하고 큰 이 꿈이 어린이들의 꿈자리에 내려 앉기를 바랍니다.

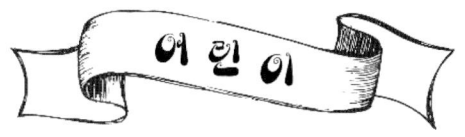

큰 뜻과 큰 목적을 세우라

김기전

우리 조선의 육백만 어린이들이여!

이제는 또 새해가 되었습니다. … 당신들이 이 새해에 있어 새 옷을 입는 것과 같이 반드시 새 마음 새 뜻을 가지며 더 높은 학교를 생각함과 같이 더 큰 희망과 더 큰 이상을 가지기로 합시다. …

당신들은 당신들이 철이 들기 시작할 때부터 벌써 몇 번이나 새해를 맞을 때마다 과연 새 마음 새 뜻을 가졌으며 또는 그 전 해의 것보다도 보다 더 큰 희망, 더 큰 이상을 가지셨는가요. 물론 가져보고 또 가진 그것을 향하여 부지런히 힘써 나아가는 동무들도 있겠지만 그렇지 못 한 동무들도 없지 않을 것입니다.

새해는 해마다 맞이하여도, 그 몸은 해마다 커가도 그 몸을 몰아가지고 나아가는 정신은 그저 별다른 차이가 없이 항상 마찬가지라면 과연 얼마나 섭섭한 일이겠습니까.

새해에는 반드시 새 마음을 먹고 새 목적을 세우기로 합시다. 그리고 이렇게 먹는 마음, 이렇게 세우는 목적은 어디까지 장하고 크고 높은 것이 되게 합시다. 정말입니다. 뜻이 크면 큰 사람이 되고 목적이 크면 큰 일을 이루는 것입니다. 사람이 만일 이러한 큰 뜻이나 큰 목적을 머리 속에 집어넣은 것이 없으면 그 하는 바의 모든 것이 낮고 더러운 것이 되어 그 사람의 장래는 알지 못 하게 망쳐지고 맙니다. 그러나 그 먹은 바의 뜻이 높고 그 세운 바의 목적이 크면 그 사람의 가지는 바, 생각과 행위도 스스로 크고 고상하고 용감한 것이 되어 그 덕택에 천하 사람이 믿고 그 명성이 상하사방(上下四方)에 떨치게 되는 것입니다.

큰 사람 큰 인물이 되고 못 되는 것은 꼭 큰 마음 큰 뜻을 먹고 못 먹는 데에 달렸고 큰 목적, 큰 이상을 세우고 못 세우는 데에 메였습니다. 그러니 우리가 어떻게 큰 마음, 큰 뜻을 아니 먹을 수가 있으며 큰 목적, 큰 이상을 아니 세울 수가 있겠습니까.

전해오는 옛말에 뽕나무 활과 쑥때기(가마니) 살로써 온 천하를 정복할 뜻을 가진다는 이야기가 있습니다. 달리 말하면 어렸을 적에 장난감으로 가지고 노는 그 활과 그 살을 들면서부터 그렇게 큰 뜻을 가지고 큰 목적을 세우라는 말입니다. 정말 그래야 합니다. 모든 일은 어려서부터의 시작입니다. 어렸을 때가 싱거우면 한 평생이 그 모양입니다.

최서윤, Canva. 큰 뜻. 2024.
https://www.canva.com/

(『어린이』, 제8권 제1호, 1930.)

새해 아침에

최영주

우리 조선의 사랑스러운 어린이 여러분! 새해는 왔습니다. 빛나고 찬란한 새해의 아름다운 햇빛이 우리 조선의 온 땅을 비추어 옵니다. 여러분 새해는 왔습니다.

가난과 설움과 한숨과 눈물로 덮인 묵은 해는 바로 어저께 저녁에 떠나갔습니다. 그리고 오늘 아침 저 떠오르는 햇빛과 함께 빛나는 새해는 찾아왔습니다. 우리들은 이 날에 무슨 생각을 하고 무슨 마음을 먹어야 합니까?

나는 여러분께서 무슨 생각을 하시고 무슨 마음을 먹으시기 전에 이것 한 가지를 가장 먼저 생각하여 주십사고 여쭙고 싶습니다. 우리 조선의 어린 사람들은 굉장하고 굉장한 좋은 때와 좋은 날을 앞에 지니고 있다는 것입니다. 다른 때 다른 나라의 어린 사람이 함부로 가질 수 없는 참으로 기맥히게 좋은 자랑이 있다는 것입니다. …

여러분! 우리에게는 확실히 그런 것이 있습니다. 아, 얼마나 놀랍고 기쁜 일이겠습니까? 그런 것이 있으니 우리들은 다른 무엇을 생각하기 전에 이것을 먼저 생각하여야 할 것이 아닙니까? … 그것은 우리들에게는 참으로 하여야 할 큰 이리 퍽 많이 있다는 것입니다. 저 미국이나 영국이나 이태리나 불란서와 같이 크고 좋은 나라 돈 많고 잘 사는 나라의 어린이들에게는 큰 일이 좋은 일이 있다고 하여도 그것은 쪼그만 아주 콩알만큼 한 것밖에는 없습니다. 왜 그런가요 그것은 그 나라의 아버지 할아버지들이 벌써 큰 일은 모두 잘

해 놓은 까닭입니다. 그러나 우리 조선의 여러분께서는 아직도 아버지 할아버지께서 이루지 못 하신 큰 일이 퍽이나 많습니다.

자- 그러니 우리들은 얼마나 기쁜 일입니까? 우리의 앞에는 할 일이 많고 할 수 있는 길이 많으니 우리들이 정신을 차려서 용기와 결심을 가지고 나선다면 어느 나라 누구보다도 더 굉장한 일을 할 수가 있지 않습니까?

우리들에게 이보다 더 좋은 자랑도 없고 희망도 없습니다. 다른 나라의 어린 사람보다 몇 곱절 몇 백 곱절 아니 몇 천 곱절 우리들의 앞날에는 기쁨과 희망이 있습니다. …

여러분 지금의 가난! 슬픔! 괴롬! 업수이 여김! 그 모든 것은 결코 우리들을 낙심시키려고 그러는 것이 아니고 여러분들을 큰 사람! 더 좋은 사람! 더 큰 사람을 만들려고 그러는 것이랍니다. …

여러분의 용기와 결심을 빚어내기에 애를 쓰고 애를 쓰는 것이 지금의 우리 조선입니다. …

보십쇼! 저쪽 하늘에는 붉은 햇살이 빛난 얼굴에 웃음을 가득히 띄우고 여러분을 내어다 보며 솟아오르지 않습니까?

자아 여러분! 여러분은 조선이 바라고 바라는 용기와 결심을 내시고 큰 사람이 되어보지 않으시렵니까? …

새해는 왔습니다.

(『어린이』, 제8권 제1호, 1930.)

동무

황병기

학교문에 모여드는 수많은 동무들
우리나라 세워갈 일꾼입니다.
손발이 얼어붙는 겨울날에도
씩씩하게 공부하는 일꾼입니다.

책 끼고 뛰어오는 기운찬 동무들
우리나라 지켜나갈 일꾼입니다.
삼천리 우리강산 기름진 땅을
살기 좋게 꾸며 놀 일꾼입니다.

동무여 배우자. 힘을 기르자.
솟아오는 태양은 우리의 마음
큰 희망 큰 뜻을 다같이 품고서
동무여 부지런히 공부를 하자.

(『어린이』, 제123호, 1948.)

큰 뜻을 품고 공부하자

이용학

공부는 자기 한 몸의 영화나 자기 한 몸의 향락을 위하여 하는 것이라고 생각함은 큰 잘못이다.

더욱이 우리나라로서는 한 사람 한 사람의 어린이들에게 기대하는 바가 큰 것이다.

만약에 자기 혼자만을 생각하는 어린이들이 많아진다면 우리나라의 장래는 그야말로 보잘것이 없이 된다.

그러니까 자기를 위하고 자기 부모를 위하고 사회를 위하고 우리나라를 위하고 더 나아가서는 세계의 인류를 위해서 자기의 한 몸을 바치겠다는 넓고 굳은 마음을 가지고 나아가는 사람이라야 상급학교에 갈 자격이 있는 것이요. 또 그런 사람이라야 수험에 있어서도 최후의 승리자가 되어질 것이라 믿는다. …

어디까지든지 자립(自立), 자성(自誠), 자경(自敬), 자신(自信)의 정신으로써 한 쪽으로 경제력을 충실히 하는 동시에 한 쪽으로 민족적 신문화를 건설하여야 한다.

'수인사대천명(修人事待天命)',
이것이 우리의 현실에 대한 태도이다.

(『어린이』, 제133호 제5호, 1949.)

11월 11일(*1차 세계대전 종전일)

이 구

　이 세상에는 가지 가지의 비참한 사실이 하도 많습니다. 그 중에는 실로 몸서리치고 기막히는 애달픈 정경이 한 두 가지가 아닙니다.

　… 지금부터 18년 전에 이 세계를 뒤흔드는 무서운 싸움이 일어났습니다. 날마다 여러 천 명 여러 만 명의 아깝고 씩씩하고도 젊은 청년과 장정들이 무서운 싸움터에서 총알에 맞고 대포에 맞고 칼끝에 찔리우며 말발굽에 짓밟히고 폭탄에 얻어맞아 비참하게 죽어버렸습니다. 그리고 이 세계에는 아버지와 아저씨와 오빠를 잃어버린 여러 수만 명의 헐벗고 불쌍한 어린이가 어머니 품에 안겨서 또는 쓸쓸하고도 침침한 방 한 구석에서 소리도 크게 못 내고 울고 있었습니다.

　이러한 무서운 싸움이 4년 동안 계속되었습니다. 사람과 사람들은 까닭도 없이 아무 원한도 없이 서로 때리고 죽이고 싸웠습니다. 그리하야 죄 없는 인간들의 비참하게 죽은 그 시체를 가로 펴 놓으면 이 지구를 일곱 번 싸 감고도 오히려 남기까지 하게 되었습니다. 이렇게 처참한 싸움이 지금부터 4년 전에 끝이 났습니다.

　… 당신네와 같은 나이를 먹은 세계의 어린이들은 이 싸움이 끝난 후 처음으로 이 세상에 태어난 싹들입니다. 피와 눈물로 씻기고 더럽혀진 이 쓸쓸한 땅 위에 새로이 피어난 새 생명입니다.

　조선의 어린이여! 당신은 이 날을 맞이할 때 무엇을 생각하시렵니까? 이 세상에서 가장 헐벗고도 가난한 조선의 당신들이여! 이 땅덩어리 위에 흩어져 있는 같은 여러 수 만의 어린이와 마음과 힘을 같이 하야 참다운 새누리의 새 깃발을 날리고 새로운 평화와 자유의 종이 울리도록 씩씩하고도 힘차게 커 가지 않으렵니까?

당신들은 조선의 새싹이요 또는 전 인류의 새 빛이라는 것을 이 날을 당하야 더욱 더 깊이 깨닫고 잊지 말아야 합니다.

아직도 세상에는 참다운 자유와 행복과 새 날의 종소리는 울려오지 않습니다. 그것은 오직 당신들 어린이의 힘과 마음과 노력에서 찾아올 것임을 다시금 부탁하며 서로 맹세합니다.

(『어린이』. 제10권 제11호, 1932.)

최서윤, Midjourney.인류평화를 위해, 2024.https://discord.com/

부록

소년의 지도에 관하여
잡지 『어린이』 창간에 제하여 경성 조정호 형께

방정환

2월 7일에 주신 혜서는 반가이 읽었습니다. … 옆에서 남들이 '안 될 일을 헛 꿈 꾸지 말라.'는 소리를 들어가면서 안타깝게 우리가 의논해 나가던 『어린이』 잡지를 이렇게 원 처에 나뉘어 있는 우리의 편지질로라도 이제 창간되게 된 것은 유쾌한 기쁜 일입니다. 이러하여 3월 1일에 첫 소리를 지르는 『어린이』의 탄생은 분명히 조선소년해방운동의 기록 위에 의의 있는 새 금(획)일 것입니다.

… 어떻게 지도해 가랴! 이것은 큰 문제입니다. 꽃과 같이 곱고 비닭이(*비둘기)와 같이 착하고 어여쁜 그네 소년들을 우리는 어떻게 지도해 가랴. …

지금의 그네의 가정의 부모와 같이 할까? 그것도 무지한 위압입니다. 지금의 그네의 학교 교사와 같이 할까. 그것도 잘못된, 그릇된 인형 제조입니다. … 어린이는 결코 부모의 물건이 되려고 생겨 나오는 것도 아니고, 어느 기성사회의 주문품이 되려고 낳는 것도 아닙니다. 그네는 훌륭한 한 사람으로 태어나오는 것이고 저는 저대로 독특한 한 사람이 되어 갈 것입니다.

그것을 자기 마음대로 자기 물건처럼 이렇게 만들리라. 이렇게 시키리라 하는 부모나, 이러한 사회의 필요에 맞는 기계를 만들리라 하여 그 일정한 판에 찍어 내려는 지금의 학교교육과 같이 틀린 것, 잘못된 것이 어데 있겠습니까.

… 우리는 우리 지식껏 이렇게 꾸미고 이렇게 살고 있지만 새로운 세상에 새로 출생하는 새 사람들은 저희끼리의 사색하는 바가 있고, 저희끼리의 새로운 지식으로 어떠한 새 사회를 만들고, 새 살림을 할는지 모르는 것입니다. 그것을 무시하고 덮어놓고, 헌 사람들이 헌 생각으로 만들어 놓은 헌 사회 일반을 억지로 들어 씌우려는 것은 도저히 잘 하는 일이라 할 수 없는 것입니다. 그네들의 새 살림 새 건설에 헌 도덕, 헌 살림이 참고는 되겠지요. 그러나 무리로 그것뿐만이 좋고 옳은 것이라고 뒤집어 씌우려는 것은 크나 큰 잘못입니다.

… 그래서 자유롭고 재미로운 중에 저희끼리 기운껏 활활 뛰면서 훨씬훨씬 자라가게 해야 합니다. 이윽고는 저희끼리 새 사회가 설 것입니다. 새 질서가 잡힐 것입니다. … 저희가 요구하는 것을 주고, 저희에게서 싹 돋는 것을 복돋아 줄 뿐이고, 보호해 줄 뿐이어야 합니다. … 거기에 항상 새 세상의 창조가 있을 것입니다. 이러한 태도로 하지 아니 한다 하면 나는 소년해방운동의 진의를 의심합니다.

소년해방운동에 힘쓰는 출발을 여기에 둔 나는 이제 소년잡지『어린이』에 대하는 태도도 이러할 것이라 합니다. …『어린이』에는 수신강화 같은 교훈담이나 수양담은(특별한 경우에 어느 특수한 것이면 모르나) 일절 넣지 말아야 할 것이라 합니다. 저희끼리의 소식, 저희끼리의 작문, 담화, 또는 동화, 동요, 소년소설 이뿐으로 훌륭합니다. 거기서 웃고 울고 뛰고 노래하고 그렇게만 커가면 훌륭합니다. 체제 변경과 장책을 하자는 형님 의견에는 동감입니다.『어린이』잡지에 회화가 많이 있어서 그들의 보드라운 감정을 유발하고, 일면으로 미적 생활의 요소를 길러 주어야 할 것은 물론입니다.

(『천도교회월보』, 제3호, 1923.)

돌 풀이

윤석중

"… 제일 첫째 맨 처음에는 방 선생님이 그때 일본 동경에 계신 관계로 독자 여러분에게서 모아 온 글과 그 외 여러 가지가 한 번 동경으로 건너가서 거기서 편집되어서 도로 서울로 나와서 서울서 총독부로 허가를 맞아 ○○○ ○○○○○○○ ○○○○○와서야 인쇄를 하였으니 본사의 일이 어떻게 수고롭고 어려웠던지 짐작이나 해 볼 수 있습니까.

참말로 몇 번이나 못 하겠다 못 하겠다고 낙심하던 어린이의 경영은 꽃 같이 새 같이 귀엽게 귀엽게 커 가는 어린 동무들을 위하는 정성과 우리를 도와주고 우리를 잡아당겨 주는 여러분 독자의 지극히 순결하고 귀한 힘이 아니었다면 단 일 년 동안에 지금의 이만한 힘을 갖게 되지 못 하였을 것입니다…."

(『어린이』, 제2권 제3호, 1924.)

오늘까지 우리는 이렇게 지냈습니다

글방이나 강습소나 주일학교가 아니라 사회적 회합의 성질을 띠인 소년회가 우리 조선에 생기기는 경상남도 진주에서 조직된 진주소년회가 맨 처음이었습니다.

…… 이하 9행 삭제……

재작년 봄 5월 초 중에 서울서 새 탄생의 소리를 지른, 천도교 소년회 이것이 우리 어린 동무 남녀 합 삼천여 명이 모여 짠 것이요. 조선 소년해방운동의 첫 고동이었습니다.

제일 먼저, 우리는 '씩씩한 소년이 됩시다. 그리고 늘 서로 사랑하며 도와갑시다.'하고 굳게 약속하였고 또 이것으로 우리 모듬서 우리를 위하야 어떻게 잘 되게 해 주시지 못 하야 늘 안타까워하십니다.

우리는 참말로 친형님 같이 친부모 같이 탐탁하게 믿고 매달리게 되었습니다. 사실로 소년문제에 관하야 연구가 많으신 두 선생님(김기전, 방정환)을 얻게 된 것은 우리 운동에 제일 큰 힘이었습니다.

(『어린이』, 제1권 제1호, 1923.)

두 돌을 맞이하면서

도저히 될 것 같지 않은 일을 억지의 우김으로 시작하야가지고 이 고생 저 고생 겪어 나면서 자라난 우리와 여러분의 『어린이』가 그래도 벌써 두 해를 맞이하게 되니 기쁜 마음 슬픈 회고, 아울러 감회가 많이 일어납니다.

영구하나 세월에 한이 없이 뻗어갈 무궁한 생명을 가진 『어린이』에게 두어 해의 세월이 그다지 길거나 큰 것은 아닙니다만 특별히 가련한 처지에 있는 조선의 어린 사람을 위하여 『어린이』가 겪어 온 두 해는 참으로 신산스럽고 힘난한 새해이었습니다. 좌우둘레로 들어오는 가지 가지의 핍박이 어린 발끝을 흔들 때 정말 못 하겠다고 낙망한 적이 한 때가 아니었고 수 적은 손으로 힘에 넘치는 급한 일을 당할 때 하염없이 눈물만 지은 때가 또한 한 때뿐이 아니었습니다.

그러나 그러는 때마다 몰려드는 어린 동무들의 위안과 두드림은 더할 수 없는 새로운 희망과 원기를 돋우어 주었습니다. 그리하야 『어린이』는 때로 어린 독자께 애소하고 또 힘을 빌기 시작하야 비로소 『어린이』는 완전히 여러분 조선 소년소녀의 것이 되게 되어 여러분의 도움과 여러분 자기들의 선전으로 두 돌을 맞이하는 지금은 『어린이』의 정신이 십만여의 동무들께 미치게 되었습니다.

우리는 소리 높여 말합니다. 『어린이』는 온전히 조선 어린이들의 품에 대궐을 지었다고. 이 말은 분명히 '새 조선의 어린 사람'은 『어린이』와 함께 컸다.'는 말도 되는 것이니 우리의 오늘날 기쁨이 과거의 모든 슬픈 기억을 제하고도 오히려 남음이 있는 것도 이 기쁨이 있는 까닭입니다.

『어린이』를 사랑하야 키우는 전 조선 십만여의 어린이 여러분! 두 돌을 기념하는 오늘에 일심협력 더 새로운 마음과 새로운 원기로 이보다 더 크고 즐거운 세 돌을 준비하기 위하야 새로운 노력을 시작할 일을 약속하지 아니하렵니까. 그리하야 온 조선의 소년소녀 한 사람도 빠지지 않고 한 마음 한 정신으로 커 가고 또 일하게 될 날을 더 속히 짓지 아니하렵니까.

두 돌을 기뻐해 주시는 여러분 이 약속으로 오늘의 기념을 더 값있게 하십시다.

(『어린이』, 제3권 제3호, 1925.)

세 번째 돌날에

방정환

"여러분! 우리의 힘이 4년 전 첫 힘의 10만 갑절입니다. 전의 10만 갑절 힘으로 소리치며 싸워 나갈 기쁨과 맹세를 받으면서 오늘의 돌날을 기념하십시다. 우리의 기쁨이 이에게 더할 것 없고 조선의 새로운 기쁨이 또한 이것일 것입니다."

(『어린이』, 제4권 제3호, 1926.)

창간 4주년 기념일에

우리 십 만의 동무와 함께 기념할 날이 왔습니다. 『어린이』가 네 번째의 생일을 맞이하오니 나이는 다섯 살! …

우리 동무가 십만 이상입니다! 십만의 동무화 함께 이 날을 즐거워하는 우리의 기쁨은 실로 그칠 길이 없습니다. … 정말 이제로부터 어떻게 몹시 속하게 커갈 가를 생각할 때에 더욱 기껍습니다. 십여 인의 적은 독자가 힘을 합하야 십만의 동무를 맨든 것과 같이 십만의 많은 독자가 힘을 합하야 놀랍게 많은 힘을 지어갈 일을 생각할 때에 우리는 뛰고 싶게 기껍습니다.

세상은 어린이의 천하입니다. 십만의 독자여, 소리를 크게 하야 다 같이 우리의 세상을 축복하십시다. 그리하야 더욱 번화할 앞날의 생명을 축복합니다.

(『어린이』, 제5권 제3호, 1927.)

『어린이』를 사랑하시는 동무들께 고합니다

여러분의 『어린이』를 너무 오래 기다리시게 하여서 죄송합니다. 『어린이』 신년호가 굉장히 소문이 좋아서 팔리고 팔리고 어떻게 몹시 팔리던지 금방 모자라겠어서 다시 또 박히기를 시작하는 때 뜻밖에 총독부 경무국으로부터 압수의 명령이 나리어 본사와 경성 오십여 책사는 물론이요 왼 조선 삼백여 처에서 책을 모두 몰수당하였습니다. 『어린이』에 내지 못 할 말을 냈다는 이유입니다. 책을 압수당한 것뿐 아니라 그 후에 자꾸 말썽스러운 문제가 거듭하야 『어린이』로서는 참말 위험한 경우를 지내었습니다.

그러는 동안에 시골 각 처에는 『어린이』가 아주 다시 못 나오게 되었다는 헛소문까지 돌아다니게 되었습니다. 그러나 그것은 잘못 알고 생긴 소문이요 한 동안 늦어졌으나마 여전히 발행하게 되었습니다. 수선한 중에 편집한 것이 되야 엉성한 점이 있는 것도 같으나 이렇게 책을 내 놓게 되었으니 여러분도 기꺼워해 주시겠지만 우리도 기껍습니다.

여러분이 가장 사랑하시는 『어린이』는 여러분이 모르시는 중에 이렇게 피로운 고생을 겪고 나오는 것을 짐작해 주시고 오래 궁금하시게 한 것 용서하여 주시기를 바랍니다. 고생을 겪을수록 더욱 꿋꿋이 나아가는 『어린이』가 요 다음달부터 어떻게 더 새롭고 더 좋아질는지 기다려 주시면서 동무들에게 널리 광고하여 주시기 바랍니다.

(『어린이』, 제6권 제2호, 1928.)

칠 주년 기념을 맞으면서

방정환

『어린이』!『어린이』!『어린이』지가 억지의 고집을 쓰고 탄생한 지 8년 동안의 노력! 이 날의 기쁨이 어찌 한이 있겠습니까…

『어린이』 창간호부터 읽고 외우고 하면서 어린이 책과 함께 웃고 울고 하면서 어린이와 함께 자라온 독자가 지금은 벌써 유치원 선생님, 보통학교 선생님으로 노력하고 있는 이가 많고 외국에 유학 가거나 청년운동에 활동하고 있는 이가 수없이 많습니다. 그러면서 그이들은 아직까지도 이『어린이』를 떨어뜨리지 아니하고 동무해 나가고 있습니다….

우리의 동무가 십 수만입니다.『어린이』를 통하야 서로 권고하면서 서로 붙잡아가면서 마음 든든히 씩씩한 걸음 맞추어 행진하십시다.

(『어린이』, 제8권 제3호, 1930.)

『어린이』 창간 8주년 기념 예사-
농촌소년을 위하야

임 연

『어린이』가 벌써 여덟 해째 기념을 맞는다니 너무나 반갑습니다. 그동안 직접으로는『어린이』를 통하야… 어린 사람들을 위한 온갖 노력을 아끼지 않으신 개벽사 당국자 제씨의 공헌에 대하야 경의를 표하는 바이며 앞으로 더욱 그러하기를 바랄 뿐입니다.

과거의 『어린이』는 어린이의 지위 향상과 지식 계발과 어린이문학 수립을 위하여 큰 공헌을 하였다고 생각합니다. 앞으로 더욱 그러하기를 바라는 동시에 특히 농촌소년들의 지위 향상과 지식 계발을 위하야 힘써 주시기 바랍니다.

우리는 어린 사람들과 같이 울고 같이 웃는 사람이 돼야 합니다. 페스탈로치가 돼야 합니다. 어린이는 농촌소년들을 위하야 같이 울고 같이 웃는 현대의 페스탈로치가 돼야 합니다. 그리고 어린 사람들은 그런 선생님들의 지도를 절대로 받아야 할 줄 압니다.

(『어린이』, 제9권 제3호, 1931.)

『어린이』 창간 8주년 기념 예사
구주대승전

이윤재

세상에 목적이 없는 사업이란 없다. … 수만 소년을 상대로 매월 애를 박박 써 가는 이 소년잡지엔들 크다란 목적이 없을 리 없다.

그런데 『어린이』는 그 색채가 너무 불분명하고 불철저하다. 있다 하여도 남이 알아보기 힘들 정도로 그 빛이 약하다.

오늘날의 사상과 감정에 맞게만 만들어 내지 말고 내일날의 인류의 사상과 감정에 맞게 만들어 내는 데에 진보가 있는 것이다. 이 진보가 이 잡지에 더 많이 있어 주기를 바라며 앞으로 더욱 꾸준한 노력이 있기를 동업자의 한 사람으로 빌어 마지 않는다.

(『어린이』, 제9권 제3호, 1931.)

어린이는 변한다

신영철

『어린이』는 변한다.

『어린이』!『어린이』가 세상에 나온 지 이미 아홉 살이다. … 우리 『어린이』는 많은 사람의 힘과 덕택으로 고이고이 과히 큰 고생과 큰 험난은 없이 오늘까지 커 온 것이다. 제 그림을 제라서 칭찬하는 것 같지만『어린이』는 조선 소년문예운동의 첫 깃발을 날리고 맨 선두에 앞장서서 나온 만큼 조선 소년문예계에 한 귀퉁이 공로라도 끼친 것만은 남이나 우리가 다 같이 인증하는 바이다.

그러나『어린이』가 자칭 공로자라 하야 집안의 터줏대감처럼 버티고만 앉았으면 그것은『어린이』가 이미 늙음이요『어린이』가 스스로 무덤 자리를 파고 앉았는 것이다. …『어린이』는 결코 그렇게 미련한 『어린이』가 아니다. 그렇게 쉽사리 늙어 졸아들『어린이』가 아니요. 뒷걸음질쳐 숨어버릴『어린이』는 아니다.『어린이』는 어디까지고 『어린이』다. 백 년을 가도『어린이』요 천년을 가도 또한『어린이』다. 세월은 천년 만년을 갈 망정『어린이』가 늙어 없어질 법은 절대로 없는 것이다.

그러나 십년 전의『어린이』와 십년 후의『어린이』가 고냥 고대로 있다면 그것은 확실히 퇴보요… 아무런 생명이나 활동이 없는 무생물계의 물건이나 마찬가지의『어린이』이다. … 그럼으로『어린이』는 변하려 함이다. 앞으로 한 걸음을 나서서 새로운 길을 밟어 가려 함이다. 즉 오늘의 소년잡지를 만들려 함이요. 또는 앞날을 바라보고 나가는 소년잡지를 만들려 함이다.

어린이는 원래 조선 소년소녀를 위하야 왔고 십 년간 정성과 마음과 힘을 기울여 분투해 나오기도 또한 조선의 소년소녀를 위하야서 그럼이었다. … 그러기 때문에 우리는 조선 어린이의 생활에 맞는 어린이를 짜기에 애를 써 온 것이다. …

과연 세월은 흘러간다. 시대는 변해간다. … 퇴보하지 않는 인간이라 인간은 같은 인간이라도 십 년 전에 난 인간과 오늘에 난 인간과 확실히 그 정도가 틀리는 것이다. 그러기 때문에 십년 전에는 왕자님이 말을 타고 공중으로 달렸다. 공주님이 마귀에게 속아서 가시길에 헤매다가 다시 나왔다. 요술쟁이 할멈이 사람을 몰아서 산에 들어가 욕을 보이었다는 이야기를 하면 듣는 어린이들이 좋아라고 손뼉을 치며 날뛰었다. 그러나 오늘 어린이들은 그런 이야기를 들으면 코웃음을 치게 되었다. 그런 거짓말이 어디 있느냐고 반박을 하려 든다. 그것은 오늘의 어린이가 확실히 한층 더 깨였다는 증거다. 그리하야 이야기를 듣고도 자기 생활과 비춰어 보고 과학적으로 해석하려 든다. 그것이 옳은 일이다.

여기서 『어린이』는 변한다. 한 층 더 새로워진다. 『어린이』는 묵은 『어린이』에서 다시 한 걸음 나서서 오늘의 새 『어린이』가 되려는 것이다. 즉 오늘의 조선 어린이 생활에 맞는 다시 말하면 오늘의 조선 어린이들이 절실히 요구하고 있는 더욱이 앞날을 바라보고 자라나는 어린이들이 간절히 요하며 읽고 싶어하는 그런 잡지로 변하려는 것이다.

만 천하 육백만의 조선 소년이여! 오늘의 새 『어린이』로 다 같이 돌아오라.

(『어린이』, 제9권 제9호, 1931.)

개벽사 창간 10 주년을 맞으며

편집인

이 책을 읽는 십 수만의 독자 여러분 기뻐해 주십시오. 이 해의 이 달은 우리 개벽사가 설립된 지 꼭 열 번째 돌이 되는 십 주년 기념 달입니다. 우리의 일이 한이 있는 것이 아니고 백 년, 천 년, 만 년 영원한 장래를 향하야 우리 조선 사람의 향상과 온 세상 인류의 새로운 진화를 위하야 두고 앞길을 헤쳐 나갈 개벽사거니 단 십 년이 무슨 그리 대단히 기쁘다 할 것이 있겠습니까마는 조선서 잡지를 경영하기는 참말로 십 년이 천 년 같이 힘들고 어려운 세월 같습니다.

여러분도 보시는 바와 같이 어느 나라든지 그 민중이 깨어 가기에는 신문과 잡지가 많이 나야 하는 것입니다. 깨인 나라일수록 앞선 나라일수록 좋은 자비와 신문이 수없이 많이 있습니다. 학교가 넉넉하고 가르치고 배우는 것이 자유롭고 흡족한 나라도 그러하거든 하물며 우리 조선같이 돈이 없고 학교가 부족하고 가르치고 배우기를 마음대로 못 하는 곳에서야 좋은 잡지가 많아야 할 것은 다시 말할 것이 있겠습니까. 그런데 잡지까지도 한 호나 겨우 두 호를 간신히 하다가는 힘이 부족하야 거꾸러지고 거꾸러지고 하게 됩니다.

그러는 중에서 오직 우리 개벽사만이 남보다 더 많이 고초를 겪으면서도 나보다 돈이 더 없으면서도 거꾸러지지 아니하고 천신만고 하야 오늘까지 십일 년을 싸워 온 생각을 하면 자랑도 되고 기쁘기도 한이 없거니와 그동안 지나온 고생을 생각하면 눈물이 저절로 흐르는 것을 금하지 못 합니다.

첫째, 사원들이 먹을 것을 못 먹고 오래 주리어 왔습니다. 그러다가 병들어 죽은 사람이 두 사람입니다. 그러면서 해 놓은 일이 돈이 없어서 쫓겨 다니고 그러면서 오늘까지 그래도 모진 악을 쓰고 견디어 온 것은 개벽사의 자랑인 동시에 독자 여러분께서 오래 두고 개벽사를 위해 주고 붙들어 주고 해 오신 덕이라고 우리들은 감사하야 마지않는 일입니다.

여러분 개벽사가 지금 십 주년 되었다는 것보다도 이 앞으로 십일 년째의 새 일을 씩씩하게 시작해 간다 하는 것을 기뻐해 주십시오. 그리하야 전보다 더 한 고생이 우리의 앞에 얼마든지 닥뜨려 올 것을 짐작해 주십시오. 우리는 능히 그런 모든 고생을 차와 싸워 이기고 넘어갈 작정을 하고 나섭니다마는 그 고단한 싸움에 정말 넉넉히 이기고 넘어가도록 전보다 더 가깝게 오셔서 힘 있게 손목 잡아 주실 것을 생각해 주십시오. 이리하야 개벽사라는 조선의 단 하나 튼튼한 출판 기관이 영구한 생명을 가지고 커 가게 되어 거기서 좋은 양식이 좋은 군량이 점점 더 많이 제조되어 나오게 해 주셔야 합니다. 개벽사의 독자 중에 어린이의 독자가 제일 많은 자리를 차지하고 있습니다. 어린이가 더 좋아지고 어린이들을 위하야 좋은 양식이 많이 나오기 위하야도 개벽사가 잘 커가야 할 것입니다.

십 주년 되는 기념을 맞이하야 기쁜 인사를 드리는 한편으로 이때까지의 많으신 도움을 감사하야 마지 않는 동시에 이 기쁜 소식을 널리 부모와 동무들께도 전해주시고 앞으로는 더 많은 힘을 도와주시기를 간절히 간절히 바라는 바입니다.

(『어린이』, 제8권 제6호, 1930.)

독자창간호를 내면서

사랑하는 애독자 제군!

우리는 매양 잡지를 꾸밀 때마다 끝없는 기쁨을 느낍니다. 그것은 우리 몇 사람의 글을 써서 여러분에게 보인다는 것보다도 여러분이 『어린이』는 다 각기 자기 잡지거니 하고 사랑하야 읽어주며 또는 이리저리 하야 나가자고 정다운 의논을 하야 주는 동무가 많은 까닭입니다. 그러기 때문에 우리 역시 이것을 우리 몇 사람의 잡지요 개벽사의 독차지한 잡지가 아니라 만 천하 조선 소년소녀의 잡지거니 하고 믿습니다. 여러분이 이것을 읽어 주시지 아니하면 우리가 무엇 하랴고 그 하기 어려운 고심을 하야 가며 이것을 만드느라고 애타게 있겠습니까. 우리가 어려운 것도 고생되는 것도 불구하고 이것을 만드는 것은 다만 여러분이 있기 때문입니다. 여러분이 지극히 사랑해 주시고 도와주시고 후원해 주시고 지지해 주시는 까닭입니다. 그리고 그 까닭으로 해서 우리들도 어려운 것이나 고생되는 것을 모두 다 잊어버리고 여러분을 위하여 이것을 만들기에 오직 전심전력하는 것입니다. 그리고 기쁨을 느끼며 힘을 느끼는 것입니다.

사랑하는 애독자 제군!『어린이』는 여러분의 잡지입니다. 『어린이』의 잘 커 나가고 못 커 나가기도 여러분 손에 달렸습니다. 우리는 오직 여기에 있어서 여러분의 심부르만 충실히 할 뿐입니다. 『어린이』가 잘 커 나가면 여러분이 힘을 많이 썼다는 표적일 것이고 만일 잘못 커 나간다면 그것은 여러분의 성력이 부족한 탓이 될 것입니다. 『어린이』의 책임은 우리에게도 있거니와 여러분의 등에도 짐이 지워져 있는 것을 깨달아 주십시오. 그리고 이 앞으로의 길에 더욱 그러한 줄을 깊이 깨달아 주십시오.

독자작품특집호! 귀히 시작한 것이니까 이번에 내기는 냅니다마는 그런 특별 난 이름을 붙일 필요가 앞으로는 없다고 생각합니다. 언제든지 독자에게 개방하겠습니다. 몇 사람의 이름 난 분들의 글만 싣거나 몇 사람의 오락기구는 결코 만들지 않겠습니다. 좋은 글만 많이 보내주십시오. 이번에는 어쩐 일인지 만족한 작품이 그렇게 모여지지 못 한 것을 매우 섭섭히 아나 그러나 앞으로는 만족한 작품이 반드시 많이 모여 지리라고 꼭 믿고 있습니다.

그런데 기왕 작품이야기가 난 길이니 한 마디 써 두겠습니다. 요새 소년작품을 보면 꼭 다 가지 조류가 흘러 있습니다. 고읍게 고읍게만 지으려고 애타는 작품과 힘차게 억세게 지으려고 노력하는 작품 그 두 가지입니다. 그리하여 고읍게 지으려는 작품은 문득 죽은 어머니 생각, 간도간 동무, 별아씨의 눈물 소리가 반드시 나오고 힘차게 지으려는 작품에는 부자 놈, 지주 영감, 월사금 못 내어서 퇴학당하고 주먹 쥐어진 이야기가 나옵니다.

다 각기 보는 바, 생각하는 바가 다른 바에야 어찌 꼭 자기 생각과 같은 작품만 나오기를 바라겠습니까마는 우리는 그 많은 작품을 읽을 때마다 조선에는 웬 어머니 없는 소년이 그리 많고 간도 간 동무가 그리 많고 눈물이 그렇게 많은지 참말 딱해서 못 견딜 때가 많습니다.

제발 그 죽어가는 소리는 좀 하지 마십시오. 어머니가 불쌍히 죽었으니까 자식도 눈물만 흘리다가 따라 죽어야 옳겠습니까. 별이 반짝반짝 빛날 때 무슨 새 광명이 비치는 것 같지는 않고 슬픈 사정 있는 색씨가 눈물 흘리는 것처럼만 보입니까. 제발 그런 소리는 그만 두기로 합시다.

또 한편에는 피 끓고 주먹 드는 작품입니다. 힘차 보이고 기운 있어 보이는 편으로 보면 장히 믿음성이 있는 것 같으나 실상은 그렇게 끓지도 않는 피, 그렇게 쥐지도 않은 주먹을 보기에만 끓는 체, 쥐는 체하는 헛 피, 헛 주먹이 많은 것 같습니다. 그런 멋 모르고 날뛰는 헛기운의 작품은 그렇게 찬성하기도 어렵거니와 또 검열할 때에 통과되지도 않습니다.

그러기 때문에 우리는 헛울음, 헛눈물의 작품도 요구하지 않거니와 또는 헛피, 헛주먹의 작품도 그렇게 바라지 않습니다. 다만 케케묵은 과학적 아닌 헛소리 헛이론을 버리고 오늘 시대 또는 오늘 조선 소년의 현실에 비쳐서 그들의 앞길에 새로운 길을 가르쳐 주고 새로운 국면을 열어 나가기에 필요하고 유익한 작품을 내어 가장 근실하게 가장 튼튼하게 헛기운에 날뜨지 않고 헛공상에 빠지지 않고 오직 참다웁게 나갈 수 있는 그러한 작품을 요구합니다. 그리고 그것이 우리의 옳은 길이요 또는 그 밖에 길이 없는 가 합니다.

만천하 독자제군! 미적지근한 말일는지는 모르지만 우리가 제군에게 바라는 바는 그것이요, 또는 본지를 혁신하였다는 것과 앞으로 취할 길도 역시 그것입니다.

새로운 것! 참다운 것! 그것입니다. 그렇게 『어린이』를 키워 주시기 바라며 앞에 독자제군의 작품을 소개하기로 합니다.

(『어린이』, 제9권 제10호, 1931.)

『어린이』는 과연 가면지일까?
『어린이』에게 오해를 삼는 자에게 일언함

고문수

"… 지금 조선에서 아동을 본위로 하고 발행하는 잡지 이름을 나열하자면 『아이생활』, 『어린이』, 『신소년』, 『소년세계』, 『별나라』 자세히는 알 수 없으나 이 다섯 가지가 달마다 계속적으로 독자를 많이 모집하려는 수단을 쓰고 있다. … 여기서 『신소년』과 『별나라』는 이미 푸로대중의 소년잡지라고 지명하였고 『아이생활』은 종교기관지로 뿌르조아 경향이 있다고 세인들이 지적하였다.

그러면 우리의 『어린이』는 어느 층에 속하였는가. … 작년에 불행히도 방정환 선생이 별세하시자 신영철 선생이 입사하시었다. … 작년 가을 시월부터 혁신호라는 이름을 부쳐 놓고 재래의 『어린이』를 전연히 개혁한 것은 오로지 신 선생의 노력인 줄 추측된다. 그러면 여기서 신 선생은 왜 『어린이』로 하야금 방향을 전환시키고 혁신을 거듭하여 가는가? … 시대는 변한다. 『어린이』를 개혁한 원인도 또한 시대가 낳은 것이다.

보라! 앞에는 험악한 산이 있고 주림과 추위에 우는 동무가 있는데 『어린이』 혼자서 고흔 노래와 아름다운 시나 부르며 읊고 앉았을 것인가 그렇게 시대에 눈이 어두울 『어린이』는 아니니 그것이 여기서 『어린이』를 개혁시킨 원인이 아니고 무엇이랴."

(『어린이』, 제10권 제5호, 1932.)

열 살, 아흔 두 권, 십만 명

신영철

… 새해를 맞은 『어린이』! 나이로 열 살이요 책 수로 아흔 두 권이요 독자로 십만 명을 넘겨가지고 있습니다. 새해를 맞는 오늘에 과연 기쁩니다. 누구에게나 자랑하고 싶습니다.

그러나 기쁘다는 것은 또 자랑하고 싶다는 것은 십 년을 싸워 왔던 공로도 아니요 또는 아흔 두 권의 책을 만들어 내어 놓았다는 그것보다도 십만의 독자를 가진 그것입니다. 십만의 독자를 가짐이 어때서 기쁘며 어째서 기쁘며 어째서 자랑하고 싶을 것입니까? 즉 동무를 그만큼 많이 가졌다는 까닭입니다.

사람이 세상을 살아가는 데는 무엇보다 동무가 필요합니다. 더욱이 일을 하는 데는 뜻 같은 동무가 많이 모일수록 힘이 더욱 큰 것입니다.

뜻 같은 동무의 뭉치는 힘이 크면 세상에 못 할 일이 무엇 있으며 이기지 못 할 것이 무엇이 있겠습니까.

십만 동무의 힘을 가진 『어린이』는 참으로 외롭지 않습니다. 앞으로 커다란 힘을 더 느끼고 있습니다. 원컨대 십만의 동무는 다 각기 한 동무가 열 동무씩만 더 모으기로 힘써 보소서. 그때는 즉시 십만의 힘이 백만의 힘으로 부쩍 늘 것입니다. 백만의 힘이 얼마나 클 것을 생각해 볼 때 얼마나 믿음성이 생겨집니까. 얼마나 기뻐서 날뛰고 싶습니까.

새해외다. 십만의 동무여! 다 같이 손을 모여 쥐고 새 길 걷는 『어린이』의 앞길을 축복해 주소서.

(『어린이』, 제10권 제1호, 1932.)

100호를 내이면서
회고 10년간

최영주

『어린이』의 걸어온 길을 돌아다봅니다.

조선 소년운동의 첫 번 횃불이 켜질 때 새 목숨을 세상에 내놓은 후 그 뒤 10년 동안 많은 곡절, 많은 파란에 쌓여가면서 걸어오던 길을 돌아다봅니다.

… 엽서로 주소만 통지하면 책은 거저 보내드리겠다는 광고를 각 신문지에 두 번, 세 번 내었으나 귀 기울이고 눈 여겨 주는 이가 없었던 그 10년 전 일! … 책을 아끼고 편집실에 있던 이들이 모두 XXX에 붙들려 가서 XXX 속에 갇혀 고생하던 일!『개벽』이 발금되고 개벽사의 생명이 위급해지던 그 날『어린이』의 목숨도 그만인가 보다 하고 가슴 답답해하던 기억! 모두가 새롭게 생각납니다.

그러나 그러한 기억에 섞여 즐겁고 반갑던 기억도 같이 떠오릅니다. 더 베끼고 또 더 베껴도 모자란다. 더 보내여라! 모자란다 큰 일 났다! 하고 외치던 일! 밤을 새워가면서 신이 나서 이번 호에는, 이번 책은, 하고 회의를 거듭하고 거듭해 가면서 원고를 모으던 일!

선생님 참 재미있습니다. 참 고맙습니다 하고 매일에도 백 장, 이백 장씩 감사격려의 편지를 전선독자에게 받던 일! 모두가 그렇게 생각되는 것뿐입니다.

『어린이』의 뻗어 나가는 힘이 굉장한 것을 보고 너도 나도 하고 조선에 소년잡지가 생기어 나던 기억! 그럴 때마다『어린이』는 이런 때가 유혹에 걸리기 쉬운 때라고 단속을 굳게 하고 경쟁보다 내용을 더 충실히 하자! 눈 앞에 경쟁보다 우리 뒤의 어린 동무를 생각하여라! 하고 뜨거운 열과 힘을 가지고 밀고 나가던 생각!

자랑이 아니라 다른 잡지도 이러한 달콤하고 즐겁던 추억이 있겠느냐 싶은 생각까지 나게도 합니다.

위에 여러 가지 생각 키우는 것보다도 더 『어린이』가 자랑하고 싶게 생각나는 것은 처음부터 오늘까지 어떠한 곤란 어떠한 난관을 당하든 조금도 굽힘 없이 그 뜻을 굽히지 않고 오직 조선 어린이의 앞날을 위해 서로 간극 없이 나아 온 것! 그것입니다. … 『어린이』는 10년을 자라 왔고 백 번째의 새 책을 내놓습니다.

그러나 우리의 목적은 10년에 그칠 『어린이』가 아니요 백 책으로 맺을 일이 아닙니다. 우리의 모든 일은 지금부터 이제부터입니다. … 열 곱, 스무 곱 더 노력을 다하야 『어린이』를 앞으로 더 자라가게 하고 더 커가게 하야 조선의 『어린이』잡지로부터 세계적 『어린이』까지로 나아갈 것을 목표합니다.

조선의 잡지계에서 처음 되는 백 호 출판의 경사롭고 영광스러운 날을 맞아 우리는 더 굳건히 나아갈 것을 맹세하고 여러분께 『어린이』의 앞날을 더욱 사랑하고 축복하여 주시기를 바랄 뿐입니다. 그러면 우리 『어린이』 애독자 여러분! 앞으로 더욱 더욱 건강하시고 희망으로 전진에 게으르지 않을 것입니다.

(『어린이』, 제10권 제9호, 1932.)

속간호를 내면서

이정호

붓을 잡았으나 무슨 말씀으로 여러분께 사죄를 해야 할지 두서를 차릴 수가 없습니다. 작년 6월 호를 내인 이후 사(社) 안에 부득이한 사정으로 인하야 책을 발행하지 못 한 지가 꼭 반 개 년! 그 동안 사(社) 자체는 물론이요 나 개인으로 이보다 더 안타깝고 이보다 더 괴로운 일이 없었습니다.

『어린이』가 과거… 충분하게 힘을 뻗지 못 하고 중도에 끊어지고 말 가장 불행한 역경에 부딪혀 올 때 아무보다도 책임자인 나로서는 이보다도 서럽고 원통한 일이 없었습니다. 이러한 고정(苦情)이 있는 줄은 전혀 모르고 하루에도 수십 통씩 『어린이』의 소식을 묻고 심지어 욕설까지 써 보내는 독자들의 투서를 받을 때마다 실로 가슴이 빠개지는 것 같았습니다.

… 몇 해 전부터 나 역시 건강문제, 기타 문제로 이 귀한 『어린이』를 내 손으로 직접 편집하지 못 하고 다른 이의 손을 빌어가면서 이 일을 계속 시켰습니다. 그러던 것이 이 번에는 정말 말 못 할 사정 때문에 제대로 발행이 못 되고 여러 달 동안 쉬게 되었던 것입니다.

… 앞으로는 되도록 이러한 불상사가 없이 또 부득이한 경우가 아니고는 남의 손을 빌지 않고 직접 내 손으로 편집을 하야 보다 나은 보다 훌륭한 잡지를 만들 작정입니다.

(『어린이』, 제13권 제1호, 1935.)

어린이 속간을 축함

이동찬

"나는 어린이 잡지를 읽기 시작한 것이 20여 년 전부터이다. … 당시 방 선생은 일제의 엄중한 압박 아래 탑을 세워 편집을 하시고 쩔쩔매면서 수많은 어린이 독자가 기다리는 것을 생각하고 모든 고난을 무릅쓰고 그 달 치를 내고는 하시었다.

또한 소년문예에도 치중하여 새로운 소년 작가들을 많이 키워 내시었다. 우선 동요로 유명한 4인 그룹이 있었으니 서울 윤석중, 대구 김복진, 원산 이정구, 울산 서덕출의 비분이다. 소설에는 승응순, 최경화, 노양근 이동우 분들이었다. 그리고 『어린이』에 주로 글을 쓰시던 선생들은 그때 색동회 동인 여러분들로서… 고한승, 손진태, 마해송, 이정호 선생과 차상찬, 박달성, 한정도, 이태준 선생들이다.

그러다가 방 선생이 작고하신 후 그만 정간이 되고 그 후 해방된 지 3년! 방 선생의 유지를 이어 고한승 선생이 『어린이』를 속간하신 다니 예전 애독자의 한 사람으로서 그야말로 환호를 안 부를 수 없어 간단히 옛 일을 돌아보며 축사를 올리고 뒤에 오는 『어린이』의 유일한 동무가 되어 길이 발전하기를 바라고 고 선생의 건투를 아울러 비는 바이다."

(『어린이』, 제123호, 1948.)

『어린이』잡지를 되살려 내는 뜻
-『어린이』를 내던 개벽사와 그 배경에 대하여-

이광순

 "최근…『어린이』 운동이 가장 잘 뻗어 나가게 되어 나라에서 어린이날(5월 5일)을 공휴일로 제정하여 장려하고 있습니다. 『어린이』 운동을 최초로 시작하여 『어린이』 잡지를 낸 천도교회가 이 시기에 즈음하여 『어린이』 운동사의 고전이라 할 수 있는 『어린이』를 수집 정리하여 영인본으로 내고자 한 것도 뜻있는 일이라 하지 않을 수 없겠습니다.
 그것은 공휴일로까지 승화된 어린이날을 경축하는 동시 앞으로도 더욱 더 이 나라의 새싹이 무성하게 뻗어 나갈 밑거름에 보탬이 되고자 이 잡지를 되살려 내는 것이라 하겠습니다. …
 이 잡지가… 수만 부를 찍어 내게 된 큰 발전의 원동력은 소파 방정환 선생의 천재적 소질과 노력에 의한 결과였으며 따라서 3.1운동의 여세를 몰고 나온 천도교가… 개벽사를 창설하고 계속 많은 재정적 지원을 아끼지 않은 거기에 우리의 어린이운동의 성과가 있게 된 것입니다. … (일제의) 사전 검열과 압수, 삭제, 탄압이 심했으나 이를 무릅쓰고 계속해서 개벽과 부인, 어린이 등을 속속 창간한 저력은 역시 천도교의 큰 힘이었음을 알 수 있는 것입니다. … (그러나) 이 같은 이면에는 옥중에 갇혀 있는 의암 선생의 유촉에 힘입은 바 컸다는 사실을 잊어서는 안 될 것입니다(천도교청년당 소사)."

(『어린이』. 영인본 제1권 제1호, 1976.)

『어린이』 잡지 풀이

윤석중

"천도교 소년회 어린이들이 부르짖었던 '씩씩하고 참된 소년이 됩시다. 그리고 늘 서로 사랑하며 도와 갑시다.'라는 굳은 약속은 그대로가 『어린이』잡지를 읽는 전국의 수많은 어린 독자들로 (이어졌습니다.) … 천도교 소년운동의 불멸의 유산은 어린이 가슴마다 심어주는 3.1운동 정신과 민족정기고 해마다 맞이하는 어린이날에 모든 어른이 결의를 새롭게 하는 '소년해방'의 마음다짐입니다.

천도교 소년운동 만세! 어린이 3.1운동 만세! 어린이 해방운동 만세! 그리고 소파, 소춘 만세!'

천도교인 가운데 뜻을 같이 한 몇몇 분이 깨끗한 돈과 정성을 기울여 8.15 해방 전에 나온 『어린이』 잡지 1백 22권과 해방 뒤에 나온 15권 중에서 1백 2권을 모아들여 그 영인본(초판 5백 질)을 박아 펴게 되었으니, 어린이를 아끼고 사랑하는 모든 어른들에게 이보다 더 귀중한 선물이 없을 것입니다.

옛날 『어린이』잡지를 되박아 이 영인본이 거친 땅에서 자라나는 우리 어린이들에게 스스로 썩어 기름진 거름이 되어 줄 것을 굳게 믿는 바입니다."

1976년 7년 23일, 소파 간 지 45돌 되는 날,
'새싹의 방'에서 적음"

(『어린이』. 영인본 제1권 제1호, 1976.)

참고자료

문헌연구원(영인)(1976). 『어린이』. 개벽사.
미공개『어린이』영인본(2015). 소명출판사. 2015.
조선뉴스 라이브러리. 100 https://newslibrary.chosun.com/
동아디지털아카이브. https://www.donga.com/archive/newslibrary/
동아플래시. 100 https://www.donga.com/news/donga100
김경희 외 5인(2015). 어린이 총목차 1923-1949. 소명출판.
김종헌(2019). 일제강점기 동요, 동시에 나타난 현실 인식과 저항 다시 읽기.아동문학평론사.아동문학평론, 44(1), 22-3.
류덕제(2014). 1930년대 계급주의 아동문학론의 전개양상과 의미. 한국아동문학, 26.
소춘 김기전 선생 문집편찬위원회(2010). 소춘 김기전 전집. 국학자료원.
성주현(2019). 근대 신청년과 신문화운동. 모시는 사람들.
──── (2008). 일제강점기 천도교청년당의 대중화운동. 한국독립운동사연구 30.
원종찬(2011). 일제강점기의 동요·동시론 연구. 한국아동문학 연구, 20, 69-100.
────(2016). 『어린이』와 계급주의. 한국학연구, 42.
이정석(2020). 방정환 이후의『어린이』지 분석-영인본『미공개 《〈어린이〉》』를 중심으로- 한국아동문학연구. 38.
이재철(1978). 한국현대아동문학사. 일지사.
장정희a(2024). 일제강점기 아동매체의 검열 양상과 대응 전략-.

『어린이』지를중심으로-.한국아동문학연구,48, 4(1).

_____b(2023).《어린이》창간 100돌,《어린이》는 어떠한 잡지였던가? - 창간 초기 몇 가지 면모에 대한 재론. 아동문학평론, 48(1).

_____c(2015). 어린이지 간행사 개관. 아동문학평론, 40(4).

정용서(2013). 방정환과 잡지『어린이』. 근대서지, 8호.

_____(2015). 일제하『어린이』발행과 편집자의 변화. 근대서지, 12호.

정인섭(1975). 색동회와 어린이 운동사. 학원사.

정진헌(2021). 1930년대『어린이』와 삽화. 아동청소년문학연구, 29, 389-424.

조규태(2009). 천도교의 문화운동론과 문화운동. 국학자료원.

조기간(1935).『천도교청년당소사』. 천도교청년당본부.

정인섭 외(1975). 색동회 어린이운동사. 학원사.

최배은(2009). 근대소년 잡지『어린이』의 '독자담화실' 연구-'세대 간 소통 양상과 기능'을 중심으로. 세계한국어문학, 2.

최서윤(2021). 참된 어린이-생태문명을 여는 어린이날의 역사와 참뜻-. 공명.

『어린이』

"씩씩하고 참된 소년이 됩시다.
그리고 늘 서로 사랑하며 도와갑시다.

지은이: 최서윤
기획•편집•디자인: 최서윤
표지 디자인: 최서윤•midjourney
삽화: 『어린이』 삽화
        최서윤, AI.(https://www.canva.com/ko_kr)
              (https://www.midjourney.com/)
발행인: 최서윤
발행처: 공명 출판사
발행일: 2024년 12월 18일
주소: 강원도 원주시 행구로 216
ISBN : 979_11_971328_7_2
값: 34,000 원
연락처 010 2243 9128 / fwchjj@naver.com
홈페이지 https://earthteacher.imweb.me/